AF329828

Les Lois et Coutumes

de

L'ILE DE JERSEY,

par

JEAN POINGDESTRE,

Lieutenant-Bailli de Jersey
de 1668 à 1676.

Jersey:
J. T. BIGWOOD, LTD., 13, BROAD STREET.

1928.

Les Lois et Coutumes

de

L'ILE DE JERSEY,

par

JEAN POINGDESTRE,

Lieutenant-Bailli de Jersey
de 1668 à 1676.

Jersey :

J. T. BIGWOOD LTD., 13, Broad Street.

—

1928.

PREFACE.

L'impression par la Société des Gens de Droit du manuscrit intitulé " Lois et Coutumes de l'Ile de Jersey," le " magnum opus " du Lieutenant-Bailli Jean Poingdestre, fut commencée en mil neuf cent treize, sous la direction de E. T. Nicolle, écr., alors membre du Barreau. Messrs. Labey et Fils (Beresford Library) avaient accepté de faire ce travail, et cent douze pages du texte avaient été imprimées lorsque la guerre éclata et de ce fait la publication fut interrompue.

En mil neuf cent vingt-sept la Société décida de poursuivre sa tâche et nomma, pour la mener à bonne fin, un comité composé de E. T. Nicolle, écr. (Vicomte de Jersey), de A. M. Coutanche, écr., (Avocat-Général du Roi) et des Avocats C. W. Duret Aubin et C. S. Harrison.

La maison Labey et fils ayant cessé d'exister, la typographie du reste du manuscrit fut confiée à Mr. J. T. Bigwood, Imprimeur des Etats.

On doit remarquer que dans la portion de l'ouvrage sortie des presses de la maison Labey et fils, les abréviations employées par l'auteur ont été textuellement reproduites, tandis que par la suite elles ont été omises, les éditeurs actuels étant arrivés à la conclusion que l'utilité de l'ouvrage, au point de vue des praticiens appelés à le consulter, serait singulièrement accrue en présentant le texte sous une forme moins compliquée.

Sujet à cette réserve, l'Avocat-Général est responsable de la collation du texte avec le manuscrit, dont l'original appartient aujourd'hui à Messire William H. Venables Vernon, Chevalier, Bailli de Jersey, qui a bien voulu permettre aux éditeurs de consulter l'ouvrage en sa possession dans le cours de la correction des épreuves.

Une notice biographique consacrée à Jean Poingdestre a déjà paru dans la publication des Commentaires du savant Lieutenant-Bailli sur l'Ancienne Coutume de Normandie, qui ont été imprimés en mil neuf cent sept sous les auspices de notre Société. Nous y renvoyons le lecteur.

R. F.

Table des Matières

TABLE DES MATIÈRES.

BIBLIOTHÈQUE NATIONALE · R F

Des Droicts de la Couronne d'Angleterre en Jersey.

Les Isles, ainsy appellées sans Queüe dans les anciens Records qui se trouvent en la Tour de Londres & en l'Eschiq.ᵉ sont bien le plus ancient Patrimoine & le plus indubitable des Roys d'Angleterre ; car ils en sont en possession non interrompüe depuis Rollo ou Rou premier Duc de Normandie, il y a viron neuf Cents ans ; auant qu'ils eussent aucun droict a l'Angleterre, plus de 300 ans ; y ayants tousiours maintenu leur ancient Droict & dans les Guerres & dans les Traictez & Accords faits auec les Roys de France, sans iamais en auoir esté tout a fait depossedez, quoy qu'elles soient fort proches de la Coste de Normandie : De sorte que les Insulaires sont les plus ancients Subiects desdits Roys d'Angleterre, et ont cet advantage pardessus les Subiects Anglois, qu'ils ont contribué a les faire ce qu'ils sont par la conqueste de l'Angleterre. Et cõme les Insulaires sont les plus ancients Subiects, aussy ont les Roys d'Angleterre une puissance plus absolüe sur eux, dans les Isles, qu'ils n'ont sur les autres Subiects, soient Anglois, Ecossois, ou Irlandois, ou il y a des Parlements qui leur ostent une partie de leur pouvoir Legislatif, & limitent leur Authorité en beaucoup de choses : Ce qui n'est point dans les Isles, ou elle n'a autres bornes que leur bonne volonté. Voyons donc quels sont les Droicts appartenant a nos Roys en nře Isle de Jersey.

Premierement ils ont en vertu de leur Seigneurie, le Droict de Souueraineté pur & independant d'aucune personne, Ordres ou Estats quelconques, c'est-à-dire le Pouuoir absolu de la Paix & de la Guerre, de faire des Loix et de les abroger, d'Imposer Tailles & Imposts lors qu'il sera necessaire pour le bien de leur Couronne & de leurs dits Subiects, & de faire toutes autres choses qui de droict appartiennent a des Princes vrayment souuerains, sans que leurs actions soient subiectes a aucune reueüe de Parlements ou autrement.

Secondement, ils ont en consequence de cela toute sorte de jurisdiction Ciuile & Ecclesiastique tant sur les personnes de leurs dits subiects que sur leurs biens ; sinon autant que de leur Grace & liberalité envers quelques uns de leurs subiects et en consideration de leurs merites, ils leur ont conferé quelq; partie leur dite Jurisdiction, soit Basse ou Moyenne, sans toutes fois se despouiller du Droict de Ressort par Appel, en seconde Instance ou du Droit d'Anticipation, en Premier ; mesmes ils ont annexé a leurs Personnes Royalles le Droict d'Appel & Doleance de leur propre Cour & de leurs propres

Juges : parce qu'ils sont obligez de faire iustice a leurs subiects & de les proteger & deffendre non seulement par substitut mais aussy en propre personne, le cas le requerant ; & non seulement contre le force exterieure, mais beaucoup plus contre l'opposition intestine & domestique de ceux auxquels ils ont confié leursdits subjects.

Et pour supporter et maintenir leur Authorité Souueraine & la rendre utile a leurs Subiects, ils ont touts les Emoluments & dependances de ladite Jurisdiction & de ladite Souueraineté, cõe sont Coustumes, Fouages, Varechs, Impots, Eschaestes, Confiscations, Amendes, Cõminses,(1) & autres Droicts appartenants a l'execution de la Justice ; sinon en tant que de leur bonté ils ont aussy donné quelq₃ partie desdits Droicts a quelques ungs de leurs dits subiects, pour leurs merites enuers leurs personnes ou Couronnes. Et en outre affin de faire leur Patrimoine Royal plus certain & plus considerable, des tout le cõmencement, et dans les premiers Establissemᵗˢ qui furent faits de la Duché de Normendie par le premier Duc Rou, ils mirent a part une partie considerable de l'Isle, pour demeurer a perpetuité cõme un fonds inalienable pour supporter les frais de la milice et de la Police, prouisions de guerre, fortifications, gages d'Officiers, Garnison & choses semblables. Lequel fonds ils diuiserent en 8 parcelles ou Fiefs Patrimoniaux ; lesquels estoient en ce temps la estimez a viron 500 livres Tournois, avec les moulins ; qui estoit pour lors une fort considerable soñe, & valloit viron de douze a treize cents quartiers de froment de Rente, a proportion de douze deniers le cabot qui en estoit le prix ordinaire. Et combien que cette soñe la pour le present soit deuenüe inconsiderable, acause des grands changements qui se sont faits au fait des monoyes. Si est ce que Sa Maᵗᵉ d'apresent possede encore en ladite Isle de quoy defrayer les frais ordinaires de ses Garnizons & les gages de ses Officiers, & pour mettre en reserve tous les Ans plus de mille ou quinze cents Escus, pour estre employez aux frais Extraordinaires qui se font necessairement en temps de guerre ; ou pour estre conuertis par autre voye au service de Sa Maᵗᵉ. Si Sa Maᵗᵉ trouuoit bon qu'il en fust rendu compte en son Eschiquier, cõme il estoit pratiqué du temps de ses anciens Predecesseurs Hen. 3. Ed. 1. Ed. 2. Ed. 3 Hen. 4 & 5. &c, lesquels faisoient passer les Comptes du Reuenu des Isles dans l'Eschiquier, cõme tout le reste du Patrimoine Royal ; & allouaient sur les dit Comptes tous les frais, tant ordinaires qu'extraordinaires qui se trouvoient raisonables. Le Premier qui eut le Gouuernement

(1) La Commise était la saisie d'un fief par le Seigneur dominant pour délits privés.

auec tous les Emoluments, proffits & dependances, come en fief, fut le
Roy Jean lors qu'il n'estoit que Comte de Mortaing, & par apprez le
Prince Edouard qui fut apprez Ed. 1, les posséda du Viuant de son
Pere ; & apprez qu'il fut Roy il en fist don a Messire Otto de
Grandson, durant sa vie & sept ans apprez sa mort, au proffit de ses
Executeurs, mais come cette derniere clause de sept ans auoit esté
adioustée contre raison, aussy fut elle vilipendée apprez sa mort.
Depuis ce temps la les Isles furent regies par des Capitaines qui n'en
estoient que simples pensionaires, au plaisir des Roys, & lesquels
rendoient compte de tout le Reuenu certain & casuel ; sans rien en
excepter, iusques a Henry de Beaufort du temps de Henry 6.
Depuis lequel on a fait des 2 Isles deux Gouvernem^ts distincts,
lesquels finallement sont deuenus viagers, auec tous les Emoluments
qui en dependent au proffit des Gouuerneurs, lesquels ne sont obligez
qu'aux charges ordinaires ; & ainsy les frais Extraordinaires sont
tombez sur la Bourse du Roy : Ce qui a esté cause de deux grands
inconuenients ; le premier que La comodité dudit Reuenu & l'honeur
qui le suyt, a fait que lesdits Gouuernements sont tousjours en l'œil &
en la visée de fauoris et des Courtisants, qui en recueillent les proffits
& n'en font pas les devoirs, sinon a la legere, par substituts. Le
second, que cela a esté cause que la ou Sa Ma^té en pourroit estre seruy
& en receuoir encore du proffit tous les ans, il est contrainct bien d'y
faire des frais considerables non seullement de munitions de guerre ;
mais aussy pour payer des garnisons, pour des Bastiments & choses
semblables. Et le mal en est allé si auant que lesdits Courtisants nō
contents de la faueur de Sa Ma^té lors que lesdits Gouuernements sont
decheus, ils enuahissent iusques aux Suruivances, & abbayent[1] apprez
la mort les uns des autres, iusques a deux & trois Reuersions l'une
sur l'autre : au grand preiudice des dites Isles, & aux frais & deshonneur de la Couronne & des bons Princes qui ont porté ces inconuenients la. Ce qui a fait dire a quelques ungs (peut estre trop
serieusement) q̃ la Couronne estoit perdante par la possession desdites
Isles, & qu'il n'y auroit pas grand Interest pour Elle qu'elles fussent
cedées aux Francois, soubs quelq₃ conditions aduantageuses. En
quoy ces Messrs m'excuseront si ie n'approuve pas leur Politique, &
encore moins leur Equité. Car premierement ie leur demanderay
qu'elle est la cause pourquoy la Couronne ne recueille pas de proffit
des Isles, come elle fait des autres Dominions du Roy. Et si eux &
leurs semblables par leurs Demandes Importunes ne sont pas cause
que Sa Ma^té se despouille du plus Ancien reuenu qu'il ait por^o

(1) Aboyer.

contenter leur Auarice ? Mais posons le cas que les Isles n'auroient pas un Reuenu capable de defrayer les frais ordinaires de la Couronne ; faudroit il conclure tout aussy tost, qu'il en faudroit faire un present a quelq₃ Prince estranger ? Ce seroit un beau raisonnem^t a faire au Roy de France ; Casal, Pignerot, Brissac, Dunkerke &c. coustent a la Couronne de France tous les Ans des millions de livres plus qu'on n'en recueille ; et partant il les faut vendre a l'Espagnol ou au Duc de Sauoye &c. Les Interests des Grands Princes ne se taxent pas tousiours par deniers comptants, ny ne se mesurent pas tousiours par le proffit, mais par la Seureté de leurs Estats & Subiects, par l'honneur & Reputation de leurs Couroñes, par la Justice de leur nom & de leur Grandeur ; & finallement par cette belle qualité de Protection, laquelle ils doiuent a leurs Peuples, et en particulier a leurs plus Anciens Subiects, tels que sont ceux des Isles, qui ont un Droict a cette Protection la Anterieur a celuy de tous leurs autres Subiects ; qui est tellement fondé en la Justice, et en la raison, qu'il n'est pas au pouvoirs de leurs Princes de leur oster ce Droict la ; lequel ils ont Prescript contre eux par l'espace de neuf Cents Ans. Ces Messrs la croyent qu'un Prince a le pouuoir de Vendre & aliener ses Estats & de se deffaire de ses Subiects soubs des conditions auantageuses, come un Pere de famille se deffait de ses cheuaux quand il n'en peut plus tirer de service. En quoy ils ont fort mal raisonné. Car si cela estoit ce ne seroient plus Subiects, mais esclaues. Non il n'est non plus au pouvoir legitime d'un Prince de se deffaire de ses ancients Subiects, qu'il est au pouuoir des dits Subiects de en faire autant de leur Prince. Voyez Chassan, *Consuet. Burgund. col. 419 & 420* ou il demontre par raisons & authoritez que les Seigneuries & Jurisdictions ne peuuent estre alienées, sans le consentement des Subiects ; Et en particulier, Que le Roy de France ne peut aliener une de ses villes contre le gré des Bourgeois ou il allegue *Balde, Hostiens. Jo. Andr. Jason, Deus Tholos. 485, Math. Afflict. Bened. mc. Raynutius, & Joh. Igneus.* Voyez le aussy *col. 453 nu. 51. 52. 53.*

Et tant s'en faut que nos Ancients Roys ayent esté descouragez par les grands frais qu'il leur falloit faire incessament pour conseruer les Isles dans une Guerre perpetuelle, ou qu'ils ayent iamais pensé a s'en deffaire, qu'aucontraire ils n'ont obmins aucune chose qui peust faire pour l'aduantage des Insulaires, aussy bien que pour la conseruation des Isles : tesmoing les priuileges, franchises & Iṁunitez dont nous iouissons par la bonté des dits Roys, & desquels nous esperons que Sa Ma^{té} qui a tesmoigné tant de bonté pour nous lors qu'il y estoit present ne souffrira point que nous soyons priuez pour satisfaire a l'auarice d'aucun particulier.

De l'Office du Gouverneur.

Si nous ne regardons qu'a la Cõmission ou Patentes de nos Gouuerneurs depuis quelq₃ Centaine d'années, ou plus, nous y trouuerons
transfere presq₃ toute l'Authorité Royalle.　Car le Roy leur y donne
tous ses Droicts, Reuenus, proffits & emoluments ordinaires & extraordinaires.　Et il leur y donne la Disposition de toutes les charges,
appartenantes nõ seulement au Gouuernement militaire & a la
deffense de l'Isle & des Chasteaux, mais aussy de celles qui regardent
la Justice, iusques a celle du Bailly : ce qui a esté cydeuant cause de
beaucoup de brouillerie : car lesdits Gouuerneurs voulant se preualoir
de cet Article, ont esté vertement opposez par les Baillifs, tant du
temps du Roy Henry 7 que de nr̃e temps du regne du Roy Jacques :
& a chacune des deux fois apprez beaucoup de disputes, la nomination dudit Bailly a esté declarée inseparable de la personne du Roy :
Et ainsy la Patente des dits Gouverneurs est demeurée nulle en cet
Article.　Le Roy leur y donne aussy le pouuoir de receuoir les
Homages deubs a sa personne par les Franc-Tenants & Sa Maᵗᵉ.　Et
generallement tous les Droicts de la Couronne specifiez au chap.
precedent, excepté la Jurisdiction Civile ou Ecclesiastiq₃, & celuy de
dernier Ressort par Appel qui y sont les seuls cas reseruez a sa
Personne.

Il est vray que lesdits Gouuerneurs ne sont pas Domini, Seigneurs des Isles, ou d'aucune d'elles, mais seulement Viagers ou
Usufruitiers : Et partant que leur Droict se peut estendre & aneantir
par toutes les voyes par lesquelles nous voyons que l'Usufruit se
termine ; c'est a dire par mort naturelle & ciuile, par Crime & par
mal verser, ou mal user ; et qu'ils ne peuvent aliener ny deteriorer la
Proprieté : Et mesme puisque le Roy leur confie ses Garnisons &
places fortes, aussy bien que les Emoluments, qui n'en sont que Consequences, ils sont obligez de se maintenir dans l'esprit de Sa Maᵗᵉ
pour personnes de merite, & de fidelité non suspecte : Et en cas
qu'ils donneroient iuste subiect d'en douter, il leur pourroit oster,
a tout le moins, l'exercise de leur charge.　Neantmoins nous voyons
que cõme la Proprieté ou Seigneurie directe de toute la chose baillée
ou donnée par voye d'Usufruit, demeure tousiours au Seigneur direct,
auec les choses qui en sont inseparables, que de mesme l'Usufruit de
ladite Proprieté, doibt appartenir a l'Usufruitier.　Sur ce point on a
autrefois doubté si les Nouvelles Confiscations & Cõmises appartiennent
à l'Usufruitier ou au Seigneur.　Mais les Jurisconsultes ont repondu

que puisq; les dites Confiscations & Coṁises faisoient partie de la
chose baillée par Usufruit, elles y estoient necessairement comprinses;
mesmes il s'est trouvé des Jurisconsultes qui tiennent que non-seulement la jouissance viagere de la chose coṁise ou confisquée appartient
audit Usufruitier, coṁe elle appartient au mary par le Droict coṁun,
lors qu'elle arrive sur le Fief de sa feṁe, quoy qu'il ne soit qu'Usufruitier; *Voyez Guido Pape, en la quest. 477 & du Ferrier, au mesme
lieu.   Oldrad. cons. 240 Super eo. & Cons. 24 & Cons. 30.*

Pour amplifier encore de plus en plus les pouuoirs de nos dits
Gouuerneurs, ils ont fait inserer dans leurs Patentes une Clause,
laquelle sembleroit inseparable du Seigneur direct; ascauoir celle qui
les authorize à receuoir les Homages des Fran-tenants, *quæ sunt Jura
verè Dominica*, et ne peuuent appartenir à un simple Usufruitier,
entant que tel :   Et toutes fois il est aussy certain que le Seigneur
Direct peut Authorizer ledit Usufruitier a les recepuoir en son nom ;
auquel cas l'Usufruitier agist nō coṁe Usufruitier, mais coṁe Procureur du Seigneur Direct; coṁe le dit Ferrier sus allegué suiuant
les traces de Charles du Molin declare plus au long.   Et c'est chose
assez ordinaire & d'ancienne pratique, de recepuoir les homages par
Substitut ou Procureur; mesmes ou il n'y a point d'Usufruit separé
de la Proprieté: ce qui est autant pour le benefit du Vassal, coṁe
pour la commodité du Seigneur.   Car ie vous prie, quel aduantage
n'est ce pas a un Vassal de n'estre pas obligé a chercher son Seigneur
par mer & par terre por͛ luy faire homage ?   Car pour example
supposons que ledit Seigneur ait prins la Croisade pour aller a la
guerre contre les Infidelles ; ou mesmes sans cela, quand il ne s'agiroit
que de passer un Bras de mer de 30 ou de 40 lieües, de se couurir
d'un bon habit a la mode, d'attendre a la Cour 2 ou trois mois de
temps, attendant l'occasion de pouuoir se presenter a faire son
homage, & de payer six Jacobus pour la Cire ; & apprez tout de ne
remporter qu'un Certificat que le vassal a fait entre les mains de son
Seigneur, ce qu'il pouuoit faire chez luy, auec moins de frais & de
fatigue, sinon auec autant d'honneur.   Cela a esté mieux entendu
par nos Ancestres que par nous.   Car il y plus de 500 ans qu'ils
possedoient l'exemption de tels homages, & la maintenoient coṁe un
de leurs plus aduantageux Privileges, & coṁe tel ils le firent inserer
dans le Corps des Privileges de l'Isle l'an 6 d'Edouard 3, coṁe il se
trouue encore enrollé en la Tresorerie de l'Eschiquier, ascauoir Que
les habitants des dites Isles ne seroient point tenus de prester leurs
homages ou Fidelitez a Sa Ma^té s'il ne venoit en personne auxdites
Isles ou y enuoyoit Procureur pour les receuoir en son nom.   Ces
bonnes gens là estimoient que ce fust une servitude intollerable

d'estre obligez a passer la mer, & de prendre beaucoup de peine, auec
perte de temps et d'argent, pour une chose de neant. Ils n'estoient
pas de l'humeur de quelques uns d'apresent, qui en sont ambitieux
hors de mesure, & qui aimeroient mieux y despenser Cent Pistolles,
que de s'en acquiter par Procureur, ou de n'en faire rien du tout, qui
seroit encore un plus grand Privilege. Ce n'est pas d'aujourd'huy
que la Vanité, que ie ne die stupidité des homes interprete beaucoup
de choses a honneur, qui sont en elles mesmes seruiles & deshonnestes,
& qui furent imposées du comencement come charges & seruices ;
lesquelles les Jurisconsultes appellent *onera hœreditaria*, fardeaux
ou charges hereditaires, tels que sont les seruices militaires, les Suites
de Cour, les Reliefs, les 3 aydes cheuels &c dont la cause est noble et
honeste, mais l'effet seruile & contraire a la liberté naturelle : Et il
n'y a celuy qui n'estime plus aduantageux de ne les denoir pas dutout,
que d'y estre obligé en peine de Comise ; s'il n'a perdu le Jugement :
come il n'y a celuy qui n'aimast mieux ne denoir rien du tout a
personne du monde, que d'auoir le plus grand Monarque pour Crediteur : Autrement les Ducs de Bretagne & de Bourgogne ne se fussent
iamais tant deffendus de faire leurs homages au Roy de France ;
mesmes ils eussent demandé de le faire personnellement.

Mais que dirons-nous des Tresors trouuez a qui appartiennent
ils ? A l'Usufruitier, c'est a dire au Gouuerneur ou au Proprietaire
c'est a dire au Roy. Cela se trouve decidé par le mesme du Ferrier
aulieu prealleguié, Ascauoir, Qu'une moitié dudit Tresor doibt appartenir a l'Usufruitier, come Trouueur, & l'autre moitie au Seign^r direct ;
Et que ledit Usufruitier n'y peut clamer aucun Droict qu'en qualité
de Trouueur : parceque *Thesaurus non est in fructu.* Ce qui n'empesche pas, que le Seigneur direct n'en face transport audit Usufruitier, s'il luy plaist : mais il faut qu'il conste[1] de sa volonté par
Clause specialle.

Les Gouuerneurs des Isles n'ont aucune Jurisdiction, ny en
Causes Ciuiles ny en Causes Criminelles, toutes choses qui regardent
l'administration de la Justice, estants entièrement de la cognoissance
du Bailly & des Jurets, come il est notoire par l'Inspection des Priuileges des Isles & par l'Usage & pratique, qui en est le Vray Interprete. Aussy n'ont ils ny Sergents ny Appariteurs, ny aucun Officier
Jurisdictionnaire qui leur soit assermenté : mais tous les Serments
s'administrent deuant le Bailly & la Justice : mesme celuy desdits Gouuerneurs, lesquels ne sont recognus pour tels, iusques a ce qu'ils ayent

---

(1) Conster = être certain et évident.

presenté leur Comission en Cour sceante, & qu'elle aye esté enrollée,
& en suite de cela qu'ils ayent prins le serment de leur office. Mesme
les Portiers des Chasteaux c̃õe gardiens des prisonniers sont Officiers
de la Cour, qui est le seul Auditoire de la Justice Royalle, & la
Souveraine & Imediate Jurisdiction soubs les Roys d'Angleterre aux
Isles : Et partant ce n'est pas saus raison que le Corps qui la constitue
est Independant de tout autre chef que de la seule personne du Roy ;
& qu'il est Inuiolable non seulement en ses Deliberations & Jugements, mais aussy au regard des personnes de ceux qui en sont les
membres, & particulierement du Bailly & des douze Justiciers : Et
Sa Maté d'auiourd'huy a eu raison de condamner la temerite de
Monsr Darrell son Lieutenant Gouuerneur pour Guernezey a Usurper
sur l'Authorité de ce Corps la, & a violer la Justice en la personne du
Lieutenant Bailly emprisonné par luy, pour avoir refusé d'enroller sa
Comission a son comandement. L'arret du Conseil sur cette affre la
est si juste & si celebre que i'ay trouué expedient de l'inserer icy,
pour seruir de Pierre Limitrophe ou Deuise entre le Gouuernemeut
militaire & la Jurisdiction Ciuile entemps a venir.

At the Court at White-Hall yᵉ. 3ᵈ of June 1664

Present

The King's most Excellent Matʸ

His Royal Highness yᵉ D. of Yorke	Earle of Bath
Lo. Arch.ᴾ of Canterbnry	Earle of Lauderdaile
Lo. Chancellour	Lo Bᴾ of London
Lo. Treasurer	Lo. Wantworth
Lo. Priuy Seale	Lo. Seymour
Duke of Albermarle	Lo. Ashley
Marq. of Dorchester	Mr Treasurer
Loᵈ Chamberlaine	Mr Vice-Chamberlaine
Earle of Berks	Mr Secretary Morice
Earle of Sᵗ Albans	Mr Secretary Bennet
Earle of Sandwich	Sr Ed. Nicholas
Earle of Anglesey	

Whereas in pursuance of an order of yᵉ 20ᵗʰ of May the matters
concerning Capt. Nath. Darrell Lieut. Gouernʳ of yᵉ Island of Guernezey & Mr Jo. Quetteville Lieut. Baily of yᵉ same, were this day
opened at large at this Board by Councell learned on both sides ;
And it appearing by Depositions of seueral witnesses upon oath, that
yᵉ sayd Capt. Darrell hath very much misbehaued himself by sus-

pending & displacing yᵉ sayd Mᵣ Quetteville frō yᵉ office of Lieutenant Baily of yᵉ Island, with Circumstances of passion and contumely unbeseeming one employed in yᵉ Trust, & afterwards by Imprisonning him causelesly, contrary to yᵉ Laws and Customes of yᵗ Place : His Maᵗʸ taking the same into his serious consideracõn ; together with yᵉ consequences that must necessarily attend such violent proceedings & usurpations by such as are or shalbe Intrusted by his Maᵗʸ with yᵉ Gouernment & military power of yᵗ Island, ouer the magistrates & Ciuill Jurisdiction there (In matters wherein the security of his Majᵗʸˢ Person or of his Croune, & Gouernment of yᵉ said Island is not concerned) Was pleas'd to declare yᵗ yᵉ sayd Capt. Darell hath Incurred his displeasure by those misdemeanors, And that He holds him unfitt to be continued Lieut. Gouᵣ of that Island ; And doth accordingly direct that his comission shall be taken frō him for yᵉ sayd Fact. And His Maᵗʸ doth further order that Mᵣ Quetteville shall haue 20 ₶ Sterl. costs in consideracõn of his charges & vexations ; which yᵉ Right Hoᵇˡᵉ yᵉ Lᵈˢ of yᵉ Comittee for yᵉ Affᵣˢ of Guernezey are to atteste and appoint to be payd by such of yᵉ Jurats of yᵗ Island, as they conceave to haue been most faulty in abetting & assisting Mᵣ Darel in those his miscarradges.

Jo. Nicholas.

Et cõme leur pouuoir ne s'estend point sur les Magistrats Superieurs de la Jurisdiction Ciuile, en ce qui regarde la liberté de l'execution de leurs charges ; il s'ensuit par mesme raison qu'il ne s'estend non plus sur les magistrats Inferieurs, Officiers de la Cour, Conestables &c lesquels sont obligez par serment a faire le seruice de Sa Maᵗᵉ duquel ils sont responsables en sa Cour, & non ailleurs, selon les Loix & Coustumes des Isles, & non selon le caprice d'aucun particulier. Ce n'est pas que ie veille denier que les Gouuerneurs en vertu de leur office n'ayent une espece de Jurisdiction dans les Garnisons & entre ceux qui en sont membres & dependans, principallement pour des Causes purement militaires, ou lors qu'il s'agist de la seureté desdites Garnisons, et en une coniuncture de Danger ou Guerre Iminente, lors qu'il ny a point de lieu porᵒ les formalitez du Droict ; & en quelqȝ cas aussy sur toute la Milice des Isles ; selon qu'un tel pouuoir peut estre necessaire pour le Seruice du Roy, & cõme il est pratiqué en tous Gouvernements militaires. Et cõme cela, ils ont accoustumé de punir & chastier leurs soldats, iusques a les emprisonner, sur le champ sans en importuner la Justice, pourueu qu'il n'y appende mort ny mutilation de membre (ou sans urgente necessité) car alors ce seroit a la Cour Ciuile a en cognoistre, & non aux Gouuerneurs ; lesquels par

B

consequent n'ont aucun pouuoir legitime d'user de la Voye de force enuers les Subiects de Sa Maté ny de les maltraiter, battre, iniurier ou intimider par suggestions ou par menaces pour les faire faire aucune chose contre leur liberté; & ainsy qu'ils ne peuuent tirer raison d'aucun des Insulaires non soldat de leurs Garnisons, sinon par le moyen des Officiers Ciuils de Sa Maté & par les Loix des Isles en Cour. Car ce seroit une estrange absurdité en Police que lesdits Gouuerneurs n'ayent pas le pouuoir de forcer aucun des Insulaires a leur payer un pauure Boisseau de blé, de leur seule authorité & sans la Justice; & que cependant ils usurpent le pouuoir de forcer lesdits Insulaires, sans la Justice, a leur payer les Droicts ou Seruices qu'ils doiuent au Roy cõme Tenants ou cõme Subiects, (hors du cas de necessité) & celuy de punir les manquements qui s'y rencontrent, a leur discretion; sans forme de procez ny ordre de Droict.

Il se presente en ce lieu occasion de parler d'une Coustume, laquelle passe desormais pour legitime, Que toutes les fois qu'il y quelqʒ chariage, ou autre seruice ou Coruée à faire, pour le Gouuerneur, ou pour aucun des chasteaux, on addresse un Billet au Conestable ou Centenier de la Paroisse au nom du Gouuerneur ou de son Lieutent pour en voir faire l'execution a leurs perils. Pour bien entendre si ce procedé la est legitime, il faut distinguer lesdits Seruices en deux especes: La premiere sera de ceux qui sont purement Feodaux, lesquels sont deubs par les Tenants des fiefs du Domaine ou Propre, par raison de leurs teneures; cõme les chariages & apprests des Foins, et ceux des breuuages & bois de chauffe qui se font aux Chasteaux par lesdits Tenants. Desquels on peut dire sans hesiter que puis qu'ils ne sont deubs que par les Tenants du Roy & a cause des terres qu'ils occupent, ils ne peuvent dependre de la charge d'un Conestable ou autre Officier non feodal; mais doivent estre executez par les Sergents, Preuosts & autres Officiers Feodaux affieffez pour tels seruices par teneures particulieres; cõme cela est visible par l'inspection des anciennes Extentes: Et la raison est euidente. La seconde sorte de seruices, sont ceux qui concernent le public, & doiuent estre faits par tous les Subiects du Roy en general; de laquelle espèce sont les Douves, Guets, reparations des chemins publics &c. Et ceuxcy ou bien sont attachez a la charge de quelqʒ officier appointé pour cela, cõme le Guet, qui est de la charge du Voyeur, & les chemins qui sont de celle des 2 sermentez por² lesdits chemins en chaqʒ Paroisse; ou bien ils ne sont approupriez a personne. En ce dernier cas il n'y a point d'incongruité que le Conestable, cõme premier Officier public de la Paroisse aye soing que les seruices qui regardent l'Interest de Sa Maté et la conservation de ses Places, & la seureté de ses Subiects, soient executées par ses Soubs-Officiers en temps & lieu par ceux qui y sont obligez, puisqu'il ne se trouve d'autre Officier a qui cela conuienne particulierement : et s'il ne le fait, il en est responsable non pas au Gouuerneur, mais a la Cour de Sa Ma^{té} (si ce nestoit come iay dit en quelqȝ coniuncture extraordinaire : Et c'est au Procureur du Roy a en faire Instance, & non a autre.

Quoy que le Gouverneur n'aye aucune Jurisdiction attachée a sa personne, toutes fois quand la necessité le requiert, il doibt estre requis de permettre que les Estats s'assemblent, pour preuenir quelqȝ danger iminent, ou pour autre iuste cause publiqȝ : Et il y doibt presider en personne s'il est sur le lieu, ou par son Lieutenant, ou Deputé lieuten^t s'il est absent ; affin de voir qu'il ne se passe rien en ces Assemblées libres contraire au seruice du Roy.

Et ledit Gouuerneur a aussy son siege a la droite du Bailly, quand il luy plaist assister a la Cour, affin de voir que la Justice y soit deüement administrée, & de donner plus de poids aux Jugements par son authorité. Ce qui se trouue auoir esté pratiqué maintefois ; Et c'a esté la coustume du temps passé, que lors que le Gouuerneur ou son Lieutenant assistoient en Cour, d'en faire mention honorable dans les actes.

Les Isles de Jersey & de Guernezey sont Places frontieres & esloignées de l'Influence de Sa Ma^{té} C'est pourquoy les Ancients Roys y establissoient tousiours pour Gouuerneurs des personnes d'experience au fait de la Guerre, & les y attachoient par une Residence perpetuelle, sinon qu'ils obtenoient quelquefois, pour iustes causes, quelques mois de congé. Et c'est un poinct sans controuerse, que des Places de cette importance, doiuent auoir la presence & inspection personelle de leur Gouuerneur ; et qu'en conferant de telles charges, on doibt tousiours faire election de la personne : or partout ou on fait election de la personne, on a regard aux qualitez personnelles ; & par la on presuppose qu'elle fera sa residence ordinaire sur le lieu, & qu'elle s'acquittera de la charge conferée en propre personne.

De l'Office du Bailly.

L'Office d'un Bailly est amplement descripte par l'Autheur du viel Coustumier. Neantmoins il faut scauoir que celuy de Jersey a une Jurisdiction beaucoup plus ample en plusieurs particuliers, & beaucoup plus estroicte en quelques autres choses : Car chez nous le

Vicomte n'a ny Cour ny Jurisdiction; Et toutes les Causes Vicom-
talles, qui sont en grand nombre, se terminent par deuant le Bailly,
qui est le Juge ordinaire en toutes Causes tant grandes que petites,
en premiere instance. Cependant son pouuoir est grandement limité
par la concurrence des douze Jurez, selon l'opinion desquels il est
obligé de Juger, par une Coustume ou Priuilege particulier de nos
Isles. Anciennement la charge & administration tant de la Justice
que de la Milice estoit a une mesme personne, qui s'appeloit Bailly :
et ainsy c'estoit une charge mixte : C'est ou regarde le Viel Coustumier, quand il dit, Que le Bailly est le Gardien de la Terre soubs le
Duc de Normendie; ou il fait allusion au mot Bailly qui signifie
Gardien, en vieux Language : Et certes tous les Officiers de Justice
& de Police sont tous gardiens de la Terre du Roy, chacun en son
esgard : mais cela n'empesche pas que celuy auquel Sa Ma^té en aura
confié la Garde particulierement, ne doiue estre recognu pour Gardien
par Voye de preference : Et c'est aceluy que nous appellons Gouverneur que cet honneur appartient; lequel estoit cydevant cognu
seulement par le nom de Gardien, ou de Custos (qui est tout un) :
come ce Titre la luy est encore a present donné dans sa Comission ou
Patente : C'est pourquoy feu Monsr Herault se trompoit lourdement,
voulant s'attribuer au preiudice du Gouuerneur d'alors, tous ces beaux
Eloges qui se trouuent dans le Coustumier, au Chapitre du Bailly.
Le bon home auoit l'ame pure de corruption, mais non pas de vaine
gloire, accompagnée de foiblesse : et n'auoit pas bien estudié ny la
Patente dudit Gouuerneur ny la sienne propre. J'ay autres fois veu
les Papiers de ce grand Procez qui fut entre eux, pour la Preference ;
et iay trouue auec admiration que toutes les deux Parties visoient a
des fins contradictoires par un mesme raisonnement, qui les trompoit
tous deux. Car Monsieur Payton disoit que les Gouuerneurs anciennement auoient eu l'administration de la Justice, & qu'ils y pour-
uoyoient come ils trouuoient expedient par Substitut de leur nomination, & partant que le Bailly deuoit estre de sa Collation : Au
contraire le Sieur Herault disoit, que du temps passé le Bailly auoit
l'administration de la Milice aussy bien que de la Justice & qu'il
estoit le Gardien du pays soubs les Ducs de Normendie; et parconsequent qu'il estoit le plus digne. Et certes ils auoient autant de
raison l'un come l'autre. Car ils se trompoient tous deux de conclurre du temps passé au temps present. Les choses de ceste nature
que nous appellons politiques, se changent tous les iours; Il se trouue
des charges lesquelles anciennement estoient viles & de peu de consideration, lesquelles a present sont fort considerables ; et d'autres lesquelles auoient la vogue, dont on ne tient plus de compte. Cela

depend, non de la nature de la chose, mais de la volonté des Princes, qui en ordonnent cōme bon leur semble.

La charge du Bailly consiste principallemént en l'administration des choses qui luy sont prescriptes par la Loy ou par la Coustume, & desquelles il n'est que simple executeur : et supplementairement en celles qui luy appartiennent par raison de son office, que les Juris-consultes appellent *ex officio* ou *Officiu Judicis :* cōme de faire deffenses & inhibitions extraiudiciaires en plusieurs cas, de suppleer au deffaut de tesmoings & autres preuues, de casser ou refuser les tesmoings, lors qu'il trouue iuste ; de proposer exceptions legitimes pour les parties, quoy qu'elles ne le demandent pas ; de proposer nouveaux expedients pour instruire la Cour, mesme en faueur des absents & tergiuersateurs, de reietter les semonces ineptes et inci-uiles ; de reietter les accusations calomniatoires ou mal fondées ; d'opposer prescription contre une action ; de suppléer aux deffenses d'un deffenseur plaidant mal sa cause, et de faire tout ce qu'il trouvera expedient pour l'esclaircissement du droict de la partie ; de donner des ordres ou Briefs pour maintenir chascun en sa iuste possession, & pour accelerer la decision des controuerses ; de deffendre qu'une sentence notoirement nulle ne soit mise en exe-cution ; auec plusieurs autres choses qu'il seroit trop tedieux de coucher par le menu.

Le Bailly est le seul Tabellion ou Notaire Public que nous ayons en toute l'Isle ; car il ne se fait aucune Escripture d'authorité publiqȝ qui porte hypotheque, sinon celle qui a esté faite & passée par deuant luy & 2 Jurez, ou qui a esté recognue en Justice ; Car quant au Greffier & Enregistreur, ils ne sont pas Tabellions d'Office, mais ont seulement pouuoir de donner des Copies authentiques des Escripts publics dont ils ont la garde.

Le Bailly par une Coustume pratiquée chez nous, peut demander la peine de Fol Appel, qui est Vingt Escus, si l'Appelant se repent, ou fait Desertion de son Appel, apprez qu'il a esté entré aux Rolles, & les Cautions données.

Sur laquelle Coustume ie feray quelques reflexions tirées du Droict Ciuil ; Dont la premiere sera, que regulierement, l'Appellant, mesme apprez l'Appel Interiné, doit estre receu a se Repentir, & ses Papiers luy doiuent estre rendus, sans punition ny amende ; *ne iustæ pœnitudinis humanitas amputetur ; de peur que l'humanité deüe a une iuste repentance ne soit retranchée. L. Si quis libellos. Cod. de Appellat.*

Neantmoins celuy qui a renoncé a son Appel, doibt estre pour sa temerité condamné aux despens de l'Instance, cõme tient Guido Pape, en la Quest. 436. nu. 36 ou il cite *Inno: in. C. ex parte. Extr. de Rescript.* & dit que le Parlement de Grenoble l'obseruoit ainsy de son temps.

Il faut se souvenir qu'il y a trois sortes d'Appeaux, ascauoir Justes, Superflus & Friuoles. Ils sont Justes quand le Subiect en est iuste & legitime. Ils sont superflus quand la sentence de laquelle on a appellé estoit nulle, c'est a dire contre la Loy ou Coustume, ou notoirement faulse & Iniuste (cõme ie montreray au chap. des Nullitez). Ils sont Friuoles (ou Fols comme nous les nommons) & frustratoires lorsque l'Appellant n'est ny greué ni Interessé, & que la Sentence est visiblement iuste & raisonable & qu'on y a procedé selon les formes & solennitez requises par les Loix. Et cette derniere espece est par la Loy de nul effect, & ne doibt empescher l'execution de ladite Sentence ; et mesme celuy qui l'a entreietté est priué de la liberté de pouuoir appeller une seconde fois en la mesme cause, si la sentence estoit Interlocutoire *Cap. Si appellationem. De Dolo & contumaciâ. Feder. de Sen. Cons. 192 col. 2. versir. Si autem. & Cons. 187. Casus est talis Dominus. Bald. Cons. 338. ad euidentiam. nu. 4. Ver. huc accedit cap. Suggestũ. de Appellat. cap. Pastoralis. ver. per. Appellat. frustrator. de Appellat. & ibi. Præpositus. Fulgos. Cons. 165. In quæst. nu. 2. Anchar. cons. 158. Ex narratis. nu. 29 et seq.* De sorte que tant s'en faut que la Cour doiue deferer a cet Appel, qu'au contraire elle le doibt mespriser, & n'en prendre Cognoissance. Pour la premiere sorte d'Appel qui est iuste & bien fondé il n'y a point de raison de punir l'Appellant lorsqu'il desiste pour euiter les frais & fatigues du procez : et le mesme se peut dire de la seconde sorte : Car si la sentence estoit nulle & ineffectuelle, & que la partie greuée en ait appellé (cõme elle le pouuoit) croyant qu'il fallust ainsy faire, & que par apprez elle ait recognu que l'Appel estoit superflu, & qu'ainsy elle ne l'aye poursuiuy plus outre, quel mal a-t elle fait en ce cas pour estre punie. Et quelle raison y a-t il que le Juge qui l'a greuée des-ia une fois, remporte vingt escus de proffit de sa sentence inique ? Voila cõme ny les Loix ni les Jurisconsultes ne sauent rien de cette peine de Fol Appel ; Et ie doubte que la Coustume qui l'a introduite ne se trouue enfin une folle Coustume. Car Chassanée sur la Coust. de Bourgogne, parlant d'une certaine Ville ou cette mesme coustume de taxer la peine de Fol Appel au proffit du Juge auoit esté receue, il la blasme cõme iniuste en elle mesme, & encore plus en ce qu'elle se conuertissoit au proffit du Juge. *Non est æquũ* (dit-il) *Judicem sibi applicare Emendam.*

Il n'est pas iuste que le Juge s'applique aucune Amende. Et veritablement s'il y a de la coulpe a appeller d'une sentence qu'on croit auoir de l'iniquité & par laquelle on s'estime greué, cette coulpe la est bien payée par les peines & frais de l'Appel, & despens de la partie qu'il faut payer en fin de cause qui sont assez souvent cause de la ruine des Appellants ; lesquels par consequent il vaudroit mieux inuiter a desister de l'Appel, que de les y roidir par la crainte d'en payer l'amende. Et partant ne trouvant pas de raisons assez fortes pour deffendre cette Coustume, ie la laisse cõme ie l'ay trouuée, en attendant qu'elle trouue un meilleur Aduocat que moy.

Cõme i'aduoüe que les Reglements qui se doiuent faire pour reformer les abus qui se cõmettent par les Marchands & Tauerniers dans la vente & debit des Breuuages conuiennent particulierement a la charge du Bailly et mesme le Licenciement des Tauerniers & Cabarettiers tant a vin qu'a sidre & a Biere ; parce que cela est de grande importance au public, & merite beaucoup de consideration, au regard de la necessité & des circonstances qui les peuuent rendre plus ou moins licites ; Aussy ie ne puis me persuader que la visite ordinaire des Tauernes & des Cabarets, & le Goust de chasque Piece de Vin, s'accorde auec la dignité de cette Charge ; & que dans l'ex-actitude & assiduité ou cela se deueroit faire, il n'y ait deshonneur pour un tel Juge de s'y assubiectir. Neantmoins les Tauerniers ont de coustume de luy faire present de la premiere Bouteille de vin de chasqȝ piece a gouster. Et apprez cela il est de bonne vente, sans autre espreuve. Je n'ay iamais ouy parler qu'on goustat le vin de cette façon. C'est auprez du Tonneau & en petit Gobelet, que le vin se doibt gouster, & a plus d'une fois. Et cela se fait par personnes propres a cela. Je ne scay quand ny par qui cette Coustume a eu son cõmencement : Quicõqȝ en ait esté l'Autheur il n'importe a sa memoire que cela soit recordé : mais ie scay fort bien qu'il y a plus de 3 a 4 Cents ans que cela estoit de la charge du Vicomte cõme nous voyons encore a present que la visite des viandes, pain, bleds &c. luy appartient. Il se trouve dans l'Erre de Robert de Scarborough en l'Eschiquier un Reglement fort exact pour cela, ou il est enioinct au dit Vicomte de visiter & gouster chasqȝ piece de breuuage en perce par trois diuerses fois, au cõmencement, au milieu & sur la fin ; & de voir que le vin & autre breuuage continüe tousiours de mesme bonté. Je ne scache pays du monde ou il n'y ait quelqȝ Officier inferieur appointer pour vacquer a cela, sans que le Juge deroge a l'honneur de sa charge par un tel employ : Mais l'Interest fait que nous ne voyons pas les absurditez d'une chose, & que nous retenons volontiers ce qui nous apporte du proffit, lors que nous auons un pretexte a nous

en descharger sur autruy, en disant que nous ne l'auons pas inuenté ;
& que nous faisons come nos Predecesseurs ont fait.

Quoy que regulierement les Comissions Royalles qui se donnent
pour le fait de la Justice soient de telle importance qu'elles ne se
subdeleguent point ; c'est a dire, que celuy a qui elles s'addressent ne
peut constituer de Lieutenant a les executer ; parce que le Prince
ayant fait election de la personne (come les Jurisconsultes parlent) il
faut de necessité q̃ la personne esleüe l'exerce elle mesme. *Card.
Fuschus Lit. D. conclus. 147 Angel. Aret. cons. 137 nu. 13 versir.
multo minus, & seq.* Lors qu'un Juge ordinaire estably par le Prince
ou Repub. on fait election de sa personne, pour quelq₃ qualité qu'on
croit estre en luy. *Et ideo ordinarius Judex non potest subde-
legare.* Et aussy les choses *meri & mixti Imperii* (*de Haute &
Moyenne Justice*) sont permises aux Grands Juges, & ne se deputent
point regulierement ; *Clar. in S fi. quæst. 41. in pr. vers. aut
loquimur* ou il dit, que c'est l'opinion comune des Docteurs. Et le
mesme Clar. dit clairement au lieu preallegué, que celuy qui est
delegué par le Prince ne peut subdeleguer ; parce que l'industrie de
la personne est choisie, pour l'execution de la charge deleguée *nu. 3
versir contrariam :* A quoy s'accorde *Socin. Reg. 9. Delegari non
possunt ea q̃ sunt meri & mixti Imperii.* Et selon ceste Regle,
nous voyons que les Juges Royaux soient ordinaires ou extraordinaires,
appointez par le Roy en ses Courts Souueraines, n'en deputent, ny
n'en substituent iamais d'autres en leurs places ; mais en cas qu'ils
n'y puissent vaquer, le Roy y pouruoye par autre delegation : Le
mesme s'obserue en toutes autres charges de Judicature ; ou les Roys
ont iusques icy obserué trois choses inuiolablement ; La premiere, de
n'admettre iamais en Office de Judicature en aucune Cour Souueraine, quelque personne que ce soit, si elle n'est qualifiée des
Grades & dignitez lesquelles se conferent aux Professeurs du Droict
dans les Colleges du Droict Anglois a Londres, apprez une estude de
plusieurs années accompagnée de la Pratique & de l'experience
requise pour une telle charge : Et ainsy on ne trouuera point qu'aucune Office de Judicature ait iamais esté conferrée a un home de
Robe Courte, ignorant des Loix. La seconde que les dits Roys n'ont
iamais permis que les Juges par eux nomez en substituant d'autres
en leurs Places, pour exercer leurs charges, tandis qu'eux mesmes se
reposoient, ou faisoient autre chose : mais que leur Industrie personnelle & leur Residence sur les lieux a esté iugée essentielle pō' la
droite execution des dites charges. La troisiesme qu'ils n'ont iamais
donné la Suruiuance de ceux qui exercoient les dites charges, (que
nous appellons Reuersions) mais qu'ils ont tousiours attendu qu'elles

fussent vacantes, auant que d'en disposer, non plus qu'aux Offices,
Dignitez & Benefices d'Eglise, (ou ce seroit un Crime de promettre
une Suruivance) et que lesdites Reuersions n'ont esté pratiquées
sinon pour des Dignitez & offices fieffées & purement lucratives sans
personnelle Jurisdiction, & ou la suffisance des personnes qui les
exercent est peu considerable. Que si cela n'a pas esté suiuy de
point en point en nos Isles, c'à esté pour deux raisons principales ;
La premiere, parce qu'il eust esté difficile de trouuer des personnes
qualifiées pour les Offices de Judicature dans les Isles ou les estudes
du Droict sont tout a fait negligées ; & partant on les a conferées a
ceux qui se sont presentez pour les demander, sans s'en enquerir
plus outre. La seconde, parce que les Isles estants esloignées de la
personne du Roy, lequel ne pourrait pouruoir en temps a l'execution
de la Justice en cas de l'indisposition ou autre iuste empeschement
des Baillifs : c'est pourquoy il a esté trouué expedient, de peur d'empescher le cours de la Justice, de pouruoir a cet inconuenient par un
Substitut ou Lieutenant. Neantmoins nous ne trouvons point quil
y ait eu aucū Bailly lequel n'ait agi personnellement en l'execution de
ladité charge la plupart du temps, ny que les Lieutenances ayent esté
pratiquées a autre fin, que subsidiairement, pour suppleer d'un Juge
lors que la necessité le requerroit ; & non pas pour en faire des Offices
ordinaires, cõme sont a present celles de Normandie. Pour les Reuersions ou Suruiuances, elles n'ont iamais eu lieu en France, iusques
a ce que les offices de Judicature ayent été Venales ; c'est a dire
qu'elles ont entré auec les autres Corruptions que nous voyons au
fait de la Justice en ce pays la. Nous n'en auions iamais ouy parler
en nostre Isle, iusques au S⸰ Jean Herault, qui en obtint une sur la
vie de M⸰ Geo: Paulet ; mais elle estoit en quelq₃ sorte excusable ;
par ce qu'il estoit ià decrepit, & qu'il auoit parole de luy qu'il cederoit
la charge ; cõme il fist. Ce neantmoins cet honeste hõme la fist un
fort mauvais Office a son Pays d'introduire un example si pernicieux,
& qui porte hazard d'estre cause de beaucoup de malheur. Et de
fait les Suruiuances, quand elles seroient les mieux proiettées du
monde, sont de fort mauvaise grace, & doiueroient estre aneanties,
aussy bien dans les charges seculieres, cõme nous voyons qu'elles le
sont dans les Ecclesiastiques, et ce pour deux raisons—La premiere,
qu'elles sont contraires a la bienseance & honesteté morale, & que,
inducunt votum (sinon) *captandæ* (a tout le moins, *optandæ mortis ;*
c'est-à-dire qu'elles induisent un Successeur designé a machiner
contre la vie, ou, du moins, a souhaitter la mort de son predecesseur :
et quand cela ne seroit pas, il n'est pas honeste de bastir le tombeau
d'un hõme viuant & en bonne santé, en luy donnant un Successeur,

C

& ainsy attachant la Grace du Prince a une condition de Triste Euenement ; cõme par le Jurisconsulte. La seconde raison, est, d'autant qu'en ces collations d'offices de Justice la premiere & plus necessaire consideration estant celle de la capacité & de l'Industrie & honesteté de la personne qui en est pouruelle, il est impossible de faire un iugement certain du temps a venir par le present, a cause de la nature des hõmes qui est suiette aux changements ; de sorte qu'un hõme aujourdhuy capable de quelq₃ chose peut estre ne le sera pas a quelq₃ temps d'icy : Il y a des vices qui se monstrent plus & paroissent dauantage en la vieillesse qu'en la Jeunesse ; un beau Printemps, ou Esté n'a pas tousiours son Automne semblable. Mais quand ces Reuersions la viennent a se multiplier, & que on donne la Suruiuance du Reuersionaire, c'est a dire, l'esperance d'une esperance ; en ce cas la l'absurdité de la chose se monstre encore plus visiblement.

La prochaine consideration sera touchant le pouuoir des Lieutenants ; car il y a plusieurs Jurisconsultes qui tiennent qu'ils ne peuuent expedier les Causes, lesquelles sont *Meri Imperij*, c'est a dire de Haulte Justice. Et certes cela est ainsy par le Droict cõmun. *L. a Judice Cod. de Judic. L. suggerente. C. de offic. eius qui vicem alter. Jud. gerit. Boier. Decis nu. 8.* Voyez Boneton sur la *quest. 624 de Guido Pap.* Toutesfois le mesme Guido tient en ce lieu la, & le prouue par la pratique de Dauphiné, q̃ les Lieutenants agissent en toutes sortes de causes sans aucune distinction ; & aussy nous en usons ainsy en nos Isles.

Quels Offices sont compatibles avec celuy de Bailly.

Les Jurisconsultes quand il est question de compatibilité d'Offices, regardent a ces Regles suyvantes.

1.   Lorsque deux Offices ne peuuent estre exercez par la mesme personne, sans negliger plus ou moins l'un des deux, ils sont Incompatibles. *Lapus, Allegat. 117 numero 3.*

2.   Tous Offices également Principaux, c'est a dire qui ne dependent point l'un de l'autre, cõme principal & accessoire, sont Incompatibles. *Anchar. Consil. 423 numéro 3.*

3.   Tous Offices qui ont Administration, & ne sont pas simples Dignitez, sont Incompatibles, pourueu que l'Administration & ex-

ercise desdits Offices se rencontre en mesme temps : car alors il est impossible qu'une persoñe puisse estre diuisée. *Anchar. d. cons. 423 nu. 2. vers. prœterea. Lapus. Alleg. 117, nu. 3 in principio.*

4.   Tous Offices qui de leur nature peuuent s'exercer par Substitut, sont compatibles.   *Lapus, ibid & numero 4.*

5.   Lors que deux Offices ont salaire du Public, chascun a part, ils sont Incompatibles.   *Anchar. ibid nu. 3. Vers esset enim.*

6.   Outre ces Regles on en pourrait adiouster une encore plus asseurée, ascauoir, que lors que la conionction de deux Offices en une mesme persoñe, a quelque repugnance a l'honnesteté morale, ou que l'une contribue a corrompre l'autre, alors ils sont morallement Incompatibles & ne peuuent subsister ensemble.

Suyuant ausquelles Regles il est aisé de voir, premierement que l'Office de Gouuerñeur est aujourdhuy incompatible auec celuy de Bailly, comme estant tous deux Offices egallement principaux en la Republique, l'un põ la Milice, & l'autre pour la Justice ; qu'ils ne peuuent estre exercez par la mesme personne, sans negliger en quelq₃ façon l'un des deux ; qu'ils ont tous deux l'Administration de grande estendue ; & ont tous deux salaire competent du Public : mais principallement parce que c'est contre l'honnesteté morale, qu'ils se rencontrent ensemble : Car si c'est contre l'honnesteté morale, qu'un Juge applique les Amendes a son particulier (come temoigne *Chassan. Coustumes de Bourgoigne. col. 273* cy-dessus allegué) ce le seroit beaucoup plus, si un Bailly estant aussy Gouuerneur, appliquoit toutes les Amendes, Comices, Confiscations & les autres Emoluments de la Cour a sõ proffit : Ce seroit une Amorce de Corruption ; & on pourroit faire passer pour miracle si cet homme la mouroit innocent.

Secondement, nous en pouuons dire autant d'un Fermier de la Recepte ; car les Amendes et autres proffits Curiaux en font partie : & quand elles en seroient exceptées, il y a tant d'autres Causes appartenants a la Recepte, qui ont a estre iugées deuant le Bailly, qu'il ne pourroit exercer les deux charges, sans iuste soupçon.

Pour la Lieutenance du Gouuerneur, ce n'est pas un Office perpetuel, ny gagé du public. Et dans ces termes la, ie ne voy pas qu'il ne puisse compatir auec celuy de Bailly, pourueu qu'on se souuieñe de ne choquer les Regles couchées cy-dessus.

Des Douze Jurez.

Nos douze Jurez ne sont pas Assesseurs de parade, come ceux qui assistent dans les Bailliages de Normandie, ou le Comentateur sur le Coustumier fol. xxv pag. 1. col. 2. dit que le Juge, s'il trouue expedient, peut proferer sentence sans demander l'auis de l'assistance : mais ce sont les Depositaires des Loix, Coustumes & Priuileges de l'Isle & de la vie, biens & liberté des habitants, appointez par une loy & priuilege fondamental, pour estre co-Juges auec le Bailly : Car la ou anciennement le Bailly estoit presq₃ seul Arbitre des Jugements, (n'estant pas obligé a suyure l'aduis des assistants, qui estoient pour lors les Francs-Tenants seuls) et dependoit presq₃ du Gouuerneur ; il falloit de necessité qu'il allast mal pour les habitants, lorsque l'Interest dudit Gouuerneur se trouuoit en ballance contre le leur : iusques a ce que le Roy Jean ayant esté contrainct de bonne fortune pour eux de s'y refugier, & ayant appris l'incomodité qui en resultait auxdits habitants, leur fist ottroy du choix desdits douze Jurez pour fondem.ᵗ asseuré de leur futur liberté, lesquels fussent choisis par le peuple des plus entiers & suffisants d'entre eux ; pour estre assesseurs perpetuels du Bailly ; & par les auis & suffrages desquels ledit Bailly & les Comissaires Royaux seroient en temps auenir obligez de proceder en toutes causes concernants l'Interest de Sa Ma.ᵗᵉ & de ses Subiects ; et que toutes sentences contraires aux sentiments de la partie maieure desdits Jurets, ou sans auoir demandé leur auis soient nulles et sans aucun effet. De sorte que quoy qu'ils soient appellez Jurets du Roy, & qu'ils prennent serment pour Sa Ma.ᵗᵉ, si est ce qu'ils sont proprement Magistrats populaires, come estants esleus par le peuple, et põ le peuple. Et come a les prendre tous un a un, ils n'ont aucune Jurisdiction en eux-mesmes ; aussy d'autre part, a les prendre come un Corps auec le Bailly, qui en est chef, ils ont et exercent une Jurisdiction aussy peu limitée, peut estre, qu'aucune qui soit soubs Sa Ma.ᵗᵉ en tous ses Royaumes : non pas qu'ils ayent pouuoir d'establir de nouuelles Coustumes, ou de negliger celles qui sont establies d'auance, ny mesme de les interpreter sinon au sens, ou elles sont generalement receües, ny qu'ils ayent pouuoir d'opposer la conscience a la Loy, puisque c'est la Loy qui doibt estre Regle de la Conscience, quand elle parle clairement ; mais d'autaut que les Loix peuuent se trouuer, ou generalles, ou obscures, ou incertaines par l'ignorance ou corruption des Praticiens ; & les Jugements precedents variables, il faut de necessité qu'une bonne partie des differends qui se terminent deuant eux depende de leur franc arbitre. De sorte que leur pouuoir estant si grand, leur capacité, probité & bonne conduite, deueroit estre la seule visée de ceux qui les choisissent po͏ une si importante charge.

Les Jurez sont obligez d'assister aux Courts Ordinaires toutes les fois qu'elles sont tenües, s'ils n'ont quelqჳ iuste empeschement, come de maladie ou de vieillesse ; et lors que quelcun d'entre eux se trouue incapable d'y assister ordinairement, il doibt demander sa Descharge (come il est accoustumé de se pratiquer en toutes charges publiques, lesquelles n'admettent point de substitut ni de Coadiuteur) affin que le Siege de Justice puisse estre en tout euenement fourny pour deuement administrer le droict. Ce n'est pas pourtant que les Courts ne puissent estre tenues, pour la negligence, absence, maladie ou mort de quelques uns des Justiciers ; car en tel cas, il faut que la necessité d'administrer iustice l'emporte sur toute autre consideration : mais aussy quand il arriue que ceux qui se trouuent auec le Bailly sont en petit nombre, & qu'il y a quelqჳ cause d'importance a estre iugée, ils doiuent y proceder auec grande precaution, & s'ils la trouuent trop difficile, ils la doiuent remettre par deuant leurs Collegues, si la partie interessée le desire ; come cela s'obserue louablement en Guernesey : car c'est en ce cas que le Prouerbe est verifié : La chienne par se haster fait des petits chiens aueugles : mais pour la Cour Extraordᵣᵉ pour des Brievetez & faits possessoires, il n'y append pas tant d'esgard ; & le nombre de deux ou de trois auec le Bailly est suffisant. Je voudrois auoir assez de bonheur pour persuader a Messᵣˢ de Justice l'importance de ces precautions ; et ie les coniure par l'Autheur de la Justice, & par le regard de leur serment, d'y deferer cas aduenant. Que si cela n'est assez, qu'ils considerent quelle breche ils font a leur reputation lors qu'ils se meslent de donner leurs auis sur un point qu'ils n'entendent point ; et qu'ils scachent pour certain, qu'il leur tourneroit plus grand honneur de prier Monsᵣ le Bailly de les dispenser de donner leurs auis come cela, que de hazarder en mesme temps leurs discretion & le Droict des Parties, par trop de precipitation.

Les Jurez ont la presceance des Officiers de Sa Majesté parce qu'ils tiennent lieu de Juges & de Senateurs ; or entre les Juges & Senateurs l'ancienne regle est, *ut ultimo loco sententiam ferat, qui ultimus electus, Que le premier choisy soit le premier a parler ;* ce qui est raisonnable ; d'autant qu'on suppose que celuy qui a eu plus d'experience dans la charge, est le plus capable de faire ouuerture du point en question : et certes c'est une grande satisfaction a celuy qui parle le dernier & un grand aduantage d'auoir entendu les auis de ses Collegues & de pouuoir s'en seruir, s'il trouue a propos : mais c'est bien une plus grande satisfaction a la partie qui a le droit, que le premier qui opinera sur le merite de la Cause en face un iuste detail, & qu'il esclaire aux autres en la droicte intelligence de la question, non pas, cõme un Aduocat, par un discours estudié en faueur d'une des parties, qui fort messeant a un Justicier, qui doibt tenir la Balance egale, mais pas une aussy brieue que solide decision de la controuerse. Certes ie croy auoir raison de me plaindre de l'ambition des hõmes d'aujourdhuy, qui a peruerty cet excellent ordre, pour une pontille de vanité, mais puis qu'il n'y a remede, & qu'il faut que la naissance l'emporte pour le haut du Banc, a tout le moins qu'il soit libre au Juge de demander l'aduis premierement a ceux des Jurez qui auront plus d'experience, & qu'il ne soit pas obligé a cõmencer par des ieunes hommes qui n'en ont point, tels que sont ordinairement les ieunes heritiers : Si cela encore ne se peut ; que le Reglement posé cydevant par ordonnance du Conseil Priué, sur le differend d'entre les Sieurs de Vinchelais de Hault & de Dielament, pour la Presceance, soit mis en execution tel qu'il est : car encore qu'il ne soit pas fort equitable, il nous apportera tousiours cet aduantage, qu'il estouffera plusieurs disputes sur ce point la ; & rebouchera l'audace de quelques temeraires, qui bouffis du vent de vaine gloire, aspirent a la Droitte de ceux qui plus de cheueux gris, plus de suffisance et de modestie qu'eux. Ce Reglement la qui ne fauorisoit ny l'une ny l'autre des Parties qui pretendoient a ladite Presceance, parce qu'il les reduisoit au pair des autres Jurez eux & leurs enfants ; & qui exceptoit seulement quatre Seigneuries de la Regle de Parité, nous seroit assez cõmode, si on l'eust pratiqué & obserué punctuellement ; mais cõme il arrive souuent, les Interests se changent, ou bien les passions ; & font que ce qu'on a autrefois suiuy & recherché auec empressement, on le fuit par apprez auec ardeur. C'est ce qui arriva au bon Monsr. de St. Ouen, qui fut cause que la susdite ordonnance fut faite ; & qui apprez la mort de Phte Lempriere Sr. de Dielament fut le premier a la casser en faueur de quelques autres. De sorte qu'elle ne fut iamais bien obseruée, car dans les elections des Jurez plusieurs autres familles outre les quatre susnommées, ont obtenu la preference de ceux qui auoient esté choisis long temps auparavant ; tant du temps du Gouuernement Royal, que par apprez dans l'establissement qui fut sous Cromwell ; par lequel il fut aneanty tout a fait. De sorte que ce Reglement du Conseil, fait si solennellement, apprez beaucoup de temps, de disputes & de frais a esté finallement, cõme de concert, descrié & violé, non seullement par ceux au preiudice desquels il auoit esté fait, mais mesmes par ceux qui l'auoient procuré : Si bien qu'a present il demeure ensevely dans l'oubly ; & auroit bien besoing de l'Authorité Souueraine, pour luy redonner vie efficace : car sans cela, il n'y a point d'apparence que ceux qui sont a present au siege, estants eux mesmes violateurs, ou interessez a la violation dudit Reglement, s'y soubmettent iamais.

Nous appellons ordinairement les Jurez Justiciers ; quoy qu'a proprement parler, ils ne le soient pas ; car ung Justicier est celuy qui a pouuoir d'exercer Justice : or les Jurez n'ont aucune Jurisdiction, ne separément un a un, ny aussy coniontement tous ensemble, sans le Bailly ; de sorte qu'ils ne sont pas Justiciers. Cela est si véritable, que mesme ils n'ont pas le pouuoir d'un Conestable ou d'un Centenier de Paroisse, ny de faire apprehender de leur authorité aucune personne suspecte, ny de faire par voye de fait aucune execution, saisie, poursuite &c. pour quelqȝ cause que ce soit ; mais cela se doit faire par les Officiers sermentez pour cela, qui sont le Vicomte ou son Deputé, Conestables, Centeniers & autres Officiers des Paroisses appointez pour garder la Paix publique, & pour saisir & representer les violateurs d'icelle & les autres malfaiteurs, ou iustement suspects de l'estre. Desquels l'authorité est telle, que sans autre ordre, ils peuuent de leur chef saisir lesdites personnes, & comander a toutes personnes de les assister, en cas de resistance, briser les portes, garder les malfaiteurs iusques a 24 heures sans les presenter a Justice ; et leur simple Information est suffisante cause d'enuoyer la partie coupable, ou non coupable, en prison, iusques a la prochaine Cour : Qui est une branche de Jurisdiction fort considerable. Et cela fait, que lesdits Conestables se choisissent de tout temps auec les mesmes ceremonies cõme les Jurez ; d'entre les plus apparents de la Paroisse & sont de cette office la bien souuent promeus a celle de Jurez.

De l'Office du Procureur & Aduocat du Roy.

Le Procureur du Roy comprend deux Offices, ascauoir celle du Procureur Fiscal & du Procureur Patrimonial. Il n'a aucune Jurisdiction annexée a sa charge ; non plus que l'Aduocat du Roy. Et partant ils ne peuuent faire aucun Acte de Jurisdiction, ny donner aucun ordre pour faire aucun Acte executoire, exploit, Arrest ou Saisie, ny en causes ciuiles, ny en causes criminelles, sinon par le moyen de ceux qui sont authorisez par la Loy, ascauoir du Bailly,

Conestables &c. Car l'Office de ces deux personnes ne consiste pas a decider, ny a Juger, ny a executer des Loix ; mais a proposer les Droicts de Sa Ma.^{té} & du Public, l'un par Suggestions, accusations & conclusions, & l'autre par discussions et esclaircissements & play-doyers, pour informer la Cour sur les Propositions faites par ledit Procureur. Et partant ceux-la outre-passoient les bornes de leur Office, lesquels ayants ces charges la soubs la Jurisdiction de Crom-well faisoient amas de Satellites, & alloient de iour & de nuit par les Ports & Cabarets & faisoient saisies par voye de fait, sans l'assistance des Conestables ou autres officiers propres a cela, & autres actions semblables. Car il est certain que le Bailly mesme par son Brief ne leur en eust peu donner ce pouuoir, puis que par la Loy, ils ne l'au-uoient pas, mais estoit approprié a d'autres.

Chassanée en ses Coïnent. sur la Coustume de Bourgogne col. 405 nu. 11 des [1] que les Procureurs Royaux d'auiourdhui tiennent lieu des anciens Denonciateurs des Crimes par Deputation du Prince dans les Bailliages & autres Jurisdictions Royalles ; & qu'on les deueroit plustost appeller Denonceurs que Procureurs. Toutesfois cela n'empesche pas que leur Office ne soit considerable : car ie trouue dans le mesme Autheur, qui fut luy mesme Aduocat du Roy, auant que d'estre President au Parlement, que la presence du Pro-cureur ou Aduocat du Roy est requise en toutes causes fiscalles, & ou il va de l'Interest du Public, ou de Sa Ma.^{té}, iusques a tel si, que la sentence donnée en leur absence seroit nulle. *L. si fiscus alicui &: L. 3. § Diuus ff de Jur. Fisci. Idem Chassan. col. 608 nu. 23* que toutes mulctes, peines & Amendes doiuent être taxées en leur pre-sence : Que tous Pardons, Graces & Abolitions de crimes doiuent estre leües & interinées aussy eux ou l'un d'eux estant present. Que le Bailly ne peut establir Officiers en l'administration desquels le Roy ou Public peuuent estre concernez, sinon p̃nce de l'un d'eux ; & par le mot de presence, nous entendons aussy leur consentement : Ce qui a fait dire a Balde, que quand la presence de quelques personnes est requise en quelq̃ Acte, cela veut dire que s'ils donnent de bonnes raisons a l'encontre de l'Acte, il doibt estre differé. *L. dotem ff. solut. matrim.* mais s'ils opposent ambages, c'est a dire des raisons friuoles, alors ils sont reputez pour consentants ; & on n'a nul esgard ausdites raisons, mais Felin tient que la p̃nce du Procureur & Aduocat Fiscal, est requise non seulement par voye de solemnité & de bienseance, mais affin que l'Acte soit reglé par leur conseil & aduis, & qu'ils le puissent empescher, s'il est contre le seruice du Roy, ou contre le

---

[1] Evidemment erreur pour " dit."

bien Public : auquel cas il faudroit dire que tout acte ou leur pñce est requise, fait en leur absence, ou sans leur consentement, est nul et sans effet : Ce qui deueroit auoir lieu indubitablement, s'il estoit vray que lesdits Procureur & Aduocat representassent le Fisc en toutes Jurisdictions ; cõme tient ledit Chassan. *Col. 1059. ver. sed quia.* Ce que ie ne croy pas sinon au sens que le Fisc est descript par Guido Pape—quœst ascauoir que le Fisc est un sac sans conscience, qui embourse tout ; ou il cite la Loy *In hœred. ff de Calumn.* & la Loy *Papin. ff de Inoff. Testam § meminisse.*

Nous auons de coustume lors qu'il se rencontre rupture ou violation de la Paix du Pays, de laquelle le Roy est le Souuerain Gardien, que le Procureur du Roy s'adioïgne a la Partie Ciuile si elle le requiert ou qu'il en face instance a part, & de son Office, s'il n'en auoit esté requis ; & qu'ainsy le Delinquent soit poursuiuy tant civilement que criminellement. Ce qui est dissonant au Droit Ciuil, ꝓ lequel simple force ou violence, qui eschet entre partie & partie, sans aggrauation de plus grieues circumstances, se poursuit ciuilement par la partie mesme ; ou si elle est criminelle, criminellement, & non pas ciuilement & criminellement tout a la fois. Et cela est dissonant aussy de l'ancienne pratique de Normandie, cõme nous pouuons remarquer dans le Cõmentaire du Coustumier, sur le Chap. de Force, ou il fait distinction entre la force licite laquelle est necessaire pour apprehender une iuste possession, laquelle estoit coustumiere & de droict, (& ou il n'escheoit point d'adjonction, encore que harou s'en fust ensuiuy) & la Force Illicite laquelle est violente & contre Droict, & contre Paix et Dignité du Prince : et il distingue encore touchant cette Force illicite disant que s'il se rencontre une telle force ou violence ; ou bien elle est simple, ou elle est conioincte auec quelqꝫ cas priuilégié ; Si la force est simple, en tant qu'elle est contre la paix, le Procureur du Roy la peut poursuiure ; quand niesme partie iniuriée se tairroit, & en demander Amende, de son office, mais il ne peut s'adioindre a la partie lezée, non pas mesme quand elle le requerroit ; parce que ce seroit au preiudice de l'autre partie, mais lors que le cas en question est priuilegié, cõme Saulue garde enfrainte, ou Bateure faite apprez le Harou crié &c. en ce cas le Procureur du Roy s'adjoinct auec Partie. Auquel lieu vous pouuez aussy remarquer qu'un Harou crié sans Bateure ensuyuante, ny une Bateure sans Harou precedent, ne sont point causes suffisantes d'Ajonction.

Le Procureur & Aduocat du Roy sont Gentils homes d'Office ; mesme leur femmes participent a leur priuilege. *Chassan. col. 805. nu. 12 & 16.* Et par ainsy ils sont exempts de toutes charges &

ᴅ

contributions roturieres : & ledit Chassan dit col. 1142 nu. 5 qu'ils estoient exempts du Fouage en Bourgogne.

Le Procureur & Aduocat du Roy peuuent estre accusez de Concussion, lors que par menaces, & suggestions indeües ils donnent la peur a quelcun, pour extorquer argent ou autre chose de luy. *L. 1 ff de Concuss. Bart. in L. 1. Cod. de Nauicular. Lib. 11. num. 5.* Et de mesme quand ils accusent quelq₃ innocent pour de l'argent. Item quand ils desistent d'une Accusation encom̄encée par Corruption : Et ceste sorte de Concussion est punissable par la Loy *Cornelia de Falsis L. 2 ff de Concuss.* laquelle peine est arbitraire en Action Criminelle ; mais la peiue Ciuile est du quadruple. *Glos. in c. indicatur. in verb. cum pœna. 89 Dist.* mais en toutes autres Accusations Criminelles, encore qu'ils ne reusissent pas, & que la partie accusée se trouue innocente ; ils ne peuuent estre blasmez s'ils y ont procedé legitimement & sans Dot ; & mesmes ils ne peuuent estre condamnez aux Despens de la Partie lezée : parce qu'ils n'ont fait q̃ leur deuoir. Toutes fois ils sont obligez a la fin du Procez de declarer celuy qui a esté leur Instigateur ; affin que la Partie lezée ait son recours contre luy, par l'Ordonnance d'Orleans, Article 73, manque de quoy ils seroient condamnables aux despens, dom̄ages & Interests de ladite Partie.

Du Vicomte.

L'Office du Vicomte, dans les limites que nostre Usage luy donne, n'est que le Squelet de celle qui est descripte par le Coustumier : Car le Bailly en a emporté les principalles pieces : de sorte qu'il ne reste aud.ᵗ Vicomte que quelques eschantillons de Jurisdiction, en la Visite des chemins, & eaües publiques, des poids & mesures, du pain, viandes & breuuages &c ou il a pouuoir de lever les amandes & com̄ises enioinctes par la Coustume ; qui est un effect de Jurisdiction. *L. 2 § fi. ff de Judicys.* mais il ne peut y exceder, ny varier, & s'il le fait, il est tenu a payer le double. *L. Cos. Cod. de modo muletar. Socin. Reg. 1. magistratus muletā taxatū.* Il retient aussy une espece de Jurisdiction en la vente des namps, & aux Inuentaires, ou il se fait vendition de biens pour satisfaire aux Crediteurs ; & s'il se trouue en outre quelque chose de semblable. Car pour les autres choses qui sont de sa charge, ce sont plustost actions de Sergeant de l'Espée ou de simple sergeant, que de Juge : car pour bien en parler, l'Office du sergeant de l'espée est toute transfuse en celle du Vicomte : et toutes les courses & les exploits qu'il fait iournellement, sont proprement de cette charge la, & non de la charge de Vicomte. Il est vray que la garde des criminels, & sa presence a leur execution, & aux autres chastiments qui s'en font, semble auoir quelqӡ chose de la charge de Vicomte, si nous regardons a l'usage d'Angleterre, ou le Sheriff en fait autant par luy ou par son Sub- stitut ; toutes fois cela aie ne scay quoy de seruile, & qui ressemble plus a un petit Officier, qu'a un Juge ; & ne s'est iamais pratiqué en Normendie par des personnes de ce rang la, que ie scache. De mesme quand il assiste a la Cour, c'est purement cõme Sergeant de l'Espée, pour appeller les absents, pour recorder ses exploits, pour receuoir les Cõmandements de la Justice, publier a la Croix les ordres de la Cour, & donner autres aduertissements au public, selon les exigents ; & pour accompagner les Prisoñiers aux Chasteaux &c. Aussy n'assiste il point a la Cour sinon la teste descouverte, cõme Officier & non cõme Juge. Finallement quand il agist & plaide pour les parties absentes, c'est non pas cõme Juge (car ce n'est pas l'Office d'un Juge de plaider ou postuller) mais comme Aduocat ; non pas cõme Aduocat du Roy, (car si cela estoit ce droit a l'Aduocat du Roy a postuller pour lesdits absents, & nõ a luy, & cela n'a rien de cõmun auec la charge d'un Aduocat du Roy ;) mais cõme simple Aduocat du Bareau, car il faut scauoir que nous ne condamnons pas ordinaire- ment les personnes en matieres ciuiles, par voye de Contumace ; mais il conuient que l'Acteur se constitue une partie en Cour, pour soustenir la Cause du Deffenseur contre luy. Et en ce cas la le Vicomte est celuy qui ioüe la feinte, & qui entreprend pour le droict des absents, fuitifs, tergiuersateurs ; cõme Procureur & stipulant general, & faisant le fait bon pour eux, qui est une fort bonne Coustume, car par ce moyen, on fait entant qu'en la Loy est, Justice aussy bien aux absents, & a ceux qui ne la demandent pas, comme aux autres : & ainsy il peut arriuer qu'un absent, qui se cache, croyant auoir mau- uaise cause, se trouue auoir le droict, & l'emporte contre l'acteur. Le Bailly a la nomination d'un Officier subordiné au Vicomte, lequel nous appellons Denonciateur : Anciennement on l'appelloit Bedeau : Lequel fait ordinairement les menus exploits, & assiste a la Cour en la place du Vicomte, et mesme il exerce toute la charge dudit Vicomte, en son absence, sans autre cõmission ; & stipule aussy pour les absents ; quoiqu'il pourroit sembler qu'il ne seroit pas cela de droict ; parceque ces choses la ne competent au Vicomte mesme, sinon en vertu de la Patente Royalle qu'il a pour cela ; & que partant la seule nomination du Bailly ne seroit pas suffisante pour l'autho-

rizer si auant. Et neantmoins il y a temps Immemorial & par dela,
que nous en usons ainsy. Car en cela nous nous soñies accoñiodez a
la necessité, qui passe le Droict, sans nous amuser a des pontilles;
comme nous auons fait en beaucoup d'autres choses. Ce qui est
excusable.

Des Loix & Coustumes de Jersey.

Celuy qui voudra voir l'Histoire & le Tresfond de nos Loix,
Coustumes & Priuileges, n'a qu'a parcourre les Rolles de la Justice
Errante, qui se trouuent entre les mains des Chambellans de l'Eschiquier coñiencant a celuy de Robert de Leisset sur la fin du Regne
d'Ed. I & finissant a La Requeste des habitants des Isles au Roy
Ed. 3. *Mich. 6. Ed. 3. Coram Rege A? 6.to Edoardi tertij*, & a la
ratification Royalle du Cahier desdits Priuileges présenté auec ladite
Requeste, par laquelle Ratificatiō la Justice errante fut pour l'aduenir
totallement cassée & abrogée; aux Isles, apprez auoir continué a y
aller de trois ans en trois ans viron l'espace de trente ou quarante
Ans; ascauoir depuis la fin du Regne d'Ed. 1 iusques a l'an 6 d'Ed. 3.
& y auoir fait autant de peine & de vexation aux Insulaires, coñie
Oderic Vital dit qu'un Rotrou ou Roderic auoit fait auparavant en
Normandie, ou il fut enuoyé Inquisiteur, pour faire recherche des
Droicts & appartenances de la Duché, soubs Henry 2, Roy d'Angleterre. Depuis ce temps on n'a iamais plus oüy parler de ces Juges
Itinerants en nos Isles; & de ce mesme temps nous fut ottroyée la
premiere Charte Royalle en confirmation desdits Priuileges; laquelle
a depuis ce temps esté soigneusement ratifiée & confirmée, par
Richard 2 fils dudit Edouard, Hen. 4, 5 & 6, Edouard 4 & ainsy consecutiuement de tous les suiuants auec quelques amplifications, &
additions; iusques au point ou lesdits Priuileges se trouuent a
present estendus & augmentez par la bonté de nos Roys. Il faut
donc sçauoir que les Juges Itinerants, se trouuant fort embarassez
dans leur Procedé, par les Repliques des Insulaires lesquels alleguoient a toute occasion l'Illegalité de leur dit Procedé, coñie repugnant a leurs anciens establissements & Priuileges & a la Coustume
de laquelle ils se seruoient aux Isles; ils s'aduiserent en fin d'obliger
la Coñiunauté a leur deliurer par escript un Cahier complet de leurs
Coustumes & Priuileges; leur donnant trois ans de temps pour le
preparer, ascauoir iusques a la venue d'autres Justiciers Itinerants
dans le coñiencement du Regne d'Ed. 2. ausquels accordañient la

Comunauté ne manque de presenter ledit Cahier fort succinctement ; car, au lieu d'y faire un long recit de leurs Loïx par le menu, ils disent qu'ils en suiuent la Coustume de Normandie, selon qu'elle se trouuoit redigée par escript en un certain Liure nommé *la Sõme de Mansel*, sans en varier aucunement, sinon au poinct de Douaire, de Dote. Or ceste sõme de Mansel ne peut estre autre que le Texte Anonyme du *Viel Coustumier* par plusieurs coniectures. La premiere d'autant que la Coustume de Normandie n'a iamais eu d'autre Texte Authentique que celuy dudit Viel Coustumier, lequel se trouue & en Latin & en François Manuscript en plusieurs Bibliotheques tant en France qu'en Angleterre, & mesme en Jersey, là ou il ne trouue aucun vestige d'autre Sõme de Mansel. La seconde parce que tant le prologue dudit Viel Coustumier que son Cõmentateur en diuers endroits insinuent assez clairement que iamais ladite Coustume n'auoit esté mise par escript iusques a luy. La troisieme parce que ladite Sõme de Mansel, par le Playdoyer des Priuileges en l'Eschiquier, se trouue avoir esté escripte depuis la reuolte de la Normandie de l'obeissance des Roys d'Angleterre, au temps du Roy Jean, (& c'estoit l'argument que celuy qui y plaide pour le Roy alleguoit a l'encontre) Or si on prend garde a plusieurs passages du Viel Coustumier on trouuera qu'il fut escript aussy viron ce temps là, car la derniere marque historique que i'y trouue est de la charte au Roy Louis de l'Isle bonne. De sorte qu'il conste que tant ladite sõme de Mansel que le Viel Coustumier ont esté escripts en mesme temps, & que par consequent c'est un mesme Texte, & un mesme Autheur, lequel a esté du cõmencement cognu par le nom de Mansel, & finallement ayant gaigné l'Authorité uniuerselle de Texte authentique, il a perdu le nom de son Autheur, pour en prendre un plus solennel qui est celuy de *Grand Coustumier*.

Or, il ne faut pas s'estonner, si ledit Coustumier de Mansel (lequel du temps de la Justice Errante, estoit consonant a la Coustume des Isles en toutes choses, hormis le point de Douaire) est a present reietté en une infinité d'autres points, & si l'espace de viron quatre Cents Ans qu'il y a depuis que ledit Coustumier fut escript, a peu faire un si grand changement dans nos Loïx & Coustumes : puisque nous voyons que le mesme, voire, beaucoup plus grand changement, est arriué en Normandie, dans le mesme espace de temps, en leurs Loïx & Coustumes ; si grand di-ie qu'ils ont iugé enfin expedient de laisser le Texte dudit Viel Coustumier, cõme inepte, & hors d'usage, & d'en former un autre, tout nouueau en une infinité de choses ; cõme cela se void clairement par le Procez Verbal de ladite Coustume reformée. Car cõme les anciens Normands estoient

issus du Septentrion, aussy estoient-ils fiers & addonnez a la guerre &
au brigandage ; & ne se peuvent si tost ciuilizer, qu'il ne demeurast
parmy leurs Coustumes plusieurs vestiges de leurs anciennes .meurs ;
lesquelles venants finallement a estre conferées avec celles de la
France, & a la politesse du Droict Ciuil, ont peu a peu perdu leur
authorité pour faire place a d'autres plus douces & plus equitables.
Ce qui est aussy arriué aux Isles, ou on a changé l'usage dudit Coustumier en quantité de choses, partie a l'imitation des Normands,
partie aussy par l'authorité de nos Roys ou de leurs Com̄issaires, &
partie de nostre propre mouuement, par usage contraire. En voicy
deux ou troix examples :

1. Nous n'auons point de Notaires ou Tabellions publics aux Isles ;
mais faut que toutes Escriptures d'authorité publique se passent par
deuant le Juge & deux Jurez.

2. L'Office du Vicomte est presque abolie en sa Jurisdiction,
laquelle est transfuse au Bailly ; & ledit Vicomte d'autre part s'est
emparé de l'Office de Sergeant de l'Espée, & en fait les fonctions.

3. Le Bailly de Jersey differe infiniment des Baillys de Normandie,
& en particulier de celuy qui est descript par l'Autheur du Coustumier ; Car il a une Jurisdiction plus ample & estendue, au regard
du nombre des matieres qui se traictent par devant luy, et, d'autre
part plus estroicte & limitée, au regard de son pouuoir, qui est
departy a ses douze Assesseurs lesquels nous appellons Jurez.

4. Les Semonces ou Adiournements se font ordinairement par les
Preuosts, & rarement par Sergeants ; & point du tout par authorité
du Juge ; sinon sur quelq₃ Ordre ou Brief du Bailly signifié, en cas
d'opposition de partie, & non autrement.

5. Les Lectures des Contracts hereditaux faites a oüie de Paroisse
qui estoient anciennement, (& sont encore a present en Normandie,) si
necessaires & essentielles, que leur obmission auroit vicié & rendu
inutile aucun Contract, sont neantmoins a present surannées & hors
d'usage ; et le Registre Public a esté trouué suffisant pour suppleer
leur place.

6. Les Loix penales contre les Usuriers & presque tout le Titre
des chatels aux Usuriers sont abolies.

7. Les plus proches lignagers ne sont point preferez aux plus
esloignez en action de Retraict lignager, dans l'an & iour ; sinon en
cas de concurrence ; mais celuy qui a fait les premieres diligences,
fust il le dernier du lignage, exclud tous les autres, qui n'y peuuent

reuenir, nō pas dans l'an & iour ; voire si le Seigneur du Fief, ou le Foncier peuuent anticiper tous les lignagers ; lesdits lignagers demeurent exclus.

8.   Personne n'est coudamné par contumace en action Petitoire ou Possessoire : mais quelq₃ contumace ou fuite qu'il y ait, il faut constituer ou trouuer une partie en Cour, pour soubstenir le Droict de l'absent de sorte que les deffaultes par Jugement, c'est-à-dire les Peremptoires ne sont plus pratiquez en causes ciuiles.

9.   Nos Decrets ne se font point par parcelles, cōme en Normandie, mais en gros, apprez la Cession ou Renonciation du Debteur : Et nous ne rendons iamais au Cessionnaire ce qui se trouue de bon en son bien, apprez tous les Creanciers payez ; mais le Tenant ꝑ Decret emporte tout, & respond de tout.

10.   Nous n'obseruons point la Coustume de Normandie & de toute la France, qui ordonne de cōmencer par le meuble d'un Debteur, & ainsy de venir par degrez a l'heritage, & finallement a la capture de la personne.   Mais nous imitons les Anglois qui cōmencent ꝑ la personne en plusieurs cas : sinon que nous faisons quelq₃ legere excussion du meuble plus par forme qu'autrement.

11.   Les Partages se font par Arbitres, & non par lots ; & l'Aisné fait sa part luy mesme de ses prochainetez ; & ainsy les autres en leur ordre, sans que le plus ieuue s'y mesle en aucune façon, sinō que cōme les autres il a droit de contredire ce que l'aisné aura fait a sō p̃iudice.

12.   En ligne directe l'aisné a son aduantage d'aisnéesse aussy bien entre Roturiers comme Nobles.

13.   On ne donne point de mariage aduenant chez nous ; & quand on en donneroit, cela n'empescheroit pas qu'elles ne reuinsent a Partage auec les freres, en rapportant leurs mariages.

14.   La fille Aisnée en ligne directe, a les mesmes aduantages que le fils Aisné, en partage.

15.   Les Fiefs ne se diuisent plus entre filles, en ligne directe ; mais en ligne collateralle on les estimeroit, & seroient comptez a partie, a proportion de l'estimat qui en seroit fait.

Nous auons assez d'autres Coustumes differentes de celles de Normandie, les unes bonnes, les autres passables, & quelques unes qui ne vallent rien du tout ; lesquelles ie ne m'amuserai point à declarer icy par le menu : car ce seroit faire un Liure, & non pas un chapitre.

Entre nos Loix nous reputons a bon droict les ordonnances des Co͞missaires Royaux, approuuez soubs le Grand Sceau d'Angleterre. Pour tout la, il faut y obseruer deux cautions ; la premiere de ne reputer pour Loix celles desdites ordonnances, qui n'ont iamais esté pratiquées ny obscruées, quoy qu'elles soient equitables : nous resouuenants que ce n'sst pas la Promulgation qui fait une Loy, mais l'obseruation. L'autre, de n'admettre pas non plus celles qui ont une manifeste repugnance au Droit co͞mun & a la raison naturelle ; co͞me estants nulles & sans efficace ; quelqꝫ charactere d'Authorité qu'elles portent. Asseurement parmy ces ordonnances la, il y en a quelques unes excellentes, lesquelles pour tout cela n'ont iamais esté reduictes en pratique ; mais aussy il s'y en trouue d'autres pleines d'anomie [1] & d'incongruité, & qui monstrent bien ou l'ignorance ou la negligence de leurs Compilateurs. Je les examineray ailleurs, si Dieu me le permet.

Pour les Arrests du Conseil d'Estat, il y en a de deux sortes. Car ou bien ils contiennent seulement une Decision de la Cause en question ; ou bien ils contiennent en outre un Reglement, pour toutes causes possibles. Ceux qui contiennent simplement la Decision de la cause, sont encore de deux sortes : Car ou bien ils ont esté faits solennellement, en presence de Sa Ma.té, les parties ouïes a leurs raisons ; ou moins solennellement en absence de l'une des parties. Pour ceux qui contiennent une Decision solennelle de la cause, en piͥce du Roy, & parties ouyes a leurs raisons ; quoy qu'a proprement parler ce ne soient pas Loix ; & que par consequent Sa Ma.té n'entende pas nous obliger a les suyure, lors que nous auons Loy ou Coustume a l'encontre ; toutes fois nous ne pouuons moins deferer a l'Authorité de tels Arrests, que de les suiure en tous les autres cas ou la Loy ou la Coustume se trouue defectueuse, ou doubteuse. Pour les autres Arrests moins solennels, faits en absence de partie, ils ne se doiuent pas tirer legerement en consequence ; parce qu'ils sont fondez sur l'information d'une seule des parties, ou il peut y auoir de l'erreur. Mais quant outre la Decision de la Cause, il se trouue dans les Arrests du Conseil faits en presence du Roy, quelqꝫ Reglement en forme d'Ordonnance, auec co͞mandement a la Justice de l'obseruer en temps auenir, lors l'occasion s'en presentera ; Il n'est nullement a doubter que tels Arrests n'ayent force de Loy. Toutesfois il faut tousiours se souuenir que ce que i'ay des-ia dit cy-dessus, que ce n'est pas la Promulgation, mais l'Obseruation qui fait la Loy, doibt encore auoir lieu en ce cas : Et partant que si lesdits Arrests n'ont

---

(1) *Sic.*

iamais esté mis en usage, & qu'il y ait temps immemorial depuis qu'ils sont faits, il est besoing qu'ils soient ratifiez derechef, par l'authorité de Sa Ma.té ou de son Conseil, auant que de passer pour Loix obligatoires.

Quant est pour les Preiugez ou Actes des Rolles portant sentence diffinitive en pareilles causes, desquels nos Messieurs se seruent plus souuent que des Loix, s'ils estoient tous aussy bien pesez cõe les Arrèsts des Areopagites, il y auroit de la raison a les suiure : et encore faudrait il tousiours considerer que lesdits Actes estants de necessité concis, & ne comprenants pas tous les motifs & circonstances de la sentence, on pourroit y estre trompé, si on s'y attachoit rigoureusement. C'est pourquoy nous pouuons & deuons nous en seruir, non pas cõe les Disciples des Regles d'un maistre, sans oser varier ou s'en esloigner ; mais cõe des maistres qui imitent ce qui est bon, & reiettent ce qui ne l'est pas ; scachants que nos Predecesseurs estoient subiects a errer come nous, & cõe noùs ne voudrions pas obliger nos successeurs a suiure nos erreurs, ne nous obligeons pas nous mesmes a suiure ceux de nos Deuanciers ; surtout lors que nous trouuons des Jugements qui s'entrechoquent et varient les uns des autres ; cõe il s'en trouue plusieurs dans nos Rolles, qui le font.

Pour doncques retourner aux propos duquel ie m'estois esgaré, lors que les Insulaires eurent presenté a la Justice Errante le Cahier de leurs Priuileges (cõe il a esté monstré cy-dessus) apprez quelq3 contestation sur quelques exceptions faites a l'encontre ; les Juges en firent renuoy au Banc du Roy, donnant iour a la Cõmunauté de s'y trouuer pour entendre le bon plaisir du Roy la dessus. A quoy il leur fut force d'obeir pour l'heure, quoy qu'ils n'ignorassent pas que ce Renuoy la estoit contraire, & destructif de leurs dits Priuileges. Et partant s'accõmodaus au temps, ils y deputerent leurs Procureurs, lesquels se presenterent plusieurs fois pour deffendre la cause publique ; mais sans aucun effet : car il y eut tousiours renuoy sur renuoy, d'un Terme a un autre : iusques a ce que Jean de Bourne, auec Jean de Carteret & un autre associé, vinsent en Guernesey authorisez par le Roy Ed. 2 de determiner cet affìre. Ce fut la qu'ils firent venir deuant eux la Cõmunauté de ladite Isle, entendirent les raisons, deposts et informations necessaires pour tirer esclaircissement de la Cause : et finallement, apprez une Enqueste de vingt et quatre hommes de foy, des plus anciens, lesquels unanimem.t deposerent, tant de scauoir, que d'oüy dire, que de temps Immemorial ladite Isle de Guernesey auoit ioüy desdites Loix Coustumes & Priuileges, sans aucun empeschement ou contredit, ils Declarer[1] lesdites Loix Cous-

---

(1) *Sic.*

E

tumes & Priuileges, bons & legitimes & permirent a ladite Cõmunauté de Guernesey d'en user cõme du precedent. Cela s'estant passé
de la sorte, tandis que lesdits Juges s'apprestoient pour passer en
Jersey, auec intention d'y faire le mesme Jugement pour les Priuileges de ce pays la, (qui estoient effectivement les mesmes ; sinon
en quelq₃ peu de chose de peu d'importance) voicy a l'improuiste une
Lettre du Roy, (qui estoit Ed. 2. Prince foible & facile) adressante
a Sire Ottes de Grandson pour lors Gouuerneur des Isles ; lequel
sentent son authorité diminuée par la confirmation desdits Priuileges,
& voulant les empescher d'estre ratifiez, s'il luy estoit possible auoit
escript audit Roy que les Juges Itinerants auoient conspiré auec les
habitants des Isles, pour leur allouer des Loix & Priuileges forgez
pour raualler l'Authorité de Sa Ma^té ausdites Isles ; & que Sa Ma^té
leur permettoit de franchir ce pas, les Droicts de Sa Couronne y
courroient beaucoup de risque. Sur la Remonstrance duquel le Roy
selon sa foiblesse ordinaire, se laissa emporter escrire cette Lettre ;
par laquelle il luy ordonne de faire Inhibition ausdits Justiciers Itinerants de proceder plus outre, cassant ce qui estoit des-ia fait, &
leur commandant de luy enuoyer les Actes de leur Procedeure pour y
pouruoir selon que de raison. Et voila pourquoy le dit Erre de Jean
de Bourne n'a point esté Authentiqué dans l'Eschiquier, cõme les
autres precedents l'auoient esté : mais seullement se trouue ledit
Erre recordé mot a mot dans un autre Erre suiuant, ou il est déclaré
nul, a l'instance dudit Sire Ottes de Grandson. De sorte que les
Insulaires en demeurerent la tout le reste du Regne de ce foible
Prince, qui ne dura pas bien longtemps apprez. Edouard troisiesme
donc paruenu a la Couronne, & ayant donné des tesmoignages d'un
Prince Juste & Amateur de ses Subiects, les Insulaires tant de Jersey
que de Guernesey conioinctement luy font leur Addresse pour la
confirmation de leurs Priuileges, en Francois, laquelle est recordée
Mich. 5? Coram Rege. Ceste Requeste fut fauorablement receüe ; &
ce d'autant plus que Sire Ottes de Grandson estoit nouuellement
mort en la disgrace de ce nouueau Prince ; cõme un de ceux qui
auoient abusé de la facilité de son Pere au preiudice de son Estat,
iusques a demander & obtenir de luy le Gouuernement de toutes les
Isles, non seulement pour sa Vie par voye d'affieffement (ce que personne n'auoit iamais eu auparavant, excepté le Comte de Mortain,
qui fut par apprez le Roy Jean, & le Prince Edouard, qui fut apprez
Ed. I. qui estoient tous deux heritiers Apparents de la Couronne ;
& par ainsy ils possedoient les Isles par Anticipation de succession)
mais aussy pour sept ans apprez sa mort : laquelle concession fut
iugée si desraisonable par ce jeune Roy, qu'il cõmenda a ses Officiers

elle nonobstant de faire rendre compte fort exactement a sa Veufue des Armes, munitions, & autres ustensilles du chasteau & des dilapidations qu'il y auoit faites pendant son Gouuernement. Ce qui fut executé de maniere, que son bien demeura saisy entre les mains du Roy, & sa Veufue fut chassée des Isles, & d'autres aduancez a la Garde d'icelles. Ce ne fut pas une mauuaise conioncture pour les Insulaires, pour pousser a la Roue de la bonne Fortune ; ce qu'ils firent aussy : Car voyants le principal obstacle de leur bien hors du monde, & le Roy disposé a leur faire du bien, ils ne manquerent a presenter encore une fois la mesme Requeste, & firent tant que l'An suiuant qui estoit le 6me dudit Roy, il confirma leurs Priuileges, selon qu'ils auoient esté annexez a ladite Requeste, & les fit registrer en la Thresorerie parmy les Records du Banc le Roy ; parce que les Causes des Insulaires y dependoient pour lors, par le Renuoi qu'en auoient fait les Juges Itinerants, come il a esté dit ; Auec deffense a tous Justiciers Itinerants de se transporter désormais aux Isles. Depuis laquelle surseance, la Justice Itinerante est demeurée aneautie, come contraire ausdits Priuileges : et tous les Quo-warrantos, qui auoient cousté tant d'argent a toute la noblesse des Isles, & tant de courses & de peine, furent sursis & enseuelis en mesme temps. En suite de quoy le Roy confirma sondit ottroy par la Premiere Chartre Royalle q̃ nous ayons aux Isles en matiere de Priuileges. Il est vray que dans ladite Chartre il ne se trouue sinon une Ratification en termes generaux ; sans descendre a la repetition d'aucun des Priuileges en particulier, mais il se fist, en partie, parce que les dits Priuileges se trouuoient trop amples, pour estre inserez mot a mot en une patente (lesquelles en ce temps se faisoient fort courtes) & en partie aussy parce que Sa Ma^{té} les venoit de faire Recorder fort Authentiquement, & que chascun en auoit des Copies, come de chose dont tout le monde auoit eu cognoissance durant l'espace de 30 a 35 ans ; que la contestation en auoit duré.

Des Prescriptions.

La matiere des Prescriptions est fort estendue & difficile : en laquelle plusieurs Jurisconsultes se sont exercez, & en particulier Couarruuias excellent Autheur Espagnol. Je laisserai les curiositez & le superflu ; & effleureray seulement ce qui pourra estre appliqué a ñre usage. Pour y proceder plus methodiquement, ie reduiray les

choses qui peuuent estre le subiect ou matiere des Prescriptions a
trois Chefs principaux ; le premier sera de celles qui sont imprescriptibles de leur nature, & lesquelles la personne qui veut prescrire
est incapable de posseder ; et ceste incapacité la procede *ex parte rei*
du costé de la chose : Le 2ᵈ de celles qui ne sont pas voirement
imprescriptibles de leur nature, mais elles le sont par appropriation,
& entant que le Droict Commun y repugne ; & ainsy cette incapacité
procede seulement *ex parte Juris*, du Costé du Droict : Le 3ᵐᵉ de
celles ou il n'y a point d'empeschement ny du costé de la persoñe, ny
de la chose, ny du Droict ; mais il est besoing de Titre & de bonne
Foy pour en acquerir la proprieté auec le temps. Au premier Chef
il n'y a point de Prescription, parce qu'il n'y a point de possession ; &
il n'y a point de possession parce qu'il n'y a point de capacité de pos-
séder. Au second chef il y a bien Prescription, parce qu'il n'y a
point d'incapacité ny du costé de la personne ny de celuy de la chose ;
mais c'est fort difficilement pour la repugnance & obstacle du Droict ;
& partant il y est besoin d'une espace de temps qui surpasse la
memoire des viuants. Au troisiesme chef il n'y a autre chose requise
pour prescrire, que le temps marqué par les Loyx, auec Titre & bonne
foy, laquelle est tousiours necessaire en ce Chef icy, quoy qu'elle ne le
soit pas au precedent. Or ce Chef icy regarde ou bien les Imeubles,
lesquels le Droict considere dauantage pour leur durée ; & partant la
Prescription en est limitée a plus long temps, (ascauoir 30 Ans par le
Droict Ciuil & Francois, & 40 Ans eu ñre Isle ; en quoy nous auons
suiuy l'ancienne Coustume de Normandie, plustost que la moderne)
ou bien les meubles, lesquels estants pour la plus part de peu de
durée, il faut de necessité qu'ils se prescriuent par moins de temps.

Pour les choses imprescriptibles, lesquelles i'ay placées au premier chef, i'en feray encore 3 especes, selon qu'elles sont ou Ecclesiastiques ou Fiscales ou Particulieres. Les choses Ecclesiastiques
imprescriptibles sont, pour example, la fonction d'un Pasteur, coñe le
deuoir de prescher, & prier & administrer les Sacrements &c. Et par
mesme raison le Droict de perceuoir les choses temporelles necessaires
pour son maintien & nourriture, lesquelles ne luy peuuent estre ostées
par quelque espace de temps que ce puisse estre, non plus qu'a un
Euesqʒ le Droict de visiter son Diocese & d'y exercer la charge Pas-
torale qui luy est essentielle & de Droict Diuin ; car luy oster ces
choses la seroit luy oster l'Episcopal, & par ainsy le rendre en mesme
temps Euesqʒ & non Euesqʒ ce qui implique contradiction. Pour
les Dismes, en les prenant dans leur generalité, sans specifier ny quoy
ny combien, nous en pouuons dire de mesme : car a les prendre en
gros ce n'est autre chose qu'un droict de perceuoir les choses tem-

porelles de ceux a qui on administre les spirituelles ; ce qui est imprescriptible et sera tousiours deu a ceux a qui la charge des ames aura esté legitimement commise ; mais pour la quantité & especes dismables, il y a des coustumes grandement differentes en cela presq₃ par tout ou les Dismes se payent : Car en Angleterre il y a plusieurs choses dismables, aussy bien qu'en France, qui ne le sont pas en Allemagne, ny en Espagne. Et en Jersey on paye Disme, non persoñelle, mais reelle, du poisson pesché en mer, loing du riuage ; ce qui ne se trouue gueres ailleurs et par consequent puisq₃ ces circumstances la varient ainsy elles ne doiuent pas estre Diuines ny imprescriptibles. Pour les autres Dismes qui sont la Dixiesme partie du prouenu annuel de la terre (qui sont les premieres & indubitables Dismes) elles sont a present partagées entre le Fisc (qui en possede ceste partie la qu'on appelle Franche disme, au Droict & Titre des Abbayes & Prieurez qui les possedoient auant la Dissolution d'iceux) : Et ainsy la Pratique moderne les a assubietties a la Prescription (*quicquid dicendū esset de Jure*) non pas a celle de 40 Ans, coñe les autres choses, mais a celle qui surpasse la memoire des Viuants, neantmoins auec ceste difference, que si un des Curez des Paroisses ou la dite Franche disme se paye auoit ioüy par l'espace de 40 ans, luy ou son predecesseur, de quelq₃ parcelle appartenante au Fisc, ladite Prescription quadragenaire seroit en ce cas la plus q₃ suffisante contre ledit Fisc ; parce qu'il ne se trouueroit aucun obstacle a prescrire : veu que la Disme retourneroit en son propre lieu mais si le Fisc se trouuoit en possession depuis 40 ans de quelq₃ parcelle de Desert, ou autre Disme appartenant ausdit Curé, ie ne pense pas que ladite possession quadragenaire peust suffire pour transporter la proprieté de ladite Disme au Fisc : par ce que le Fisc en matiere de Prescription n'a point de priuilege par dessus les particuliers, lesquels ne pourroient prescrire en ce cas de Disme ; coñe il est notoire parce que dessus. De mesme, si ung particulier pretendant exemption de payer Disme contre le Fisc, ou contre le Curé, alleguoit la prescription quadragenaire, mesme auec bonne foy, cela ne seroit pas assez ; mais il luy conuiendroit prouuer une possession Imemoriale de ladite exemption. Pour les legs charitables, Rentes des Eglises, & autres Reuenus Ecclesiastiques, lesquels de leur nature estoient prophanes, auant que d'estre appropriez aux usages sacrez, il n'y a point de doubte quils ne soient prescriptibles par l'espace de 40 ans ; pourueu que ce soit auec boñe foy mais sans la bonne foy, ils ne le seroient pas ; et cela *ob fauorem piæ causæ* : Et encore apprez une legitime Prescription les Juges se deueroient monstrer faciles a releuer l'Eglise ; par ce qu'elle deueroit auoir le priuilege d'un Pupille,

que a 4 ans par le Droict Ciuil, a reuoquer les choses alienées ou
gerés a son preiudice, durant sa minorité, & un An par nostre
Coustume.

***

Des choses Fiscales Imprescriptibles.

, Il y a 3 sortes de choses appartenantes aux Princes Souuerains
dont les unes leur appartiennent proprement par Droict de Regale,
c'est a dire en tant que Souuerains ; & sont inseparables de la Souueraineté ; cõe sont le dernier Ressort & Jurisdiction sur tous ses
subiects ; & le Droict de les Proteger. Il est vray qu'une Ville ou
Prouince peut prescrire sa liberté contre son Prince ; comme nous
voyons que plusieurs se sont affranchies de la subiection de l'Empire
Romain, & en Italie et hors l'Italie : mais tandis qu'une Ville ou
Province est subiecte a un Prince, elle ne peut prescrire contre luy
les Droicts qui luy appartiennent cõe Souuerain. La 2 sorte est de
celles qui appartiennent aux dits Princes non cõe attachez inseparablement a leur Souueraineté, mais qui leur ont esté appropriées
pour la soustenir & pour luy donner du lustre, tels que sont les
Reuenus qui ont esté en chaque pays mis a part pour le maintien de
la Couronne, soient Terres, Forests, Manoirs, Fiefs, Coustumes,
Peages, Imposts, Droict de confiscation & d'Aubeigne &c. La 3me sorte
est de celles qui leur appartiennent cõe personnes priuées, & lesquelles sont tellement en leur possession, que rien n'empesche qu'elles
ne soient aussy bien en celle d'un autre ; cõe les biens qui appartenoient a un Prince, des qu'il estoit hõe priué. Item ceux qui
sont parvenus à luy par Confiscation, non-seulement les choses Roturieres, mais mesmement les Fiefs ; desquelles on peut dire que cõe
le Droict de Confiscation est difficilement separable de la Souueraineté, aussy les choses denolues a un Prince par ce Droict la en
sont facilement separables, n'ayants nullement changé de nature
entre ses mains, ou elles demeurent cõe Patrimoine particulier auec
toutes les charges auxquelles elles estoient tenües au precedent car
celuy qui confisque ne peut transferer a son Seigneur plus de droict
en la chose confisquée, qu'il n'en a luy mesme. Et de cette mesme
sorte sont les choses paruenües au Prince par ligne esteinte, droict
d'Aubeigne & autres semblables.

La 1 Espece est tout a fait imprescriptible ; car un Prince ne
seroit pas Souuerain, c'est a dire, ne seroit pas ce qu'il est, s'il n'auoit
luy seul la propriété de ces Droicts la.

La 2de espece estoit prescriptible par la Prescription quadragenaire, par le Droit Ciuil, ainsy que tesmoigne du Ferrier, sur la
416 Question de Guido Pape *L. omnes C. de præscrip. 30. L. fin. de
fund. patrim. lib. 10. cap. de quarta. cap. sanctorum. de præscrip.*
Voyez aussy ledit Guido en la susdite Question. Mais par l'Ordonnance de Fran. I il est decidé pour le regard de la France, que ces
Reuenus la sont imprescriptibles, tout de mesme que la Souueraineté,
dont ils sont le soubsticn. Pour l'Angleterre, ils ont la une Maxime,
que *nullum tempus occurrit Regi,* qui est cõme qui diroit, qu'aucun
laps de temps ne peut tollir au Roy ses Droicts, qui lui appartiennent
ratione Coronæ & Dignitatis suæ, a raison de sa Couronne &
Dignité, façon de parler assez usitée dans les Rolles de la Justice
Errante : Et toutes fois en ces choses la mesmes, *aliquod tempus
occurrit Regi,* il semble que la prescription coure contre le Roy ; car
dans lesdits Rolles on remarque que quand les Juges auoient demandé a quelqun des Insulaires, Par quel Droict (*quo waranto*) il
s'attribuoit la Jurisdiction sur ses Tenants, Garenne, Esperquerie,
Chatels des felons & choses semblables, qui sont Droicts appartenants
a ũre Sire le Roy, a raison de sa Couronne ; Il n'auoit a repoudre que
de deux choses l'une : Ascauoir qu'il iouïssoit de ces Droicts la, ou
par Chartre Royale, ou par Prescription Immemoriale, et la derniere
estoit aussy bien recûe, cõme la premiere : De sorte qu'en nos Isles il
y a des choses de ceste seconde espece lesquelles peuuent estre prescriptes contre le Roy, sur son Domaine des Isles, par Prescription
Imemoriale. En voicy quelques examples. L'ancien Patrimoine
Royal de Jersey consistoit de 8 Fiefs, lesquels iusques icy sont appellez les Fiefs du Roy, ayants chacun d'eux son Moulin, qui en estoit
parcelle : or cõme ces Fiefs la sont demeurez iusques a present quant
a leur Jurisdiction & quelques seruices & fermes de peu de valeur ;
aussy nous pouuons dire qu'ils ont esté aneantis quant a ce qui estoit
plus considerable, veu que le fonds (qui vaudroit a present beaucoup
plus que ne fait tout le Reuenu certain & casuel de Sa Ma^{té} en ladite
Isle) en a esté aliené pour tousiours, a des particuliers p^o une rente
de neant ; & les moulins mesme ont esté vendus par des Cõmissaires
Royaux, a la reseruation d'une fort mediocre Rente, laquelle ne
monte pas a la moitié de la valeur du prouenu annuel. Le Fouage
qui est un ancien Droict appartenant aux Ducs de Normandie tant
seulem^t & payable par tous leurs Subiects, a neantmoins esté transporté a des particuliers par Donation, Vendition, ou en recompense
de seruices rendus : et plusieurs particuliers en ont esté exemptez,
cõme il se voit par des Lẽes & Priuileges anciens qui se trouuent
entre les mains des particuliers. Le mesme se peut dire des seruices

deubs anciennem.ᵗ a quelques ungs des moulins du Roy, lesquels ne
se payent plus il y a fort longtemps. Il est vray qu'on pourra dire,
que les choses que ie mets en auant sont des Examples, & non pas
des Raisons ; et qu'il se fait beaucoup de choses lesquelles ne se
deveroient pas faire ; & qui estant faites ne sont pas fort legitimes ;
mais aussy il faut aduoüer q̃ les choses qui ont esté faites par Comission Royale, soubs la Foy du Prince, & qui ont esté ratifiées par la
main du Temps chenu, & ont passé de Pere a fils, & de famille a
famille, par plusieurs centaines d'années, je dis que ces choses la
portent un caractere de Justice, lequel ne peut estre effacé sans
quelqꝝ horreur & repugnance d'une Conscience bien attrempée. Et
nous voyons que les Princes qui ont remué choses pareilles sont
marquez dans les histoires d'auarice & de Tyrannie, aussy bien que
ceux qui n'en ont esté que les Instruments & les Ministres ; come on
peut voir (si ie ne me trompe) dans Odericus Vitalis d'un Rotrocus
ou Rotrou, qui fut ennoyé par Henry 2, Roy d'Angleterre en Normandie pour y reuoquer les alienations & usurpations des Droicts de
la Duché soubs les Roys precedents. Mais ayant parlé ailleurs de ce
point, ie n'y entreray pas plus auant.

Couer. To. 1 in Rect.
Cap. Possessor. de
Reg. Juris. in 6ᵗᵒ de
Præscript. aduers.
Ectain Vol. Fisc. § 2
nu. 16 Guid. Papœ
Quœst. 116 num. 1.

Pour la 3ᵐᵉ espece que i'ay dit estre des choses lesquelles le
Prince possede come particulier, tant s'en faut qu'elles soient inalienables ou imprescriptibles entre les mains dudit Prince, qu'au contraire Loiseau au Traicté des Seigneuries, & autres Jurisconsultes
tiennent qu'il est obligé par equité d'en vuider ses mains ; car par
example, ou bien ces choses la sont feodales et sont obligées a des
seruices militaires ou domestiques au dit Prince, et en ce cas le
Prince ne les peut retenir pˀ luy mesme sans surcharger les autres
qui sont obligez a pareils seruices auxquels la charge de ceux cy
accroistroit, puis quils seroient seuls a faire les seruices auxquels ces
fiefs la souloient contribuer ; et ainsy en les retenant entre ses mains
il feroit tort a ses autres subiects ; ou bien en second lieu ces choses
la sont roturieres ou Arrierefiefs, subiects a des seruices contemptibles
enuers les subiects dudit Prince ; et en ce cas le Prince est encore
plus obligé a en vuider ses mains, affin que il n'arriue de deux choses
l'une ; ou que ceux a qui les dits seruices sont deubs en soient
frustrez contre Droict, ou que le Prince deuienne vassal de ses vassaux ; & que la source de tout honneur soit tenu a des Seruices qui
ne conuiennent sinon a des personnes viles & roturieres. Puis donc
que le Prince ne possede telles choses que come auoit fait un particulier, il s'ensuyt qu'elles ne sont pas plus priuilegiées entre ses
mains qu'elles l'estoient au precedent entre les mains de ceux dont il
a droict ; & par consequent que si elles ont peu estre prescriptes

entre les mains d'un particulier, elles le sont entre celles du Prince ; et si les Tenants desdits Fiefs ont peu prescrire quelqʒ exemption de Seruices, cõme il n'est pas a doubter qu'ils ne l'ayent peu faire, contre celuy qui possedoit lesdits Fiefs, auant qu'ils fussent confisquez ; ils ont peu tout de mesme la prescrire contre le Prince, lors qu'il en a esté en possession. Mais pour appliquer cela de plus prez a nostre subiect, formons en quelques cas particuliers & en parlons a part.

Le Roy a possedé par l'espace de 400 ans un fief noble, duquel dependoient quelques Arrière-fiefs, qui luy deuoient les ungs un service, les autres un autre, ou bien quelqʒ rente ou Cens en signe de Vasselage ; lesquels Arrière-fiefs n'ont de temps im̃emorial fait lesdits seruices, ny payé les dites rentes, ny fait aucun acte de Vasselage ou Dependance ; ains se sont notoirement portez pour fiefs libres, sans que le Procureur ou autre Officier de Sa Ma^té ayent iamais interpellé les proprietaires desdits fiefs, ou fait demande desdits Seruices ou redeuances. On demandera la dessus, si lesdits Proprietaires des Arriere-fiefs n'ont pas acquis la liberté & exemption de ceste Dependance & de ces Seruices, quoy qu'il apparoisse par bons Records & autres Droicts authentiques qu'ils estoient obligez a les faire, & qu'ils les faisoient il y a 3 ou 400 ans ? A quoy la Response est toute preste, que puisque ledit fief est deuolu a Sa Ma^té par confiscation, & qu'il n'a pas plus de Droict que celuy qui le possedoit auant ladite confiscation, que par consequent, cõme celuy la ou ses heritiers auroient perdu leur droict ausdits Arriere-fiefs par une Prescription quadragenaire, Sa Ma^té qui a entré en leur Droict, doibt perdre le sien par la mesme Prescription. *Couar. To. 1 de Præscript. § 2. nu. 16 Guido Papæ, quæst. 116.*

Ceste mesme response seruira a esclaircir un autre Doubte, qui est que ce mesme Fief auoit aussy une Garenne franche, il y a viron 3 ou 400 ans, laquelle se trouue a present occupée en tout ou en partie, par un autre Seigneur particulier cõme dependance d'un autre fief, sans qu'il se trouue aucune preuue que le Roy, ni aucun pour luy, ait eu possession de ladite Garenne ou partie de Garenne, depuis 250 ans & par dela ; mais au contraire le possesseur d'icelle peut verifier que luy & ses ancestres l'ont possedée tout ce temps là, au veu & au sceu de tout le monde, auec la Jurisdiction dont elle est dependance, cõme Franc fief & mesme il peut verifier, cõme ledit Fief & Garenne n'ont point esté usurpez ny soubstraits de la Couronne ; mais que luy & ses predecesseurs l'ont possedée du Cõmencement a Titre d'achapt, & par consequent qu'ils sont possesseurs de bonne foy, & qu'il n'y a aucun obstacle a leur prescription ; laquelle est indubitable pour eux quand elle ne seroit que quadragenaire, la ou elle est doublement, voire triplement Im̃emoriale ; car il ne faut pas 100 ans pǒ faire une possession Im̃emoriale, la ou il s'en trouue icy une aduouëe & certaine de 250. J'ay aduancé ce que dessus, supposant que ce qui est a present en la possession dudit particulier se trouueroit auoir autrefois esté partie ou dependance du dit fief noble ; qui est un point fort malaisé a prouuer, veu qu'il ne peut tomber sous Enqueste ; car les Enquestes ne se font sinon de choses qui sont ou peuuent estre dans la memoire des viuants, & non de choses qui passent les 250 ans ; et il ne peut non plus estre monstré par aucun Record Authentique qu'elle estoit l'estendue de ladite Garenne ny quelles en estoient les bornes.

Les Tenants du Fieu Astele estoient il y a 3 ou 400 ans subiects a faire apporter de la coste de Normandie a leurs propres frais le bois & poultres du Moulin du Morier. Ledit Moulin a esté reparé plusieurs fois depuis ce temps la, sans que lesdits Tenants ayent fait le Seruice, ou donné aucune composition au lieu de cela. Posons le cas qu'a present le proprietaire dudit moulin demande aux dits Tenants ceste coruée la par action confessoire ? Je responds qu'ils seront bien fondez en une exception peremptoire de Prescription Im̃emoriale, qui est la seule Prescription qui doibt auoir lieu en Seruitudes discontinues de la nature de celle-cy.

Mons.ʳ le Vice-chambellan a un procez encontre le proprietaire d'un petit fief qui s'appelle le Fief de Gorges, lequel il pretend estre un Arriere fief de son Fief de Melesches ; ce que ledit Proprietaire denie. Selon la regle precedente, il peut estre vray que le dit Fieu de Gorges ait autrefois esté Arriere fief dudit Fief de Melesches, & que il en soit a present affranchy par Prescription. Mais la difficulté est auquel des deux (*incumbit onus probandi*) il appartient de faire la preuue. Regulierement c'est au Demandeur. Mais si le Demãdeur peut exhiber quelqʒ bon Enseignement authentique pǒ fonder sa Demande, quoy qu'il soit de par dela les 40 ans ; il reiettera par ce moyen la charge de la preuue sur le Deffenseur, lequel sera tenu de monstrer com̃e il a esté exempt dudit Vasselage par & puis 40 ans ; ce qu'il pourra faire par Enqueste.

Ledit Proprietaire du Fief de Gorges occupe a pñt com̃e membres & dependances de son dit Fief, quelques Terres & parcelles lesquelles par les anciens Adueus du Fief de Greinuille faits & redigez en forme de Liure Censif par Jambart iadis Seneschal dudit fief, se trouuent appartenir au dit Fief de Greinuille ; & ne scait on dequel temps elles ont esté usurpées & desmembrées dudit Fief. Quel Remede en ce cas ? Le Proprietaire du Fief de Greinuille peut faire actioner celuy du fief de Gorges a montrer Droicts cõme il ꝑtend iouir desdites parcelles, lesquelles sont mouuantes de sondit fief & membres et parcelles d'iceluy ; selon qu'il a esté de tout temps recognu par adueu, & est plus a plein porté par le Liure Censif dudit fief, compilé des ancients & indubitables Adueus par Jambart iadis Seneschal dudit fief, lequel liure est entre les mains de plusieurs, ayant tousjours esté reputé Authentique, & les Taxes des fermes, & choix des Preuosts s'estants tousjours fais de temps en temps, suy-uant audit Liure ; lesquelles parcelles par consequent ledit S.ʳ de Gorges detient & usurpe a tort & contre Droict. Le Droict dudit S.ʳ de Greinuille ainsy estably ; Il y a de l'apparence que le S.ʳ de Gorges respondra, que pour luy il ne cognoist point de tel Liure, & encore moins qu'il doiue passer poꝰ authentique, à l'encontre de luy, ou seruir de preuue en la cause dudit S.ʳ de Greinuille, ayant esté fait non par persoñe indifferente, mais par le Seneschal du fief dont il est question entre eux ; & ainsy que c'est un tesmoignage Domestic. Mais il sera aisé de repliquer par plusieurs Authoritez de Juris-consultes que les Liures Censifs (*Libri Censuales*) estants faits publics, sont de minse a prouuer. *L. admonendi ff de Jure iur. & Ripa ibi : nu. 114 & seq. Jason ibi nu. 132. Rom. cons. 165 liber Registri Soc. Reg. 21. Libri seu Scriptura, In primâ fallen. Deci. Cons. 596 nu. 5 & alij citati per Card. Tusch in Litera. L. Conet. 345 & 346.* Et alors, puis qu'il constera du Droict du S.ʳ de Grein-uille ; ce sera au S.ʳ de Gorges a excepter de la Prescription, & a la prouuer.

Il y a d'autres choses imprescriptibles, lesquelles de vray appar-tiennent au Prince cõme Souuerain, en tant qu'elles sont soubs sa protection ; mais elles sont appropriées a l'usage du public ; cõme les chemins publics, la place de marché, la Cohue, ou lieu de Justice &c. lesquelles ne peuuent estre prescriptes par aucun particulier contre le public, tandis que le public en veut auoir l'usage. Mais si le public en abandonnoit l'usage volontairement, & non ꝑ force, necessité ou ignorance, alors elles pourroient estre prescriptes ꝑ les particuliers ou disposées a quelqᴣ autre usage par le Prince. *Voyez le Card. Tus-chus, de Præscript. Conclus. 570. nu. 4 ou il cite Boer. Decis. 264. nu. 19 & Decis. 277.*

Venons maintenant a la 3.ᵐᵉ branche des choses Imprescriptibles, asc. celles qui sont de Droict particulier. Guido Pape en question 116 sus alleguée dit qui y a 12 cas en Droict, ausquels la Pres-cription cesse, lesquels il ne declare point : Je coucheray ici ceux lesquels i'ay obseruez qui peuuent nous seruir en ñre pratique. Et en premier lieu i'admonesteray le Lecteur, que combien que la plus-

part des Actions & Demandes qu'on a de coustume de faire l'un a l'autre, soient prescriptibles, les unes par plus, les autres par moins de temps, selon que leur nature le porte : neantmoins c'est tousjours le propre des Exceptions qui se font pour forclorre quelqӡ Action, d'estre perpetuelles. *L. pun. § Ult. ff de doli except. Couar. Variar Resolut. cap. de Retractu conuent. nu. 8.* Et c'est ce que les Jurisconsultes ont passé en Axiome, que *Temporalia ad agendū, sunt perpetuā ad excipiendū.* Les choses qui ne seruiroient par voye d'Action que pour un temps, seruent par voye d'exception perpetuellement ; et la raison est, pour ce que les Prescriptions ont esté introduites pour frustrer les Actions qui se font hors de temps, & non pas pour empescher les exceptions, lesquelles ne sont iamais hors de temps, pourueu qu'elles soient pertinentes. Et c'est pour la mesme cause, qu'on a receu une autre maxime en Droict que *Juri offerendi nunquā prescribitur, si iuri excipiendi coniunctum sit*, c'est a dire que la prescription ne court iamais contre le droict d'offrir, lors qu'il est conioinct au droict d'excepter ; cõme pour example, vous m'auez presté de l'argent & ie vous ay baille de la Terre ou Rente en gage (*Pignus vel Hypothecam possidens non præscribit contra eum qui est debitor, ne possit offerre ; quia non possidet pro suo, neqӡ iū Titulo. Bart. & alij ad L. pignori ff de Usu Cap.*) Or posons en ceste espece, que le temps de 40 ans estant passé depuis le gage, ie vous offre v̄re argent, cõme ie le peux faire, parce que *Juri offerendi non præscribitur.* Un crediteur ne peut pas demander sa debte, apprez qu'elle est forclose par la prescription ; mais un debiteur est tousiours libre d'offrir a son crediteur ce qu'il luy doibt : Je demande si en ce cas ie pourray retenir vostre gage, ou refuser v̄re offre, ny l'un ny l'autre. Je ne peux refuser v̄re offre, par ce qu'il est conioinct au droict d'excepter ou plustost que le droit d'excepter luy est conjoinct et ie ne puis non plus retenir v̄re gage, non seulement parce qu'un gage ne se prescript pas parce qu'il n'est pas en la possession, mais seullement en la garde de celuy a qui il est engagé ; mais aussy parce que vous auriez ceste exception contre moy. Tu ne
2. peux retenir mon gage, puis que ie t'offre ton argent. Pareillement Couarruuias au lieu sus allegué, dit que les Rentes constituées sur le vendeur, auec faculté de Rachapt, sont rachaptables a tousiours, sans que le temps du rachapt soit prescriptible, parce, dit il, que le droict d'excepter est tousiours conioinct au rachapt : Car quand l'acquisiteur agist contre le Vendeur pour le payement des Arrerages, le Vendeur peut excepter a tout le moins pour l'aduenir en offrant le prix. Cependant i'aduertiray le Lecteur que quoy que ces deux opinions du gage & des rentes constituées sur le Vendeur auec faculté de

rachapt, soient fort equitables, elles ne sont pas toutesfois sans contredisants ; et ie doubte fort qu'elles ne seroient pas receües chez nous a
tout le moins la derniere.

3. En 3me lieu celuy qui iouist de quelqȝ fonds, ou rente, par voye
d'usufruit, sa vie durant, cõme un Legataire a qui on auroit laissé
quelqȝ fonds ou Rente pour sa vie seulement. Itẽ une veufue ou
Douairiere, un mary iouissant du bien de sa fẽme deffunte par Franc
veufuage. Un Curé en son Benefice, & autres semblables ne peuuent
prescrire ; parce qu'ils ne possedent pas d'une possession Ciuile, ny en
leur propre nom de l'heritier ou de l'Eglise ausquels l'heritage appartient. Et le mesme se peut dire d'un Procureur, Tuteur & Administrateur, lesquels possedent au nom de leur Constituant, Pupille ou
autre personne dont ils ont la charge. Et partant ny les uns ny les
autres ne peuuent acquerir põ eux mesmes la proprieté des choses
qu'ils detiennent, ny faire Acte par lequel un tiers s'en empare, au
preiudice du droict proprietaire, que la chose ne soit subiecte a
rappel, cõme pour example si une Douairiere auoit vendu quelqȝ
partie de son Douaire, & que l'achepteur en eust ioüy 40 ans auant la
mort de la dite Douairiere ; ou si elle auoit accordé auec un des
Rentiers de son feu mary, de luy payer par assignation une rente
fonciere & inassignable, ou diuisément une sõme indiuisible, et que la
chose eust continué ainsy 40 ans ; (cõme il se trouue des Veufuages
de ceste durée la) en tous cas et autres semblables, tout le temps de
la vie de ladite Douairiere ne seroit a rien compté, en faueur du
Rentier, ou de quelqȝ autre que ce puisse estre, ny au preiudice de
l'heritiere parce qu'elle n'a peu transmettre a autruy plus de droict,
ny pour plus long terme qu'elle en auoit elle mesme.

4. En quatriesme lieu un locataire & Tenant a terme d'années ny
un Emphyteote ne peuuent prescrire contre le Proprietaire, ny contre
le Seigneur direct, par quelqȝ laps de temps que ce soit ; pour la
mesme raison.

5. Semblablement une Debte ancienne qui a peu estre compensée
auec une plus recente ne peut estre prescripte, quand elle n'auroit
pas esté demandée dans les dix ans ; cõme pour example i'ay presté
100 Escus a Titius par scedule il y a plus de dix ans ; & suis deuenu
son debteur de pareille sõme par quelqȝ autre voye, il y a moins de
10 Ans. Ledit Titius voulant me chicanner, m'actionne põ sa debte
dans les 10 Ans, Je luy allegue compensation põ fin de non recepuoir, de pareille sõme que ie luy auois presté. Il me repliqȝ que
ie ne puis luy alleguer compensation pour une debte qui est prescripte & qui parconsequent n'est plus. Je dis la dessus que quand il

seroit indubitable, que toutes scedules deueroient estre prescriptes par le laps de dix Ans, & que parconsequent ie n'eusse plus d'action contre luy pour les 100 Escus qu'il me deuoit, il ne s'ensuyroit pas pour tout cela qu'il ne me restat l'exception de compensation, lors qu'il agiroit contre moy po' les autres 100 Escus que ie luy doibs ; par la regle cy dessus alleguée, *Temporalia ad agendum sunt perpetua ad excipiendū.*

6.   Item deux personnes soient co-héritiers ou autres qui ont la proprieté de quelqʒ chose meuble ou immeuble en comun & par indiuis, ne peuuent prescrire l'un contre l'autre par aucun laps de temps, qu'ils ne viennent a diuision ou partage, quand il plaira a l'un des deux *Castellio apud Cardinalem Tuschū de præscript concl. 534 nu. 37* et la raison est, parce que s'ils prescriuoient l'un contre l'autre, il faudroit qu'ils changeassent *causam & modū possidendi, la cause & la maniere de posseder ;* ce qu'ils ne font pas, tandis qu'ils possedent ladite chose non come particuliere mais come commune.

7.   Il y a des Jurisconsultes qui mettent au rang des choses imprescriptibles, des debtes conditionelles, come si on auoit promis de payer toutesfois & quantes. Toutes fois Tiraqueau & autres les assubiectissent a la prescription, aussy bien que les autres. Il y en a pareillement qui y mettent *alienari prohibita,* les choses qui ont esté laissées par voye de preciput a un aisné inalienablement, que nous appellons en Angleterre *Entailed lands,* Terres annexées, mais Couarruuias, au Traicté *de Præscript. chap. dernier nu. 5 &c.* n'approuue pas ceste opinion.

8.   Balde Consil. 145 tient qu'une obligation naturelle (c'est adire qui ne procede point d'aucun contract ou Acte ciuil) ne peut iamais estre prescripte, come po' example, si Titius auoit prescript le cheual ou autre chose mobiliare de Menius ; & que par accident ledit cheual retournast en la possession dudit Menius, en ce cas Menius pourroit iustement retenir le cheual come sien, a cause de l'obligation naturelle que Titius auoit de le rendre, parce que la Prescription estant un remede purement Ciuil, elle ne peut pas oster l'obligation qui est fondée dans la nature, c'est a dire dans la raison naturelle. Et pourtant en honeste home ayant emprunté de l'argent, & se trouuant obligé de le rendre par raison & conscience, il n'a garde d'aller alleguer des prescriptions pour frustrer son Crediteur, quoy que sa scedule soit surannée. Ce sont les chicanneurs, les Extorsionnaires & les meschants qui cherchent dans la pratique des Loix des Arguments po' leur iniquité ; & qui vous veulent faire a croire qu'ils ne

vous doiuent rien, parce que vous auez laissé passer 10 Ans sans les inquieter.

9. On y adiouste encore les choses dont on a acquis la possession par force ou violence, lesquelles ne peuuent estre prescriptes, *quia sunt vitio affectœ*, c'est a dire parce qu'elles portent un vice, duquel il faut qu'elles soient purgées, auant que la prescription coure ; c'est a dire qu'il faut qu'elles retournent a leur premier maistre. *Cardin. Tuschus de prœscript. conclus. 534 nu. 46. & 47.*

Et generallement tous les Jurisconsultes tiennent po͞ une Regle indubitable, que la bonne foy est un Ingredient necessaire, pour faire que la Prescription ait lieu ; c'est a dire qu'il faut que celuy qui veut prescrire quelq͠ chose la possede co͞me sienne & ayant iuste & raisonnable cause de croire qu'elle luy appartient co͞me s'il l'auoit acquise de quelque autre ou qu'elle luy eust esté donnée, ou laissée a titre de succession. Car si le possesseur scauoit que la chose fust a quelq͠ autre, ou qu'il la possedast au nom d'un autre, ou a Titre de gage, douaire, usufruict, ou par force, furt, tromperie, ou autrement, il ne la pourroit pas prescrire par quelq͠ laps de temps que ce fust, qu'il ne fut tousiours obligé de la rendre. Et voila aussy pourquoy on a accoustumé de dire que Partage entre Coheritiers ne se prescript point ; par ce que l'aisné auant partage ne peut posseder les parties de ses coheritiers, sinon en leur nom, & non pas au sien ; & une chose co͞mune ne se peut posseder comme propre ꝑ un particulier, mais co͞me commune, iusques a ce qu'elle ait esté diuisée.

Il y a encore une autre Regle, a scauoir que *Ea quœ sunt facultatis non prœscribuntur, Les choses qui sont de faculté ne se prescriuent point ;* co͞me po͞ example, les soldats ne peuuent prescrire l'obeissance qu'ils doiuent a leur Capitaine, ny les Escoliers celle qu'ils doiuent a leur Maistre, les Enfants a leur Pere, les Paroissiens a leur Curé, les Subiects a leur Roy ou Souuerain, Magistrat &c. parce que c'est la propre faculté d'un Capitaine de condúire ses soldats, & du Maistre d'enseigner ses Disciples, & du Pere de co͞mander a ses enfants, & du Curé d'instruire ses Paroissiens, & du Roy de gouuerner ses Subiects.

A ce que dessus s'accorde l'ancienne pratique de Normendie rapportée par le Commentateur sur le Viel Coustumier, ou il propose cette questi͞o. A scauoir si un Hault Justicier se trouuoit en possession de 40 ou 50 ans d'une Rente, sur son ho͞me, & sur une piece de terre laquelle n'y est pas subiecte, mais est deüe sur une autre piece de terre, que tient son dit ho͞me ; si en ce cas le dit Hault Justicier demeurera proprietaire passible de ladite Rente. Et il respond que ce n'est pas raison, & que la coustume ne s'y accorde pas, qu'une piece de terre soit subiecte a une Rente en quoy elle n'est pas obligée et conclut que l'on voit comunem^t. q̃ possession de 40 ans ne suffist pas tousjours po^r acquerir Droicture proprietaire ou hereditable a cil qui possede ; come on voit en Rentes a vie, ou possedées p Vicairie, ou p douaire : Et q̃ pour ce doibt on auoir regard en telle possession a la cause & maniere de posseder &c

---

Le temps ou la Prescription ne court point.

Come il y a de certaines choses qui ne peuuent estre prescriptes, il y a aussy des temps ou la Prescription dort, & n'a aucun effet ; ascauoir, l'Aage pupillaire ou Minorité, le temps qu'un home a esté hors du sens ; le temps qu'on a esté empesché d'agir, & de poursuiure son Droict ; le temps d'absence pour cause legitime : Le temps de contagion, & celuy de Trouble & de Guerre. Je comenceray par le premier, qui est l'aage qu'un Pupille a esté soubs mains de Tuteurs ; durant lequel temps la prescription n'a point de cours a son preiudice : mais il luy est alloüé quatre Ans, apprez qu'il est paruenu a l'aage de 25 ans, lors qu'il comence a estre majeur, pour se faire restituer en son entier & Releuer de tout ce qui auroit esté fait ou geré a son preiudice par ses Tuteurs, Curateurs, ou par luy mesme, pendant tout le temps de sa minorité. *Cardinal. Tuschus. de Præscript. concl. 548* ou il allegue Paul de Castres. Mais selon Guido Pape, & la Pratique de France, il a dix ans, ascauoir de 25 iusques a 35 a se faire releuer. Pour nous ie ne trouue point que nous facions aucune difference entre l'aage Pupillaire lequel par le Droict Ciuil finist a 14 ans, & celuy de minorité lequel continüe de 14 ans iusques a 25. Car par ñre Coustume nous ne faisons qu'un aage de ces deux la, que nous appellons Bas-aage, lequel s'estend iusques a 20 ans accomplis (ou a 21 en ceux qui tombent en Garde Noble) apprez lequel temps le mineur est receu a administrer son bien, sans aucun authorité de Curateur, & a un an entier, & non dauantage, a rappeller les faits de ses Tuteurs, (que nous appellons meneurs) s'il les trouue a son preiudice, lequel An nous appellons An profitable : Et en tout cela il n'y a point de difficulté que nous ne suyuions l'ancienne Coustume de Normendie.

Pour le second, ascauoir *Tempus furoris*, le temps qu'un home a esté hors du sens, ie ne me souuiens pas d'aucune Instance chez nous ; & ne scay si ñre Pratique en fourniroit aucune. Toutes fois puis que le Droict.compare les Insensez aux Pupilles ou Enfants, et qu'il leur donne mesmes priuileges, il n'y a pas de doubte qu'il ne les faille mettre de pair en matiere de Prescription, puis que la cause en est pareille. Et c'est l'opinion des Jurisconsultes. Voyez le Card. Tusch. au mot *Furiosus concl. 549* & au mot *Prœscriptio. concl. 548* ou il allegue *Petr. de Anchar. Cons. 5 nu. 14 & Joh. de Montesperello. Cons. 181.*

Pour le 3me qui est l'Empeschement d'agir, c'est une Regle en Droit tirée de la loy *Cum notissimi* § *Illud. C. de Prœscript. 30 annos.* que *Non valenti agere non currit prœscriptio.*, c'est a dire, *a qui ne peut agir la prescription ne court point.* Laquelle Regle a pourtant quelques limitations. En general nous pouuons dire, que la ou Prescription a esté introduite pour punir les negligents : cõe la quadragenaire qui a esté receüe en haine & detestation de la negligence de ceux qui auoient negligé si long temps a poursuiure leur Droict ; en ce cas la dis-ie, un hõme ayant esté empesché d'agir, & n'estant coulpable d'aucune negligence, il n'y auroit pas de raison de le punir pour une faute supposée, de laquelle il ne seroit pas coulpable : Et d'autre part, on peut aussy dire, qu'en tous les cas ou la Prescription a lieu contre les personnes priuilegiées, cõe Pupilles, Insensez & Absents, elle a aussy bien lieu contre celuy qui n'a peu agir : cõe cela s'obserue en la Prescription d'An & Jour en matiere de Retraict lignager, & autres semblables, lesquelles ont cours contre tous generalement, sans excepter Pupilles ny autres quels qu'ils soient. Et de mesme les Juges doiuent considerer si l'empeschement est legitime, & s'il a continué tout le temps de la Prescription, ou seulement une partie du temps. Soubs ceste Regle viennent des cas fort notables, dont en voicy un, Titius auoit achapté de Mœnius un Clos de terre, soubs l'hypotheque de tous les biens meubles & iõeubles dudit Mœnius. Il arriue que apprez 40 expirez du Dapte de la vendition, ledit Clos est euiucé par Sempronius qui auoit hypoteque speciale sur ledit Clos, pour le payement d'une rente laquelle se payoit par un autre, laquelle rente se trouuant empeschée & non receuable par la Cession ou insuffisance du payeur, ledit Sempronius s'addresse a Titius tenant de ladite terre, pour luy payer la rente, ou luy ceder le Clos, cõe il le peut faire, parce qu'outre qu'il auoit tousiours conserué son Droict d'hypotheque par la perception continuelle de la Rente, & qu'il ne pouuoit se reprendre a son fonds auant l'empeschement suruenu, nous presupposerons qu'il auoit fait inscrire son Droict d'hypotheque dans les Actes du Decret, ençõmencé, mais non pas finy dans les 40 Ans. Que fera Titius en ce cas, puisqu'il ne peut auoir recours contre Mœnius pour sa garantie laquelle est prescripte ? Et neautmoins Sempronius emportera le Clos ou la Rente deüe dessus par hypotheque, parce qu'il a fait deuoir dans les 40 Ans, & par ce moyen a esquiué la Prescription. Je dis donc que Titius pourra auoir son recours vers Mœnius qui est son vendeur nonobstant la pretendue Prescription, & qu'il n'y a aucune raison de le frustrer de son Droict, luy qui n'est coulpable d'aucune negligence. De sorte qu'il se preuaudra iustement de ceste Regle, Qu'a celuy qui n'a peu agir la Prescription ne court point : Or Titius n'a peu agir contre Mœnius son vendeur iusques a ce que la Terre luy ait esté euincée. Et partant la Prescription ne doibt auoir couru contre luy.

Le mesme se peut dire d'un hoͫe qui auroit achapté quelqȝ soͫe de Rente, a receuoir sur un tiers, soubs la garantie de tous les heritages du vendeur ; & qu'il aduint que celuy qui la payoit fist Cession & deuint Insoluable 50 ou 60 Ans apprez l'acquisition de la dite Rente. L'Acquisiteur a ses Droicts, par lesquels il trouue que l'hͬitage de son vendeur est subiect a la garantie du contract ; mais le vendeur ou celuy qui tient ledit heritage, luy oppose la Prescription de 40 Ans, qui est une fin de non recepuoir en toutes Courts. Pour moy, ie ne ferois nulle difficulté de donner a l'Acquisiteur le benefit de ladite Regle, *Impedito agere &c.* veu qu'il n'y a nulle raison que la Prescription luy oste son Droict puis qu'il n'estoit pas obligé de suiure le Proprietaire de l'heritage subiect a la Garantie, qu'apprez l'empeschement suruenu. Ce nonobstant coͫe les personnes precedentes doiuent par voye de precaution faire plusieurs choses, lesquelles ne sont pas necessaires ; pour mieux fortifier leur Droict, je conseillerois volontiers a ceux auxquels il est deub de la Rente sur quelqȝ fonds ou heritage, laquelle se paye par Assignation, par un tiers, de faire recognoistre une fois en 20 ou en 30 Ans, le droict de garantie qu'ils ont sur ledit fonds ou heritage, affin que cela demeure insinué dans les Rolles de la Court, ce qui seroit un excellent moyen de conseruer plusieurs bonnes Rentes, lesquelles manque de ceste precaution sont perdües & aneanties.

Le 4ᵐᵉ cas ou la Prescription dort est celuy d'Absence, laquelle a auec elle une iuste & legitime ignorance, & partant ne peut estre accusée de negligence, ny porter la peine introduicte contre les negligents. Mais coͫe les Jurisconsultes s'accordent bien que la Prescription ne peut commencer a courir contre un Absent ou ignorant, aussy aduoüent ils que elle se peut continuer & mesme acheuer contre eux. *Præscriptio non incipit quidem, currit tamen &*

continuatur cœpta absenti & ignoranti. Et faut cecy non seulement d'une ignorance affectée, mais aussy d'une telle ignorance qui eust peu estre en un hom̄e diligent ; car lors qu'il y a eu quelqȝ negligence a omettre ce qu'on estoit obligé de scauoir & de faire, ce n'est plus simple negligence, mais coulpe, com̄e si un heritier estant maieur, auoit negligé de s'enquerir de l'estat de l'heritage qui luy estoit escheu, & que par sa negligence quelqȝ Rente ou obligation se trouuas prescripte, son ignorance ne le releueroit pas. Or ce q̃ i'ay dit que la Prescription ne se com̄ence pas contre un absent, mais qu'elle continue son cours, lors qu'elle a eu com̄encement auant l'absence, s'entend ainsy ; com̄e si un hom̄e auoit laissé couler 15, 20 ou 30 ans, sans demander une Rente non payée, & qu'apprez cela il s'absentast quelques années, & qu'a son retour il acheuast de la laisser prescrire ; Je dis qu'il ne pourroit se preualoir de son absence, ny la deduire[1] empescher la prescription. Et de ceste mesme Regle se peut on seruir po᷎ decider les questions mobiliaires, lesquelles se prescriuent chez nous par l'espace de dix ans les unes, & les autres de cinq ou de moins : en toutes lesquelles il faut retenir pour condition necessaire & infallible, que celuy qui est en mauvaise foy (c'est a dire, qui scait de certain que la chose qu'il possede & laquelle il pretend prescrire ; n'est pas a luy, ou qui n'est pas ignorant qu'il est redeuable de la debte qu'on luy demande) ie dis qu'un tel ne scauroit iamais prescrire ; non plus qu'un voleur ne scauroit prescrire la bourse qu'il a desrobée. Et par ainsy un debteur de son propre fait n'est iamais receuable a excepter de la Prescription, non plus que du fait de son predecesseur, s'il en a eu cognoissance ; & que la Prescription de 10 ans contre les scedules, se doibt seulement pratiquer ou il y a eu iuste cause d'ignorance ; car a moins de cela, il faudroit dire que la loy des hom̄es, fust contraire & derogatoire a la loy de Dieu, qui ne veut pas qu'on tire gain de la perte d'autruy en aucune façon. Et de mesme en ce present cas, il ne faut pas se tromper, com̄e si toute sorte d'absence estoit de minse par la Loy ; ce qui n'est pas, mais celle la l'est tant seulement qui est pour cause legitime, com̄e lors qu'un hom̄e est absent en l'exercice de sa vocation, ou lors qu'il est employé pour le Seruice du Prince ou du Public, & a tout le moins pour quelqȝ employ honeste & legitime : De sorte que les coureurs de pays, & les vagabonds n'auront pas le benefit de leur absence, si ce n'estoit au cas qu'ils auroient esté detenus captifs ou prisonniers : Et encore y a-t il a distinguer en cela : parce que si leur maluersation a donné cause a leur captivité, elle n'est pas excusable, d'autant que leur coulpe en ce cas a donné cause & com̄encement a leur excuse ; mais

---

(1) Evidemment le mot "pour" manque ici dans l'original.

si leur dite captiuité estoit aduenüe sans leur faute, cõme s'ils estoient
tombez entre les mains des voleurs, ennemis, Pyrates ou Infideles,
alors il faudra y auoir esgard. Dauantage il est requis que l'absence
qu'on allegue soit telle, que la personne absente n'auroit pu apprendre
l'estat de la chose en question, ny y pouruoir par Procureur, ou autrement : cõme chez nous la Prescription ne laisse pas de courir contre
ceux qui font des voyages en France ou en Angleterre, ou ailleurs,
lors qu'on a laissé Procureur auec authorité suffisante ; si ce n'est en
certains cas : et ainsy nous voyons que l'heritier se trouuant absent
lors du decez de celuy dont il est heritier, & ne pouuant estre sur le
lieu assez a temps pour demander le Benefit d'Inuentaire, & faisant
diligence de la demande, aussy tost que la succession est paruenue a
sa cognoissance & qu'il luy a esté possible : ou s'il arriuoit que Titius
estant absent, son debteur Mœnius vint a deceder, & qu'a l'Inuentaire
de ses biens personne n'apparust pour inserer ladite debte (cõme cela
peut arriuer, quand mesme il y auroit eu Procureur ; car les Procureurs ne scauent pas toutes les affaires de leurs Constituants) Je
dis qu'en ces deux cas, & en tous autres cas pareils, l'absence d'un
hõme est excusable, & doibt empescher que la Prescription de
40 iours ne luy nuise. En tous lesquels cas, il faut bien considerer
toutes les circumstances lesquelles peuuent informer les Juges de la
sincerité des parties qui les alleguent ; car ce qui se fait par fraude ou
malice ou par quelqȝ desseing, ne doibt iamais estre receu pour
excuser la partie qui en est coulpable ; ny l'ignorance innocente &
non affectée estre cause de condamner celuy qui en est enueloppé.

Passons aux autres cas ou la Prescription ne court point, qui
sont ceux de la Guerre & de mortalité ; laquelle guerre & mortalité
doibt auoir esté telle que l'auditoire ou lieu des Playdoyers ait esté
clos, ou pour le moins que les Jugements n'ayent esté rendus cõme a
l'ordinaire. *Paul. Castr Consil. 169. Viso puncto. nu. 3. quando
tanta est mortalitas vel Bellū quod non reddatur Jus. Abb. cons. 3
nitar. nu. 9 & cons. 18 Card. Tusch. de Prœscript. concl. 583. nu. 6
ubi citat Anchar. Bartol. Corneum &c. Vide Goffr. in sumā &
Guid. Pap. Quœst. 116. nu. 13 qui citat Cap. ex transmissa Extr.
de Prœscript.* Et il allegue la raison pourquoy la Prescription dort
en temps de mortalité. Par ce, dit ledit chapitre, que la Peste ou
Mortalité est la Guerre de Dieu, laquelle est beaucoup plus grieue
que l'hostilité q vient des hõmes. Appliquons maintenant ceste
Doctrine a un cas particulier. Depuis l'an 1641 ou viron iusques a
1661, il y a tousiours eu ou Guerre ou Trouble ou Incompetence de
Jurisdiction en Angleterre. Et toutes fois il ne se trouue point de
vacance de Justice ny Interruption notable des Courts, sinon depuis

Octobre en 1650 iusques a 1655, laquelle Interruption est de 4 a 5
Ans ; car auant la Prinse de Jersey par les Parlementaires, la Justice
y estoit rendue pour le Roy ; et depuis l'establissement de la nouuelle
Jurisdiction soubs Cromwell, elle y fut rendue pour & au nom dudit
Cromwell, iusques au Retour du Roy (sinon qu'il y eut pour lors
quelque petite Interruption de deux ou trois Termes) et il ne se
trouue point d'Interualle sans Jurisdiction que le susdit espace de 4
a .5 Ans, lequel doibt estre deduict en toute facon, en comptant les
Années de Prescription ; & en tous autres cas ou il s'agist de quelq�z
Interest qui depend de ces Années la, on ne les doibt pas compter
au preiudice de celuy qui deuoit agir ou demander, ains luy doiuent
estre allouëes, come s'il eust fait tous les deuoirs requis par les Loix.
Pour example, si on demande, si la Prescription de 5 Ans, pour les
Arrerages des Rentes Hypotheques doibt courir ou dormir durant ces
4 ou 5 ans la, Je respondray qu'elle y doibt dormir, & n'estre comptée
a rien ; parce qu'il estoit impossible de demander aucune Rente judiciairement durant ce temps la. Quand est pour les annees precedentes depuis 1641 iusques a 1650, elles ne doiuent estre comptées
en faueur de personne & ne doiuent interrompre aucune espece de
Prescription ; parce que la Jurisdiction s'y rendoit tout ce temps la
pour le Roy & estoit ouuerte a tous ; que si quelquun estoit absent
c'estoit une absence affectée, & qui n'estoit point pᵒ le Seruice du
Roy ou de l'Estat, mais a leur preiudice et partant elle ne se doibt
allouer a l'aduantage des absents, mais plustost leur nuire : Et pour
l'establissement sous Cromwell, il doibt passer pour bon au regard
de ceux qui sy sont soubmins, non seulement pour y demander, mais
aussy pour y respondre ; (car encore que respondre n'emporte pas
tant come demander, en Jugemᵗ parce que le Demandeur choisist
son Juge, la ou le Deffenseur ne fait que le recognoistre simplement,
toutes fois a la rigeur & l'un & l'autre se soubmettant a sa Jurisdiction & ne la peuuent plus blasmer ny recuser par apprez) que s'ils
s'en trouuent quelques uns qui ne s'y soient pas soubmis du tout,
mais l'ayent tousiours recusée, c'est a ceux la que la Prescription
doibt dormir depuis la Prinse de l'Isle par les Parlementaires iusques
au restablissement qui ensuyuit le Retour du Roy en l'an 1661.

Or pour montrer que l'Interruption de la Prescription en temps
de Troubles n'est pas un discours speculatif des Escholes, mais un
usage receu en pratique, & aduoüé par nostre propre Coustume, voicy
les paroles de l'ancien Comentateur sur la dite Coustume, au Chapitre *De Aisné & de Garant*. Eu Discord heredital, en matiere
& voye proprietaire, le Deffenseur n'est tenu attendre fait d'enqueste,
sinon quand l'acteur veut dire par son fait, que de la vendüe il a eu

lettre veüe, leüe, ou notoire, ou qu'il y ait eu possession *paisible* par & puis 40 ans, *en temps paisible, rabatu tout le temps de guerre &c.* Voila come par ladite Coustume, 2 choses sont requises a Prescrire, mesmes en Prescription quadragenaire, la premiere, qu'il y ait eu possession paisible, la 2de que tout le temps ait esté paisible, car ce n'est pas assez que le temps ait esté paisible & sans guerre, si la possession a esté inquietée par aucune opposition ou maintenüe par aucune violence. Ce qui se rapporte directement a ce que i'ay obserué cy dessus de la Pratique Ciuile.

Il y a encore un cas, qui est celuy de Vacance auquel la Prescription ne doibt courir, come en cas de Vacance de Chaire, ou d'Eglise, come entre la mort d'un Pape ; & l'Election d'un autre ; & de mesme d'un Euesque en son Euesché, & d'un Pasteur ou Recteur en son Eglise ou Benefice : car en ces cas la, les choses qui se passent au preiudice du lieu vacant, ne sont comptez a rien. Le mesme se peut dire d'un Interregne, lors qu'il arriue qu'entre un Roy ou Empereur decedé & son Successeur il y a quelqʒ temps considerable : & come nous voyons que les choses faites en Angleterre durant l'absence du Roy d'a present au preiudice de Sa Couronne & Dignité ont esté iugées de nulle valeur, & il n'a fallu aucun acte ou ordoñance pour les rescinder, ou añuler. *Voyez le Card. Tusch. ubi supra & Guido Pape, en ladite question 116.*

De la Prescription Immemorialle.

Je ne m'arresteray point a parler de la Prescription de 100 ans, ou donner les differences d'entre l'Immemorialle & elle ; parce que ie ne l'ay iamais veüe ny ouye alleguer en nos Isles ; ny n'ay onques ouy dire ny leu qu'on s'en soit seruy : mais ie passeray tout droict a declarer en quels cas la Prescription Immemorialle est receüe, & coment elle se pratique, & par quelle voye elle doibt estre prouuée.

Je dis donc que ceste Prescription est requise, lors que la Prescription du Droict est contre celuy qui prescript, & ainsy come elle est pour cause extraordinaire, aussy y vient on fort rarement. Elle estoit pourtant assez frequente du temps des Justiciers Itinerants : car les possesseurs des Fiefs n'auoient que 2 sortes d'armes pour se deffendre contre les Inquisiteurs Royaux, qui les molestoient, a scauoir Chartre Royale, ou Possession Immemorialle ; quand ils estoient pressez de monstrer leur Droict aux Jurisdictions & autres priuileges de leurs Fiefs. Et en cela ils n'estoient pas mauuais Legistes ; Car par le Droict, les Jurisdictions tant Ciuiles que Criminelles par presumption de droict appartiennent au Prince, & si font aussy toutes les autres Regales, come Peages, Coustumes & Imposts publics ; & ne peuuent passer en la possession d'aucun Subiect, sinon par sa Donation ou Conniuance ; laquelle estant extraordinaire, elle ne peut estre prescripte par le temps qui est allotty a toutes autres choses ordinaires ; mais il est besoing d'une plus longue possession, qui surpasse la memoire de tous les viuants. Et ainsy soit porté pour Regle, Qu'en tout cas ou le Droict comun resiste au prescriuant, il faut prouuer une possession par dela toute memoire d'home ; laquelle possession ou Prescription est celle qu'on appelle Imemorialle, & se fait par voye d'Enqueste, en ceste maniere. 1. Il faut auoir Tesmoings qui puissent deposer de leur souuenance au dela de quarante ans ; & partant ils doiuent estre aagez de cinquante pour le moins. 2. Il faut qu'ils deposent qu'ils ont veu la chose se faire tousiours de mesme. 3. Qu'ils n'ont veu iamais faire le contraire. 4. Qu'ils ont tousiours entendu par le rapport des plus vieux qu'il a tousiours esté fait ou pratiqué ainsy, & iamais n'auoir entendu le contraire. 5. Que c'est un bruit & une opinion comune parmy ceux qui ont cognoissance de la chose. Et ceste Prescription a deux proprietez particulieres : la premiere, qu'elle suppose une possession continuée sans interruption : & partant que si partie aduerse prouuoit un seul acte contraire dans tout le cours d'icelle, elle seroit de nul effet. *Couarruuias, de Præscript.* § *3. nu. 9.* La seconde qu'elle court aussy bien en temps de Guerre, de Mortalité, de Pupillarité, d'Ignorance & d'absence, come en autre temps, & qu'elle ne dort, ny n'est pas interrompue pour cela. *Idem Couar. & Card. Tusch. de Præscript.* lesquelles 2 proprietez ne conuienent point aux autres Prescriptions.

Elle est, come i'ay des-ia remarqué, necessaire, toutes fois et quantes que le Droict comun repugne a celuy qui allegue quelq3 chose luy appartenir, laquelle par le Droict deueroit appartenir au Prince ou au Public : Car puisque le Prince est par la Loy la source & le principe de la Jurisdiction & de l'Honneur ou Dignité, & des choses qui luy sont propres en consequence de ladite Jurisdiction & dignité, come sont les Droicts de Regale, Peages, Confiscations, Amendes &c. Lors que quelquun de ses Subiects pretend auoir droict a aucune de ces choses là, il luy conuient prouuer de deux choses l'une ; ou qu'il la tient par concession du Prince, en bonne & legale forme, ou pour le moins, qu'il aduance une possession si

ancienne, qu'il ne s'en trouue point de commencement, & qu'il ne s'en
soit iamais cognu le contraire : ce qui sera une presumption suffisante
pour en prouuer la concession du Prince, a tout le moins tacitement
& implicitement.

Le mesme se peut dire de la prescription d'une Disme par une
persoñe laye contre l'Eglise : car puisque la presumption du Droict
en ce particulier est pour l'Eglise, a laquelle de Droict commun elle
doibt appartenir, celuy qui en allegueroit exemption contre l'In-
cumbent de quelq₃ Benefice, ne seroit pas receuable, a moins d'une
Prescription Immemoriale en la forme susdite.

Un autre point ou la prescription Im̃emoriale est requise, est
celuy des seruices auxquels les Seigneurs feodaux voudroient assubiettir leurs Tenants ou Vassaux. Il y a des seruices feodaux deubs
par la Coustume des Fiefs, com̃e le seruice d'assister a la Cour
du Seigneur, & de faire Preuosté ou Şergenterie lors qu'il eschet,
& autres pareils : Ce n'est pas de ceste sorte de Seruices que i'entends ; mais des Coruées, com̃e de porter ou charier vin, foin, busche,
de labourer les Terres, cueillir & porter les bleds au Haugard, accompagner le Seigneur a la Ville, & luy seruir presque de valet domestique, le seruice de Resseantise a quelq₃ moulin, ou four a Ban, &
autres semblables, com̃e aussy les Rentes ou subsides lesquelles se
demandent pour exemption de tels seruices ; & autres prestations
personelles qui se font a la personne du Seigneur, de la fem̃e ou
famille, a son Domicile, a ses Terres, moulins, colombiers, garennes
dont il seroit malaisé de faire denombrement par le menu, & lesquelles bien souuent n'ont autre cause ou Titre que la violence,
Tyrannie & usurpation des Seigneurs sur leurs Tenants, lesquels par
crainte d'estre depossedez de quelq₃ chetif Tenement, ou de tomber
en la male grace de leurs dits Seigneurs, les laissent empieter peu a
peu sur leur liberté, & les assubiettir peu a peu a ce qu'ils souhaittent.
Contre lesquelles usurpations des Seigneurs, les anciens Ducs de
Normandie donnoient aux Tenants greuez par leurs Seigneurs, par
lequel il les receuoient en leur protection, iusques a ce qu'il en fust
decidé par leurs Juges selon Droict ; lequel est de fort bon usage, &
merite d'estre continué en la pratique, com̃e il a esté autrefois. Et
certes ce sont la une sorte de Seruices fort soupçonneux, & qui ont
contre eux la presumption du Droict, laquelle fauorise generallement
la liberté, mais beaucoup plus lors qu'il s'agist d'assubiettir un hom̃e
libre a des coruées grossieres, & qui conuiennent mieux a un Esclaue,
qu'a un Tenant. Et de la vient qu'on presume (s'il n'apparoist le
contraire) q̃ telles coruées prouiennent non de la submission volon-

taire desdits Tenants, mais de l'auarice, violence & tyrannie des Seigneurs. *L. ult. § si iusto ff quod metus causâ.* Voyez Couarniuias au lieu preallegué § 4. nu. 5. Et q'ainsy on ne les doibt pas receuoir en iugement sans une Prescription Immemoriale, qui soit capable de purger la dite presumption. Et mesmes quelques unes de ces Coruëes ou seruitudes ont la presumption du Droict si forte & si opposite à elles que la pluspart des Jurisconsultes n'y admettent aucune prescription quelq; longue quelle puisse estre, ascauoir celles qu'ils appellent Negatiues ; desquelles ie vay parler un peu plus au long ; affin d'esclaircir ceste matiere, qui est fort frequente en Jugement, & assez mal entendue. Il faut donc scauoir q̃ les seruitudes negatiues, ainsy appellées par les Interpretes du Droict, sont celles qui empeschent & défendent de se seruir du benefit que le droict commun donne a tous ; ou qui prohibent l'usage des actions purement volontaires, c'est-a-dire qui dependent du choix & de la volonté, que les mesmes Jurisconsultes appellent *actions de faculté (ea quœ sunt facultatis)* comme il est en la faculté choix ou option d'un hõme par le droict commun d'aller moudre son blé a quel moulin il voudra, & cuire son pain a quel four il luy plaira ; & il depend pareillement de sa volonté de donner entretien a son amy quand il le vient voir, ou de ne luy en donner pas : Et celuy qui luy denie l'usage de ceste faculté, veut luy imposer une seruitude negatiue. On appelle aussy seruitude negatiue, lors que quelqun veut s'attribuer a luy seul quelq; droict, lequel appartient par la raison aussy bien aux autres cõme a luy, tel qu'est le Droict de Pesche en eaüe publique & celuy de chasse, lesquels par le Droict Ciuil sont cõmuns a tous. Or il faut de necessité que ces negatiues la soient fort difficiles a prescrire, non seulement pour les raisons que i'ay dites, mais aussy par ce que ce sont choses incorporelles, dont l'exercice ou usage est discontinu, & par pieces rompües ; & par consequent ne peuuent proprement estre possedées : or sans possession il n'y a point de prescription. Et partant pour les prescrire 3 choses sont requises. La premiere qu'il y ait eu prohibition de la part du prescriuant ; L'a seconde, qu'il y ait eu patience ou acquiescement a la prohibition de la part de celuy contre qui on prescript. La 3ᵐᵉ qu'il y ait eu temps Immemorial depuis la prohibition & patience. *Couar. eodem cap. §. 4. Ferrer. ad Guidonē. Pap. quœst. 198. Et idem Guido : quœ opinio est comunis.* Pour example Titius veut contraindre les Tenants de Mœnius, ou les siens propres, a venir moudre a son moulin. Je dis conforme a ce que dessus, qu'il ne l'emportera point contre lesdits Tenants, s'il ne monstre Titre suffisant auec la possession, ou plustost quasi-possession de 40 ans ; ou qu'il exhibe Droicts en forme valable

d'accord ou Transaction faite auec iceux Tenants, contre lesquels il
n'y ait point d'exception d'auoir esté extorquez par crainte, force,
menaces, &c. ou finallement s'il ne monstre par bonne preuue que luy
ou celuy dont il a droict ont fait prohibition ausdits Tenants d'aller a
autre moulin que le sien, a laquelle prohibition lesd¹ˢ Tenants ont
obey, & qu'il s'est passé un temps immemorial depuis la dite prohibition. De sorte que la prescription de ceste sorte de seruitudes
negatiues est presque impossible a prouuer. Quant est pour le
droit de Pesche en eaües communes, pourneu que vous ayez ce Priuilege du Prince, il n'est pas besoing de Prescription ; mais si vous
n'en auez il faudra auoir recours a l'Immemoriale en la maniere susdite.
Et le mesme se doibt dire du Droict de Chasse : car la Coustume de
la pluspart des nations ayant donné ces Droicts la & quelques autres
semblables au Prince pour estre possedez par droict de Regale & de
proeminence, il n'y a point de doubte qu'il ne les puisse conferer a
qui il luy plaist : Et de mesme ces droicts la peuuent estre prescripts
contre luy non plus come negatifs, mais positifs, desquels il a esté
parlé cy dessus. Pour les eaües particulieres, la pesche en est particuliere a ceux ausquels les terres adjacentes appartiennent.

Il y a encore un autre Droict, qui est celuy de pasturer en la
terre noualle d'autruy, ou apprez la premiere herbe, lequel estant de
grand preiudice aux proprietaires desdites terres, & contraire a la
prescription du Droict qui est en toutes choses pour la liberté, il est
par l'opinion commune des Jurisconsultes renuoyé a estre prouué par
une possession Immemoriale, come vous pouuez voir dans *Couarruuias,
varias Resolut. L. 1. cap. 17 nu. 11 &c.*

Le mesme se peut dire du Droict de chemin ou passage par les
terres d'autruy, lequel estant repugnant a la liberté des Proprietaires
ou de leurs Terres, il faut que celuy qui le pretend, monstre Droicts
ou autre Titre valable, ou qu'il prouue une prohibition auec la
patience de sa partie par 40 Ans, ou finalement une possession qui
surpasse toute memoire d'home ; car en ce cas il ne suffiroit pas de
prouuer une simple prohibition sans la patience de sa partie ; come si
un home voulant passer par dessus ma terre, ie m'y opposois & que
luy nonobstant come le plus fort y passast, mon opposition ou prohibition ne me pourroit seruir pour empescher son droict non plus que
sa force ne luy peut seruir a establir le sien ; parce que Tout acte
legitime est rendu inutile par son contraire.

Et encore ceste Prescription Immemoriale a cela de propre, que
quand un home auroit prins toute la peine du monde a prouuer sa

possession im̄emoriale, & que sa partie auroit prouué un seul Acte contraire, cela suffiroit pour la rendre inutile & de nul effet. *Couar. ibid §. 3. nu. 9.*

De la Prescription Quadragenaire.

Par le Droict Ciuil il y a *Præscriptio longi temporis* qui est de dix ans entre ceux qui sont presents & de vingt ans entre les absents pour im̄eubles, auec Titre & bonne foy, & celles qu'ils appellent *longissimi temporis*, qui sont l'une de 30 ans pour les actions personnelles, & l'autre de 40 pour les reelles, hypothecaires &c. Desquelles il ne conuient point de traicter en ce lieu, parce que nous auons reduit toute Prescription Immobiliaires a quarante ans : De sorte q̃ toutes matieres hereditales personnelles & reelles sont toutes faites d'un pair en matiere de prescription. En quoy nous auons retenu la simplicité de la vielle Coustume, en laquelle on trouue une prescription incertaine & monnante, & laquelle croissoit tous les ans, qui estoit au com̄encement le Couronnement du Roy Henry, & par apprez celuy du Roy Richard, laquelle finallement a esté limitée à 40 Ans. Depuis quelque temps en ça, ils ont Reformé leur Coustume, & l'ont reduite a celle de Paris en plusieurs choses, & particulierement en la Prescription de 30 Ans laquelle ils ont adminse pour toutes rentes et prestations personnelles & reelles ; exceptant certains cas qui ne se prescriuent que par 40 Ans. Mais nous ne les auons point suiuis en cela, ains nous nous sommes tenus fermes a ñre prescription quadragenaire, sinon que depuis peu on auoit tasché d'estendre la force des sentences de la Cour de Cattel iusques a 30 ans, pour toutes sortes de rentes : Ce que ie ne blasme pas pour aucune iniquité que i'y trouue, mais pour l'absurdité, qu'une Cour de meuble puisse porter ses Decrets iusques au terme des Im̄eubles. On eust fait beaucoup mieux de distinguer entre les Rentes foncieres & celles qui sont constituées a prix d'argent ou hypotheques, & de traister des premieres a la Cour d'Heritage, & en alloüer iusques a 39 ans d'arrerages, si autant s'en trouue deub ; & des autres a Catel, & en alloüer 5 années d'arrerages tant seullement selon l'ordoñance de Louis 11ᵉ qui doibt estre Interprete de ñre 5ᵐᵉ ordonnance des Com̄issʳᵉˢ laquelle les confond ridiculement ; dont ie parleray ailleurs. Et de fait ñre Cour retient encore ceste Coustume ou prescription la en un seul cas, qui est lors qu'un hom̄e ayant donné une Rente a Cattel, seroit

conuaincu de la deuoir; car en ce cas on se condamneroit a en payer
39 années d'arrerages a la partie si elle en demande autant: ce qui
n'est pas pour le punir de son deny (comme quelques uns pensent,
car il se peut faire & arriue souuent que le Deffenseur ne croit pas
en sa conscience deuuoir la rente demandée, & ainsy ne merite pas de
punition) mais c'est plustost par ce que celuy qui denie la rente,
denie aussi la possession de 40 ans; car s'il auoit confessé le payement d'une seule année d'arrerages dans les dits 40 ans, il auroit
donné gaing de cause a sa partie: c'est pourquoy ce deny la luy est
imputé pour une confession des arrerages de 39 ans, s'il est conuaincu
d'auoir mal denié la rente.

Or toutes sortes d'Imeubles de quelq͞z sorte qu'ils soient (excepté
ceux dont il a esté parlé cy dessus) se prescriuent par 40 ans en nos
Isles; et ie ne trouue point que nos Messieurs dans leurs Jugements
se donnent la peine d'examiner, si le Prescriuant a eu Titre ou bonne
foy; quoy que l'un & l'autre, mais principallement la bonne foy soit
receüe universellement presque par tout le monde, come elle l'a tousiours esté par tous les Jurisconsultes & Canonistes, par lesquels elle
est estimée un Ingredient si essentiel de la Prescription, mesme quadragenaire, qu'il est impossible de prescrire auec la mauuaise foy
(c'est a dire, quand on sçait bien que ce qu'on possede appartient a
autruy) & par consequent, qu'en alleguant la prescription, il faut
tousiours deduire le temps q̃ la chose a esté possedée de mauuaise
foy. Ce qui ne se considere pas en n̄re pays; ou une exception de la
mauuaise foy du prescriuant, ou son manque de Titre, ne seroit pas
receüe, ny entendüe; quoy qu'elle soit si iuste & necessaire, que ie ne
comprends pas come on peut faire droit, et s'en passer. Et partant
nos Messieurs feront bien d'estudier ce point la: Et en mesme temps
ils doiuent se souuenir de deux choses dont la premiere est que la
bonne foy est tousiours supposée s'il n'apparoist du contraire (*ex ipsis
actis*) par les Actes de la cause; la seconde que c'est a celuy qui propose la mauuaise foy de sa partie en cour a la prouuer: car *asserentis
est probare.*

Mais si quelqun vouloit soubstenir que la possession quadragenaire doibt tenir lieu de Titre en toutes Courts; & partant que
c'est une Exception peremptoire en toutes causes hereditales, selon
que la Coustume Reformée le porte en termes précis, j'auray trois
choses a luy respondre, la premiere, que la Coustume Reformée de
Normandie n'est point la Coustume de nos Isles, sinon entant qu'elle
s'acorde a l'Ancienne Coustume, au Droict com̄un, & a l'equité: La
2ᵈᵉ qu'il ne faut pas penser que les Compilateurs de ladite Coüstume

Reformée ayent entendu l'Article qui y traicte de la prescription quadragenaire, sinō auec le Temperament qui est selon Droict, c'est a dire presupposant a toute le moins la bonne foy du Prescriuant : La 3ᵐᵉ que s'ils l'auoient entendu autrement, ils auroient non seullement estably une Loy inique, contre les maximes de la Jurisprudence & de la raison, mais aussy ils auroient renuersé le style & ancienne pratique de Normandie, attestée par celuy qui a escrit le Coentaire sur le Viel Coustumier, au chapitre de Jurisdiction fol. x page seconde, colomne seconde, en ces mots, ou semblables : Un haut Justicier ayant eu possession par 40 ans sur son hoe & sur une piece de terre, d'aucune rente en laquelle ladite piece de terre n'est pas subiecte, mais est deüe sur une autre piece de terre que tient son dit hoe, ne demeure pas pourtant proprietaire de ladite rente : Car ce n'est pas raison, ne la Coustume ne s'y accorde pas, que une piece de terre soit subiette en une rente en quoy elle n'est pas obligée. Et apprez cela il conclud ainsy. Et a ce propos voit l'on coĩunement que possession de 40 ans ne suffist pas tousiours pour acquerir Droiture proprietaire ou hereditable a cil qui la possede : Et ce voit on pour rentes a vie, ou possedées par vicarie, ou par douaire : Et pour ce doibt on auoir regard en telle possession a la cause & maniere de posseder. Voila un hoe qui parle nettement, car la cause de posseder relate au Titre, & la maniere a la bonne ou mauuaise foy. Et en apprez pour monstrer que toute sorte de possession ne prescript pas, il adiouste : Item doit len scauoir que la maniere d'acquerir droicture par possession est telle qu'il conuient auoir eu possession par voye de Justice sur le lieu qu'on dit estre subiect a la rente &c. ou il conuient auoir eu payement par les Tenants des lieux, & a cause d'iceux.

On pourroit douter si un Tenant ou Vassal, n'ayant donné adueu ny fait acte de subiection par 40 ans a son Seigneur, a prescript la liberté de sa terre contre son dit Seigneur. Pour response, ie presuppose que ledit Tenant y procede auec la bonne foy, par ce qu'il a eu iuste ou probable cause de croire qu'il n'estoit point subiect dudit Seigneur, ou pour le moins d'ignorer qu'il estoit son Vassal ; car autrement la question ne procederoit pas, mais supposant sa bonne foy, ie ne feray point de difficulté d'affirmer qu'il le peut, car ie vous prie, n'est il pas euident que 2 Seigneurs peuuent prescrire leurs Tenants l'un contre l'autre ; & les fiefs ne vont ils pas iournellement s'augmentant ou diminuant par semblables usurpations ? Secondement n'est-il pas aussy euident qu'un Tenant peut prescrire sa ferme, rente ou seruice, contre son Seigneur par le laps de 40 ans ? Et n'est-il pas raisonable que celuy qui peut prescrire les parties puisse prescrire le tout ? Et cela s'accorde a ce que lon dit ordinairement, que tandis que le Seigneur dort, le Vassal veille, & au contraire que tandis que le Vassal dort le Seigneur veille ; c'est a dire que si l'un deux est negligent a demander son Droit, il y a danger que l'autre ne l'usurpe.

Tiraqueau en son Traicté *de priuileg piæ causæ*, prouue qu'un legs *ad pias causas*, c'est a dire qui a esté donné pour quelq₃ usage pieux ou charitable, se prescript par 40 ans (priuil. 139) ou il allegue l'Authen : *de Ecclesiast. Tit. 8 cum temporibus.* Nous auons a S.ᵗ Sauveur ung q.ᵉʳ de froment de rente donné par Tho : Falle pour une œuvre pieuse ascauoir pour la reparation de quelques chemins publics (car que ce soit une cause pieuse est hors de doubte, co͞me vous le pourrez voir dans la 556 Question de Guido Pape, & dans l'Apostille de Ferrerius sur la 7.ᵐᵉ question dudit Guido, ou il allegue le tesmoignage de Joh. Faber, Specul. & autres, co͞me Nicol. Neapol. Angel. & Alexand. *ad. l. 1 § municipium ff ad l. Faleid.* qui tiennent le mesme : ce qui s'entend aussy de la réparation des Ponts &c.) lequel quartier de froment n'a point esté receu il y a plus de 40 Ans : Et toutes fois nous pouuons soustenir auec verité qu'il n'est pas prescript, et ce pour plus d'une raison ; Premierement parce que M.ʳ Ed. Messervy qui le deuoit estoit en mauuaise foy, ne pouuant ignorer que ledit quartier ne fust bien deub, parce qu'outre qu'il en a esté interpellé plusieurs fois par les Procureurs de la Paroisse, luy mesme a esté Procureur quelq₃ temps, & partant il ne pouuoit qu'il n'eust cognoissance de nostre Droict par les Droicts mesmes, ou par les Livres de l'Eglise. Secondement, parce que le temps de guerre & particulierement les années lesquelles ont esté sans Jurisdiction sont a deduire de la Prescription ; et tiercement, quand mesme il se trouueroit encore 40 ans accomplis, le temps de guerre deduict, nous prouuerons qu'il y a eu une iuste Interruption de Prescription : car lors que iestois un des Procureurs de ladite Paroisse viron l'an 1656 ou 1657, sur un Brief du Bailly d'alors nous fismes saisie de quelques Bestes sur le fonds obligé a la Rente, & les mismes en garde sur le Fief, ou le proprietaire les reprint par Attentat, pour lequel attentat nous le fismes conueuir en Cour le Samedy ensuyant ; dont nous n'obtismes point de legitime reparation nonobstant nos diligences : mais la chose demeura ainsy. Or c'est une opinion co͞munement receüe, que la Prescription quadragenaire est interrompue, non seullement par la demande de la chose en Jugement, mais mesme par une simple Citation ou Adiournement fait a la partie, & par consequent elle l'est bien dauantage par un Acte legitime, executoire fait par Brief de Juge sur la Terre obligée a la rente. Voyez Guid. Pape

quest. ou il cite la loy *omnes*, & la loy *sicut*, & la loy *cum notissimi. C. de præscript. 30 vel 40 Annor. Cardin. Tuschus de Præscript. concl. 586*, ou il allegue une longue suite de Jurisconsultes
pour ceste opinion : Et la raison alleguée par luy est, parce qu'une
simple citation envoyée a la Partie, le constitue notoirement en mauuaise foy ; car il ne peut plus dire qu'il croit que la chose luy appartient, apprez qu'elle luy a esté demandée formellement, & ꝑ un
sergeant ; les autres eu donnent encore une autre raison, qui est
dautant que ladite prescription de 40 ans estant introduite en haine
des negligents, ceste negligence la est purgée par l'adiournement ; qui
est suffisant pour resueiller le possesseur, & le constituer par consequent en mauuaise foy.   Et par ainsy il s'ensuyt que nos diligences,
ou il y a eu executiõ, citation, & contestation, aura interrompu la
Prescription ou possessiõ de nostre Partie ; & qu'il ne peut plus prescrire contre nous depuis qu'il a cognoissance de nostre Droict.

De la Prescription de dix ans.

La Prescription de 10 Ans est fort en vogue au Pays de Droict
escript, c'est a dire ou le Droict Ciuil et Canon sont la seule Regle ;
parce que c'est la plus ordinaire Prescription, non seullement pour les
choses personnelles, mais aussy pour les reelles.   Et c'est pour cela
qu'elle s'appelle dans les Loix *Præscriptio longi temporis, Prescription de long temps ;* car quand un Acte de quelque nature qu'il soit,
a duré dix ans, sans opposition de la part de celuy qui a interest a le
casser ou contredire, quoy que d'ailleurs il n'apparoisse pas de la
validité dud! Acte, c'est une grande presumption qu'il a esté legitimement fait : Et la raison est, parce que ce terme est estimé
quelque chose de complet.   Je ne m'arresteray pas a en parler particulierement ; parce qu'en nře Isle nous ne la pratiquons gueres, hormis au regard des scedules particulieres & des sentences de la Cour
de Cattel, lesquelles sont executoires pour dix Ans, & non plus outre ;
La ou par le Droit Ciuil les obligations personnelles ne se prescriuent
que par 30 Ans: mais nře Coustume a consideré ces obligations &
scedules, coſſe captieuses, coſſe estant faites bien souuent sans aucune
forme ou solemnité, soubs le seing de la partie ou de quelqȝ tesmoing
seulement (ce qui ne vaudroit rien en France, ny en Augleterre, sinon
entre marchands) et par consequent elle en abrege la Prescription
(& feroit encore mieux de l'abbreger d'auantage); pour oster tout

subiect d'extorsion & de tromperie, & pour punir la negligence des Crediteurs chirographaires, Guido Pape Quœst. 199 & du Ferrier, au mesme lieu. Et nous ne somes pas seuls qui l'auons ainsy abbregée, car Couarruuias sur le chap. *Possessor. 2ᵈᵉ parte § 11 nu. 3* dit que c'est la Coustume de plusieurs lieux que les actions personnelles se prescriuent en 10 ans, sans considerer la bonne ou mauuaise foy du Debteur: qui est un point fort chatouilleux pour la conscience: car come il demonstre doctement, les Loix ciuiles lors qu'elles fomentent un peché ne sont pas a recepuoir; ou bien il s'ensuiuroit qu'elles seroient plus fortes que les Loix Diuines, & ainsy l'Authorité publique seroit derogatoire a celle du ciel; ce qu'il ne faut pas dire: or les Loix lesquelles fauorisent celuy qui a intention de s'approprier le bien d'autruy (lequel il n'a peu prescrire tandis qu'il scauoit estre tenu de le rendre, or il estoit tousiours tenu de le rendre dans les 10 ans, et par ainsy il ne l'a peu comencer a prescrire dans ce temps la, a cause qu'il eut esté en mauuaise foy) ie dis que telles Loix fomentent le peché. C'est pourquoy les Loix distinguent fort bien en ce point des Obligations personnelles particulieres du fait d'un homme propre, d'auec le fait de celuy d'un Predecesseur ou autre. Et põ le propre fait d'un home de luy permettre d'alleguer prescriptiõ contre sa propre escripture seroit contre droit & raison; puisque ceste sorte de Prescription n'a pas esté introduicte a intention de punir la negligence d'un Crediteur tant seulement, mais principallement pour preuenir les tromperies qui peuuent arriuer; or il ne peut arriuer aucune tromperie lors qu'un Crediteur agist contre un Debteur pour son propre fait, attesté soubs son propre seing; ie dis qu'il n'y peut arriuer de tromperie pour le regard du temps ny de la prescription. Mais si c'est le fait d'un Successeur, il faut encore distinguer; ou bien il est tel qu'il a eu la cognoissance & maniement des affres de son predecesseur & particulierement de celle dont il s'agist, ou il n'apparoist pas qu'il en ait eu cognoissance, come s'il est pupille ou estranger. S'il en a eu cognoissance, il le faut traicter come s'il estoit question de son fait propre, ou a peu prez. S'il n'en a pas eu cognoissance, il est en bonne foy, & partant il doibt auoir le benifit de la bonne foy, a tout le moins au regard des Interests lesquels les Juges ne deueroient iamais allotter au dessus de Dix ans quelq3 equité qu'il y ait de la part du Crediteur; ny mesme au dessoubs de Dix ans, s'il y a aucun soupcon de tromperie, en la scedule, ou que la demande n'apparoisse pas claire come le iour. Et qu'ils se souuiennent tousiours de fauorizer plustost la cause d'un home simple, debonnaire & de bonne renommée, que celle d'un usurier, chicanneur & autres de pareille estoffe.

J'adioustray pour ceste Prescription Decenale ce que Balde en a remarqué Consil. 34. Que les choses temporaires se terminent par l'espace de 10 ans, parce que la Loy considere ce terme la coĩe complet, de sorte qu'un Criminel ayant esté banny sans exprimer pour combien de temps, peut retourner sans crainte au bout de dix ans parce que par cest espace là, la Sentence est prescripte ; et a ce propos il allegue la Loy *Sine præfinito tempore ff de pœnis ; Et consil. 37 nu. 6* il dit que *Lapsus decenny operatur obliuionem præsumptam,* le laps de 10 ans fait presumer que la chose est minse en oubly. Voyez le Cardin. Tuschus. literâ T. conclus. 41).

En France *p* les ordonnances les Mineurs deuenus majeurs ont dix ans pour demander restitution contre les Prescriptions & contracts ou Actes faits par leurs Tuteurs ou Curateurs a leur ƥiudice ; ce qui ne s'accorde point a l'ancienne Coustume de Normandie laquelle nous suyuons, coĩe ie diray lors que ie parleray de la Prescription Annale. Nous ne distinguons pas non plus entre le temps de Pupillarité & de minorité, coĩe fait le Droict Ciuil, au regard des prescriptions, & de l'authorité des soubsaagez : car par ledit Droict l'aage Pupillaire finist a 14 Ans, et en cet aage la le pupille n'a aucune Authorité. d'agir, coĩe aussy la Prescription ne court point contre luy : et par le mesme Droict, l'aage de Minorité coĩence a 14 ans, & s'estend a 25 ans accomplis, durant lequel le Mineur a seulement un Curateur pour le conduire en ses affres, dont le consentement est bien necessaire, mais aussy il a de l'authorité en luy mesme ; & la prescription court contre luy ; seullement a il Dix ans a s'en faire releuer.

Je conclurray ceste Section par un Passage de celuy qui a escript sur le viel Coustumier, au chap. des Gages & achapts niez. fo xxiiij p. 1 : col. 2. Le Clamant se peut clamer d'un marchie de bourse dans an & iour de la lecture de la lettre du marchie : et s'il n'y a point de lecture dedans les dix ans ensuyuants du passement & de la possession enë au droict d'icelle vendüe, laquelle possessiõ vaut & equipolle lecture ou notoire, ou il y a ceste Regle a obseruer Que la possession de dix ans ensuyuants de quelque Passement heredital que ce soit, vaut & equipolle aux Lectures, Enregistrements & autres Actes solennels requis par les Loix ausdits Passem[ts] .et que Retraict lignager n'a plus de lieu apprez lesdits Dix Ans. La ou en marché fraudeux il y a iusques a 30 ans en France & *p* le Droict Civil, & en Jersey il y en deueroit auoir 40 ; parce que c'est la seule prescription en l'heritage chez nous qui n'auons iamais usé de celle de 30. Et ceste mesme prescription de 10 ans, sans lecture ny publication d'un marché de bourse est recognue par Joh. Igneus, ou Jean Du Feu, quoté par Tiraqueau, De Retraict. lignager. fol. 93. nu. 17. en ces termes : *Ex consuetudine Normanniæ, si publicatis contractus facta nō fuerit, consanguineo Jus Retractus competit intra 10 annos, ut refert Joh. Igneus in l. 1. § si omnes. nu. 12. ff de Sc. Syllan.*

De la Prescription de Cinq Ans.

Pour ce que les deniers prestez a l'Interest estoient confiscables, & plusieurs autres peines & vexations se trouuoient sur pied contre les Usuriers pour les vexer en leurs Corps & en leurs biens, par les Autheurs & Interpretes du Droict Canon appuyées par les Princes Seculiers ; & qu'il estoit presq̔ impossible de tirer aucun aduantage de l'argent comptant par prest, scedule ou autrement, il y a viron 200 Ans on inuenta une nouvelle sorte d'Interest ; c'est que au lieu que pour une so͞me de deniers on souloit exiger a proportion de 8. 10. ou 12 par cent en mesme espece, le sort demeurant tousiours entier ; on changea le nom de Prest ou Obligation, en celuy de Vendition & Achapt, & celuy de Interest en celuy de Rente payable par l'Emprunteur & par ses heritiers, iusques au Rembours ou Rachapt de la dite Rente, lequel pouuoit estre toutesfois & quautes que ledit Emprunteur le trouueroit co͞mode : Et de la elles furent appelée Rentes constituées a prix d'argent, auec faculté de Rachapt : et pour autant qu'elles portoient hypotheque generale ou epͣlle sur les biens du constituant, elles furent aussy appelées Rentes Hypotheques. Et par le moyen de ceste Iuuention on frustra une bonne partie du Droict Canon lequel ne pouuoit s'attaquer aux dites Rentes directement, veu que presq̔ tout le moude se miust en mesme temps a les pratiquer co͞me loisibles ; neantmoins elles ont trouué de puissants & Doctes contredisants entre les Casuistes, qui conseillent a toute force de s'abstenir de les pratiquer co͞me estants fort doubteuses au regard de la conscience ; quoy qu'elles ayent esté perminses par une Extrauagante Papale. Et plusieurs non contents de cela laissoient courir plusieurs années d'arrerages desdites Rentes sur leurs Crediteurs affin de les demander toutes a la fois, & ainsy de les ruiner & contraindre a leur faire cession de tout. Ce qui ayant esté deument consideré Louys 11 fist publier une ordonnance par laquelle tous ces Arrerages la sont retranche̔, & reduicts a 5 ans, de sorte qu'ils ne pouuoient en demander desormais que 5 ans s'ils n'auoient fait leurs diligences du precedent. Et c'est celle qu'on appelle en

France Prescription de 5 Ans; laquelle a esté introduicte in odiū creditorū pour punir & refrener la conuoitise des Crediteurs; et partant elle merite autant d'estre appellée negation d'action comme Prescription. Or la mesme ordonnance porte en termes exprez qu'il n'entendoit y comprendre les rentes foncieres censiues ou autres pareilles; pour toutes lesquelles on pourroit demander (cõme auparavant) iusques a 29 années d'arrérages; si autant en estoit deu: et de fait nous voyons par la pratique de Normandie qu'auiourd'huy il n'y a que les rentes hypotheques subiectes a ceste prescription de 5 ans, & que pour toutes autres rentes celle de 30 ans est necessaire; cõme cela se void dans le Terrien, & encore plus dans les Cõmentaires de Berault & de Godefroy. Or ie diray ailleurs quelle est la difference des rentes hypotheques & foncieres. Et ainsy on peut voir facilement que selon ladite ordonnance, & selon l'usage conforme a icelle, l'Article 5ᵐᵉ des ordonnances de nos Cõmissaires de l'an 15...... quoy qu'il semble parler generallement doibt porter le mesme sens: car autrement le prendre, seroit une absurdité insupportable; non seulement parce que ce seroit confondre les plus iustes Rentes & les plus privilegiées avec celles que la plus part des Jurisconsultes soupçonnent d'iniustice; mais aussy parce que ce seroit trauerser l'usage generallement gardé par toute la France en ce particulier, & l'ordonnance mesme laquelle les Compilateurs de nos ordonnances s'estoient proposez d'imiter: Et finallement ce seroit faire une Prescription plus abbrogée pour les rentes foncieres, que pour des Scedules particulieres, lesquelles ne se prescriuent que par l'espace de 10 ans, cõme il a esté monstré cy-dessus. Il y a par le Droict Ciuil d'autres choses subiectes a la Prescription de 5 Ans; cõme le temps donné au Naguere-mineurs pour rappeler leurs faits & ceux de leurs Tuteurs & Curateurs pendant leur minorité qui estoit de 5 ans; Itẽ le Droiet de Cõminse que le Seigneur auoit contre son vassal ou emphyteote pour auoir negligé de payer les Droicts Seigneuriaux 3 ans de suyte, ou pour auoir aliené son fief sans sa permission, lequel Droict se prescriuoit par 5 ans: Itẽ les 5 ans ou Quinquenelles données aux Debteurs pour payer; lesquelles nous n'obseruons point; cõme i'ay mõstré en son lieu.

De la Prescription quadriennale, ou de 4 Ans.

Par la Loy 2ᵈᵉ & 3ᵐᵉ Cod. de Quadriennis Praescript. les acquisiteurs & Donataires, lesquels auroient acquis a Titre d'Achapt ou de

Donation, fust meuble ou Iññeuble. du Prince, sont garantis de toutes
molestations de la part de ceux qui y pourroient auoir Interest ; & en
cas qu'ils seroient molestez ou depossedez, ils ont 4 Ans pour se
pouruoir contre le Fisc, c'est a dire contre les Officiers du Prince :
apprez lequel temps ils demeurent exclus, s'ils se taisent.

De la Prescription de 3 Ans.

Par le Droict Ciuil tous meubles se prescriuent en 3 Ans par le
possesseur de bonne foy, & aussy les fruicts perceus. *Barthol. Angel.
Imol. & Paul Castren. ad leg. Sequitur. § fructus ff de Usu Cap.*
Voila pourquoy par les anciennes Emphytheoses les Emphyteotes
estoient tenus de payer leurs Rentes une fois en 3 Ans, en peine de
perdre leur Emphytheoses, lesquelles en ce cas retournoient aux
Seigneurs, par Droict de Comminse. Or que les Rentes Emphy-
theotiques soient les mesmes q̃ nous appellons Seigneurialles ou
fermes, se peut demonstrer par viues raisons, que ie reserueray a un
autre lieu. Je diray seullement que de ceste Prescription triennale
du Seigneur contre le Tenant, est arrivé que les Seigneurs feodaux
ne demandent encore a p̄nt en leurs Cours que 3 ans d'arrerages de
leurs Tenants & que ceste coustume là par laps de temps s'est tellement insinuée dans la pratique, que finallement on s'est persuadé que
parce qu'ils n'en pouuoient demander plus de 3 ans d'arrerages en
leurs propres Courts, ils n'en pouuoient non plus demander que 3 ans
en la Cour du Roy : qui est un erreur si grossiere qu'un aveugle le
recognoistroit : Car, ie vous prie, y a til aucune apparence que les
Loix permettent de demander cinq années d'arrérages d'une Rente
hypotheque, & 29 années d'une rente fonciere, & quelles ne permettent pas d'en demander plus de 3 années de la plus iuste, ancienne
& priuilegiée Rente qui puisse estre ? Et ne voyons-nous pas que
les Interpretes de la Coustume, et le Texte mesme de la Réformée,
permet aux Seigneurs Haults-Justiciers d'en demander en leurs
propres Courts, iusques a 29 années de leurs Tenants ? Si donc ainsy
est, pourquoy seroit la mesme Coustume si partialle au regard des
Bas Justiciers ? Mais ce qui trompe nos practiciens est que les dits
Bas Justiciers, de vray, n'en peuuent demander que 3 années d'arrerages, ascauoir en leurs propres Cours ; & ce a cause qu'ils n'ont que
Basse Justice, dont le pouuoir ne sestend pas iusques là, mais est
incompetente en cet esgard : mais pour tout cela, rien n'empesche

qu'ils ne le puissent faire, si bon leur semble en la Cour du Roi q̃ a Jurisdicoñ en tous les cas de Justice & d'équité.

Ceste mesme Prescription de 3 ans par la Loy *Cum notissimi. C. de Præscript. 30 & 40 Annor.* perime toutes sortes d'Instances, en toutes Causes & Cours, tant subalternes que Souveraines: De sorte que quiconq; aurait com̃encé un procez deuant quelq; Juge que ce soit, est obligé de le poursuiure, & en faire Acte, une fois en 3 ans; autrem! l'Instance seroit perimée, et ses diligences perdües; & faudrait qu'il recom̃ençast de nouueau; pourueu qu'il ne se trouuast 40 Ans depuis la derniere poursuite: Car encore que l'Instance perimée ne soit a rien comptée au regard de la forme & effet de la procedure, si est-ce qu'elle suffit pour interrompre & empescher la Prescription de 40 Ans, laquelle est interrompüe par une simple citation, ou Bille d'adiournement; com̃e i'ay monstré cy dessus. Toutes fois, contre ceste Regle si notoire, nous admettons ordinairement des procez interrompus par plusieurs années: Ce qui n'est pas tant a imputer au Juge com̃e aux Aduocats qui sont si ignorants qu'ils ne scauent pas alleguer Peremption d'Instance, en faueur de leurs Clients; qui leur seroit une Exception peremptoire, & remettroit leurs parties a recom̃encer. Quoy que ceste Prescription triennale pour la durée d'une Instance soit receüe a pñt en Normandie; com̃e il appert par les Com̃entaires de Terrien & des autres modernes; ce neantmoins il semble qu'elle ne fust que d'un an & un jour anciennement: car voicy ce que le Com̃entateur du Viel Coustumier en escript, tout a la fin du Liure: quant il y a eu procez pendant entre deux Parties, & le Demandeur le laisse par an & jour, sans y proceder, le Deffenseur n'est plus subiect d'y proceder; et ne le peut le demandeur contraindre, pour ce que le procez est estaint, interrompu & prescript. Et a esté ce mot Interruption applique sur ce mot, prescription, qui forclost la voye de respondre en procez.

De la Prescription de deux Ans.

Ceste prescription de deux Ans ne se pratique point en nostre Isle, que ie scache, en aucun cas: Si est ce qu'elle estoit en usage par le Droict Ciuil en quelques cas; car l'Action *non numeratæ pecuniæ*, c'est a dire, d'argent non compté, ou de payement non accomply (laquelle compete a celuy qui ayant vendu quelq; meuble ou immeuble a un autre, n'aurait receu le prix accordé, en tout ou en partie) se prescriuoit par le laps de deux ans ; de sorte qu'apprez les deux ans passez depuis le iour du payment, le vendeur n'estoit plus receuable a actionner l'achapteur au regard du payment non accomply. Et ceste mesme action auoit aussy lieu, lors que le vendeur auoit vendu quelq₅ chose sur la foy de l'achapteur, sans autre ceremonie. Mais en France l'usage a trouué ceste Prescription trop briefue ; & partant on ne l'obserue point a present, mais est celuy qui s'en veut ₅eruir receu a prouuer l'argent non compté, mesmes apprez les 10 ou 20 ans passez, come tesmoigne Rebuffe, au Proeme sur les ordonnances num. 31.

La mesme Prescription auoit lieu pour le Dot ou deniers de mariage promis par le pere de la feme, freres, ou autres. (*Voyez le Card. Tuschus. Literâ E. conclus. 418*)ou il cite Fulgos. Alex. & plusieurs autres. De mesme l'action de Dot par laquelle celuy qui en est attaint deuient infame, se prescript par deux ans. *L. fin. Cod. de Dolo.*

De la Prescription d'An et jour.

La possession d'An & jour est de telle efficace, mesme en matiere d'heritage, que celuy qui a possedé paisiblement, ayant au prealable obserué toutes les solemnitez requises par les Loix, a acquis la proprieté de la chose, & ne peut plus estre inquieté ny par Clameur de lignagers, ny par Brief de nouuelle dessaisine, ny par aucun Brief ou Action possessoire. Et ne restoit anciennement autre remede a celuy qui pretendoit Droict a la chose, sinon de deffier sō aduerse partie en champ de Bataille, & de vuider son Droict a coups d'espée, ou donner champion qui le fist pour luy : ce qui toutes fois a esté abrogé come une Coustume trop barbare et esloignée de la ciuilité ; de sorte qu'il y a des-ia fort long temps qu'on se sert d'une action proprietaire, qu'on appelle de loy apparoissant. Et ceste possession paisible d'an & jour, est la plus ancienne & la plus indubitable exception & prescription qui se trouue depuis l'érection de la Normandie en Duché ; car elle estoit en usage longtemps auant la Conqueste d'Angleterre, par le Duc Guilleaume : d'ou est venu qu'elle fut portée en ce pays la, auec les autres loix normandes, & que les subiects Anglais la trouuerent si bonne, qu'ils la firent inserer come un des principaux Articles de leur *Magna Charta,* en ces mots : *Item quod nullus de libero suo Tenemento quod per annū & diem pacifice tenuerit disseiziri poterit, absqʒ Brevi Dñi Regis de Cancellariá, de Tene-mento & Tenante facient mentionem :* c'est a dire que personne ne soit dessaisi de son libre ou franc tenement, lequel il a possedé par an et jour, sinõ par un Brief Royal issu de la Chancellerie, auquel il soit fait mention du Tenement & du Tenant. Lequel Article est consonant a un des Articles de nos Priuileges ratifiez par Ed. 3 l'an 6 de son regne duquel il est parlé en son lieu.

La mesme prescription d'an & jour forclost les actions de Retraict lignager, de nouuelle dessaisine, de Clameur de Haro & autres declarez dans la Coustume. Aussy les mineurs ont par ladite Cous-tume, le premier An de leur majorité pour rappeler les faits de leurs Tuteurs, qui est appelée l'an proffitable ; et est en lieu des 5 ans allouez par le Droict Civil pour cela. Pour les Tuteles Datiues, il semble qu'elles soient Anuales ; cõme aussy les charges publiques, lesquelles sont penibles et sans Appointement, telles qu'estoit an-ciennement le Decurionat, & a present nos offices parochiaux, qu'oy qu'on les continüe beaucoup plus longtemps, & qu'on ne les change gueres qu'approchez 3 ans ; toutesfois ie croy que si lesdits officiers insistoient a estre dechargez au bout de leur an, on ne leur pourroit pas refuser cela, non plus qu'on fait au Meneurs.

Anciennement le Vassal estoit tenu de demander a son Seigneur Inuestiture dans an & jour du decez de son predecesseur : mais cõme les Fiefs sont en autres choses deuenus patrimoniaux, de mesme les Inuestitures ne sont plus pratiquées ; et mesme les Reliefs, qui en estoient partie s'en vont presque hors d'usage ; car ie ne scache pas qu'il en ait esté payé ou demandé dans Jersey il y a longtemps, ou bien c'a esté de deux ou trois des principaux Fiefs tant seulement, la ou par les Vielles Extentes chasqʒ fief tant petit fust-il, deuoit son Relief, qui estoit certain. Et toutesfois les Reliefs deueroient estre payez dans l'an & jour ; qui est la terme de l'Inuestiture.

Les ordres de la Cour & Estats, pour les Affres & Reglements politiques sont Annales, parce qu'il n'y a que le Prince, qui a seul le pouvoir Legislatif d'en faire de perpetuelles. Toutesfois a cause de l'esloignement de la Personne, il a esté trouvé necessaire, pour le bien de ses Affres & de son peuple, de laisser a sa Cour quelqʒ eschantillon du pouvoir Legislatif, en choses temporaires & de moindre conse-quence ; lequel ne s'estend qu'a un An ; & partant si on les iuge necessaires, on les renouuelle.

Ceux qui seroient greuez dans quelqʒ Taxe ou Collecte publique reelle ou personnelle (cõme il s'en fait quelquefois pour fournir aux frais du public) ont un an pour s'en faire releuer ; apprez lequel ils n'y seroient plus receus, s'ils ne sont mineurs, ou absents. *L. qui se grauantes. C. de censil. Lib. 11 & L. forma § f mali ff cod. Paul. Castrensis. Consil. 427 col. fin.*

Par le Droict escript, (selon l'opinion du Card. Tuschus. *Literâ m. concl. 113* lequel asseure que c'est l'opinion com̄une des Interpretes du Droict, lesquels il quote tout au long), la mere est priuée de la succession de son enfant, si elle n'en prend la Tutelle, ou luy fait donner Tuteur dans un An ; ou mesme, si l'ayant acceptée, elle ne fait Inuentaire dans le mesme temps.

Le mary estant obligé par Contract ou par Coustume a la restitution des deniers de la Dot ou Mariage de la fem̄e decédée sans enfans d'eux, a un an bon pour ce faire. *L. Univ. C. de re Uxor. Act. § exact.* La Sentence ou declaration d'un Arbitre expire dans l'an accomply, si la partie interessée neglige de la mettre en execution. *Bald. cons. 150 Vagnolus consil. 457.*

Rebuffe au Proeme des ordonnances, *glo. 5, nu. 44,* asseure que les Sentences de la Cour, si elles n'ont esté minses en execution dans an & jour, sont surannées, & ne valent plus rien par apprez ; excepté les Sentences de Prinse de Corps, lesquelles ne se surannent point.

De mesme l'Action de Mariage encombré se prescript par an & jour. Com̄e aussy celle qui est pour Domage de Bestes, & plusieurs autres. L'Action des Serviteurs pour le payement de leurs gages, estoit par le Droit de 6 mois : mais par les ordonnances elle est faite annale ; mais par la Coustume Reformée, les Merciers, Cabarettiers & autres qui vendent leurs denrées par le Detail, n'ont que 6 mois a en demander paym.t ce qui est ainsy ordonné pour obuier aux tromperies de ces gens la. Toutes fois nous n'y auons point désgard en Jersey.

Le Debteur condamné par sentence au payment de quelqʒ som̄e a 4 mois alloüez par le Droict pour payer. *Castil. consil. 29 n. 2 & seq. Card. Tuschus literâ C. Conclus. 70.*

Par le Droit Ciuil un Inuentaire doibt estre com̄encé dans 30 jours ab aditione hæreditatis, & accomply dans 60 jours apprez auoir esté commencé : ce qui s'obserue generalement en France : mais chez nous l'heritier n'a que 40 iours du decez de son Antecesseur a le faire publier ; apprez quoy il le doibt parfaire dans un an. Par n̄re ancienne Coustume les Testaments doiuent estre presentez en Cour, pour estre interinez dans les 40 iours du decez du Testateur ; en quoy nous differons du Droict Ciuil & Canon, qui n'y en donnent que 30.

La Prescription de trois semaines couroit anciennement contre les Juges d'Assise, & contre tous Coṁissaires Jurisdictionels, lesquels apprez auoir fait interiner leur Coṁission & coṁencé leur sceance, ne la pouuoient prolonger oustre lesdites 3 sepmaines *Mich. 6. Ed. 3. Coram Rege.* C'est un Article formel de nos plus anciens privileges, ratifiez par ledit Ed. 3, lequel a esté mal obserué en ces derniers temps.

La Vielle Coustume, ou son Coṁetateur, mettent au nombre des Prescriptions les Termes de respondre a une action ; pour example nul n'est tenu respondre en matiere hereditale s'il n'a esté semonds 3 sepmaines auparauant, affin d'auoir temps a se preparer. Or c'est bien la une exception dilatoire, a cause de Terme non suffisant, mais ce n'est pas proprement une Prescription ; car Prescription est une Exception Peremptoire fondée sur une possession suffisante a establir un Droict en la chose contentieuse. En Jersey nous n'obseruons pas ceste vielle & louable Coustume de donner 3 sepmaines de temps a la partie a se preparer & a faire ses diligences vers ses garands & parchoniers, ce qui est une corruption, & non pas une Coustume locale ; car les Coustumes Locales sont pour quelqꝫ raison, & dans la possibilité ; mais celle-cy que nous obseruons de faire des adiournem[ts] hereditaux de 2 ou 4 iours de terme oblige la partie a faire des diligences impossibles : et partant nous n'auons qu'a retourner a pratiquer le Texte de la Coustume en ce particulier.

Celuy qui ayant confessé d'estre content & satisfait de son Debteur se trouueroit circumuenu, n'a par le Droict Civil que 30 jours pour alleguer ses raisons & s'en faire releuer. Mais coṁe en France la Præscription d'argent non compté a esté ostée, aussy a par mesme raison esté celle-cy, qui en est coṁe une branche. Chez nous quantité de Droicts se passent mesme par serment des parties, ou le Vendeur declare qu'il se tient content de la soṁe accordée ; et toutesfois l'argent est encore a payer lors du Passement, & quelques fois long temps apprez. Ce serait une chose de pernicieuse consequence en la Republique, qu'un hoṁe perdist son argent, pour s'estre fié a la parole de sa partie ; & que la Prescription d'un mois fust preferée a la Vérité & a la Foy, qui sont 2 liens de tout commerce entre les hoṁes.

Le Droict Civil donne 10 jours a Appeller d'une Sentence *L. hodie C. de Appellat.* Cela est beaucoup mieux ꝗ d'obliger les personnes greuées a appeller sur le champ ; coṁe nous faisons ; ce qui est cause de plusieurs Appeaux temeraires, qui se font en chaleur de dispute.

K

De la Prescription en matiere Criminelle, et pœnale.

Toutes Actions Prætoriennes ne durent qu'un an ; & de ceste sorte sont les Actions pour Iniures verbales *L. si non conuitii. C. de Iniur. Bald. Cons. 409. lib. 4* qui l'opinion comune. *Card. Tusch. in literâ I. Conilus 161.*

L'action de biens rauis par force est aussy annale. *Rom. cons. 144. Clar. comunem dicit.* Et ceste prescription comence du jour que le delit a esté commins, encore qu'il soit caché. *Marsil. in Praxi. & constante num. 85.*

L. quinquennium ff de Adult.

Adultere, Rapt ou Violement, & maquerellage se prescrivent par 5 ans, apprez lesquels la personne coulpable ne peut estre accusée quoy qu'il conste du crime par preuues manifestes. *Bald. cons. 409 p tot. lib. 4. Boer Decis. 26. nu. 12.* Et generalement tout crime qui n'a point esté denoncé dans les 5 ans, est prescrit. *Idem Boer. Decis. 264. nu. 18.* Excepté le crime de Lesemajesté diuine & humaine, & quelques autres ; pour lesquels il y a une autre Regle ascauoir, Que si ces Crimes la n'ont esté denoncez dans 5 ans de la mort des coulpables, enqueste n'en peut estre faite, ny leur memoire damnée, ny leur biens confisquez : et que partant leurs heritiers sont en seureté. *Clar. § Læsœ majestatis, nu. 16. & § fin. quœst. 51. nu. 14.* Voyez la *Glo. ad. L. Monichœi. C. de hœret. Rom. sing. 431 & Couarru. de Matrim. parte 2ᵈᵃ cap. 6. § 8. nu. 22 & 23.* On assure de plus que les biens d'un Hæretique lequel n'auroit esté accusé dans 5 ans apprez sa mort, se possedent en asseurance par ses heritiers.

Contre ceste Regle de 5 Ans, Boier allegue que le Crime d'Inceste & les autres crimes qui en sont meslez, l'adultere & violement ensemble, ne se prescriuent sinon par le laps de 20 ans ; de sorte que la peine d'un mariage incestueux, qui est Confiscation ou forfaiture de tous biens se peut demander 20 ans durant. *Boer, Decis. 264. Bald. in L. data opera C. qui accusare nõ poss.* Car tout office d'enqueste regulierement cesse & se termine par 20 Ans. *Boer Decis 26* ou il dit q̃ personne ne peut estre accusé depuis 20 Ans. Toutefois quoy que la poursuite criminelle soit esteinte par l'espace de 20 Ans, l'action ciuile poꝰ le mesme crime dure par le Droict iusques a 30 *Bald. in Rubr. Extr. de prœscript. nu. 22. Et de prœscript. in 4ᵃ pᵗᵉ quartœ partis quœst. 31.* Et cela est si vray qu'il est tourné en Prouerbe. Les Crimes amendent a vieillir. Pour exemple, les

Actions qui sont si haiueuses, qu'elles ne s'expient sinon par 20 ou 30 ans, sont punissables dix ans durant de la peine ordinaire de mort, mais les dix ans passez, ils ne sont plus punissables de mort, ains de quelq₃ peine extraordinaire plus aisée ; & ainsy iusques a 20 ans, que toute peine criminelle cesse. Voila quant aux Crimes. Il reste a esclaircir le point des choses confisquées ou tombées en cõminse poꝰ lesdits crimes ou delicts, ou autrement, cõme Droict d'Aubeine, Bastardize, Desherance &c. Et la Regle est que si ces choses ou Droicts la ont esté Denoncez & q̃ le Fisc neglige de le occuper, ils se p̃scriuent ꝑ 4 ans depuis la Denonciation ; Et le Procureur du Fisc n'est plus receuable depuis les 4 ans : mais s'ils n'ont esté denoncez, alors le Procureur du Fisc a ꝑ le Droict Ciuil iusques a 20 Ans a les challenger, & ꝑ les Ordonnances iusques a 30. Ce qui a esté confirmé ꝑ Arrest de Parlemᵗ Toutes fois auec ceste exception q̃ si ces choses la ont passé en main tierce, qui les ait possedées de bonne foy par l'espace de 10 ans, ils sont p̃scriptes contre le Fisc qui desormais est exclu. Voicy une autre obseruation, ascauoir, que les choses deuolues au Fisc ꝑ Denonciation & sentence ou procedeure Judiciaire, & ainsy Incorporées, ne se prescriuent plus que par Prescriptiõ Im̃emoriale ; mais celles qui sont deuolues *Ipso Jure* ꝑ Cõminse, sans qu'il soit besoing d'autre Declaratiõ Judiciaire, sont subiectes a la Prescription de 5 Ans. *L. 2. C. de Vectigal. & Cõmiss* Voyez Ferrier sur la *416 question* de Guido. Si le Procureur du Fisc a usé de collusion pour faire couurir la Prescriptiõ au prejudice du Fisc, en ce cas il faudroit 20 ou 30 ans au lieu de 5. Ce q̃ est a noter. Sentence de Banissement n'ayant esté mise en execution dans les 5 ans, se prescript. Alex. Consil. 31. lib. 5. Et de mesme du crime de Peculat. L. peculatus ff ad leg. Jul. pecul.

Des Rentes.

Rente est ce que nous appellons en Latin *Reditus*, qui signifie *quicquid ex Imõbilibus percipitur, tout ce qui prouient des Im̃meubles*, et ainsy elle est estimée im̃euble, combien que toute rente ne prouienne pas d'Im̃euble, cõme celles qui sont constituees a prix d'argent a perpetuité, sinon entant que l'Hypothèque laquelle est apposée a la constitution d'icelles, leur donne quelq₃ chose d'immeuble. Or il y a plusieurs sortes de Rentes, selon la diuersité des contracts, causes & conditions dont elles dependent. Toutesfois on les comprend tous soubs la distinction de Personelles & de Reelles : Pour les Rentes reelles on entend celles que nous appellons Seigneuriales, Censiues, foncieres, fermes, emphyteoses &c. Par les personelles on entend les Rentes constituées a prix d'argent sur la persone du Constituant & de ses heritiers, qu'on appelle comunement Rentes hypotheques ou volantes. Et combien que celles-cy soient personnelles de leur nature, toutesfois elles ont quelq₃ chose de reel, a cause de leur hypotheque generale ou speciale : Et de mesme les autres quoy que reelles de leur nature, si est ce qu'elles ont quelq₃ chose de personel, acause de la prestation qui se percoit par une personne, & qui se fait a une personne & a ses heritiers ou successeurs. Et par là il semble que l'une & l'autre aye quelq₃ chose de mixte, c'est-a dire, qu'elles soient en partie personnelles & en partie reelles, quoy qu'auec de l'inegalité ; car l'une a beaucoup plus du reel, & l'autre du personel ; ce que les Jurisconsultes expliquent par *Reales in personam, & personalis in rem concepta.* Je ne m'amuseray point a esplucher les subtilitez. Il me suffira de donner la vraye difference entre les Rentes foncieres & Hypotheques & d'esclaircir quelques autres choses appartenantes a ce subiect, pour l'usage de nostre Isle. Il faut donc sçavoir que Rente fonciere est celle qui se paye acause de quelq₃ fonds ; Dont il se trouve plusieurs especes. La premiere s'appelle Ferme, laquelle se payoit par Acre, Bouuée ou Charuée (a present il y en a q se paye par vergée) pour terre labourable, come le mot de Bouuée & de charuée le denote assez. Cela se faisoit du comencement par Bail de peu d'années, & a 4 ou 6 deniers par Acre, qui est a pñt une Rente fort mediocre, mais autrefois elle estoit estimée suffisante, auec les autres prestations ausquelles le Tenant estoit obligé. Et en ceste especc de Contract par fermage, le Tenant n'auoit aucun droict de proprieté, ny direct ny utile, au fonds duquel il estoit fermier. Voila pourquoy Lindewood dit que *huius vocabuli significatio tendit in contractum locationis ad modicum tempus, per quam non transfertur Dominium utile, nec directum. Extr. e. cap. vestra :* sur le mot *Ad firmam, de locato & Cond. Constit. 1.* quoy que Jo. de Athona tienne que le *Dominiũ utile* passe au Fermier sous un simple Bail *in constit. cum laicis.* Et Jo. Andreas dit que *Firma* est prins pour une rente annuelle temporaire. Or ces Baux qui se faisoient ainsy du commencement pour peu d'années, ont esté par apprez faits perpetuels, hereditaires, & les fermiers sont deuenus proprietaires, mais il est bien difficile de deuiner quand c'a esté precisement ; sinon que par la modicité des fermes, qui n'excedent gueres quatre ou six deniers par acre, on peut asseurement coniecturer que ce fut deuant la Conqueste d'Angleterre, car ie ne pensé pas que depuis la dite Conqueste, les terres ayent esté a si bas prix que 4 ou 6 deniers par Acre, qui n'auroit esté que viron demy Cabot de froment; car de ce temps la le Cabot de froment valloit ung sol tournois ou viron.

La seconde sorte de rente fonciere se payoit pour terre en friche, laquelle auoit esté baillée a desfricher & ameliorer, la Propriété ou Domaine direct demeurant tousiours par deuers le Bailleur, & l'utile au Preneur. Et ce faisoit ce Bail ou bien a la vie du Preneur, ou iusques a la troisiesme generation, ou a perpetuité, auec ceste condition, que le Tenant ou Emphyteote manquant 3 années de suite a payer la rente. La terre retournast au Seigneur ou Bailleur par voye de forfaiture ou Comminse. Voila comme il alloit du cõmencement de ceste sorte de rente, laquelle s'appelloit Emphyteote, assez cognue par les Jurisconsultes long temps auant Justinian. Mais long temps y a que les Comminses sont allez en desuetude, depuis que les fiefs & choses feodales sont deuenus patrimoniaux, & se passent de l'un a l'autre cõme les autres heritages. Toutes fois, cõme i'ay remarqué ailleurs, il nous en est resté quelqʒ vestige dans nostre pratique, car les Seigneurs feodaux ne demandoient pour lors, (cõme ils n'en demandent encore a present) que 3 années d'arrerages. Et la raison estoit, par ce qu'il ne leur en pouuoit estre deu dauantage sans Comminse; et quand mesme il leur en eust esté deu davantage, ils ne pouuoient auoir que la Cõminse. Et pour n'en celer point mon sentiment, ie tiens que nos premieres rentes Seigneuriales n'estoient autre chose que des rentes Emphyteotiques, lesquelles se payoient pour des terres negligées, affin de les ameliorer & reduire en culture, ou qui ont esté par apprez constituées sur le pied des premieres: De sorte qu'on en a fait une Regle generale pour toutes sortes de rentes foncieres, laquelle a esté en vogue assez long temps, cõme ie diray bien-tost. Pour le mot d'Emphyteose, c'a esté autrefois un terme mieux cognu qu'il n'est a present; par ce qu'il se trouue peu de Terres en friche: Et ce neantmoins il s'en trouue qui sont capables d'amelioriement de plus de la moitié de leur valeur annuelle; lesquelles pourroient estre baillées auec des conditions emphyteotiques de Cõminse, manque de payment une fois en 3 ans, si les contractants trouuoient bon de s'y accorder; car ce sont conditions legitimes, autant que pas une des autres qu'on y appose.

La troisiesme espece de Rente reelle, est la Censiue, qui est quand on aliene la proprieté du fonds a perpetuité par une Rente annuelle, a estre payée sur le dit fonds par le possesseur. *Bald. cons. 379 lib. 1. Alex. Cons. 14. Viso & cons. nu. 8 lib. 2.* Et c'est celle

qu'on appelle proprement Rente fonciere, lors que le fonds n'a pas
esté baillé *au ric & au rac*, come nous parlons, mais par une rente
au dessoubs de la valeur de la terre. Voila pourquoy les Bailleurs a
l'imitation des contracts Emphyteotiques y apposoient bien souuent
la Clause de Cominse, Que si le Tenant manquoit 3 ans de suyte au
payment de la rente (ou 2 ans, si c'estoit a lEglise) le Bailleur se
pourroit reprendre à la Terre. Et de mesme il estoit au choix du
Tenant de s'affranchir de la Rente, en vendant le fonds au Bailleur,
toutes fois et quantes. J'ay veu une ordonnance de l'Eschiquier de
Normendie Manuscripte a la fin du Coustumier Latin, par laquelle il
est ordonné que les Tenants de quelq̃ fonds ayants cessé deux ans a
payer leurs Rentes aux Ecclesiastiques, & 3 ans aux Seigueurs laics,
il leur seroit loisible de se reprendre a leurs fonds. Laquelle ordonnance monstre bien que du temps qu'elle fust faite (il y a peut estre
300 ans, ou plus) les rentes estoient au dessoubs de la valeur de la
terre, & qu'il n'y auoit que perdre a s'y reprendre. Mais come le
monde a multiplié, les terres jadis viles, ont aduancé de prix ; mesme
les Amelioriements, come Bastiments, Clostures, Jardins & Bois de
fustaye, qui sont choses incertaines & perissables ont contribué a
l'augmentation de la Rente ; iusques la, qu'un mesnage lequel nud &
destitué desdits Amelioriements, ne vaudroit que 4 cab. p̃ vergie, auec
iceux se baille a ung quartier. Cela estant ainsy, il ne faut pas
s'estonner si l'ordonnance susdite a esté et est a present negligée, par
ceux qui n'auroient pas trouué leur compte a se reprendre a leur
fonds destitué de ses amelioriements, & souuent en friche , lequel ils
auroient baillé clos, basti, planté & amesnagé ; Et il faut aussy peu
s'estonner qu'ils ayent obligé les Preneurs par Droicts authentiques,
a renoncer a leur ancien priuilege, de pouuoir tousiours rendre la
terre & se descharger de la rente, par une Clause laquelle se rencontre ordinairement dans les vieux Droicts, asscauoir. Sans iamais
terre rendre, & par le serment ordinaire des parties, de n'aller ·ny
faire aller iamais a l'encontre des premisses &c. Et de la aussy est
arriué que les Bailleurs considerants que la terre ainsy ameliorée
n'estoit pas un fonds assez fort pour asseurer leurs Rentes au temps
a venir, dans les changements qui arriuent ordinairement ou toutes
choses ont leur decadence ; ils ne se sont plus contentez d'obliger
leurs dits fonds, come d'ancienneté, a la garantie de la rente ; mais
ont mieux aimé se les asseurer, en y apposant l'hypotheque generale
de tous les biens meubles & heritages du preneur. Et ainsy quoy
que la dite rente demeure tousiours fonciere par sa cause, en tant
qu'elle est pour fonds, ou a cause d'un fonds baillé ; ce neantmoins
entant que le bailleur a abandonné son fonds, come insuffisant pour

luy asseurer sa Rente ; il ne peut plus nampnier executer, ny faire autre Acte de Foncier, sur ledit fonds, sinon cõme partie des heritages dudit Preneur, & tandis qu'il est entre les mains du Preneur ou de ses heritiers seulement : car si ledit fonds passoit a ung Tiers, il n'y auroit plus que voir iusques a excussion faite de la partie principale, ascauoir du Debteur de la Rente. Voila donc 2 espèces de Rente fonciere de ceste 3me Branche, ascauoir la premiere rente, Censiue & ancienne, laquelle est proprement attachée au fonds aliené, & n'a autre hypothèque ; en vertu de laquelle le bailleur & ceux qui ont droit de luy, peuuent faire executer cõme fonciers, sur ledit fonds, pour les Arrerages escheus de la rente. Et cette mesme Rente, par excellence, se trouue appellée Tres fonciere pour la distinguer d'auec les autres Surcharges posterieures, imposées par autre que le premier Bailleur. Et la seconde Rente qui est equiualente au fonds, ou le surpasse en valeur ; parce qu'elle est fondée sur des Amelioriements casuels & perissables, laquelle est attachée par les Droicts non pas au fonds baillé, mais a tous les biens meubles & heritages du Preneur ; & par consequent elle ne suyt point le tiers possesseur dudit fonds baillé ou aliené, non plus qu'elle ne suyuroit le tiers Possesseur d'aucune autre parcelle des heritages du dit Preneur. De ceste sorte de Rente fonciere sont a present la pluspart de nos rentes foncieres de Jersey. Car le style ordinaire de ce lieu la, en matiere de Bail de Terre affin d'hr̃itage cõme on parle, est tousiours sur la garantie de tous les meubles & heritages du Preneur ; & ie n'ay iamais remarqué que le fonds baillé y demeure hypothequé.

La troisiesme espece de rente fonciere est celle qui est recognue pour telle par anciens Droicts authentiques, ou qui a esté payée par 40 ans cõme telle, ou du moins, qui est fonciere par presumption de droict, cõe estant parcelle de quelq℥ ancien heritage. Et telles Rentes se peuuent achapter a prix d'argent, a recepuoir sur les anciennes assiettes, et ne sont pas moins fonciers pour cela, non plus que ung fonds de terre pour estre achapté a prix d'argent ne change pas de nature. Car en achaptant ces rentes foncieres, on achapte aussy la relation qu'elles ont au fonds auquel elles sont attachées ; c'est a dire qu'on achapte le Droict de perceuoir lesdites Rentes, sur & a cause d'une telle Terre, ce qui est autant loisible de faire, cõme il seroit d'acquerir la Terre mesme.

La 4me espece de Rente fonciere est lors qu'un aisné baille franchement & quittement a son puisné quelq℥ soĩe de rente, a payer de son chef, ou assigner en rente fonciere (car s'il luy en bailloit par assignation qui fussent hypotheques, elles ne changeroient pas de nature) car en ce cas ladite rente estant fondée sur l'heritage paternel, doibt estre fonciere & en avoir le priuilege et le mesme se doibt affirmer d'un Douaire par franc & quitte, & de quelques autres Rentes recueillies par les Interpretes du Droict. Suffise d'auoir expliqué iusques icy la nature & differences des rentes foncieres les unes d'auec les autres. Mais pour les bien distinguer d'auec les Rentes hypotheques, il faut tenir ceste Regle, Que la rente est Fonciere lors qu'elles e trouue fondée & assise sur un fonds lequel appartenoit a celuy a qui elle doit estre payée, auant le contract & qui depuis le contract est fait propre a celuy qui la doibt payer : Et au contraire que toutes les fois que la rente est constituée sur un fonds ou autre chose appartenante a celuy qui la doibt payer, elle est Hypotheque : suyuant laquelle Regle il sera facile de mettre en veüe les rentes Hypotheques, lesquelles ont eu tant d'aduersaires & parmy les Jurisconsultes & parmy les Canonistes ; dont quelques ungs les ont descriées tout a fait, come iniustes & usuraires ; & les plus moderez, quoy qu'ils ne les blasment pas come telles, neantmoins ils les traictent auec beaucoup moins de respect que les foncieres, & conseillent de s'en abstenir, tant que faire se pourra ; d'entre lesquels est Rebuffe sur les Ordonnances, lors qu'il explique l'ordonnance de Louys II, ꝓ laquelle il est deffendu d'en demander plus de 5 années d'arrerages, la ou des foncieres on en peut demander 29 années ; et par consequent il est très-necessaire de les scauoir bien distinguer de peur de tomber dans l'erreur des Compilateurs de l'Article 5 des Ordonnances de l'an [1] de la Royne Elizabeth, qui en parlent sans aucune distinction, come si c'eust esté une mesme chose, du quel erreur i'ay des-ia touché au Traicté des Prescriptions.

1. Disons donc encore une fois, Que toutes rentes constituées par un prix d'argent sur quelque personne & ses heritiers, rachaptables ou non rachaptables, a perpetuité ou pour un long terme auec hypotheque, obligation ou fournesture de tous les biens du constituant, ou de quelq3 parcelle en especial, sont proprement rentes hypotheques.

2. Que toute Rente constituée sur quelq3 piece de terre, ou sur la maison & mesnage, ou moulin, ou autre chose appartenante a Titius, et payable sur ledit fonds a Mœnius & a ses hers, par ledit Titius, proprietaire du fonds, & par ses hers, ou par ceux qui possederont lesdites choses ; le tout par le moyen d'une some d'argent desboursée par ledit Mœnius, est Rente Hypotheque.

3. Rente vendue par Titius pour lui & ses hers, a Mœnius & a ses hers, par un prix d'argent, A recepuoir sur les assiettes specifiées dans les Droicts, est fonciere ou hypotheque, selon que lesdites assiettes sont foncieres ou hypotheques : Car une Rente de sa nature

______
(1) Ordonnances de 1562.

fonciere, quand elle se vend ne laisse pas de demeurer telle; et
pareillement une Rente hypotheque demeure hypotheque.

4.   Si Titius vend a Mœnius dix quart^{re} de froment de rente fonciere
a recepuoir sur Sempronius en une somme: En cas que Sempronius
refuse de la payer ainsy qualifiée: c'est a Titius de la garantir telle
audit Mœnius, ou de luy payer l'estimat de ladite qualification.

5.   Quoy que rente constituée a prix d'argent a payer ou assigner,
soit de sa nature hypotheque, ce neantmoins si le Constituant assigne
quelque some fonciere, pour l'acquitter, ladite rente ne laissera pas de
continuer a estre fonciere: car il est loisible de substituer une rente
meilleure pour une pire; *& volenti nō fit iniuria.*

6.   Celuy d'autre part, qui baille un fonds libre, pour une some de
rente, a payer ou assigner en bonnes assiettes, semble changer la
nature de sa rente qui est fonciere, & mettre au choix & volonté de
son tenant de luy payer ou fonciere ou hypotheque: parce qu'en
Jersey on ne peut refuser une Assiette hypotheque, pouruęu qu'elle
soit bien receuable, mais en France le dit Bailleur ne pourroit estre
forcé a prendre de la Rente hypotheque, au lieu de fonciere; car ce
seroit come s'il acceptoit un vil metal au lieu d'un plus precieux.

7.   Que si Titius baille a Mœnius une maison & appartenances, a
condition & charge d'acquitter les rentes deües la dessus, & qu'il se
trouue parmy les rentes deües dessus ladite maison, des rentes hypotheques, quoi que toute la some estant constituée pour fonds deuerait
estre fonciere, neantmoins ledit Mœnius ne pourra estre forcé a les
payer sinon hypotheques, & de mesme s'il s'y rençontre d'autres
rentes portables ou appartenantes a main morte, il ne sera pas quitte
en les payant simplement come foncieres; car ce n'est pas la nature
des choses qui regle les contracts mais la volonté des contractants
declarée dans les Droicts.

8.   Une Rente pour estre deue par le constituant & ses hers de leur
chef sans le pouuoir assigner, n'en est pas plus fonciere pour cela; ny
aussy pour estre portable au grenier ou ailleurs, en une some; quoy
qu'elle soit plus prisable & priuilegiée, elle n'en est pas moins hypotheque, si elle est constituée non pour fonds baillé, mais a prix
d'argent (& selon que i'ay declaré cy dessus) sur quelq3 hypotheque
generale ou speciale appartenant au Constituant & en sa possession
apprez la Constitùtiō. Car les priuileges & qualitez extrinseques
d'une rente dependent purement de la volonté & obligation des
contractants qui ont peuue[1] faire telles Loix pour eux mesmes qu'ils

---

(1) Sans doute erreur pour "pu."

L

ont voulu, tandis que le Droict comun n'y repugnoit pas. Et de mesme lors qu'une rente se paye pour fonds reellement baillé, ne laisse pas d'estre fonciere, pour estre diuisible ou assignable : Car pour cognoistre si une rente est fonciere ou hypotheque nous regardons a la cause de sa constitution, si c'est pour fonds ou argent, et non pas a ses parements, ny a son exterieur, de sorte qu'une rente hypotheque, aussy bien qu'une fonciere, peut estre constituée a porter au grenier, a assembler, a faire payer, & a assigner si les Droicts le portent.

9. Celuy qui doibt une Rente portable la doibt en espece & ne la peut laisser tomber en Arrerages. Et si elle y tomboit, il faudroit que le constituant la payast, non a proportion des autres rentes taxées annuellement, mais considerée auec le port & charge qui la suyt.

10. Rente a payer ou faire payer par le constituant & ses hers, ne peut estre iamais assignée hors de la ligne dudit Constituant & de ses hers. Mais si celuy a qui elle est deüe, l'a une fois acceptée sur un tiers, qui n'est point prochain heritier du Constituant, & que par ainsy la condition ait esté cassée de son consentement, elle n'est plus a faire payer, mais peut estre assignée par apprez, come si c'estoit une autre Rente assignable. Ceste sorte de rente deue a faire payer ou payer, peut estre deschargée par un tiers ; mais il faut q̃ ce soit par les diligences du Constituant ; et la Quittance doibt estre, Receu de A. a la descharge de B.

11. Rente constituée a payer ou assigner affin d'hitage, ayant esté payée par le Constituant ou par ses hers, sans interruption, a l'acquisiteur, ou a celuy qui a droit de luy, par l'espace de quarante ans, entiers, n'est plus assignable, a cause de la Prescription ; mais il faut qu'il conste de ladite Prescription non interrompue ; et c'est à l'acquisiteur de la rente a qui elle est deüe, a en faire la preuue.

12. En matiere d'assignation, l'assignateur est tousiours garand de la some assignée, si c'est rente ; & de mesme, si c'est argent ; pourueu que le porteur de l'assignation face ses diligences en temps & lieu ; come cela s'obserue en matiere de Lr̃es de change.

13. Si un home constitue sur tous ou partie de ses heritages une some de rente affin d'heritage, sans specifier si c'est a payer ou assigner, en ce cas elle est assignable ; car *In dubio semper quod fauorabilius est sequimur, en cause douteuse on suyt toüjours le plus favorable sens ;* principallement quand il s'agist d'une rente hypotheque, qui est odieuse. Mais si la rente estoit fonciere, & ainsy fauorable, on la iugeroit payable par le constituant de son chef.

14.   Toute rente hypotheque, ou constituée, par la Coustume moderne de Normandie, & par l'usage de toute la France est rachaptable a perpetuité, par le constituant & par ses hers, au prix desboursé, en quelq₃ main que ladite rente se trouue. Et de mesme par la Coustume de Paris & de plusieurs autres villes rente constituée sur maisons & edifices est perpetuellem͡t rachaptable, nō seulement par le constituant & ses heritiers, mais aussy par les proprietaires desdits edifices, qui en peuuent descharger leur fonds. Et cela se pratique en faueur de la liberté, & en haine desdites rentes, qui sont par plusieurs soupçonnées d'usure, ou a tout le moins, qui peuuent seruir de voile a l'auarice des hom͡es ; affin de les rendre plus tolerables par ceste qualité inseparable, entant qu'elle laisse au choix du debteur de les payer tousjours, ou de s'en affranchir. Et ie m'estonne que ceste mesme coustume n'a esté receüe chez nous, aussy bien com͡e par tout ailleurs.

15.   Il se peut faire qu'une rente hypotheque ait passé par plusieurs mains, c'est a dire, qu'elle ait esté reuendüe par plusieurs fois, & a differends prix : Ce neantmoins le premier constituant est tousiours receu a rembourser le premier prix, quiconq₃ en iouïsse ; et si le proprietaire de la dite rente est trouué l'auoir achaptée a plus hault prix ; a l'example d'un lignager retirant quelq₃ rente d'entre les mains d'un tiers acquisiteur, il aura son recours sur son vendeur.

16.   La matiere des Assignations est fort fauorable ; par ce qu'elle descharge les Debteurs d'une double peine, qui est de recepuoir une som͡e d'une main, et de la repayer de l'autre. Et il y en a lesquels doiuent, & ausquels il est aussy deu par autre voye ; lesquels seroient occupez tout le long de l'année a recepuoir & a payer ; si par le moyen des Assignations ils n'estoient delivrez de ceste peine. Il est vray qu'il y arriue quelques fois de la brouillerie & de la confusion, & qu'il se perd des rentes par ce moyen là ; & d'autres se payent deux fois ; mais cela arriue par la negligence des hōmes qui se contentent d'assignations verballes & temporaires ; au lieu qu'ils le deueroient prendre a perpetuité ou a tout le moins par escript. Et en donnant des assignations, & mesme dans les Quittances, on deüeroit inserer toute la genealogie & descente des rentes, avec leurs causes.

17.   C'est une chose fort difficile que de prouuer la reception, & par consequent la possession d'une rente par 40 Ans ; par ce qu'elles se payent bien souuent de seul a seul, & en argent ; & la quittance se baille a qui paye ; lequel est fourny de preuue qu'il a payé ; mais celuy qui recoit ne remporte aucun tesmoignage de la recepte & possession de son costé. Pour y remedier les Constitutions Imperiales

Apocha & Antapocha.

prescrivent que celuy qui donne Quittance recoiue une Contre-quittance de celuy qui paye ; ꝑ laquelle il recognoisse avoir payé la rente ou Pension pour telle année : qui est un singulier moyen pour conseruer les rentes, qu'elles ne soient perdües.

18. Aux Baux qui se font a pnt en Jersey, soit de terres ou maisons a perpetuité ; on n'a pas de coustume de retenir droit d'hypotheque expresse sur lesdites maisons ou terres, pour le payment de la rente ; mais on se contente de rente payable ou assignable en fort mediocres soꝳes, soubs la fournisture & garantie ou hypotheque generale de tous biens meubles & heritages. Or il est certain que la rente deüe pour une telle cause est fonciere de sa nature : mais la question est, si un Bailleur qui dans ses Droicts de Bail a quitté tout son Droict a la chose baillée ; sans mesme y retenir Droict d'hypotheque, et a cherché son hypotheque et garantie sur tous les biens meubles & heritages du Preneur, et n'a point dit que la rente sera payée par quiconq̴ possedera les dites parcelles en temps a venir ; mais au contraire, qu'elle sera ou payée ou assignée, ou faite payer par le Preneur & par ses hers ; la question di-ie sera, si la chose ainsy baillée demeure tacitement hypothequée pour la rente, nonobstant ces circumstances ? Et si en ce mesme cas le Bailleur peut semondre le tiers possesseur a venir recognoistre ladite hypotheque, ou a payer la rente ? Pour bien entendre cette question, il faut premierement supposer, coꝳe chose hors de question, que la chose baillée venant par le Bail a estre faite partie des heritages du preneur, elle ne soit comprinse dans l'hypotheque generale. Pour le regard de la speciale, les Jurisconsultes n'en demeurent pas d'accord : Car il y en a qui estiment, que poꝰ le payment d'une rente il n'y a point d'hypotheq̴ tacite ; et qu'il faut en ce cas se pouruoir d'une hypotheque expresse ; desquels est Ranchin sur la *42 quœst.* de Guido Pape ; et le mesme Guido est aussy de ce sentiment, avec plusieurs autres. Mais du Ferrier est d'opinion contraire ; et allegue Balde, Alexandre, Matthieu *de Afflictis, & Imola* ; disant phraséement que la chose baillée demeure tousiours obligée a la prestation de la rente par hypotheque tacite ; en vertu de laquelle le Bailleur (ou ceux qui ont son Droict) peut agir par action hypothecaire contre le tiers possesseur, pour Rentes & Arrerages ; apprez auoir fait ses diligences vers le principal obligé. Laquelle opinion me semble equitable ; coꝳe de fait ie ne doubte pas, qu'en cas de Cession Decret ou Renonciation le Bailleur ne fust preferé a tout autre, sur le fonds baillé pour le regard de la rente, ou qu'on ne luy perminst pour le moins, de se reprendre au fonds en renonceant a son Bail ; ou de se declarer Tenant, en general, s'il estoit posterieur en Dapte ; Car s'il estoit des anciens Crediteurs, il

l'emporteroit sur tous les derniers par son hypotheque generale. Mais il faut bien se donner de garde de confondre l'Action Hypothecaire, auec la coustume que nous auons de nampnier ou saisir & executer sur le fonds : Car l'action Hypothecaire est reelle & poursuyt la chose hypothequée ; mais ne peut estre intentée contre un tiers possesseur, sans auoir prealablement fait excussion & diligence contre le principal obligé, hormis en certains cas : Laquelle action hypothecaire n'est point en usage chez nous ; par ce qu'elle est mere des Decrets & executions qui se font de quelque heritage par parcelles, lesquelles nous ne pratiquons point ; Là ou nos nampmiements & executions sur fonds ne regardent que le payment ou recognoissance de la rente, & n'en peut on auoir que trois ans d'arrerages ; quand mesme il en seroit deub iusques a 39. Et est plustost une espece d'Interdit que d'Action ; lequel compete quand on pretend auoir quelqȝ Droict reel, ou proprieté au fonds ; come poꝛ Rentes Seigneuriales formes, emphyteoses, ou quand un fonds est particulierement attaché a la descharge d'une rente, ce qui n'a pas lieu en cest endroit : Et partant il ne faut pas ainsy raisonner ; Un home a hypotheque gnaꝉe ou sꝑale, faicte ou expresse sur quelqȝ fonds ; et partant il y peut nampmier, saisir & executer, a son plaisir, come sur son fonds propre : car ce seroit mal conclu.

19.   Pour bien entendre en quels cas on peut nampmier, executer, ou faire saisies par voye de fait, et sans aucune excussion prealable, sur un fonds, pour le payement d'une rente ; Il faut scavoir que toutes rentes, soient elles foncières ou hypotheques sont de 3 especes differentes : Car, ou bien on constitue la rente sur quelque chose certaine, laquelle on attache en mesme temps au payement de ladite rente, par mots limitatifs & taxatifs (come parlent les Jurisconsultes) en ceste forme, ou equiualente, viz. Titius constitua poꝛ luy et ses hers, a Mænius & a ses hers, & elle, ou telle some de rente, a estre payée annuellement sur un tel fonds, par luy ledit Titius, & par ses hers, si longtemps qu'ils possederont ledit fonds, &c. Ou si c'est par contract de Bail ; Titius bailla affin d'heritage a Mænius un fonds de terre, poꝛ telle some de rente, payable annuellement pour & a cause dudit fonds, & sur iceluy, par quiconqȝ en sera possesseur, &c. Ce contract donne Jus in re (selon la distinction des Docteurs) un Droict en la chose ; & ainsy il suyt inseparablement la chose chargée de la rente, & son possesseur, quel qu'il soit. Ou bien secondement, on la constitue sur ung fonds, demonstratiuement, c'est a dire pour demonstrer la rente, & non pas pour la taxer, limiter ou attacher audit fonds inseparablement come quand on constitue une rente sur quelqȝ persoñe & sur ses hers ; et que puis apprez on adiouste ꝑ voyé

dé demõstration, a récepuoir sur la maison & mesnage, heritages ou partie des heritages du constituant. Ce contract donne ius ad rem, ung Droict a la chose, mais il suit proprement la personne obligée, & non le fonds, sinon apprez discussion, & diligences faites. Ou bien en 3ᵐᵉ lieu, on constitue ladite rente sur la personne du constituant & de ses hers; Et puis a la fin des Droicts ou apprez le contract declaré tant d'une part q̃ d'autre, on oblige a la fournesture & garantie, tous les biens meubles & hitages tant du constituant que de l'acqui-siteur: Laquelle espece d'hypotheque est des plus foibles; car elle semble regarder plustost la forme & accomplissemᵗ ou obseruation du contract, que sa matiere: Et partant Signorol tient qu'une telle hypotheque n'adioustre rien au contract; mais qu'elle donne seule-ment pouvoir a la partie lezée d'agir pour sō Interest, en cas de contrauention. Consil. 217. nu. 21. Toutesfois cette sorte de contract est des plus frequentes chez nous; & ceste sorte d'hypotheque reci-proque passe pour une des meilleures.

Or prenons que le contract soit de la premiere espece; Il s'en-suyura de là, Premieremᵗ que la rente chargée sur le fonds, ne peut estre demandée a autre qu'a celui qui en est possesseur: Secondemᵗ que lors que le constituant aliène ledit fonds, il doibt dans les Droicts charger l'acquisiteur d'iceluy du payment de ladite Rente, & que celuy a qui elle est deüe ne peut refuser ledit Acquisiteur pour son Rentier, si l'acquisition & transport n'a esté fait en fraude. En 3ᵐᵉ lieu, que celuy a qui la rente est deüe peut nampmier & faire saisie, & executer sur ledit fonds par voye de fait; Et peut actionner le tiers possesseur poᵉ rente & Arrerages, sans aucune excussion du pmier obligé; parce qu'il a ung Droict fondé en la chose. En 4ᵐᵉ lieu, que les autres heritages du constituant ne sont point obligez a la garantie de la rente, s'il n'y a esté pourvueu dans les Droicts en termes exprez: & par consequent, que si la chose chargée de la rente venoit par fortune a perir, cōme y inondations ou tremblements de terre, ou autrement a diminuer de valeur iusques a ne pouuoir sup-porter ladite rente, ce seroit a la risque de celuy a qui la rente est deüe, qui en porteroit la decroissance. L. nomen debitoris. § Uni ex hæredib. Ferrerius, ad 8ᵉᵐ quæstionem. Guidonis Papæ.

Mais si le contract est de la seconde espece, alors il s'ensuiura; Premierement que le proprietaire de la rente n'a aucune action contre le tiers possesseur du fonds, sinon apprez excussion du premier oblige, c'est a dire apprez auoir fait ses diligences contre luy & l'auoir fait declarer non soluable (en Jersey on le constitue prisonnier iusques a payer ou renoncer). Ferrier sur la *quest. 432* du Guid Pape. Molin. *Coust. de Paris § 11 nu. 15.* Secondement que si le fonds chargé de la rente venoit a perir ou diminuer de valeur, le Constituant serait obligé a fournir ladite rente & la faire bonne sur ses autres biens. En 3ᵐᵉ lieu, Que le dit fonds, ou autre chose chargée de la rente, venant a passer en tierce main, le proprietaire de la rente n'est pas tenu de suyure le fonds, s'il ne veut, mais peut se tenir a son Constituant & a ses hers, & les forcer a continuer le payment de la dite rente. En 4ᵐᵉ lieu, il ne peut nampnier, saisir ny executer par voye de fait sur ledit fonds. Et encore que le Comentateur du Viel Coustumier asseure qu'on tient pour Regle gñalle en Normandie recette par l'usage, Que chacun peut iusticier pour sa rente, sur les heritages qui y sont subiects *fol. 10 p. 1 col. 1.* Ceste regle la se doibt entendre de la premiere espece de rentes fondees *In re, en la chose,* & non pas des deux autres especes, lesquelles n'estoient poſ lors gueres en usage. Car aussy bien le mot Justicier signifie proprement user de Jurisdiction, come un Seigneur qui prend les namps de son Tenant pour les Arrérages de sa Rente Seigneuriale.

Finallement, si le Contract est de la 3ᵐᵉ espece, il est purement personnel, & de l'hypotheque ny adiouste rien de reel, non plus qu'a une scedule, ou la mesme Garautie se rencontre. Toutes fois nous y allons si grossierement en Jersey, que nous n'auons presque aucun esgard sinon au Dapte des Droicts, lors qu'il s'agist de la preference des Crediteurs l'un a l'autre, & des autres Droicts qu'ils peuuent auoir en la chose baillée ou hypothequée.

Mais parce qu'il y a certaines causes & personnes priuilegiées, il faut obseruer icy Que si la Rente est constituée *ad piam causam, pour cause pieuse,* de quelqʒ sorte qu'elle soit; Il est tousiours loisible de s'adresser au tiers Possesseur, sans faire excussion du premier Constituant; et le tiers Possesseur aussy bien que le premier constituant, la doiuent garantir en tout euenement. Et le mesme se doibt entendre des pensions pour aliments. *L. 2. L. solent. L. pecuniæ ff de alimen. L. Lucius ff cod. Ferrerius ad quæst. 8.* Guid. Pap. dit qu'il a esté ainsy iugé par Arrest du Parlement de Tholouze, en faueur de quelques Presbtres demandants 10 sextiers de froment de rente, lesquels leur auoient esté donnez par Testamᵗ sur un moulin; sans y faire autre distinction. Et ainsy il arrive en ce cas, contre la Regle de Droict, Que l'action personele suyt le tiers possesseur, sans excussion. Et on donne le mesme priuilege aux Dismes. *Guid. Papæ Quest. 576* ou il remarque 5 cas ausquels l'action personelle suit le tiers Possesseur.

Des Camparts ou Champarts, qui sont appellez en Latin Campi pars, Partie du Champ.

Premier que de sortir de la matiere des rentes, & de leurs especes generales, il me conuiendra dire quelq₃ chose des Camparts dont il s'en trouue quelq₃ quantité en Jersey; mais beaucoup plus en Guernezey; ou durant les derniers troubles le peuple voulut s'en affranchir, (come ils auoient voulu faire en Angleterre en matiere de Dismes) et deputa des Comissaires on Angleterre pour cela; croyant qu'ils l'obtiendraient facilement de Cromwell; soubs pretexte que les dits Camparts n'estoient qu'une pure usurpation des Gouverneurs, sans autre droict ou fondement. Et il me souuient que celuy qui estoit pour lors Recepueur en ce lieu la, se trouuant ainsy alarmé & ne scachant pas (come estranger qu'il estoit) quelle raison pouuoit mouuoir le peuple a cela, sur l'information que Mons.ᵣ de Samares luy auoit donné, que i'y entendois quelque chose, me fist l'honneur de m'en escrire, pour apprendre qu'elle en estoit mon sentiment. La some de ma reponse fut, que tant s'en faut que ce soit aucune Usurpation ou Imposition des Gouverneurs, qu'au contraire c'est la plus ancienne, la plus reelle & la plus legitime rente qui puisse estre; ancienne, par ce qu'elle fut establie des la première Institution des Fiefs qui la doivent; lesquels fiefs ayants du comencement esté donnez chacun a un seul home, & ne pouuants pas estre mesnagez par luy seul, il fut forcé de les bailler par parcelles a des Soubtenants, pour les cultiuer, en luy en faisant une rente annuelle, en recognoissance de subiection; laquelle rente n'estoit pas partout la mesme; mais en quelques fiefs on l'establit en monóye, en d'autres en quelq₃ espece de blé, ou bien en une certaine quote part du provenu du labourage, laquelle par la Coustume universelle a esté limitée a l'onziesme Gerbe; et s'appelle Campart ou Champ-part c'est a dire, partie du champ labouré, lequel Campart possede deux qualitez ou prerogatiues, lesquelles ne competent a aucune autre espece de rente, qu'elle qu'elle soit: la première que c'est une Rente toute a fait reelle, & qu'elle n'a rien de personel, par ce que ce n'est pas proprement le laboureur qui la doibt, mais la Terre mesme, aussy bien que la Disme; et partant que le Proprietaire du Champart, a droict d'empescher le Transport du labour iusques a ce qu'il luy ait esté satisfait de sa quote part, ou il a aussy bon titre come le laboureur a au reste. La seconde progative est Que le Campart, partout ou il a lieu, diminue la Disme, de proportion de Cinq en Trente ; ce qu'il ne feroit pas s'il n'estoit plus ancien que la dite Disme : Car a present si un hoɱe voulloit bailler de la terre a Campart (coɱe il se peut faire) il ne pourroit pas la bailler en la forme ancienne ; a cause du preiudice que cela apporteroit au Droict des Dismes veu que le Campart est payé exempt de Disme, et qu'il la diminue de 5 en 30, coɱe on le peut voir par le Calcul.

Un autre argument de l'Antiquité dudit Campart, est Que Desert & Campart iamais ne se rencontrent ensemble ; et la raison en est dautant que le Campart estoit estably auant qu'il y eust des Deserts : Car les Dismes que nous appellons Deserts ont coɱencé depuis l'appropriation ou application des anciennes Dismes aux Couuents & Prieurez ; laquelle Appropriation estant de sa nature odieuse, coɱe derogatoire au Droict des Recteurs & Curez des Paroisses, on l'a tellement estrecie et interpretée strictement, qu'elle ne s'est iamais estendue sinon aux Dismes qui se payoient pour lors, & nõ pas de celles qui se pourraient payer par apprez des Terres Novales que nous appellons Deserts ; lesquelles sont demeurées en la possession des Curez. Or ces Appropriations, ou plustost Impropriations (coɱe les Anglois les nomment) furent faites a diuerses fois, asc. les unes auant la Conqueste, et les autres apprez ; & la plus recente que i'aye veüe est celle qui fut faite p̃ le Roi Jean, lorsqu'il n'estoit que Comte de Mortaing, de l'Aduoison de la Disme de Sᵗ Laurens a l'Abbaye de Blanche Lande ; il y a (si ie ne me trompe) plus de 450 ans. Et partant il s'ensuyt infalliblement, que puis que le Campart ne se rencontre iamais avec les Deserts & que lesdits Deserts ont eu coɱencement depuis les Appr̃iations susdites, la pluspart desquelles sont d'auant la Conqueste, mais qu'il est touiours auec la Franche disme, & la diminue & y deroge, il y a toute l'apparence du monde, qu'il est anterieur & plus ancien que ladite Disme, ou du moins, que le Campart & la Franche disme sont d'une mesme antiquité, & qu'ils ont esté establis & imposez par composition faite entre les Seignᵉˢ des fiefs & les Curez ou Recteurs des Paroisses.

Il se trouue un ancien Rolle de la Justice Itinerante du temps d'Edward 2, en l'Eschiquier, ou il est porté que l'Abbé du Mont de Sᵗ Michel clamoit de ses Tenants de Guernezey p̃ voye de Champart la 6ᵐᵉ p̃tie des gerbes ; ce qui s'entendoit de Disme aussy bien que de Champart, parce qu'il possedoit l'une & l'autre. Il s'estendoit aussy a la 6ᵐᵉ p̃tie des racines, porreaux & choux de ses dits Tenants ; mais il en fut esconduit p̃ la Cour.

M

Des Rentes du Propre ou Domaine.

J'ay remarqué en mon Traicté des Prescriptions, coṁe la Souueraineté est imprescriptible, aussy bien que les choses qui sont necessaires pour la faire subsister ; et coṁe en France les Regales & Domaine de la Couronne, lesquelles ont esté mises a part pour le soustien de la Maiesté Royale, le sont aussy. Ce qui se rapporte a la Maxime du Droict Anglois, que *Nullū tempus occurrit Regi, nul laps de temps ne preiudicie au Roy.* Car un Roy ayant aliené ces choses la, peut bien se preiudicier a soy mesme, pour sa uie seulement ; mais il ne peut obliger son Successeur, ny luy preiudicier, qu'il ne soit libre de rappeller telles alienations. Or il y a des Droicts qui sont bien dependants de la Souueraineté, coṁe la Jurisdiction sur tous les subiects, tant ciuile que criminelle : toutesfois par ce qu'il est impossible qu'un Roy l'exerce toute entiere en sa persoṁe ; voila pourquoy il est necessaire qu'il la communique a d'autres ; mais il la coṁunique de sorte qu'il ne s'en deffait pas ; & ils ne l'exercent que vicariallement coṁe authorizez par luy, & pour luy ; qui retient tousiours par deuers soy le dernier ressort par Appel. Mais il n'en va pas ainsy lors qu'il transporte a un autre son Patrimoine Royal ; car ledit Domaine estant une fois aliené, il ne demeure plus au Roy, ny ne peut plus seruir a supporter la Majesté Royalle ; mais il est approprié a celuy qui le possede & est reputé partie de son bien. De sorte qu'il sembleroit que l'alienation dudit Domaine ne pourroit subsister en Droict ; mais q̃ l'acquisition d'iceluy seroit tousiours subiect a en estre recherché : veu que les choses qui sont de leur nature inalienables, sont aussy Imprescriptibles, quoi qu'il soit autrement de celles qui ne le sont pas de leur nature, mais seullement a cause de quelque empeschement positif. Voyons donc s'il y a quelque chose en Jersey qui soit de l'ancien & indubitable Domaine de la Couronne d'Angleterre, & qui doiue, par consequent estre reputé inalienable & imprescriptible. Il est certain que nous y auons 8 fiefs Domaniaux, avec autant de Moulins & leurs dependances, que nous appellons le Propre ; parce ce qu'ils sont veritablement le propre Patrimoine des Ducs de Normandie en la dite Isle, mis a part pour defrayer les frais necessaires de leurs Capitaines & Gouverneurs & pour y maintenir les Garnisons ordinaires, & les autres charges & appendices de leur Souueraineté, et que comme tels ils furent apprez la Conqueste transportez & annexez a la Couronne d'Angleterre, laquelle les a possedez coṁe tels iusques icy : Lesdits fiefs ne sont point escheux ny paruenus audits Ducs par confiscation, comminse, ou autre Droict quelconque ; mais furent dez le comencement dans la Distribution des Terres, soubs Rou Duc de Normandie, mis a quartier & dediez a cest usage la, pour y demeurer attachez inseparablement a tousiours. Et ceste sorte de Domaine est asseurement le plus sacré & le plus inalienable qui puisse estre. Car il y a d'une autre sorte de Domaine, lequel ayant autrefois esté a des particuliers a esté puis apprez par Ordonnance Royal ou Acte des Estats, annexé a la Couronne, come plusieurs Duchez & Comtez, lesquels sont ainsy annexez a celle de France ; & ne s'en separent point sinō par voye d'Apennage & pour un temps.

Mais peut estre quelcun dira, que si le Gouuernem! de Jersey n'auoit autre support que ledit Propre & ses Dependances, Messieurs les Gouuerneurs ils feroient fort mal leurs Affaires ; veu que les fermes, froments & moulins du Propre ne seroient pas suffisants pour payer une des Garnisons. A quoy ie respondray, que lors que les fermes furent premierement establies telles que nous les voyons dans l'Extente de 1331, soubs Edouard 3—le froment ne valloit que viron un sol par Cabot, car iestime vray semblablem! que ce fut ou devant la Conqueste ou tost apprez ; selon laquelle proportion 400 Q. de ferme feroient bien mille quartiers de froment. Adioustez a cela 8 moulins a 200 quartiers ou viron. Item les Reliefs, Amendes, Forfaitures, Cominses, Coustumes, Fouages, Esperkeries ou Coustumes du poisson, (qui ont monté quelques Années a 400 Q. poſ les 2 Isles) & vous trouverez que le tout estant ensemble pouuoit en ce temps la valloir 3000 quartiers de froment, ou au dessus, selon le calcul que i'en faisois autrefois par des Accomptes & autres pieces qui se trouuent en l'Eschiquier, mais la lourde faute qu'on a commise, en reduisant les dites fermes en argent, & les faisant perpétuelles & héréditaires, a rauallé les mille quartiers a 400 Q. lesquelles ne montent pas a present a plus de 32 ou 33 quartiers. Et les moulins ont esté baillez a petites rentes, ou alienez tout a fait, sans que le Roy s'y soit reserué aucun droict, tant petit soit-il, Messʳˢ les Comissaires ayants fait valloir leurs Comissions, sans faire distinction entre les choses Patrimoniales de la Couronne, & celles dont le Roy iouissoit a autre Titre.

1.

Sur ce que dessus on peut faire 3 Questions : La premiere, si les moulins du Propre ayants esté alienez par Patente, ou en vertu d'une Comission Royalle, auec les solemnitez requises, & le prix desboursé accordamment, le Roy ou son Procureur, est receuable a les reclamer, come choses de leur nature inalienables, apprez tant

d'années ? A laquelle question il suffira de respondre, Que iouxte la
Regle posée cy dessus, a la rigueur de la Loy, il seroit receuable :
Parce que ces moulins la estants partie du Domaine ancien des Ducs
de Normandie en la dite Isle, annexé po͏ͣ iamais a la personne de
celuy qui en aura la Souuerainté, & partant inseparable de la Couronne d'Angleterre, il s'ensuyt qu'il ne peut estre au pouuoir d'un
Roy, qui n'en est propriétaire que pour sa vie, de les en separer, que
son heritier ou heritiers, ne les demande, en payant le prix qui aura
esté desboursé.   Mais pour les moulins qui auroient esté baillez a
rente, il n'est pas si facile d'en decider.   Toutes fois i'estime qu'une
Règle doit seruir aussy bien pour les Baux, come pour les Venditions ;
principallement en ce cas, ou il y a meslange de Bail & de Vendition,
c'est a dire, quand une chose qui (pour exemple) valloit cent ꝓ an,
a esté baillée a cinquante, et le surplus payé en argent comptant :
Car, ie vous prie, s'il est vray que toute alienation du Propre Domaine
Royal soit deffendüe, et non valable ; & que un Bail perpetuel soit
une espece d'alienation (come ie prouueray bien tost) ou a tout le
moins equivalente a une alienation, ne s'ensuit-il pas que ledit Propre
Domaine ne pourroit estre baillé a perpetuité, nō plus que vendu ou
aliené ? Car que seruirait d'auoir fait le dit Propre Domaine ina-
liénable & imprescriptible, si on le peut aneantir par autre voye ? Or
le but & desseing de la Loy, mesmes d'une Loy originelle & fondamentalle, telle qu'est celle qui regarde l'ancien Patrimoine du Prince
n'est pas seullement d'empescher les transgresseurs descouuerts, mais
aussy les machinations, fraudes & deceptions occultes.   Come nous
voyons en Angleterre que les Terres annexées aux heritiers, quels
qu'ils soient, ne peuuent estre diminuées de prix, ny baillées au preiudice desdits heritiers ; lesquels sont tousiours receuables a les
redemander aussy franches & entieres come elles estoient quand elles
furent annexées, quelque encombremenᵗ qu'il se trouue dessus.   Car
il est certain que ce q̃ la Loy comande ou deffend, elle le comande &
deffend effectuellement ; & qu'elle est aussy rigoureuse, voire plus,
contre les Contrauentions occultes & trompeuses, qu'elle l'est contre
celles qui paroissent a descouuert.

2.   La seconde Question regarde les Fermes du Propre ; et se
fourche en deux branches ; desquelles l'une est, Si les Terres dudit
Propre ont peu estre baillées affin d'h̄itage a 3 sols par Bouuée ou a
autre prix quelconq₃ ?   L'autre, Si les Edits des Roys de France au
fait des monnoyes, ont peu faire, que 3 sols tournois, qui en valloient
30 de ceux d'a present, il y a 3 ou 400 ans (estants pieces de fin
argent, de viron le poids de neuf deniers Sterling) soient deuenus
trois chetiues pieces de mauvais metal ? Et si le Roy d'Angleterre

est obligé de recepuoir ses dites Fermes en ce mesme metail la ? Veu
qu'il est notoire que les 3 sols qui se payaient anciennement, en
valloient bien 30 de ceux d'a present ? Pour responce a la premiere
branche, il faut retenir ce que i'ay des-ia cydessus escript sur le point
des Baux des Moulins ; qu'un Bail a longues années estant une
espece d'aliénation, iusques la, que les choses prohibées d'estre alienées
hors d'une famille ne peuuent estre baillées a longtemps. *Bartol. in
L. Codicillis § Instituto ff de Leg. 2 L. si filio. § Si Vir, Ubi Alex.
nu. 23 ff Solut. matrimon. & in Consil. penult. lib. 3 Dec. Cons.
142. Comeus. Consil. 243. Col. 1. Lib. 3.* Par ce (dit le Cardinal
Tuschus, selon l'opinion d'Abbas, que celuy qui ne peut aliener, ne
peut faire Acte ou chose p laquelle *alienatio inducatur, alienation
soit induite ;* C'est a dire qu'il ne peut faire chose, de laquelle
s'ensuyue alienation, ny directement, ny indirectement, mais beaucoup moins peut il le faire, quand le Bail est perpetuel, & qu'il passe
en un Contract Censif ; par lequel la propriété (ou domaine tant
direct qu'utile) est transferée au Preneur : come en ce cas icy les
fermes ayant esté perpetuées ; sans Reserue, Clause ou Condition par
lesquelles elles puissent iamais retourner a la Couronne franches &
libres, come du comencement, non pas mesme par Confiscation (car
en cas de Confiscation le Roy est obligé a descharger les surcharges
qui se trouueront sur le fonds) ny par droict de Cominse : par ce
qu'elles sont a pnt tout a fait hereditaires, & ne sont plus subiectes a
Cominse ; nõ plus que les autres heritages : Un tel Bail (di-ie) estant
une alienation de la chose prohibée & inalienable p une Loy fondamentale de toutes les nations ; il s'ensuit qu'a la rigueur du Droict,
il deueroit estre nul, come derogatoire a ceste Loy. Il ne sera pas a
propos d'alleguer la distinction qui se pratique au regard des heritages
des Eglises, et Comunautez qui sont de la seconde sorte de biens
inalienables ; Que ou ladite alienation a esté faite a l'auantage &
proffit de ladite Eglise, ou Comunauté, ou a leur detriment. Si
l'alienation a esté faite au proffit, on la tolere (parce qu'il est loisible
de bien faire a l'Eglise & au public, mesme sans suffisante authorité)
autremt on la casse, come fäite contre Droict. Cette distinction
(di-ie) n'a point icy de lieu. Car il est trop notoire que le Bail des
Terres du Propre a ferme, a esté cause de la ruine de tout le Propre
Domaine du Roy en nos Iles. Voila de grandes & solides raisons du
costé de la Couronne. Mais il n'y en a pas de moins solides & equitables du costé des Tenants fermiers. Premierement considerous que
ce ne sont pas ici les heritiers de ceux ausquels on fist les premiers
Baux : que les premiers fermiers sont estaincts, & eux & leurs noms,
il y a des Centaines d'années ; & que ceux d'auiourd'huy out succedé

en leurs places, non pas imediatement, ny aux mesmes conditions, mais apprez plusieurs changements arriuez aux Tenements chargez des fermes ; lesquels ont esté de temps en temps chargez de tant d'autres rentes, seruitudes & autres surcharges, que toute l'Ile y a quelq꜔ Interest. Il faut aussy considerer, que les presents fermiers ou leurs ancestres, ont acquis ces mesmes Tenements par des prix et soḿes de rente montants a la iuste valeur de la terre, voire l'excedants, entant que les amelioriements y ont esté comprins : De sorte que s'il falloit reduire tous les Tenants fermiers de 8 Fiefs du Propre, a estre simples fermiers par années remuables, les faire payer la iuste valleur des Terres, & esteindre & annuller toutes les autres rentes qui ont esté constituées dessus ces terres la, ce seroit la plus grande & la plus lamentable confusion du monde.

Il faut considerer en outre, qu'il y a eu plus de 15 ou 20 generations de Roys successiuement, depuis l'establissement des Fermes a perpetuité ; durant le Regne desquels ils ont paisiblement ioüy de leur Droict, sans aucune opposition : Et que si un Roy ne peut lier les mains a son Successeur ; du moins tant de Rois consecutifs, qui ont receu & approuvé ces fermes, doiuent obliger ceux qui ensuyuront a s'abstenir de toute violence envers lesdits fermiers, par le respect de tant de braues deuanciers. Et si la Prescription Iḿemoriale n'a lieu en ce cas, celle de quatre ou de Cinq cents Ans doibt estre considerable.

Pour l'autre branche, Il est assez certain que les Edits des Roys de France, ny les changements qu'ils ont introduicts aux monoyes n'obligent nullement les Rois d'Angleterre. Mais si les dits Roys d'Angleterre, ou leurs Ministres & Officiers des Isles, s'y sont accordez & soubmis volontairement, en permettant que le Traffic & les payments ordinaires, (mesme ceux qui leur touchaient) se fissent en ces especes de monoye là, parmy leurs subiects des Isles ; Cela (di-ie) les oblige a continuer lesdites monoyes coḿe elles sont a present establies ; si bien qu'ils ne pourroient, sans quelq꜔ violence, reduire les 3 Sols Tournois par Bouuée aux Especes ou valeur des Sols qui estoient pour lors en usage ; c'est ascauoir a 30 sols vaillant ꝑ Bouuée.

Voila pourquoy pour conclurre ce que dessus, ie distingue ainsy : Ou bien les Baux du Domaine Royal & dependances d'iceluy, sont Anciens, ou modernes : Si anciens, & fortifiez des raisons sus alleguées, il vaut mieux que le Priuce perde quelq꜔ aduantage qu'il pourroit prendre sur ses subiects, que d'accumuler tant d'inconueniens, & gaigner tant de maledictions de ses Subiects oppressez ; Si modernes ; ou bien ils sont d'acquisition ou de Donation, (que les Jurisconsultes diroient, de cause onereuse ou de cause lucratiue); S'ils sont d'acquisition, il n'y aura point d'iniustice de les repeter, en rendant l'argent desboursé : Si par Donation, *Donatarius, lucratus est tempus* ; le Donataire a perceu les emoluments de la chose tout le temps passé, & cela luy doibt suffire.

3. La 3ᵐᵉ Question est touchant les Seruices deubs anciennement ꝑ les Tenants des 8 Fiefs du Propre ausdits Fiefs, ou a leurs Moulins : Ascauoir si lesdits Seruices ayants esté interrompus & negligez par un temps im̄emorial, voire des Centaines d'années, ils pourroient a present estre redemandez par Sa Maᵗᵉ ou ꝑ ses Officiers, en cas que lesdits Moulins retournassent a sadite Maᵗᵉ selon l'extente de l'an 1331, laquelle est authentique & se conserue dans l'Eschiquier. J'estime qu'ouy, pour les raisons susdites ; car lesdits seruices sont autant ꝑtie du Domaine que les fiefs ou moulins ; & ne peuuent pas estre prescripts ny alienez non plus q̃ ceux la. Et il y a encore plus de raison d'assubiectir les Tenants a ces seruices la, qu'a leur faire payer 30 sols pour 3 ; car pour les 3 Sols, ils ont Titre par voye de Bail, lequel se trouue confirmé par ladite extente & ꝑ plusieurs autres & possession de 4 ou 500 ans : Mais pour l'affranchissement desdits Services ils n'ont aucun Titre : Car le Titre de ladite Extente de 1331, est contre eux. Et outre cela les Seruices estants especes de Seruitudes, ne se possedent pas ny ne se prescriuent, com̄e les choses corporelles. Et partant il y auroit plus de raison de les reuoquer, que non pas les autres Dependances du Domaine.

Mais auec cela, il faut bien se souuenir, que com̄e il n'y a point de Prescription contre le Roy en choses de son Domaine, Aussy si ces choses la, par accident passent en main tierce, & ne sont plus a la Couronne, alors elles perdent leur priuilege, & deuiennent prescriptibles com̄e les autres choses : Com̄e pour example si pendant que les dits moulins estoient en main particuliere, il estoit arriué que quelques ungs des Seruices qui en dependoient autrefois, auroient esté negligez ꝑ temps Immemorial, il n'y auroit plus de recours sur les Tenants au regard des Acquisiteurs ou Donataires, lesquels y auroient infailliblement perdu leur Droit par Prescription. Mais en cas que lesdits Moulins retourneroient entre les mains du Prince, ladite Prescriptiō seroit reputée nulle, com̄e faite contre luy pour choses de leur nature imprescriptibles ; & les Tenants pourroient estre contraincts a parfaire leurs seruices com̄e iadis.

Des Assignations.

Assigner est transporter & ceder la proprieté que i'ay a quelq₃ debte rente ou pension, a un tiers auquel ie suis obligé de pareille some: & partant c'est un mot Juridique, qui emporte *translationē Dominij*, come on dit, transport de Proprieté; & vault autant come Deleguer mon Debteur a mon Crediteur, & le subroger en ma place soit pour une seule fois (come les Banquiers & marchands font l'un a l'autre par lr̃es que nous appellons de change) ou pour plusieurs fois; ou pour tousiours; come en assignatiòns pour Rente. Or come en toute Delegation il est requis qu'il y ait concurrence de trois personnes; ascauoir, premierement, du Deleguant, 2ᵈᵉᵐᵉⁿᵗ du Delegué; & en 3ᵐᵉ lieu du Delegataire ou de celuy a qui on Delegue de mesme en matiere d'assignation, elle ne peut estre complette, s'il ne s'y rencontre le concours de ces 3 persoñes, ascauoir de l'Assignateur, de l'Assigné, et de l'Assignataire. Car come en matiere de Lr̃es de change, la delegation ou assignation ne peut estre dite asseurée, iusques a ce qu'elle soit acceptée par celuy a qui elle s'addresse; de mesme en Assignation hereditalle ce n'est pas assez que l'Assignateur vous delegue son Debteur, & que vous l'acceptiez qui estes Assignataire, si en mesme temps ou par apprez, l'Assigné sur qui l'Assignation est faite, ne l'accepte, car come en tous autres Contracts le consentement des parties interessées est requis; manque de quoy le contract seroit vicieux; de mesme en celuy-cy, il faut que l'Assignataire qui a pareil interest en l'Assignation, auec les deux autres, y soit aussi comprins, & qu'il y donne son consentement. *Ut not. in l. singularia ff si cert. petatur.* Et lors que ces 3 choses se rencontrent en l'assignation on peut dire qu'elle marche a 3 pieds, & qu'elle est garnie de toutes ses pieces. Et par une telle assignation, il y a *vera nouatio,* vraye nouation d'obligation; parce que l'obligation precedente qui estoit entre 3 ꝑsonnes, & qui estoit double, est minse en une seule entre deux personnes; & ainsy l'Assignateur demeure hors, sinon en cas d'Euiction & garantie. Cela estant ainsy, i'e m'estonne qu'il se fait tant d'Assignations en Jersey, sans y appeller ceux la sur lesquels les rentes assignées sont assizes; l'obmission de quoy est cause de plusieurs procez sur des empeschements de rentes assignées, lesquelles ne se trouuent point deües en la maniere, mesure ou qualitée portée par l'Assignation. C'est pourquoy on deueroit en toutes telles Assignations faire venir les Assiettes, a voir interiner l'Assignation & s'obliger au payment. *Surd. Consil. 145. num. 14 lib. 1 & Cons. 269 lib. 2.*

J'ay remarqué ailleurs, que quoy qu'une Rente soit Assignable de sa nature, & que les Droicts qui portent cela soient demeurez sains & entiers, neantmoins si celuy qui doibt ladite rente neglige d'user de son priuilege par quarante ans, sans aucune interruption, il n'en pourra plus user apprez les 40 ans. Ce q̃ se doibt entendre, s'il a payé la rente en sa propre personne, & nō p̃ autruy, tout ce temps la ; car s'il l'avait payée sur autre assiette une seule fois, ou qu'il eust fait aucun autre acte d'Interruption, cela suffiroit pour maintenir son Droict. *Vide Card. Fuschū de Præscript. Conclus. 586.* Et cōme la faculté d'assigner se prescript par 40 Ans, de mesme la garantie que l'Assignateur doibt aux rentes assignées se prescript par quarante ans, quelq₃ Droict qu'il y ait au contraire. Car ce temps la est iugé suffisant pour valider toutes sortes de possessions ordinaires, entre particuliers, soubs les limitations specifiées au Traicté des Prescriptions ; et a esté introduit pour punir la negligence des Acteurs & Crediteurs, & non en faveur des Debteurs.

Si on demande quel doibt estre le sens de ces paroles si frequentes dans les Droicts, *payer ou assigner afin d'h̄itage,* Je responds qu'elles s'expliquent d'elles mesmes ; c'est a dire, payer afin d'h̃itage, ou assigner affin d'h̃itage au choix de celuy qui doibt la rente ; et partant que toutes les fois qu'il voudra assigner afin d'heritage ladite rente, l'Acquisiteur sera tenu d'accepter son assignation : mais pour autre Assignation temporaire, il n'est nullemeut obligé de l'accepter en vertu desdites paroles. La ou p̃ nr̃e pratique nous interp̃tons ces mots la, cōme s'il estoit au choix de celuy qui doibt la rente de l'assigner a perpetuité, ou pour un temps : ce qui est cause de plusieurs brouilleries qui se rencontrent dans les rentes ; lesquelles bien souuent se perdent parmy les changements qui arriuent dans les familles, ou bien se payent deux fois. Que si toutes Assiguations estoient a perpetuité, & insinuées aux Rolles de la Cour, cela n'arriueroit iamais, sans quelque fatalité.

Des Retenues.

Il y a 2 sortes de Retenues, ascauoir Tacite et Expresse. En tous contracts ou il y a nouation, ou changement d'obligation portant hypotheque ou garantie cōme il y a presque tousiours, il y a aussy une Retenue tacite : cōme quand ie delegue mon Debteur de 100, a

BIBLIOTHÈQUE NATIONALE — IMPRIMÉS

N

mon Crediteur de cent autres, il y a tousiours ceste condition a
soubsentendre, qu'en cas que mon dit Debteur se trouue non-soluable,
mon Crediteur retient a estre payé par moy sur le pied de la premiere
obligation, encore que ladite obligation se trouue cassée. Et quand
i'assigne a Titius ung quartier de froment de rente, a recepuoir sur
Mœnius, c'est auec ceste mesme Retenue, qu'en cas que Mœnius ne
fournisse a l'assiette, Titius aura son recours vers moy, sur sa premiere hypotheque : et generallement, ou il y a garantie, il y a aussy
retenue tacite : parce qu'on ne suppose iamais qu'une persoñe en
changeant son obligation veuille abandonner celuy qui doibt la faire
bonne. Mais la question est touchant les Retenues expresses, lesquelles se font. 1. Quand une vielle obligation est renouuelée ;
2. Quand un Debteur se voyant pressé par son Crediteur, & ne
pouuant le payer en espece, il luy rend quelq₃ terre ou soñe de
rente ; & le Crediteur soupçonnant l'estat de son dit Debteur, & ne
voulant de premier ou second en Dapte, se mettre au dernier rang, il
se retient dans les Droicts au Dapte & hypotheque de son obligation ;
3. Quand un Crediteur estant contraint par le cours & style de la
Justice de se declarer Tenant au Decret d'un heritage renoncé, ou de
renoncer a ses Demandes ; il y renonce voirement, mais c'est auec
ceste Retenue, qu'il se retient aux biens futurs de celuy qui a fait
cession.

Il faut parler de ces 3 sortes de Retenues a part, et premierement de la premiere. Titius estoit obligé a Mœnius par scedule de
la soñe de 100 escus, laquelle auoit esté Recognue & Insinuée aux
Rolles de la Cour. Apprez la mort de Titius Mœuius fait renouueller
a Sempronius son heritier ladite scedule, & luy en faire obligation en
son propre nom soubs la garantie de tous ses meubles & heritages : &
ainsi il quitte la premiere hypotheque sur les biens de Titius, & se
-met posterieur a tous les Crediteurs de Sempronius : auquel cas,
il ne faut pas doubter qu'il n'aye perdu le benefit de sa premiere
hypotheque sans y pouuoir retourner. Mais parce qu'il n'est pas a
croire que ledit Titius aye esté si imprudent que d'en user ainsy ;
posons le cas qu'il se soit retenu (en renouellant sa scedule) au dapte
& hypotheque de sa premiere scedule ; la question sera, en ce cas, s'il
a peu faire une pareille retenüe et si en mesme temps il a peu casser
sa scedule, & la tenir sur pied, & ainsy faire deux actes qui paroissent
incompatibles ? Tous les Jurisconsultes ne sont pas bien d'accord en
ce point ; car *Decius Consil. 460 nu. 5. Grat. Cons. 37 nu. 35. lib. 1.
Roland. consil. 51. nu. 28. lib. 2. Cephal. consil. 223. Grammat.
Decis. 49.* tiennent la negatiue. Mais la plus coñune opinion est que
telles retenues sont legitimes, & noñément elle est deffendüe ꝑ

Balde, Felm. Bisignot. Jason. Paris. alleguez par le Card. Fuschus:
et de plus *Gozad. consil. 38. Gabriel. lib. 3. Tit. de nouat. conclus. 1.
nu. 56.* disent qu'en tout Acte de nouation & en tout contract ou on
a retenu ses anciens Droicts, il n'y a point de nouation.   Et Boyer
Decis 332. affirme que la premiere obligation n'est point aneantie
par la seconde, lors qu'il y a Reseruation expresse qui relate a ladite
premiere obligation : Le mesme tient *Alexander Imolensis Consil.
3. nu. 5. lib. 1.*   Et *Paul de Castres, Consil. 392. lib. 1* dit que si le
Crediteur proteste que par la nouuelle & derniere obligation il n'entend deroger a la premiere, ny s'en departir, ou faire nouation, en ce
cas la premiere obligation demeure en son entier.   Et le susdit *Alex.
Consil. 217. Viso quodam. lib. 7* dit que si les anciens Droicts ou
Instruments n'ont esté cassez au regard de l'hypotheque, alors la
nouation n'aura lieu sinon au regard de l'obligation personnelle, &
non au regard de ladite hypotheque ; & que quand le second Instrument n'auroit aucune hypotheque, celle du precedent demeureroit
tousiours en vie, pour s'enseruir, quoy qu'il eust esté cassé.   Et la
raison est parce que la Clause de Retenue rend la derniere obligation
conditionnelle.   *Balde, in Authen. Ingressi. nu. 7. C. de Sacros.
Eccles. Alex. Cons. 3. nu. 5. lib. 1. Jason. in l. fin. nu. 140. C. de
Jure Emphyteut. &c. Quod novatum est, non a nouatione, sed ab
origine consideratur, maxime cū nouatū se refert ad originem,
ut est Text. in l. cum. filius. § hoeres meus ff de legat. 2. & facit.
Text. in l. filius fam. prima in fin. Cod. ad Maced. Ubi Textus
dicit, quod potius origo obligationis, quam Titulus considerandus
est. L'origine de l'obligation est plus a considerer que le titre.*
(Voyez Chassanée Coust. de Bourgogne, col. 948 & 949).

La mesme Decision seruira aussy pour le second cas, qui est
quand on prend de la rente en payment de quelqʒ Debte anterieure ;
& par la de premier deuient dernier en Dapte : En ce cas, il y a toute
l'equité du monde d'adiouster a ces Droicts ceste precaution, Qu'il
n'entend se departir du benefit de son obligation, sinon au cas que
son Acquisition se trouue effectuelle ; puis qu'en ce faisant il ne fait
point de tort aux autres Crediteurs, lesquels demeurent au mesme
estat qu'ils estoient auparauant.   Et ainsy ceste opinion est non
seullement la plus comune, mais aussy la plus equitable.

Pour la troisiesme espece de Retenue, qui se fait dans les
Decrets, elle est fort rare ; & i'en ay veu un seul example pratiqué
au Decret d'Elie Lempriere, ou quelques uns des derniers acquisiteurs, apprez auoir renoncé a leurs acquisitions, adiousterent ceste
clause, qu'ils se retenoient aux Successions futures dudit Elie.   Mais

la question si une telle Retenüe estoit legitime ou non, n'a iamais
esté decidée iudiciairement : Car encore q̃ ces Reteneurs actionnassent
ledit Elie, pour cela, apprez quil eut la succession de sa mere ; il
s'absenta de la Cour. Et la dessus en absence de partie a l'instance
desdits Reteneurs, la Cour donna une Interlocutoire, par prouision,
laquelle semble fauoriser leurs Demandes. Mais ou il n'y a point
d'opposition ce n'est pas de merueille si les causes se decident en
faueur des Acteurs ; cõme il arriua icy, ou il se trouue un Acte plein
d'Anomies & d'Absurditez & contraire au Style de proceder, lequel
porte, qu'on doibt constituer une partie en Cour pour l'absent, qui est
le Vicomte ou son Substitut, auant que de proceder a sentence : Ce
qui fut negligé en ce particulier, cõme il est manifeste par l'acte
mesme. J'esplucheray cest acte ailleurs : Et au regard de la question
presente, ie la reduiray en 3 Articles, dont le premier sera, Que la ou
les Decrets se font par parcelles, & ou les Crediteurs ne peuuent
emporter des biens d'un Cessioñaire que ce qui leur est iustement
deub, le surplus qui se trouue de bon estant rendu audit Cessionnaire,
cõme cela se pratique en Normandie & partout ailleurs. Je dis que
là il n'est pas seullement permins d'user de telles Retenues, mais
mesme quand on n'en useroit pas expressément, elles seroieut tousiours assez soubsentendües, par une raison tacite, qui est, que chascun
est obligé de payer ses Debtes, lorsqu'il en aura le moyen. Et c'est
sur ce pied que le Cõmentateur du Viel Coustumier, selon l'opinion
des anciens Jurisconsultes & de Justinian mesme en ses Instituts,
tient que le Cessionnaire demeure tousiours obligé a ses Crediteurs
qui n'ont pas esté satisfaits, en cas qu'il retourne en conualescence de
biens, *cum ad pinguiorem fortunā redierit* : ce qui est fort iuste
en ceste espece ainsy posée et entendüe. Mais come les Decisions
doiuent varier selon la diuersité des cas, il en est de mesme en celluy-
cy. Et partant ie pose pour le second article indubitable ; Que
la ou les Crediteurs font butin de tout le bien d'un Cessionnaire
quoy qu'il s'amonte a beaucoup plus que les Debtes, & qu'ils le
conuertissent tout entier a leur proffit, sans luy rendre le surplus
qui s'y trouue de bon apprez les Debtes payées : Je dis que la ou il y
a un tel usage pratiqué ; la mesme raison veult qu'en ce lieu la, le
Cessioñaire ne soit obligé de fournir a ses Crediteurs ce qui se
trouuera de mauuais, en cas que les biens n'arriuent a la proportion
de ses Debtes. Or en Jersey les Crediteurs en usent ainsy, par
Coustume inuiolablement obseruée iusques la, que quand il se trouueroit dans un Estat renoncé deux fois plus que les Debtes, tout cela
iroit au proffit du Tenāt par Decret, sans aucune restitution ou consideration du pauvre Cessioñaire : Et partant il seroit iniuste d'obliger

le Cessionnaire a fouruir le mauuais qui se trouue sur son Estat, puisqu'on ne luy rend pas ce qui s'y trouue de bon.

En troisiesme lieu, pour faire que le Cessionnaire soit obligé a
payer ce qui se trouue de moins que les Debtes, en son Estat il faut
premierement qu'il apparoisse Judiciairement que son dit Estat n'est
point competent pour satisfaire aux debtes. Ce qui ne peut appa-
roistre que par un Inuentaire legal de tous les biens meubles &
imeubles dudit Cessioñaire, pralablement fait; et par une iuste
Balance desdits biens conférée auec ses Debtes, pour sçauoir de combien l'un surpasse l'autre; affin qu'il ne soit fait tort au Cessionuaire
nõ plus qu'aux Crediteurs. Ce que nous n'obseruons point & partant
ceste seule mission suffist pour clorre la bouche aux Crediteurs.

Adioustons a ce que dessus, que la forme de laquelle nous usons
en nos Decrets exclud tout a fait ces Retenues : car en ceste occasion
la les Crediteurs ayauts esté conuenus peremptoirement par Loi
outrée, a se declarer Tenants, ou a renoncer a leurs demandes, ils font
de necessité l'un ou l'autre en termes exprez recordez au Decret. Or
renoncer & retenir sont termes contraires & incompatibles; dont le
premier signifie abandonner ou quitter son Droict, & l'autre ne le
quitter pas mais le maintenir : et partant il est impossible qu'ils
subsistent en une mesme Action.

Des Garandies & Euictions.

La matiere des Garandies & des Euictions a esté fort exactement traictée p Couarruuias au Chap. XVII du troisiesme liure Des
Diuerses Resolutions ; ou il met en Frontispice ceste Maxime generalle, Que toutes fois & quantes que la chose vendue aura esté
legallement euincée, l'achapteur aura son action contre le vendeur
pour la restitution du prix, auec tous les frais, domages & Interests,
qu'il peut auoir qu'elle ne l'eust pas esté. Et quoy que les garandies
ayent lieu principallement aux venditions, ou il y a restitution du
prix desboursé; elles sont par mesme raison receües en tous autres
contracts, ou il y a euiction; c'est-à-dire, ou la chose alienée, baillée
eschangée ou loée, par contract, a esté Juridiquement ostée, a l'acquisiteur preneur ou locataire : Et par ainsy le Bailleur est Garand a
son Preneur pour la chose Baillée ; & le Preneur l'est a son Bailleur
pour la rente : Et de mesme en contract de loage, le locateur est
garand de son locataire, põ la chose baillée a loage ; & le locataire

l'est aussy de son locateur pour la pension : L'Assignateur est garand
de son Assignataire, auquel il a assigné. De mesme en Diuision ou
Partage d'une chose cōmune entre plusieurs parchonniers, soient
coheritiers ou autres, ils sont tous garands les ungs des autres, chacun
pour sa quote part : et voila pourquoy ceste Clause est ordinairem.ᵗ
adioustée en nos Partages, a la fin de chasqȝ Partie ou Lot, Et four-
nira ceste Partie les autres & les autres ceste-cy &c. quoy que sans
aucune necessité ; car c'est une clause essentielle qui est tousiours
soubsentendue ; parce qu'elle vient de la Loy mesme : si non au cas
qu'il fust autrement conuenu entre les Parchonniers. On pourroit
en dire autant des Gages & Hypotheques, Que quiconqȝ a engagé ou
hypothequé quelqȝ chose pour l'asseurance de son crediteur est tenu
de le luy garantir deschargé de tout empeschement, tout ainsy que
s'il le luy auoit vendu il seroit tenu de le luy garantir libre. Et ainsy
si vous m'auez vendu, ou baillé quelqȝ fonds de terre, lequel s'est par
apprez trouué chargé de quelqȝ rente, hypotheque, ou seruitude de
laquelle ie ne scauois rien auant le contract ; en ce cas i'ay action
contre vous, pour me faire la chose libre (quand mesme il n'en auroit
esté parlé le marché faisant) ou a tout le moins, a me payer mes
Interests de ce qu'elle ne l'est pas. Reduisons ceste matiere par
Articles.

1.   Tout hōme qui a vendu, baillé, assigné, cedé, eschangé, engagé,
hypothequé, ou allotty en partage & diuision de chose cōmune ; est
tenu a garantir la chose vendue, baillée, assignée, cedée, eschangée,
engagée, hypothequée ou allottie pour ledit Partage ou diuision ; non
seullement quant a la proprieté & possession, mais aussy quant aux
charges, empeschements & seruitudes qui la diminuent de valleur, &
la rendent moins estimable.

2.   En tous Contracts les parties contractantes peuuent de consentement mutuel, s'obliger l'un l'autre a des garandies extraordinaires (cōme de garantir toutes sortes d'euenements & de casualitez)
et aussy peuuent ils se descharger l'un l'autre des garanties ordinaires ; pourueu que la Loy n'y repugne : cōme, pour example, ils ne
peuuent se descharger l'un l'autre *a dolo futuro præstando*, de
prester & garantir le dol, fraude ou tromperie dont il pourroit user
enuers son compagnon ; puis que la Loy deffend cela expressement,
aussy bien que l'honnesteté. *Non potest conueniri ne dolus præstetur.*

3.   En tous contracts ou il append garandie, si les parties n'ont rien
articulé de particulier & extraordinaire pour lesdites garandies, celuy
qui est autheur a l'autre est tenu de luy garantir tant sō fait propre

que celuy de son predecesseur, & de reparer ce qui se trouuera arriué
au preiudice du contract par sa faute, ou par celle de son dit predecesseur : come s'il a refusé de venir deffendre son Ayant-droict estant
semonds a ce faire, ou s'il a usé de tromperie ou a suggeré a son
aduersaire les Instruments de l'Euiction, ou fait autre acte contraire
a la bonne foy & sincerité. Mais l'Autheur n'est pas tenu de garantir
ce qui est arriué au preiudice du contract par la coulpe, negligence ou
fraude de son Ayant-droict. Et partant si l'Ayant-droict Achapteur,
Assignataire, ou Parchonnier, ayant appellé son Garand, ou Parchonnier, vient par apprez a mal deffendre sa cause, ou la met en
compromins sans y estre obligé par Justice, ou s'il l'abandonne auant
sentence, ou qu'il la perde par coutumace, ou par n'obseruer les
solemnitez du Droict. En tous ces cas & autres pareils il ne peut
auoir recours sur son Autheur, bailleur, assignateur, vendeur ou
Parchonnier & si ce n'est au cas que le Droict de l'Euinceur fust
notoire : Et encore en ce cas c'est a l'Ayant-droict a procurer la
Notorëité du droict de l'Euinceur.

4.   Personne regulierement n'est tenu de garantir les Euenements
et les Casualitez lesquelles les Jurisconsultes appellent *Maiores
Casus.* Et partant un vendeur ou bailleur &c ne sont tenus a la
garandie de ce qui aura esté euincé par la Corruption ou Iniquité
du Juge, par la puissance Superieure, par la violence &c. ou qui aura
esté aneanty ou deterioré par le feu ou par l'eaüe, ou par les casualitez
de la guerre & choses semblables.

5.   En matiere d'achapt, celuy qui a achapté une chose qu'il scauoit
n'appartenir au vendeur, mais a un tiers, & l'a achaptée sans garantie,
il n'a point de recours contre son vendeur pour les frais, domages &
Interests ; mais il a recours contre luy pour le prix desboursé ; & contre
l'Euinceur pour les amelioriements faits en la chose euincée, selon
qu'il est porté p la Loy, *Domos. ff de legat. 1. L. in fundo. ff de rei
vendicat. l. domum C. de Tit. l. si in arca. ff de condict. indebiti.
& Car. Molin. Consuetud. Paris. tit. 1. § 1. glo. 5. num. 76.*
Et ce a cause de sa mauvaise foy. Et si c'est ung Bail ou Eschange.
il recouurera ce qu'il aura baillé en eschange, sans autre frais ; sinon
que les Amelioriements luy seront refondez par l'euinceur. Mais
entre coheritiers qui diuisent un heritage ou il se trouue quelqз
chose subjecte a euiction, ou Decroissance, celuy au lot duquel elle
sera escheüe, ou qui l'aura choisie sans garantie spälle, ne laissera pas
d'auoir son remede vers sesdits coheritiers ; si ce n'est au cas que ses
parchonniers lui auroient fait meilleure partie, en consideration du
hazard de l'euiction : Et la raison de cela est, d'auant que la chose
subiecte a euiction estant partie de la succession, il falloit de necessité

qu'elle diminuast les parties, a quiconq₃ elle fust escheüe. Mais quand il a eu quelq₃ aduantage pour se charger de ce hazard la ; c'est cõme s'il auoit achapté un iet de retz ou quelq₃ autre hazard, mais il n'aura aucuns dom̃ages ny interests, a cause de sa temerité.

Que dirons-nous d'un Assignataire, qui au lieu d'une rente bien deüe & en bonne Assiette, auroit accepté une autre rente doubteuse & subiecte a euiction, scachant bien qu'elle estoit de mesme, & l'auroit fait sans garantie ? Je responds que s'il s'en trouue un semblable, il faudroit iuger insensé ; et en cet esgard il meriteroit d'estre releué par Restitution. Mais s'il arriuoit, qu'un hom̃e eust telle affection a quelq₃ assiette particuliere, que de l'accepter sans garantie de son assignateur, quoy qu'elle deuienne par apprez non receuable, il n'aura aucun recours. Et le mesme seroit lors que le vendeur a dit qu'il ne sera point obligé a la garantie, au regard de Titius ; et que l'achapteur l'accepte : car en ce cas l'achapteur estoit premuny & scauoit ce qu'il faisoit ; & partant qu'il s'impute a soy mesme s'il a mal prins ses mesures : Et toutesfois en ce cas Couarruuias tient que le vendeur sera tenu de restituer le prix ; quoy que plusieurs autres tiennent le contraire.

6.   S'il a esté dit en termes generaux tant seullement que le vendeur ne sera point obligé a la garantie du contract ; en cas d'euiction il ne laissera pas de rendre le prix, sans dom̃ages ny Interests : & ce d'autant que l'achapteur n'estoit pas suffisam̃ent precautionné.

7.   Quand on achapte, on prend par bail hereditaire une succession, ou un droict en general, il n'y eschet point de garantie, sinon generalle de toute la succession ou Droict, tel qu'il est ; sans descendre a la garantie d'aucune chose particuliere, si elle n'est specifiée dans le contract ; car en ce cas il y en eschet.

8.   Celuy qui a garand a vocher, le doit faire au plustost : mais il est encore receuable a le vocher, apprez contestation de cause ; pourueu que il le face avant que de conclurre en la cause.

9.   En Normandie celuy qui est voché a garand peut vocher son garand & le second le troisieme, et non plus outre.

10.   Toute Action pour garandie ou Euiction cesse apprez les 40 ans, s'il n'y a eu Interruption de Prescription, cõme si on auoit Adiourné son Garand a venir recognoistre en Cour qu'il est obligé a la garandie de quelq₃ fonds ou rente ; ce seroit assez pour causer une Interruption de Prescription. Et ie conseillerois volontiers a mes Amis d'en faire ainsy ; parce qu'il peut arriuer qu'une Rente continue receuable 40 ans, & qu'elle vienne a manquer par apprez.

Des frais & Amelioriements.

Le Traicté des Amelioriements, frais & reparations, est connexe a celuy des Garandies & Euictions: parce que c'est la le lieu ou il s'agist ordinairement de rendre les frais, reparations & amelioriements faits en la chose euincée; quoy qu'un locataire ou tenant pour terme. Item un mary lors qu'il s'agist de rendre la Dot en argent receu par Contract de mariage, & autres semblables, qui ont *Jus in re, Droict en la chose* (come les Jurisconsultes parlent) ne soient pas seullement receus a les redemander aux Proprietaires, mais aussy, en cas de refus, ayent pouuoir d'user de retention de ladite chose, iusques a ce qu'ils leur soient rendus. *Jason l. 2. nu. 28 Cod. de Jure Emphyt. & ibi Barth. in l. Colonus ff locati Bald. Consil. 166. nu. 4. lib. 1.*

Or les frais sont de deux sortes; car, ou bien ils sont tels que tout home qui occupe un fonds les doibt faire; come ceux qui regardent la culture de la terre, & la closture ordinaire des prez & iardins, & qui ne durent que durant le temps du Bail. Et de ceux cy il faut dire sans exception, qu'ils ne se repetent point apprez le Bail expiré; mais si un locataire estoit chassé auant l'expiration du Bail, il seroit ouy a les repeter, au prorata du temps qui resteroit; come s'il auoit fumé la terre ou reparé les hayes, pour tout le temps. Les autres frais sont ceux qui demeurent apprez le droict expiré de celuy qui les a faits: Et ils sont de trois especes: La premiere est de ceux qu'on appelle necessaires, come de reparer un Bastiment qui menaçoit ruine, de refaire la Closture d'un Jardin a fruictiers, &c. La seconde de ceux qu'on appelle Utiles *Impensæ utiles;* come ceux qu'on fait pour rendre la chose meilleure, & de plus grand valeur: La troisiesme de ceux qu'on appellent volontaires, ou voluptuaires, qui regardent seullement la beauté & l'ornement de la chose. Et a ces trois sortes de frais ou Amelioriements, il faut assortir trois sortes de personnes qui les demandent: ascauoir, Le Proprietaire ou Seigneur de la chose: Le Possesseur de bonne foy; Et le Possesseur de mauvaise foy. Nous appellons Proprietaire ou Seigneur de la chose, non seullement celuy qui en a la Propriété héréditaire et pour tousiours, mais aussi celui qui ne l'a que pour un temps, ou a vie, come le Recteur d'un Benefice, le mary aux biens Imeubles de sa feme &c. Nous appellons Possesseur de bonne foy celuy qui possede quelqȝ fonds croyant que ce soit a luy, & a iuste cause de croire ainsy, come celuy qui a Titre d'Acquisition en quelqȝ heritage ou rente subiecte à Euiction: Nous appellons finalement Possesseur de mauvaise foy

o

celuy qui possede quelqz chose, scachant bien qu'il n'est pas a luy, mais a ung autre.

1.   1. Le Proprietaire ou Seigneur Viager ou Temporaire de quelqz heritage, & ses heritiers apprez luy, peuvent repeter les fraicts ou amelioriements necessaires, & aussy les Utiles, sans limitation; lesquels il aura faits sur ledit heritage; et fait les fraicts siens de tout le temps qu'il aura ioüy dudit heritage.

2.   Le Possesseur de bonne foy repetera les frais necessaires, & aussy les frais utiles que le Proprietaire auroit vraysemblablement faits, ascauoir ceux qui ont notoirement rendu la chose meilleure, & plus vendable, & qui n'excedent point la nature de la chose qui les porte. Pour les autres frais, le Proprietaire aura son choix ou de les restituer, ou de permettre audit Possessᵗ de boñe foy de les enleuer. Et quand aux fruicts, de rigueur de Droict il les deueroit faire siens, a cause de sa bonne foy; car c'est une Regle en Droict q̃ *Possessor bonæ fidei facit fructus suos*; neantmoins Paul de Castres tient que selon l'équité il les doibt compenser auec les amelioriements, si aucuns y en a, & de deduire les Amelioriements du prix des fruicts; parce que l'equité ne permet pas qu'il ioüisse des fruicts & proffits de l'heritage tous entiers, & qu'outre cela il soit encore remboursé de ses fraicts, reparations & amelioriements; par ce que ce seroit faire gain de la perte d'autruy. *Paul-Castren. Consil. 247 nu. 7. lib. 1.* Et ainsy ledit Possesseur de boñe foy est obligé de faire une Juste Balance des fraits et reparations faites sur la chose, auec les fruicts et emoluments qu'il en a perceus; et si lesdits fraits surpassent les fruicts il n'aura que le surplus; et le reste sera compensé auec lesdits fruicts *Lege sumptus ff de rei vindic. ubi Barth. & alij.*

3.   Le Possesseur de mauuaise foy repetera seulement les frais necessaires; et pour les utiles, aussy bien que voluptuaires, il les perdra, a cause de sa mauuaise foy, s'il n'aime mieux les enleuer; ce qu'il pourra faire, pouruu que ce soit sans lezion de la chose. *L. domum. C. de rei vindic.* Toutes fois les Jurisconsultes, sur la loy, *In fundo ff. de rei vindic.* trouuent plus equitable que le Proprietaire aye son choix de les laisser enleuer ou de les retenir en les payant coñe s'ils estoient separez du fonds, c'est a dire non l'ouurage ou la forme, mais les materiaux tant seullement; affin d'euiter destruction, *ad euitandam destructionem.*

4.   Les frais & amelioriements trop excessifs, en esgard a la nature & qualité de la chose & des personnes, & qui feroient que la chose seroit abandonnée, plustot que recherchée, ne se repetent point, ny

par le proprietaire ny par aucun Possesseur ; parce qu'ils ne peuvent passer pour Utiles, mais plustost sont domagenbles. *Bald. Consil. 303. nu. 2. lib. 1. Tiraquet. de Retractu. conuent. glo. 1. §. 7 nu. 5. in 2da declarat.*

5.   Quand deffence legitime a esté faite de faire des amelioriements utiles en la chose, ny les proprietaires, ny le possesseur n'ont pouuoir d'en faire ; et s'ils en font apprez intimation, c'est a leur peril ; par ce qu'ils n'ont pas bonne foy en ce cas. *Flor. de S^{to} Petro-Consil. 1. nu. 11.*

6.   Celuy qui repete ses Amelioriements, s'il est Proprietaire il les recouure selon leur valeur au temps de la restitution : S'il est Possess^r de boñe foy, on regarde au temps ou ils ont moins vallu, soit present ou passé ; & ainsy les plantes sont estimées selon le temps qu'elles furent plantées, & les Bastiments selon le temps de la restitution. Et pour le Possesseur de mauuaise foy, on a esgard au temps ou ils ont moins vallu. *Ruin. Consil. 165. nu. 4. lib. 4.* ou il dit que tous les modernes tiennent ainsy.

7.   Coñe les Amelioriements sont repetez par ceux qui sortent de la chose, ainsy les Deteriorations ou Empirements doiuent estre allouez a ceux qui y entrent : et les dits Empirements doiuent estre conferez & ballancez auec lesdits Amelioriements, s'il y en a ; & s'il n'y a point d'Amelioriements, mais seulement des Empirements, ils doiuent estre prestez & refondez tous entiers, a proportion de ce que la chose aura esté diminuée de prix ou valeur. *Vide Hier. Gabriel. cons. 169. in. 8. quæst. nu. III & seq. lib. I & nu. 112 ibid.*

8.   Les Amelioriements necessaires sont tellement deubs, que quand ils seroient peris par accident, ou par guerre, feu &c. ils ne laisseroient pas d'estre repetez. *Tiraqueau. de retract. conuent.*

9.   La Regle qui permet d'enleuer les frais & Amelioriements utiles ou voluptuaires, n'a point de lieu aux plantes a demeure. *In plantis non habet locum abrasio. Paul. Castren. in dict. l. domum C. de rei vindicat. & Flor. de S^{to} Petro, dict. Consil. 1. nu. 9.* Et la raison est par ce qu'elles sont unies au fonds par les racines.

10.   Le mary a un priuilege particulier a recouurer ses amelioriements sur les biens de sa femme ; car au regard de luy, encore que lesdits fraicts ou Amelioriements excedent la mediocrité, il n'en peut estre refusé ; et il a son choix ou d'user de retension des dits heritages ou d'agir contre les heritiers de sa dite feñe, s'il le trouue plus expedient ; pourueu toutes fois que ledit heritage en ait augmenté de valeur.

Cuman. Consil. 56. Negus. de pignor. in 4 membr. 5 parte. nu. 11.
Voire si la feme a apporté au mary une maison ruineuse, laquelle il a
reparée, il aura retension de ladite maison, pour les frais, ou action
contre lesdits heritiers. Et le mesme s'entend des frais qu'il aura
faits a suyure les procez de sa feme, s'ils sont considerables ; car il les
repetera. Autre chose seroit, s'ils estoient peu considerables, *glo. in
l. 1. ff de impens. in reb. dot. fact. ibi. Barth. & Jason. Alex. consil.
162. nu. 1. lib. 7.*

11.   Le Proprietaire & Possesseur de boñe foy, pour les frais necessaires & utiles, & le Possesseur de mauuaise foy, pour les necessaires
seulement, ont hypotheque en la chose, & la peuuent retenir en vertu
de ceste hypotheque tacite, iusques a ce qu'ils en soient remboursez,
quoy qu'ils ne soient pas tout a fait liquidez avant la sentence ;
pouruew qu'ils le soient en general & en gros, & que le Reteneur soit
prest d'acheuer de liquider au dire d'arbitre, ou du Juge qui liquidera
ex officio. Card. Tusch. lit. M. conclus. 182 per tot. Et partaut
la sentence portera q̃ le Restituant pourra retenir la chose par les
Amelioriements a estre taxez dans un tel temps, par Arbitres choisis
ꝑ les parties ou par les Juges. Et si la chose le requiert, le Juge
mesme se transportera sur le lieu accompagné d'expers & bien
entendus, pour en decider. *Barthol. & alij in l. 2. C. de Rescind.
vend. Idem Barthol. in l. si quod ex Pamph. ff de leg. 2. Aret. in l.
si quis agens. Instit. de Action. Lanfranc in c. quoniam contra
de probat. verb. test. depositiones. nu. 39. Corne. consil. 318 lib. 4.*

12.   Pour autant qu'en toute preuue qui se fait pour fraits & ame-
lior300em.ts on doibt prouuer deux poincts ; Le premier, Qu'il a esté
desbourse tant ; le second, Que la chose en a esté ameliorée & rendue
plus utile de tant affin d'obtenir la moindre de ces deux soñes la ; et
que pour bien iuger de ces points la, l'inspection de la chose n'est pas
seullement necessaire, mais aussy le iugement & discretion de l'In-
specteur : voila pourquoi le Juge ne doibt pas y estre trop facile : et
qu'il ne doibt pas faire difficulté, si la partie se sent greuée, de faire
reuoir la chose plus d'une fois ; ou d'y proceder luy mesme personnellement, par l'aduis d'experts, coñe dessus ; affin d'obuier aux
tromperies.

13.   Celuy qui bastist de ses materiaux sur les fonds d'autruy ; si
c'est sciemment & volontairement, il perd ses materiaux & tout le
reste ; si c'est par ignorance, il en repete le prix et l'ouvrage des
ouvriers par exception de *Dol. Instit. de reniꝰ diuis. § Certe illud
constat.*

Des Compensations.

J'ay dit au Chapitre precedent que la Compensation a lieu quand le Proprietaire ou Possess.^r de bonne foy repete ses frais sur la chose qu'il quitte ; car on luy compte les fruicts perceus eu deduction de sa Demande ; qui est une espece de compensation. Par occasion de cela il en faut dire quelqʒ chose. Il faut donc scauoir que Compensation est une exception peremptoire fondée dans le Droict de Nature, par laquelle on repousse l'importunité d'un iniuste demaudeur, qui demande ce qu'il doibt, soit en tout ou en partie, pour autre cause : fondée di-ie dans le Droict de nature, en tant que la raison naturelle ne permet pas qu'on condamne un hoͫe a me payer 10 Escus, auquel ie suis redeuable de pareille soͫe. Voila pourquoy Du Ferrerius sur la question 171 de Guido Pape, suyuant l'opinion de Charles du Moliu pose pour une Regle, que l'exception de Compensation doibt estre receue de Droict, *Ipso Jure ad euitandam pœnā seu conuentionalem seu legalem ;* pourueu que la Debte qu'on compense soit de pareille qualité que celle auec laquelle elle est compensée ; car si c'estoit quelqʒ Debte priuilegiée, ou deüe *parè* purement & sans condition, il n'y auroit pas de raison de la compenser avec une autre non priuilegiée, ou dont la condition ou le terme ne seroit encore escheu. Et c'est pour cela qu'on dit qu'un Depositaire ne peut demander Compensation contre un Depost ; par ce que le Depost est priuilegié par dessus toutes autres Debtes. Mais ie n'approuue point la routine de nostre Isle, ou plusieurs tienuent pour chose iuste, que de deux lesquels s'entredoiuent, le premier a obtenir condemnation contre son aduersaire, doibt emporter la Debte, sans que son dit aduersaire le puisse esquiuer, en luy exceptant & opposant de plus grande, pareille ou moindre soͫe deüe par son dit aduersaire. Et ils appellent cela, emporter le benefit de ses Diligences, c'est a dire, estre salarié pour sa chicane & pour auoir iniustement vexé sa partie. Et ces Messrs la ont ordinairement ceste replique en la bouche, lors qu'on leur oppose Compensation : Si ie vous doibs quelqʒ chose, cela n'empesche pas mon Droict, une Debte n'empesche l'autre. Demandez moi ie suis prest de vous respondre ; C'est a la Cour a en decider, &c. Lesquelles repliques sont aussy fausses que frequentes. Car il est tres certain & tres equitable, que le Droict bien certain du Deffendeur empesche celuy du Demandeur ; & par consequent qu'une Debte empesche l'autre *Ipso Jure ;* Et que la Cour est obligée par raison, equité &

conscience a prendre cognoissance d'une exception de compensation, sans attendre les longueurs des procez ; et si elle la trouue bien fondée, de l'admettre, soit pour exclure toute la demande ou partie. Et que de faire autrement seroit une oppression intollerable, & une conniuance a la malice des hõmes & au peché. Mais aussi faut-il se donner de garde de n'admettre pas une Compensation de Debte incertaine poͬ une certaine, ny de sõme non liquide pour une sõme liquide, si ce n'estoit au cas que la sõme fust liquide & certaine pour la pluspart, & qu'il ne restat de differend que pour quelq̃ partie ou circonstance de peu de poids : Car si la sõme qu'on pretend compenser põ une autre se trouue auoir de liquide autant qu'il en faut pour donner du contrepoids a celle qui est demandée, cela doibt suffire : mesme quand cela ne seroit pas, toutes fois si le Juge void que ceste sõme la, quoy que non encore liquidée tout a fait, est quelq̃ chose de certain, & qui merite d'estre contrepezé a celle qui est en question, il doibt y auoir esgard : Car c'est chose assurée, que celuy qui me demande quand il ne peut ignorer qu'il ne me doiue, est en mauuaise foy au regard de ce qu'il me doibt ; & qu'il n'est bien fondé sinõ a exiger ce que ie luy doibs apprez la Ballance adiustée, & põ le surplus tant seullement.

Ascauoir si un Successeur est obligé a faire bons les Baux de son Predecesseur.

Il y a deux sortes de Successeurs ; les uns universels & necessaires, cõme les heritiers Testamentaires & ab Intestat. Le Pupille qui succede a son Tuteur, la fẽme qui succede a son mary au Doüaire. Ceux la sont obligez a faire bons les Baux faits par leurs Predecesseurs. *L. filio familias § si vir in quinquennũ ff salut. matrim & l. viam veritatis ignorans. l. locati.* En quoy tous les Jurisconsultes sont d'accord. Les autres sont successeurs particuliers ; cõme les acquisiteurs de quelq̃ heritage, qui sont successeurs libres ou volontaires. Et ceux cy (s'il n'est expressement porté par le Contract) ne sont point tenus de les faire bons, mais peuuent contraindre les Tenants ou Locataires de vuider. *l. emptorem. c. locati.* Laquelle Regle a ceste exception, que si les dits Tenants, preneurs ou Locataires auoient par contract obligé le Predecesseur leur Bailleur a leur hypothequer la chose baillée pour l'accomplissement du Bail, ils ne peuuent estre contrainct par l'acquisiteur de vuider, sinon en leur refondant leurs Interests ; en quoy tous les Interpretes du Droict sont d'accord : mais il y en a quelques ungs d'iceux qui estiment qu'il suffise que l'hypotheque soit en termes generaux, sur tous les biens du Bailleur ; les autres veullent qu'elle soit attachée a la chose baillée. *Voyez de ceste matiere, Guido Pape. Quæst 480. Molin. Const. de Paris § 30. nu. 108. Chopin. de Doman. lib. 3. cap. 13. Capello Tholos. 420 & ibi Aufredus. Tiraq. de Retract. conuent. § 3. nu. 14. Alex. consil. 118. Jo. Imbert in Enchiridio.* avec plusieurs autres quotez par eux : Et particulierement les Apostilles de Rauchin & du Ferrier sur ledit Guido. On en iugerait autrement en Jersey, si la chose venoit en question (que ie croy) car c'est une opinion receüe en ce pays la, Que le preneur affin d'hītage & l'achapteur sont tenus de continuer les Baux qui sont a terme. Ce qui est contre le Droict ; quoy qu'il y ait de l'equité en apparence. Venons a une autre question qui est fort connexe a celle-cy.

Ascauoir si un Locataire peut estre chassé par le Propriétaire ayant besoing de sa maison pour son propre Usage.

J'ay traicté au chap. precedent d'un Locataire au regard d'un Success.^r particulier. Mais que dirons-nous, lors que la Question est contre un Bailleur, qui le veut forcer de vuider de son logis, pour y demeurer luy mesme ? En ceste question Molin sur la Coust. de Paris, Arnold Ferron sur la Coust. de Bordeaux, Cuman & Alexandre, tiennent la mesme opinion cõme pour le Successeur particulier, ascauoir, qu'il peut estre contraint de vuider ; sinon au cas que la maison luy auroit esté obligée par hypotheque gñalle ou spãlle ; que si elle luy auoit esté obligée pour l'accomplissement du Loage, il ne pourroit estre chassé. Et voila cõme ils entendent la Loy *Aedem Cod. locati.* Mais Couarruuias qui traicte ceste matiere Tomo. II. variar. Resolut. cap. XV fort amplement, ne la determine pas de mesme ; mais il raisonne tout autrement & dit Que ceste permission de la Loy par laquelle le Proprietaire peut demander sa maison a son Tenant ou Locataire pour y demeurer en personne, quand il en a besoing, & que ce besoing n'estoit point au temps que le contract de Loage fut fait, mais luy est suruenu depuis ; Je dis que ceste permission là est de Droict, & qu'elle vient de la nature du Contract de Loage ; & par consequent qu'elle ne peut estre ostée ny eludée par aucune hypotheq₃ quelle quelle soit. Mais quand le Maistre ou Proprietaire vend ou aliene la maison loüée, le Locataire (s'il a hypotheque dessus) la peut retenir *Jure Hypothecæ*, iusques a la fin du temps, ou iusques a ce que l'Acquisiteur luy refonde ses Interests. Et le mesme Couarruuias tient contre Angelus Aret, que ledit Proprietaire peut se preualoir de ce privilege de chasser le locataire, encore que dans l'Instrument du Bail il auroit esté dit qu'il ne le pourroit chasser auant le temps dudit Bail expiré.

Ascauoir si un Ayant droict doibt iouir de tous les priuileges de son Autheur, dont il a droict.

L'ayant-droict (lequel nous appellons Auant-droict) represente la personne de celuy duquel il a droict, & luy est subrogé en toutes causes, mesme en celles qui sont priuilegiées & favorables ; cõme, pour example, si il auoit acquis le droict d'une fẽme en son Douaire, ou d'un Ministre en ses Dismes, il auroit les mesmes aduantages que ledit Curé ou Douairiere a s'en faire payer. *Bald. Nouel tract. de dote, parte 12. col 8. Alex. consil. 13. Ex his. col. 5. nu. 12 & seq. vol. 1. Socin. Consil. 37. Quidam Nicolaus. nu. 13. lib. 4.* Toutesfois il y a des choses lesquelles de leur nature ne sont pas cessibles ; par ce que (cõme les Jurisconsultes parlent) elles sont attachées a la personne qui cede le droit, & a ses os ; tellement qu'elles n'en peuuent estre separées par aucun transport ou cession. Distinguons donc, & disous que les Droicts appartenants a une persõne sont ou Personels ou Reels ; J'entends par droicts personels ceux qui appartiennent a quelquun par raison de sa persõne seulement ; et par les Reels ceux qui peuuent competer a tout autre, aussy bien qu'a luy ; & qui ne luy competent qu'a cause de la chose : cõme pour example une Douairiere a un priuilege de poursuiure son Douaire sõmairement, & aux iours priuilegiez, & d'estre preferée a tous Crediteurs, mesme a ceux qui sont premiers en hypotheque ; mais le premier priuilege luy est persõnel ; parce que c'est une personne indeffendue & fauorable ; et partant il ne peut estre cedé ny transferé a autruy : mais pour l'autre il luy appartient par raison de son Douaire, qui est une cause priuilegiée ; & partant il peut estre cedé & transferé a autruy.

De mesme un ministre a priuilege de-plaider pour ses Dismes au Samedy ; qui est personel, & n'est nullement cessible, et il en a un autre qu'il doibt estre appellé a voir dismer, et receuoir ses Dismes sur le lieu, lequel est cessible, parce qu'il luy appartient a cause de la Disme, qui porte ce priuilege la quant et elle, aussy bien que le Campart.

Ceste Regle ainsy posée, il ne sera pas difficile de determiner une question laquelle se rencontre quelque fois en pratique ; et de laquelle j'ay ouï discourir diuersement : Ascauoir si l'ayant-droict d'un Aisné doibt en Partage auoir le mesme Preciput que ledit Aisné auroit eu par dessus ses coheritiers ou parchonniers ? Ce qui se peut decider auec ceste Distinction. Il y a 4 sortes de Preciputs ; l'un qui compete a cause de quelque charge ou Rente priuilegiée, qui est deue sur la maison ou pour faire quelque Seruice au Roy ou a l'Estat, comme pour maintenir les Armes de la maison etc. Le second est un Preciput feodal, quand le Fief, manoir & appartenances sont allottis a l'aisné. Le troisiesme quand quelque fonds ou Rente a esté par les anciens Parchonniers assignée & laissée a leur Aisné, a condition qu'il ne seroit jamais mis en Partage en temps a venir, mais qu'il iroit tousjours impartablement a quiconque de la famille seroit aisné. Le quatrieme et dernier Preciput est quand les Parchonniers, le Partage faisant, allouent quelque Advantage soit en terres ou en Rente, a leur Aisné par priuilege d'aisneesse, et en recognaissance de ce qu'il est leur Aisné. Il n'y a point de doubte que le premier de ces Preciputs ne soit cessible et qu'un Ayant-droit n'en soit bien capable ; parce qu'il est ottroyé a cause des charges, ausquelles ledit Ayant-droit est subject, comme seroit son Autheur. Il en faut dire autant du second ; lequel compete a cause du fief ; et puis que le fief est alienable et cessible, ce preciput qui en est une Appendice, le doibt aussy estre. Pour le troisiesme, il est tellement personel, qu'il ne peut jamais estre aliené, vendu ny transporté ; parce qu'il n'appartient audit aisné, sinon a condition qu'il le conseruera a celuy qui sera aisné apprez luy, et ainsy consecutiuement de sorte qu'il en est bien proprietaire pour sa vie ; mais il n'en peut disposer au prejudice de la condition qui a esté apposée du commencement, car en tous Actes conditionels lors que la condition vient a manquer, le Droict fondé sur icelle condition manque aussy : Or si un Aisné cede ou aliene ledit Preciput, il destruit la condition sur laquelle seulle il en jouist, ascauoir de demeurer tousjours a l'aisné de la famille ; et par ainsy, il y perd le Droict qu'il y peut pretendre : et ledit Preciput en ce cas deueroit retourner ausdits anciens Parchonniers, ou a leurs descendants, si aucuns y en a ; & s'il n'y en a qui le clament, il appartient au Prince, comme chose vacante & qui n'est reclamée de personne, pour en jouir durant la vie dudit aisné : Et apprez la mort dudit aisné, ledit Preciput ira au prochain heritier de la famille, a qui il appartient de droict. Et ce Preciput est de la nature de nos Amortissements engez(1) par Patente du Roy en quelques familles, desquelles je parleray ailleurs. Suffise pour le present d'auoir dit pour Decision de la question presente, que l'Ayant-droict peut demander les aduantages et preciputs qui appartiennent a l'aisné, dont il a droict, pour payer les Rentes et charges priuilegiées de la maison, et pour maintenir les Armes ; et ceux qui luy competent a cause d'un fief noble et ses appartenances, par la Loy ou Coustume ; par ce que ces Preciputs la sont attachez a la chose, et non pas à la personne de l'aisné. Mais il ne peut pretendre au troisiesme comme j'ay dit ; et aussy peu au quatriesme par ce qu'il est volontaire ; et les choses volontaires ne sont point cessibles. Et il est aussy donné par voye de recognoissance de la preeminence d'aisneesse, laquelle estant personnelle ne peut passer ny estre transminse a un autre. Mais si outre ceste recognoissance personnelle la Loy ou Coustume donnoit quelque aduantage a l'aisné certain et reglé, cet aduantage la comme fondé sur le Droict deuiendroit cessible ; et pourroit estre demandé par l'Ayant-droict ; qui est ung point duquel je traicteray, quand je parleray des Partages.

La Coustume Reformée de Normandie, sur les Traces de l'ancienne Coustume, ordonne que le Fisc ou autre Creancier, quelqu'il soit, subrogé au droict d'un Aisné, auant le Partage fait, n'aura le Preciput appartenant a l'aisné a cause de sa primogeniture; mais aura seulement part egalle auec les freres : Auquel lieu le Commentateur Anonyme Imprimé a Rouen l'an 1599, dit que la raison de cela est par ce que ce Droict de Preciput est coherent aux personnes, c'est a dire personel. (pag. 99). L'Article susdit est au Chap. de Partage Art. 345.

Or si cela est, et que le Fisc soit plus priuilegié qu'un simple Acquisiteur ou Ayant-droict, comme certainement il l'est, il s'ensuit de la que l'Ayant-droict ne peut pretendre audit Preciput, non plus : si ce n'est quelque preciput reel, et inseparable de la chose, comme il a esté monstré.

(1) engérés = créés,

Des choses Communes ou de la Division des choses.

Proprement nous appellons les Choses Publiques celles qui sont destinées a l'usage du public, et ne peuuent estre appliquées a celuy des particuliers, tandis qu'elles portent ce charactere. Il y en a d'autres qui sont vacantes ; lesquelles ne sont en la possession ny du Public ny d'aucun particulier ; et il y en a de Communes lesquelles appartiennent a plusieurs par Indiuis, & sont de leur nature partables, quand il plaira a ceux qui y ont Interest ; s'il n'y a empeschement d'ailleurs. Les choses publiques sont ou Sacrées ou Profanes. Les choses Sacrées sont celles qui sont dediées a usage Sacré ; Les Profanes, celles qui sont destinées aux usages non sacrés de l'Estat. Et il y en a encore de metoyennes, lesquelles ne sont proprement ny sacrées ny profanes ; ascauoir celles qui sont destinées *ad pias causas, a usages pieux* ; comme celles qui appartiennent aux Pauures, aux Hospitaux, et autres semblables ; lesquelles sont reducibles aux sacrées, comme estants l'object de la charité chrestienne, et ayants quelque priuilege par dessus les Sacrées ; entant que les corps des chrestiens sont plus dignes que les Temples bastis de main d'homme.

Entre les choses publiques nous mettrons les chemins publics de toutes sortes, la place du Marché, la Cohue, les Escholes, la Haute Justice, les Hauvres et Ports de mer etc. Les choses vacantes, comme qui diroit non occupées, encore qu'elles ne soient en la possession de personne, sont pourtant de droict en la propriété de quelquun, soit du Prince, du Seigneur feodal, ou de quelque particulier, qui a negligé de les occuper.

C'est le naturel des choses Publiques, lorsqu'elles deuiennent inutiles au Public, et qu'ainsy elles sont delaissées, elles doiuent appartenir au Prince, selon l'opinion *d'Aegid. Bellam. Consil. 23,* comme si quelque chemin estoit delaissé par le public, ce seroit au Roy a en disposer ; sinon en cas qu'il auroit esté eschangé par dessus la Terre d'un particulier ; car en ce cas celuy qui auroit fourny le nouueau chemin auroit le viel. Et voila comme je croy qu'on en useroit, si le cas escheait. Mais pour tout cela, la raison et le Droict ciuil en ordonneroient autrement car par le Droict escript tout chemin de quelque leze ou espace qu'il soit, n'est pas ung fonds de terre, mais seullement une seruitude par dessus le fonds d'autruy,

deue au public ou aux particuliers ; laquelle venant a se perdre ou
negliger par non-usage ou dercliction, elle s'evanoûist, et le fonds
qui la portoit en demeure libre et deschargé, et retourne a son
proprietaire. Et ce n'est pas chose nouuelle de voir celuy qui n'a
des terres que d'un costé du chemin, et quelque fois qui n'en a ny
d'un costé ny de l'autre, posseder neantmoins les arbres qui sont
plantez des deux Costez du chemin public : Et nous voyons aussy
par la Coustume generallement receue que ceux qui ont des terres
bornantes sur le chemin public, peuuent prendre de la terre ou
autres materiaux dans ledit chemin, sans empeschement, & y faire des
fients (¹) et autres manœuures, pour leur commodité, pourueu que
la passage n'en soit point empiré : Ce qui monstre bien que c'est a
eux le fonds dudit chemin. Et n'est a propos d'objecter que les
chemins publics sont appellez chemins Royaux ; Car toutes choses
publiques appartiennent au Roy par Droict de preeminence ;
entant qu'elles sont soubs sa Protection, mais le droict de chemin
public n'estant, comme j'ay dit qu'une seruitude, il n'est pas a croire
que le Prince y ait jamais entendu retenir autre chose que ce Droict
la par dessus les Terres de ses subiects, et que le Droict susdit estant
estainct et aneanty, la propriété n'en accroisse aux proprietaires
des Terres bornantes, ou autres qui peuuent y auoir Droict. Et
certes, si le fonds appartenoit a quelqu'un autre, outre lesdits
bornants, il faudroit que ce fust aux Seigneurs des Fiefs, qui sont
Seigneurs directs de tout le fonds desdits fiefs, & et non au Roy,
sinon sur les siens, ce qui se prouue encore plus clairement ; parce
que selon les Loix, si ung chemin public deuenoit impassable par
accident, ce ne seroit pas au Roy a en fournir un nouueau, mais aux
proprietaires des terres bornantes. *l. si locus ff. quemadm seruit,
amitt.* Voila pourquoy s'il se trouue qu'il y ait eu par cy deuant
quelques chemins negligez lesquels ayent esté occupez par les
Bornants et adjoustez a leurs Terres, ils y ont esté adjoustez legitimement ; et il n'y auroit pas de raison de les inquieter pour auoir
usé de leur droict. Mais quand aux autres qui ont laissé ces
chemins la en vacance temps immemorial, ils y ont perdu leur
droict ; et ces terres la se doiuent reputer comme n'appartenantes a
personne et partant en la disposition du Roy. Je dis cecy a causes
des Perquages lesquels on estime communement auoir anciennement
appartenu aux Eglises, pour seruir de Sanctuaire et de passage a
ceux qui forjuroient le Pays. Ce que j'estime faux. Car ces
Perquages estoient les plus grands et les plus spacieux chemins

(1) fients = fumiers.

Royaux, pour l'usage du public aux choses ou il estoit besoing de plus d'espace ; comme la marche d'une Armée, les Grandes Processions, et autres choses solennelles ; et céstoit par ces chemins la aussy que les For-bannis sortoient du pays ; par ce que ces chemins la estoient les plus publics et frequentez et que la Loy leur enjoignoit de s'en aller par les chemins publics, sans retourner en arriere, ny se destourner ny d'un costé ny d'autre ; comme cela est porté en termes exprez par le Texte de la vielle Coustume ; mais plus clairement par le Viel Coment. sur le chapitre des damnez et fuitifs ou il declare exactement toutes les solemnitez dudit forjurement et en particulier comme les forjurez devoient s'en aller par le Grand chemin Royal et s'il n'y avoit de chemin Royal devant le lieu ou estoit le forjuré la Justice estoit tenue de luy en donner avant qu'il fust obligé de s'en departir.   Ce qui a été cause de l'erreur populaire, que ce fussent des chemins appropriez a cest usage là.   Car a quelle fin, je vous prie, de faire tout exprez des chemins de Perche de Laize pour le passage d'un Forbanny, auquel un petit Sentier de 3 ou 4 pieds pouuoit seruir ? Si ces chemins la appartiennent aux Eglises, pourquoy n'ont les Procureurs des Paroisses ou les Recteurs fait deuoir de les demander ; ou plustost pourquoy n'en ont ils gardé la possession ? Sa Majesté voudroit elle leur tollir leur Droict ? Ne voyons-nous pas d'ailleurs que le Perquage aboutist souvent dans le Grand chemin et s'y perd ? cela ne monstre-t-il pas que le Perquage et le Grand chemin n'estoient qu'une mesme chose ? Et que le Public a continué ou il a trouué commode de le faire, et l'a negligé la ou il a trouué d'autres chemins plus commodes ? Cela estant ainsy, Je concluds, Que la ou il se trouve du Perquage abandonné, et duquel le Public ne se sert plus, Sa Majesté a droict d'en disposer si les Proprietaires des Terres adjacentes ne l'ont occupé auant les 40 ans expirez depuis la Dereliction desdits chemins : car en ce cas la lesdits Proprietaires ont perdu leur Droict audits Perquages, qui sont prescripts contre eux, et sont desormais Terres Vacantes ; mais aussy celuy a qui le Roy aura cedé lesdits Perquages, feront bien de s'abstenir de toucher a aucune chose, soit chemin ou place publique, a present dans l'usage du public ; soubs pretexte de Perquage ; car cela ne seroit pas legitime, ny a tollerer. Et pour les Perquages abandonnez et autres Terres vacantes lesquelles se trouuent sur les Fiefs des Particuliers, elles deueroient appartenir aux Seigneurs desdits Fiefs, comme faisants partie de la Terre dont ils ont le Domaine direct (*Dominium directum*) & non pas au Roy.

Il ne sera pas hors de propos de traiter icy un poinct appartenant
a ceste matiere, scauoir si une chose Publique peut deuenir parti-
culière et comment : Pour decision duquel je diray succinctement
Que quand le Public a volontairement abandonné l'usage de
quelque chose, comme la trouvant inutile, ou se trouuant mieux
seruy par autre voye, alors on peut dire que ceste chose la *habetur
pro derelicta*, qu'elle est abandonnée et vacante, et qu'il est au
pouuoir de quiconque y a droict de l'occuper sans prejudice de
personne. Autre chose seroit si le public l'auoit negligée par
quelque accident, ou en auoit esté privé pour quelque cause temporaire, ou s'en estoit abstenu, parce qu'il ne pouuoit pas s'en seruir ;
en ces cas la, on ne doibt jamais presumer qu'elle fust abandonnée.
Comme si un chemin deuenoit si difficile pour quelque obstruction
qui s'y trouueroit, que personne n'y peust passer ; ou si une maison,
bastiment, place ou autre chose publique estoit delaissée a cause de
guerre, perte ou autre pareil accident ; ou mesme une ville toute
entiere ; et qu'elle fust restée comme de quelques Années ; cela
n'empescheroit pas qu'elle ne retournast a son premier usage *Jure
Postliminii*, toutes les fois que le public seroit en estat d'en user.
Car tandis qu'il se trouue quelque nombre de ceux qui constituent
quelque Uniuersité, College ou Corporation, ou de leurs Descendants,
et qu'il apparoist par bons Indices, qu'ils ont *animum revertendi*,
Intention de retourner, et de se seruir de ces choses la, et qu'il ne tient
pas a eux qu'ils ne le prennent, cela suffit pour maintenir leur
possession de ces choses la ; car c'est une Regle approuuée en Droict,
que *Solo animo retinetur possessio, qu'on retient la possession par la
seule intention*, sans autre acte corporel, ce qui est encore plus
veritable en choses de ceste nature ; lesquelles sont Imprescriptibles.
Que dirons-nous des Buttes, qui estoient les places d'exercise pour
les Archers au temps passé, et desquelles on ne se sert plus a present
a cest usage la. Sont ce lieux vacants ou non ? Je responds que
le public n'entend pas les auoir abandonnées, parce qu'il en tire
quelque usage ; Et le temps retournant d'user des flèches on s'en
seruiroit comme jadis : Cependant on y exerce les mousquetaires,
et servent de place d'Armes ; ce qui est plus que suffisant a maintenir la possession. Et quand cela ne seroit pas, les Paroisses a qui
elles appartiennent auroient seulles droict de les conuertir a autres
usages ; et n'y auroit aucune raison de les en desposseder. Pour les
Banques et riuages de la mer, elles appartiennent a des particuliers,
presque partout ; ou bien aux Seigneurs des Fiefs sur lesquels elles

sont : Et le Roy peut disposer de celles qui sont vacantes sur les siens.

Pour les Rentes ou autres choses Sacrées, on peut les reduire a deux questions. I. S'il est licite de les aliener et d'en priuer l'Eglise ? II. S'il est permins de les appliquer a usage seculier et quand ? J'ay deja par aduance traicté de la derniere, en un chapitre a part touchant l'usage des Thresors des Eglises, ou il faudra auoir recours ; *ne actum agam*. Mais pour la premiere, il faut scauoir que de Droict commun, il n'est point regulierement permins d'aliener les choses Ecclesiastiques, sinon quand il y a une de ces deux Causes, ascauoir ou la Necessité ou l'Utilité de l'Eglise. On appelle necessité, comme seroit pour rebastir ung Temple, ou pour payer quelque somme d'argent empruntée pour fournir a une pareille necessité, ou pour nourrir ceux qui font le Seruice Divin en temps de famine, s'il est impossible de leur trouuer d'ailleurs de quoy subsister etc. On appelle Utilité, comme si on vendoit une chose pour en achapter une autre plus utile a l'Eglise. Mais il ne suffist pas que ces causes la soient alleguées, mais faut qu'elles soient approuuées et notoires, et qu'il en soit fait Decret auant que d'y toucher. Et apprez tout il faut que l'Euesque du lieu y preste son consentement soubs le sceau Episcopal. Que s'il n'y a point d'Euesque pour lors et que la necessité soit urgente ; il faudra auoir son Approbation par apprez en peine de nullité de contract. *Voyez le Card. Tusch. Litera A. conol. 271 et 272* ou il cite plusieurs Authoritez. *Et voyez le chap. Ad nostram. De rebus Ecclesiae non alienandis.* Il faut pareillement que le Patron y soit appellé, sinon de necessité, a tout le moins par honesteté. Anchar. *Consil. 122. Inno. in c. 1. Ut Eccles. Benef.* Castren. *Consil. 437 lib. 1.*

Apprez auoir traicté des choses Sacrées, il reste a parler de celles qui sont reduisibles aux Sacrées, ascauoir des Escholes publiques, touchant lesquelles on peut pareillement faire deux Questions : La premiere, Ascauoir si on pourroit legitimement, pour mieux instruire la Jeunesse, joindre les deux Escholes auec les Rentes du Don de Baudain et pour en faire un College ? La seconde, Ascauoir si le Sieur de la Trinité a droict a la nomination des Maistres desdites Escholes ? Pour resolution de la premiere, il sembleroit que non, veu les Authoritez lesquelles j'ay quotées cy dessus, quand j'ay parlé des choses Sacrées, et principallement au Chap. ou j'ay traicté des Tresors des Paroisses ; ou j'ay monstré qu'un Legs pour cause pieuse ne peut estre commuté; non pas mesme par l'authorité de l'Euesque du lieu, sinon en certains cas specifiez par le Droict. Et generallement les Canonistes tiennent pour Maxime, que quand la cause pour laquelle le Legs esté destiné est pieuse, licite et possible, il est en ce cas incommutable : mais quand le Legs n'est point suffisant pour accomplir l'intention du Donateur, il faut l'employer a quelque autre usage qui en approche le plus que faire se peut. (1) Et le mesme, quand la cause ou fin a laquelle ledit Legs estoit destiné, ne se trouue pas legitime. Pour example si quelquun auoit donné cinquante ou soixante quartiers de froment de rente pour fonder un College, et que par supputation on trouuast qu'il en faudroit trois ou quatre fois autant, puis qu'on ne peut en ce cas paruenir a l'intention du Donateur ; il faut faire ce qui est possible ; et en fonder une Eschole de Grammaire ; qui est l'usage le plus approchant, ou secondement, si quelqu'un auoit donné quelque Rente pour chanter tous les ans tant de Messes en un pays ou il n'est pas loisible d'en chanter ; il faudroit appliquer ladite rente a l'aduancement du Culte Diuin en quelque autre façon plus conuenable, par l'Authorité de l'Euesque, et autres a qui cela appartient. Or le Legs ou Donation de Laurens Baudain, et celuy des Escholes, est legitime et possible, voire suffisant pour l'usage auquel il a esté destiné ; et qui plus est lesdites Escholes sont de fondation Royalle et erigées soubs le Grand Sceau d'Angleterre ; Et ainsy c'est un *noli me tangere* pour toutes personnes, au dessoubs du Prince qui seul peut faire ceste commutation des choses susdites, et en fonder tel College qu'il luy plaira.

Pour l'autre question, il est euident que quant au possessoire les Seigneurs de la Trinité sont en possession paisible de ladite Nomination ; et partant qu'on ne les en peut empescher cas advenant. *Oldrad. Consil. 312. nu. 2. Fed. de Sen. Consil. 111. nu. 8. Calder. Consil. 442 alias 20 de Jure Patron.* mais quant au Petitoire il y a plus de difficulté : Car premierement, pour le Poinct de Droict, il est bien fondé sur le transport et Cession fait par les Ministres a Giles Lempriere ou autre quelconque ; c'est chose hors de question que *Nemo plus Juris in alium transferre potest quam habet ipse* : Or le Doyen et Ministres n'auoient droict a ladite nomination sinon a vie, ou plustost par le temps qu'ils deuoient

(1) Vide Abb. cons. 27 lib. 1. 1. Legatu ff. de adm. rerum ad ciuil pertin. legatum ff de Usuffr. leg. cap de Testam. cald. cons. 3.3. alias 14 de Testam. Guido Pape q. 556. Ans. de Nutr. cons. 26 circa modium.

occuper lesdites charges ; bien loing d'en pouuoir disposer a perpetuité. Bien est il vray qu'ils le pouuoient faire, pour une fois, comme par voye de compromins de personne a personne. Et s'ils en userent autrement, (qui est le ponct de fait) ils ne firent rien en cela que leurs Successeurs ne peuuent rejetter comme inualide : Ce qu'ils ne firent pas, que je scache. Au contraire les Sieurs de la Trinité ont continué de temps en temps a presenter et nommer sans opposition, par plus de 40 ans ; de sorte qu'ils ont acquis pour le moins autant de droict comme la Prescription de 40 ans leur en peut donner. Or voyons a present le point de Droict en ce cas. Et premierement, pour le droict de patronage d'Eglise clamé par un homme lay, on n'est pas d'accord : car il y en a qui tiennent que ce Droict est prescriptible a un tel ; comme *Fed. de Sen. Consil. 234 super primo. Genrin. Consil. 47. Col. 2. et Consil 123. lib. 3.* D'autres tiennent le contraire, ascauoir *Abb. Consil. 106. Col. 2. ver. 2. lib. 2.* se fondant sur le *chap. hortamur 71. distinct.* Et le mesme *Abb. quæst.q. incipit Augenuis. Roch. de Cur. tract. de Jure Patron. quæst 36.* Laquelle opinion est la plus commune ; selon *Alex. consil. 75. Visis. nu. 35. lib. 4. Jo. Andr. in cap. quod alicui, de Regul. Juris. Nostiens. in cap. Hortamur 71 dist.* lequel ne veut pas qu'un homme lay puisse acquerir le droict de patronage par Prescription, sinon en tant qu'il auroit fondé ou doué une Eglise ; et que c'est le seul cas permins par le Droict, l'opinion duquel est approuué par *Alex. d. Consil. 75.* Et en ce cas, celuy qui pretend audit Patronage doibt prouuer, que ceux des descendants duquel il est, ont fondé ou doüé, ou qu'il a esté legitimement appellé au Droict de Patronage par les Fondateurs ou Dotateurs. *Aug. Arct. Consil. 99. videndu. nu. 10. Alex. d. cons. 75.* Et ceux qui sont pour l'affirmatiue admettent la Prescription Quadragenaire, auec Titre et bonne foy : Les autres, qui sont en beaucoup plus grand nombre, n'y en admettent point au dessoubs de l'Immemorialle, ou de celle de 100 ans. *Abb. consil. 106. Alex. cons. 75. lib. 4. etc.* Et d'autres sont d'opinion que nulle Prescription ne peut emporter ce Droict de Patronage ; desquels est *Bers. Consil. 6. In causa Jurispatron. nu. 8. et seq. lib. 1.* ou il tient que tandis qu'on peut monstrer par Droicts ou autrement que l'Eglise a esté libre, il ne peut y auoir de Prescription : Et il est suivi par *Alex. d. cons. 75.* et autres. Voyez *Couar. To. 1. parte 2. § 10. de Præscript. Juris patr. nu. 7.* Mais ceste doctrine des Canonistes n'est pas courante

en France, ou on admet regulierement la prescription quadragenaire auec Titre et bonne foy ou bien l'Immemoriale sans Titre ny
foy. Et cela a quelque raison ; car il se peut faire qu'il n'y ait pas
une Presentation en 40 ans : Et partant en ce cas il faut un plus
longtemps pour prescrire : mais si dans les 40 ans il y auoit eu
plusieurs presentations, cela seroit equiualent a une plus longue
possession ; car *Possessio non tam cernitur ex diuturnitate, quam ex
actuum frequentia.* Voila quand au Droict de Patronage d'Eglise
qui est sinon spirituel, a tout le moins il est attaché inseparablement
a une chose spirituelle. Car pour le Droict de presenter ou nommer
un Maistre d'Eschole ou de quelque Hospital ; encore que le Public
n'aye pas moins d'Interest qu'une personne digne y soit aduancée,
qu'a la Cure d'une Paroisse ; toutesfois il est vray qu'il y a quelque
difference.(1) Ce neantmoins parce que c'est un Droict ou comme
j'ay dit, le Public a grand Interest, et qu'il approche de la nature
des Presentations Ecclesiastiques ; je n'ay rencontré aucun Autheur
qui ne requiere un Temps immemorial pour le prescrire, sans Titre
ny bonne foy, ou de 40 ans, auec tous les deux. Pour conclure, les
Sieurs de la Trinité, quoy que destituez de Juste Titre a la Nomination des Maistres des Escholes ; ils en sont en possession par et
puis 40 ans, auec ung Titre assez bon pour fonder la Prescription ;
et ont usé de ce Droict au veu et au sceu de toute l'Isle, par plusieurs
fois, c'est a dire aussy souuent qu'il y a eu vacance. Et je croy que
si la Prescription Immemorialle leur estoit necessaire, il leur seroit
facile de la prouuer de leur costé.

De ces deux questions ainsy decidées, il en sourd une troisiesme
ascauoir, si, en cas que Sa Majesté consentiroit a la commutation
des Escholes pour ung College, le droict desdits Sieurs de la Trinité
deueroit estre recompensé par quelque droict a la nomination de
quelquun des Professeurs dudit College ? Sauf meilleur aduis, je
leur donnerois la Nomination de ceux qui y auront a enseigner la
Grammaire ; pour leur conseruer le droict dont ils joüissent a
present, en quelque proportion conuenable.

---

(1) Vide Antho. de Bubris cons. 62. nu. 3. Territ. consil. 33. infin nu. 5.

Des choses Communes a plusieurs.

Des choses communes, les unes le sont et quant a la proprieté et quant a l'usage, les autres quant a l'usage seullement. De la premiere sorte sont les terres que nous appellons Communes, et les heritages possedez par Indiuis entre Coheritiers ou autres Parchonniers. De la seconde sorte sont les terres que nous appellons Bannonieres, c'est a dire celles dont le fonds est a des particuliers, mais parce qu'elles ne sont point closes l'herbe en est commune apprez les fruits cueillis. Car c'est une Regle sur l'ancienne Coustume de Normandie, Que toute terre non close, ou deffendue d'ancienneté, est commune apprez les fruits cueillis, qui est depuis la Ste. Croix en Septemb. jusques a......(1) et ou les proprietaires n'en peuuent empescher la pasture ; mais que quand elle a este reduite a Closture elle est deffendue, sans difference de Banon et Mession, ou de premiere et seconde herbe, car ou il y a closture, il y a tousiours deffence : Et encore que la Mession (comme nous l'appellons) qui est le temps auquel les fruicts sont sur la terre, ou peuuent estre endommagez, soit le temps generallement deffendu pour toutes sortes de terres ; si est que les terres ainsy closes sont aussy bien deffendues en hyuer comme en Esté, non pas seullement au regard des herbes qui peuuent y estre gardées en l'arrière saison, mais aussy pour le dommage que les bestes affamées en ce temps la pourroient apporter aux arbres plantes et Clostures etc. Soit donc la premiere Regle.

1. Que Terre close est deffendue en tout temps a toutes sortes d'animaux ; et que par consequent celuy qui trouue les bestes d'autruy en sa terre close, en peut demander reparation aussy bien en hyuer comme en Esté, selon la qualité du délict et dommage receu.

2. Que la ou les Seigneurs des Fiefs ou le Magistrat public n'ont pourueu d'Officier ou Messier, pour pouruoir a l'indemnité et assurance des propriétaires des Terres closes, aussy bien en hyuer comme durant la Mession, ou que ledit Officier ou Messier neglige de faire son deuoir, chasquun a liberté sur sa propre terre close, d'y pouruoir par voye de fait en détenant les animaux prins en delict,

---

(1) *Sic.* par le Code (1771) il est ordonné que le Banon "ne continuera que jusqu'au premier jours de Mars."

jusques au premier jour de marché ou a la premiere Issue de Paroisse ou il sera obligé de la faire denoncer, s'il ne cognoist les proprietaires, et l'en a aduerti auparauant ; le tout soubs les peines legitimes. Mais il ne sera tenu de les rendre, sinon apprez reparation du domage, ou Caution donnée de le reparer.

3. Quoy que les chemins publics soient de la nature des Terres non closes, neantmoins il ne doibt point y auoir de Banon, ny droict d'y faire pasturer, sinon pour ceux qui ont les terres adjacentes, pour le grand prejudice qu'une telle liberté appartenant au public, non seullement par l'incomodité que les passagers en recoueroient, mais principallement pour la risque des clostures, plantes, Jardins etc. Et que ceux qui y font paistre leurs bestes, si c'est durant la message, sont subjects a reparation enuers les proprietaires des Issues et terres bornantes et a l'amende, si hors de la message, au domage fait tout seullement.

Chassanée en ses commentaires sur la Coustume de Bourgogne dit que si je trouue la beste de mon voisin sur ma terre en temps de deffends, et qu'elle y eust sejourné peu de temps, je peux agir par Action de la Loy Aquilia contre le Proprietaire d'icelle : mais si elle y auoit sejourné longtemps en ce cas si je la peux retenir pour sa nourriture. *l. si non sortem.* § *Si centum ff. condict In deb. l. hoc amplius.* § *de his ff. Damn. infect. et l. quintus. ff. ad leg. Aquiliam.*

4. Le Banon ou permission de faire pasturer sur les terres non closes n'appartient qu'a ceux qui possedent des terres aux enuirons ; et auec ceste limitation, que chascun des voisins y pourra faire pasturer auec nombre de bestes qui corresponde a la portée de ses Terres, et non plus outre, de peur de faire tort aux autres qui y ont droict, comme pour example si dix personnes ont droict a une campagne non close, le premier d'un Acre de terre, le deuxieme de deux, le troisieme de trois, le quatrieme de quatre et ainsy consecutiuement en croissant toujours d'un, jusques au dixiesme qui y possedera dix Acres ; il faudra par equité que ce dernier qui possede les 10 Acres, ait droict a y faire pasturer dix fois autant de bestes comme le premier qui n'y en possede qu'une seule, et les autres chascun selon sa proportion, car quant a ceux qui n'y ont point de terres, ils n'y ont aucun droict d'autant que ce Droict n'est point personnel, mais reel, et compete a raison des terres possedées ; et par ainsy est limitable selon la mesure des possessions d'un chascun. *Voyez Ferrier, sur la quæst. 489. de Guidon Pape, et Couarruuias Practicar—Quæst. Cap. 37.*

5.   C'est une Regle recommandée par le Droict Qu'on doibt permettre a un voisin de faire sur la terre de son voisin, ce qui luy est utile et n'est point domageable audit Voisin. *L.2. § 1. ff ag. plu arcenda.* Et je souhaite qu'elle fust suiuie par tout le monde : mais elle ne s'estend pas a permettre un Banon general sur les Terres closes en temps d'hyuer, pour plusieurs raisons : principallement en un pays ou les Clostures sont de grands frais a faire et a maintenir, et les terres excessiuement cheres. Et partant le docte Couarruuias a eu raison d'impuguer l'opinion de Chassanée et de quelques autres qui ont voulu soustenir que toutes terres estoient communes au regard des herbes qui venoient sans culture, apprez la perception et cuillette des fruicts. *Practicar Quœst. cap. 37.*

6.   Comme le Banon regarde l'usage de ce que la Terre produit d'elle mesme sans culture ; Aussy le Ban ou Banon du Vraic (qui n'est qu'une herbe ou plante marine) regarde seullement l'ordre qu'on doibt garder en la perception et diuision dudit Vraic ; qui est de deux sortes, le Vraic flotté, qui est jetté au riuage par les flots ; et le Vraic Taillé ou Taillis, lequel on coupe sur le lieu ou il croist, aux termes assis par la Justice du lieu ; hors lesquels il n'est permins a personne d'y toucher. Ce qui est fort juste et equitable non seullement en cela, mais aussy partout ou il y a communion de quelque chose que ce soit : Et celuy qui s'aduanceroit d'y toucher en autre temps ne seroit pas seullement coupable d'attentat et desobeissance au Magistrat, et aux Loix du pays ; mais aussy de larcin, de fraude et de tromperie, contre ceux qui ont pareil droict auec luy ; et lesquels il ne scauroit frustrer d'aucune partie de leur droict, que quant et quant il n'encoure soupçon de larcin.

Or ce mot Vraic est venu de Varec ou Varech, qui signifie ce que la mer pousse au riuage de son propre mouuement ; et est appellé par les Anglois *Wrack* ; et lors qu'on le compose auec le mot *ship,* comme *ship-wrack,* il denote ce qui vient de naufrage. En St. Ouen le Vraic qu'on recueille a la Coste est de ceste nature la ; car il est poussé a terre par les flots sans ayde d'aucun ; mais celuy du Sud se coupe de la faucille ou faucillon. Or il deueroit regulierement appartenir au Seigneur du fief, sur lequel il se trouue, principallement celuy qui est flotté. Ce neantmoins la Coustume, qui l'emporte en toutes choses loisibles, a en cela derogé au droict des Seigneurs pour l'utilité publique, a laquelle tout Interest particulier doit tousiours ceder ; car aussy bien seroit-ce un aduantage que

nul particulier ne scauroit occuper tout seul, a cause de la grande
quantité qui s'en trouue. Et partant il est a croire que les Seigneurs
ont des le commencement abandonné ce Droict au Public, de leur
bon gré, ou plustost qu'ils n'y ont jamais pretendu aucun Droict,
non plus qu'a l'eaue de la mer, au Sable du riuage, ou aux rochers,
dont l'usage est commun a tous ceux qui s'en veullent seruir. Et
ie ne seay si un Seigneur voullant estre preferé en la distribution
dudit Vraic y seroit oïy : car le droict de preference en ce cas, seroit
un argument de quelque droict par dessus les autres.

Des Communes.

Ces Communes appartiennent a certaines Communautez, non
seulement quant a l'usage et pasturage, mais aussy quant a la
proprieté : de sorte que lesdites Communautez ont droict non
seullement a la superficie, mais au fonds mesme ; excepté quelques
unes, dont les Seigneurs n'ont donné autre chose que l'usage. La
pluspart desdites Communes ont autrefois esté données par les
Seigneurs des fiefs a leurs Tenants ou autres ou gratuitement, en
consideration de quelques seruices, qu'ils estoient obligez de leur
rendre : Et sont fort anciennes : car dans les Vieux Records
conservez en l'Eschiquier, il est parlé de la Commune de notre Sire
le Roy, *Communa Dni Regis* : Et les mesmes Communes se trouuent
en France et en Angleterre, et en Allemagne, et en Espagne, aussy
bien que chez nous. Et mesme il se trouue par le Droict du Code
Justinian, que dez le temps des Emperurs, il y en auoit qui appartenoient aux Villes ; et la Regle estoit Qu'elles se pasturoient non
par portions egalles ; mais selon que chacun des habitants possedoit
plus ou moins de terre, il y pasturoit plus ou moins de bestes, *pro
modo et numero jugerum agri*, selon le nombre des Arpents de terre
qu'il possedoit ; comme pour example, si deux Arpents estoient
comptez a un beuf, vache ou cheval, celuy qui ne possedoit qu'un
Arpent ne pouuoit auoir que la moitié de la nourriture d'une beste ;
et celuy qui possedoit 4 Arpents, auoit la nourriture de deux ; et
du reste selon ceste proportion. Laquelle Regle a esté suiuie par
toutes les nations qui ont admis le Droict Imperial, et s'obserue
encore a present, comme Couar. Espagnol tesmoigne pour sa

nation, *Chap. 37. Practicar. Quæst.* Et du Ferrier sur la Quest 218 de Guido Pape, allegue un Arrest du Parlement de Thoulouze, par lequel le nombre des animaux Domestiques que chacun peut garder, est limité selon la quantité de ses Terres ; et sur la quest. 489 il allegue Albericus, Menochius, Crauetta et Guill. Benedict in cap. Raynutius, pour prouuer la mesme chose : comme aussy cela est approuué par Chassanée en la Colomne 1377 de ses commentaires sur la Coust. de Bourgogne ; ou il dit expressément Que si plusieurs ont droict a une Commune, et que quelcun d'iceux s'ingere d'y pasturer plusieurs bestes, au prejudice de ses Associez ; les autres peuuent intenter contre luy l'Action ou Interdit *Communi diuidundo* pour le reduire a sa proportion, et reparer le dommage fait aux autres. Le Card. Tuschus sur le mesme subiect allegue aussy Crauetta, *Consil. 60. nu. 3. et Calcan. consil. 34. nu. 6. en la Lettre D. conclus. 529.* Si on vouloit faire distribution, et qu'il n'apparust pas de quelle partie, comme si une commune pasture deuoit estre partagée entre associez, alors la diuision doibt se faire au prorata des terres que chacun d'eux possede : Et partant, si l'un d'iceux ayant moins de terre, en pretendoit emporter autant comme ceux qui en ont dauantage, ils le pourroient empescher, et le reduire a sa proportion. Et C'est aussy ce qui s'obserue en Angleterre ; ou chascun des associez n'est pas libre de mettre ses bestes a la Commune quand il veut ; mais il luy conuient attendre le temps ordonné par la Communaute, ou en cas de differend entre eux, par le Juge du lieux et le mesme aussy s'obserue pour le temps de retirer les bestes de la pasture ; sans qu'il soit permis a aucun d'y mettre autres animaux, sinon ceux qui sont permis par les Loix de la Commune ; en peine d'Amende sur les Contreuenants. En quoy nos gents de Jersey sont a blasmer ; car ils n'y obseruent aucun bon Reglement, ny quant au temps ny quant a l'ordre, ny quant a la proportion, ny quant a la sorte de bestes qui doiuent estre pasturées ; et lesdites Communes sont par ceste negligence des associez deuenües un Receptacle d'oyes et Cochons si par hazard il ne sy trouue quelque faillie beste : de sorte que c'est presque autant de terre en friche, au preiudice du public, et sans beaucoup de proffit ausdits Associez.

Par la Pratique ordinaire en matiere de Commune, le Seigneur du Fief est generallement receu a auoir deux lots, chacun lot esgal au plus grand qui se fasse pour aucun des associez : laquelle pratique est fondée sur l'authorité du Collectaire sur le *Chap. ad quæstiones, de reru. permut. nu. 5.* comme remarque Couar. au susdit *chap. 37. nu. 1.* lequel Collectaire se fondoit sur la Loy *Imperatores, ff de Seruit præd. rusticor.* mal entendue par luy, lequel erreur par la Coustume a passé en Article de Droict, et se pratique aussy bien ailleurs comme en Espagne.

Les Habitants ou Communauté de la Ville de St. Helier ont droict de proprieté au Mont de St. Helier, sinon qu'ils y doiuent une Seruitude de Chasse ou Garenne aux Seigneurs de Saumarez ; de la donation desquels lesdits habitants ou Communauté tiennent ladite proprieté de plus de 500 ans en çà auec reseruation expresse de Garenne ; comme cela se voit enregistré dans le Rolle de la Justice Errante de Robert de Leisset soubs la fin du regne d'Edouard I. Et partant ladite Communauté en peut disposer proprietairement et possessoirement, sauf ledit droict de Garenne, auquel elle ne peut prejudicier, ny faire chose qui y deroge.

Or ce que j'ay dit cydessus que les Communes pastures se diuissent entre ceux qui y ont interest, selon la quantité des Terres que chascun possede, se doibt entendre la où les personnes sont censez selon les Terres et autres Immeubles, comme aux champs ; mais cela ne peut auoir lieu en cet endroict, S'il estoit question de la proportion que chascun desdits habitants y doibt auoir ; comme cela peut arriuer, car posons pour example que ledit Mont soit suffisant pour nourrir tous les ans de l'herbe qui y prouient, un Troupeau de 200 ou de 300 Brebis, plus ou moins. La question sera si chascun des habitants y doibt auoir pareil droict, et si de 200 ou 300 habitants chascun aura la pasture d'une Brebis, ou s'il y aura disproportion ? Suyuant la Regle posée pour les Communes Champestres, laquelle se rapporte a la quantité des Terres et Immeubles, laquelle ne peut estre pratiquée en ce cas ; par ce que dans les Villes on a esgard au Traffic et aux meubles, aussy bien qu'aux Immeubles, les personnes sont Censées selon leur Estat en gros ; et par la ils sont quottizez et Taxez dans les Assemblées de Paroisse, lors qu'il s'agit de quelque collecte ou autre charge ordinaire ou extraordinaire : Je dis que suyuant a ceste Regle, s'il arriuoit de la dispute entre lesdits habitants de St. Helier touchant la proportion de Commune qu'un chascun doibt auoir au Mont, il faudroit decider cela jouxte l'estimat qu'on fait de l'estat d'un chascun, en matiere de Taxe ou Collecte publique ; et que celuy qui est taxé a payer pour le seruice de l'Estat un escu, eust droict de double proportion au regard d'un autre des habitants, lequel n'est taxé qu'a demy escu. Car comme ce droict n'appartient pas a ceux qui demeurent en ladite ville comme estrangers, jusques a ce qu'ils soient receus en la communion des autres habitants, et qu'ils contribuent aux charges et fassent les fonctions d'habitants et bourgeois ; aussy depuis qu'ils y sont une fois receus et domiciliez il n'y a plus de doubte qu'ils n'y doiuent partager, selon la proportion susdite. Il y a bien plus : car quand il est question de quelque contribution, et qu'il se rencontre qu'un homme a plusieurs maisons en diuerses paroisses, il n'est pas taillable partout ou il a des maisons ou des Terres, mais la ou il a establi son Domicile ; de sorte qu'un homme pourroit estre proprietaire de plusieurs maisons en ladite Ville, et n'en estre pas habitant pour tout cela, ny n'auoir aucun Droict a la pasture du Mont ; puisque ce Droict suyt le Domicile, et non pas la proprieté du fonds. Car si ce droict de Commune competoit aux habitants de St. Helier a cause dudit fonds et proprieté seulement il s'ensuyuroit plusieurs absurditez de la, la premiere que celuy qui possede plus de terre dans le district et Territoire de la dite Ville, encore qu'il n'y possedast ny maison ny demeure, sera preferé a celuy qui y possede plusieurs bastiments. La seconde qu'il pourroit par ceste Regle arriuer que tous les habitants de ladite Ville seroient des Loagers et tous les Proprietaires Estrangers ; et par ainsy que nul des Habitants de ladite Ville n'auroit ny part ny portion a ladite Commune ; mais qu'elle appartiendroit toute a des Estrangers, qui est absurde, et Contraire a la susdite Donation faite non aux Proprietaires, mais aux Manants ou Habitants de la Ville de St. Helier.

La grande question touchant les Communes, est si elles peuuent estre alienées, et par qui, et quelle solemnité y seroit requise ? Or auant que d'y entrer plus auant, Je poserai ceste Regle comme ung
1. fondement tres asseuré, Que l'intention de ceux qui ont donné lesdites Communes doibt estre inuiolablement suiuie ; et que d'aller a l'encontre seroit violer la condition soubs laquelle les Communautés en joüissent.

2. Que la ou les Communes ont esté données par les Ancestres de Sa Maiesté d'a present Roys d'Angleterre ou Ducs de Normandie et Seigneurs des Isles, Sadite Majesté a le mesme droict, pouuoir et authorité sur les dites Communes, comme auroient les Donateurs, s'ils viuoient. Or, comme il est certain que toutes Donations sont

R

conditionnelles (veu que par le droict commun, elles se perdent par l'Ingratitude des Donataires, et par en abuser contre l'intention du Donateur) aussy est il également certain, que si lesdits Donateurs viuoient et voyoient lesdites Communes abusées, et peruerties contre leur Droict usage, ils pourroient legitimement les reuoquer Et puisqu'ainsy est, Sa Majesté en peut faire de mesme, et si feront les Successeurs, cas aduenant : Et cependant Sa Majesté et ses Successeurs de temps en temps pourront faire Enquestres pour scauoir si lesdites Communes sont employées, mesnagées et distribuées selon l'intention des Ancestres les Donateurs d'icelles.

3.   Que Sa Majesté comme Seigneur Direct desdites Communes, lesquelles sont dependances de son Ancien Patrimoine, peut par le consentement de la plus grande et plus saine partie des Interessez ausdites Communes, sans autre cause, les Partager, aliener, ou en disposer par autre voye, pour subuenir aux necessitez de sadite Majesté ou de son peuple de la dite Isle etc.   Pourueu toutesfois que lesdits Interessez ne soient lesez ou prejudiciez en leurs justes Droicts ; c'est-a-dire, pourueu qu'ils ayent autant de proffit par ladite alienation, comme ils en ont de droict en communauté : Car c'est une Regle infallible que jamais le Roy ne fait de tort.   Et partant je trouuerois juste qu'on fist un vray estimat du present reuenu desdites Communes annuel, et qu'on le commustast en autant de Rente, laquelle se distribuast annuellement affin d'heritages, a ceux qui seront Tenants de temps en temps de Sa Majesté et de ses Successeurs ausdits Fiefs, et que le Preuost du Fief ou autre ordonné pour cela en fist l'assemblage et distribution, non pas egallement, mais au prorata de la quantité des Terres que chacun possedera sur le Fief.   Et que le surplus soit employé en quelque chose publique, selon qu'il seroit par Sa Majesté trouué plus conuenable.

4.   Le mesme se doibt obseruer pour les autres Fiefs qui ne sont pas Patrimoniaux, a present en la main du Roy ; s'il y a des Communes.

5.   Quant est pour les Communes situées sur les Fiefs des particuliers, elles sont alienables par les Tenants desdits Fiefs qui y ont droict de proprieté, auec le consentement des Seigneurs, et authorité de Justice ; en y obseruant les precautions de l'Article troisieme.

6.   Pareillement, les habitants de la Ville de St. Helier, du consentement de leur Donateur le Sieur de Saumarez, et par Authorité

de Justice, a ce appellé le Procureur du Roy, peuuent aliéner par Bail, Vendition ou autrement, la Commune du Mont, ou telle partie d'icelle que bon leur semblera, non pas pour en conuertir le prix a leur proffit particulier, mais pour estre conuerty en quelque chose qui soit, au temps a venir, a tout le moins d'égal aduantage a ladite communauté et a leurs Successeurs habitants de ladite Ville selon qu'il sera trouué expedient par lesdits habitants, par autorité de Justice, et du consentement et approbation dudit Sieur de Saumarez et du Procureur de Sadite Majesté.

7. Pour ce qui est de la legalité d'approprier lesdites Communes, il n'y a rien plus uniuersellement accordé entre tous les Jurisconsultes, que la Communion engendre les discordes, et que pour ceste raison personne ne peut estre constrainct de demeurer en Communion. *Paul. Castren. consil. 107. Videtur dicendu lib. 1. Locin. consil. 162. lib. 2. Idem Paul. Castr. Cons. 333. Viso Testam. lib. 1. Alex. cons. 46. Visis nu. 11. lib. 1. Corne. con. 24. nu. 13. lib. 2.* Jusques la, que les parties ou parchonniers ne peut faire pact ou Transaction pour empescher la diuision d'une chose commune entre eux ; comme remarque ledit Paul de Castres au lieu susallegué, Alexand. etc. non pas mesme par serment, car en ce cas *Alex. cons. 18 in prin. lib. 2.* tient que le serment seroit nul : et, partant si un des consorts de la chose commune en demande Partage, il doibt estre oüy. *Abb. consil. 82. col. penult. nu. 10. lib. 1.* mais parce que ces Authoritez ne regardent pas proprement les Communes, qui sont d'une qualité toute particuliere et dont la nature est d'estre et demeurer communes en tant que la diuision leur osteroit et le nom et la chose representée par le nom ; mais bien les autres choses lesquelles estant de droict particulier, sont possedées en commun par Indiuis contre leur naturel et droict usage, voila pourquoy ie quitteray a en parler, pour traicter de ces choses la ; et diray seulement au regard des Communes que la pratique et de France et d'Angleterre en approuue l'appropriation et distribution ; comme nous voyons aussy qu'elles ont esté appropriées en Guernezey il n'y a pas long temps.

Des autres choses communes possedées par Indiuis.

Une semblable communion peut arriuer entre deux ou plusieurs personnes acquisiteurs par Indiuis de quelque heritage que ce soit ; encore deux ou plusieurs Tenants *in solidum* d'un heritage renoncé entre les coheritiers d'un estat ou succession, auant Partage fait, entre deux personnes qui auroient contracté Société de tous biens : mais parce que ceste derniere communion n'est point, que je scache partiquée chez nous, je passeray par auprez et despescheray les remarques que j'ay a faire sur ceste matiere, en deux ou trois Articles.

1. · Regulierement (comme j'ay monstré en l'Article precedent) personne ne peut estre forcé a demeurer en communion contre son gré, non pas mesme quand il s'y seroit obligé par pact, accord ou autre submission et auec serment : De peur d'estre forcé a supporter un Compagnon intolerable, et a espouser des debats et des quereles perpetuelles. Et de la vient que les Loix des nations, lesquelles fauorizent toujours la liberté, approuuent aussy l'appropriation et diuision des choses communes, sans laquelle ceste liberté là ne peut subsister : Et en particulier le Droict Ciuil, ou il y a un Titre qui est intitulé *Communi diuidundo de partager ia chose commune,* lequel a lieu quand un parchonnier ou consort, se trouuant mal accommodé dans la communauté demande partage de la chose commune ; leqùel ne luy peut estre refusé par le Juge. *Obrad. cons. 241. factum tale, in princ. Grammat. Decis. 7. nu. 3. Decius. cons. 349. Socin. cons. 195. circa primum nu. 5. et seq. vers. circa secundum.*

2.   Quand une chose commune auroit esté possedée par Indivis par l'espace de 40 ans, voire de temps immemorial, cela n'empesche pas qu'elle ne soit partagée, quand il plaira a l'un des parchonniers d'actionner l'autre a Partage ;   parce qu'en matiere de Partage ou Division, la Prescription n'a point de lieu pour faire que la Communion soit perpetuelle. *Crauett. consil. 60.* ou il en allegue plusieurs. autres, et conclud, que mesme quand une chose auroit esté commune l'espace de mille ans, cela ne prejudicieroit pás a une Diuision.

3.   Il y a bien de la difference entre une chose commune publique de sa nature, comme sont les places d'Armes, les Ports, le lieu du marché etc. Et une chose Commune particuliere. La chose commune publique ne peut estre partagée ny diuisée tandis quelle porte ce charactere : Celle qui est commune et particuliere le peut tousjours estre. Les Communes, desquelles je parlois nagueres, ne sont proprement ny publiques ny particulieres ; non publiques parce qu'elles n'appartiennent pas a tout le corps politic, mais a des petites Communautez inconsiderables tant pour le nombre, que pour la qualité des personnes ; et aussy parce que le reuenu en est

appliqué a des usages particuliers : Non aussy particulieres, parce
que les particuliers qui y ont interest, n'en sont pas vrays Proprietaires, et n'en peuuent pas disposer, quand ils seroient tous consentants et d'un accord, sans la permission du Donateur, ou de celuy qui
le représente : Et la raison qu'ils ne sont pas vrays proprietaires
des dites Communes, est d'autant qu'ils n'en jouissent pas en leur
propre et priué nom, mais seullement comme habitants ou Tenants
d'un tel lieu ou d'un tel fief ; qui est une proprieté conditionnelle
laquelle se perd quands ils changent de domicile ; et de laquelle ils
ne peuuent disposer par bail, vendition ou autrement, non plus que
le Recteur d'une Paroisse ne peut disposer de ses Droicts outre son
temps.

4. Quand une chose de sa nature Indiuisible est possedée par
Indivis et que l'un des Parchonniers demande qu'elle soit partagée ;
on y doibt proceder par voye d'Adjudication, c'est-a-dire, en faisant
un juste Appreciement de la valeur de ladite chose, et en donnant a
l'un des associez la chose, et a l'autre sa part du prix, soit en argent
ou en rente : comme si une maison en Ville, ou Bourgage, estoit a
partager entre deux acquisiteurs par Indiuis, on l'estimeroit a sa
juste valeur en rente annuelle ; et ensuyte on jetteroit les Lots, a
qui escherroit la maison, et a qui la moitié de l'estimat. Mais
parce qu'il se trouue des Scrupuleux, qui n'approuuent pas les lots ;
en ce cas il la faudroit adjuger a celuy des parchonniers qui en
offriroit le plus, c'est a dire qui feroit la partie de son compagnon
meilleur. Que si c'estoit une maison aux champs, ou l'un des
Parchonniers auroit plus d'Interest et de Droict que son Compagnon,
comme si l'un des parchonniers auoit acquis le droict de tous les
puisnez a quelque heritage non partagé, outre la moitié du Droict
de l'aisné ; et que l'autre n'eust droict qu'a l'autre moitié de la
partie dudit aisné ; puisqu'en ce cas le Domicile demeure impartable
par la Coustume du pays, et qu'il faut qu'on l'adjuge solidairement
a l'un des deux. Il faudroit apprecier ladite maison auec les autres
preciputs qui auroient competé a l'aisné (selon ce qui en a esté
determiné cydessus) et ainsy donner ladite maison au mieux fondé
et plus Interessé, et la moitié de l'appreciement a un compagnon ;
lequel ne seroit pas receu a offrir au dessus de l'estimat ; mais s'il
se trouuoit greué par un faux estimat, il y pourroit proceder de
nouueau a ses propres frais. *Angel. Aret. Consil. 381. in princ.*
Crauett. cons. 60. in pr. et cons. 377 ou il allegue *Aret. cons. 157. col.*
2. Card. Tusch. lit D. Concl. 531.

5.   Une chose est Censée Indiuisible, non pas qu'elle ne puisse estre mise en plusieurs parcelles ; mais d'autant qu'estant diuisée elle deuiendroit inutile ou infructueuse, ou recoueroit quelque notable deterioration en son usage. *Crauett. consil. 60.* comme un Chasteau, une Tour, une Dignité, un Fief auec Jurisdiction et les autres choses que les Jurisconsultes appellent Incorporelles. Ainsi une Maison est indiuisible, parce qu'elle a esté construicte pour seruir a une seulle famille, et non pas a plusieurs. *Mohed. Decis. 289. In causa Romana. l. Julianus. § Idem Colsus. ff de act. empt. Et Ibi Paul. Castren. D'une Tour, Voyez Ang. Aret. cons. 381 per totum. D'une Dignité, Fief &c. Abb. cons. 82. col. pen. lib. 1. Aegid. Bellam. cons. 48. numero. 3 et 4.*

6.   Lors que Partage se fait entre freres, on interprete plus fauorablement pour l'aisné les choses qui peuvent l'aduantager ; comme quand il est question des Appartenances d'une maison, on y comprend Cellier, Grenier, Grange, Estables, Fourny etc. encore que ces Bastiments la se trouvent separez du corps du logis par le chemin public : Et aussy y comprendroit-on deux Corps de maison joinctes en un par le Deffunct pour sa commodité, quoy qu'elles soient assez commodes pour deux familles. Mais entre seurs, on y doibt proceder auec plus de rigueur, et partager entre elles tout ce qui en est capable, en faueur de légalité qui doibt estre entre elles ; puis que la Coustume escripte veut qu'un fief de haubert soit partageable entre filles, jusques en huict parcelles, quoy que ce soit une des choses plus indiuisibles de sa nature.

7.   Nonobstant lequel Article, nostre Coustume est variable quant au point de Partage entre filles : Car nous auons des Jugements qui disent que les Successions, aussy bien directes comme Collaterales, changent de nature en matière de Partage entre filles, quant aux preciputs et aduantages d'aisneesse : Toutefois la plus ordinaire est celle qui donne a une aisnée les aduantages d'un aisné, en succession directe, et qui egalle toutes les filles en succession collaterale. Et partant,

8.   Par notre Coustume la fille aisnée en ligne directe, a droit a tous les preciputs et aduantages, qui se donnent pour porter quelques charges, seruices ou deuoirs attachez a la personne de l'aisné, ou pour descharger des rentes priuilegiées escheuës a payer sur son lot, ou pour maintenir les Armes de la famille pour la deffense du pays ; a condition toutes fois d'en descharger les puisnées, pour le

regard de leurs lots : car ce seroit injuste de vouloir assubjettir les puisnez d'une famille a porter une charge, pour laquelle ils contribuent des-jà auec leur aisné. Mais elle ne peut pretendre aux priuileges purement personels, ou qui regardent la preeminence du Sexe et la conseruation du nom et de la famille du deffunct ; comme vous pouuez voir amplement au Traicté de Tiraqueau, *de Jure Primogeniorum*.

9.   C'est une Regle presque sans exception, que Pere ou Mere ne peuuent ny par Donation entre vifs, ny par Testament, aduantager un de leurs enfants plus que l'autre, ny de meuble ny d'heritage. Et par consequent si fille mariée revient a Partage de meuble, elle est tenüe de rapporter le don qui luy aura esté fait par pere ou mere en son mariage ; Et l'heritier est partiellement obligé de faire bon et loyal Inuentaire de tous les meubles du Deffunct ; en peine de perdre le benefit de ladite Collation ou Rapport : Et si d'autre part ladite fille recele aucune chose receüe par elle, elle perdra le benefit du partage au meuble : parce qu'en ces deux cas il y a du Dol, qui se punist tousjours par perte de cause. *Angel. Consil. 329. per totum. Alexand. Consil. 139, nu. 4. lib. 7.* Selon ceste mesme Regle, il s'ensuiuvra que quand pere ou mere auront donné quelque somme ou Don considerable a leur fille en mariage, surpassant la portée de leur meuble, l'heritier ayant prealablement fait Inuentaire des meubles desdits pere ou mere deffuncts, pour contraindre ladite fille de deduire ce quelle sera jugée auoir receu par dela la portée desdits meubles de sa partie d'heritage, affin de reduire tout a une egallité : Car si cela n'auoit lieu il seroit au pouuoir de donner a sa fille en mariage autant ou plus qu'il ne reserue a son aisné : qui seroit frustrer la Coustume manifestement ; et contre toute raison et conscience. Johannes Faber, le Maistre Practicien de France, selon le jugement des plus doctes, dit que c'est la Coustume generale de France, que si un fils aisné meurt deuant son Pere et laisse seulement une fille (ou plusieurs) et deux freres ; la fille n'aura point de priuilege d'aisnéesse par dessus ses oncles ; parce que son pere ne luy a peut transmettre un tel Droict du viuant de l'ayeul de ladite fille ; et qu'elle ne vient pas a Partage par representation, mais seullement par subrogation a une succession a laquelle son pere n'auoit point de Droict acquis auant sa mort. *Voyez Bald. Cons. 386. In regno libero. lib. 2. Paul. Castren. Cons. 164. nu. 3 lib. 2.* Et le mesme Joh. Faber. *§ Cœterùm, Institut. de legit. agnator. success. Et Chassan. Consuet. Burgund. Col. 974 & 975.*

Il seroit bien difficile de persuader a nos Justiciers de se conformer a ceste Regle ; quoy qu'elle aye la raison d'auec elle.

11.   Un Mineur qui a portion d'heritage regulierement ne peut actionner a Partage final, si ce n'est pour grande cause ; mais si peut il bien estre contraint d'y venir par ung parchonnier majeur ; c'est a dire son meneur ou Tuteur pour luy, en presence de ses Electeurs et proches Parents dudit Mineur, et par Authorité de Justice, apprez cognoissance de la cause et condamnation a respondre audit Partage : *Cum Decreto Judicis.*

12.   Celuy qui a aliené, deualizé ou deterioré le tout ou partie de sa Portion d'heritage, est obligé si les autres parchonniers veulent, de prendre ce qu'il aura ainsy deterioré au prix qu'il valloit quand il luy fut confié : mais cela n'empesche pas qu'il ne puisse agir a Partage, s'il croit n'en auoir pas tant comme il luy en vient de droict.   Car c'est une verité infallible, que quand il y a inegalité, les parchonniers peuuent tousjours demander supplement.   *Socin. Jun. Consil. 48. nu. 40 et seq.   Bald. Cons. 386. in. pr. lib. 1. Crauett. Cons. 264 in pr.   Alex. Cons. 25.   Attentis, nu. 16. lib. 5.*

13.   Quand il y a deux ou plusieurs parchonniers d'une chose commune par Indiuis, et que ladite chose a besoing de reparation, si l'un desdits consorts refuse d'y contribuer pour sa proportion, les autres feront les reparations par authorité de Justice ; Et si dans 4 mois apprez les reparations faites, ledit Parchonnier refuse ou neglige de payer sa quotte part des frais, la chose reparée demeurera acquise en proprieté a celuy ou ceux qui les auront faits.   *l. si est proponis.   Cod. de Aedif. priuat, l. cum duobus § Idem respond. ff pro Socio.   Jason post Ang. Aret. Chassaneus Consuet. Burgund. col. 1371,* ou il propose ce cas, ascauoir de deux possedant un Moulin par Indiuis, lequel auoit besoin de reparation ; et l'un des deux voulloit reparer, mais l'autre n'en voulloit rien.   Auquel cas ledit Chassanée conseille a celuy qui veut reparer, qu'il face signifier a son consort de contribuer ausdites reparations ; et qu'en cas qu'il ne le fasse, il proteste d'auoir le benefit de ladite Loy.   *Si ut proponis* Et qu'apprez auoir reparé et fait les frais, il luy face encore signifier qu'il paye sa part de frais, dans les 4 mois ; Et qu'alors s'il neglige, il sera descheu de son droict audit Moulin ; et l'autre consort l'aura tout entier en proprieté.   Ibid. en Jersey on auroit un Brief ou Ordre du Baillif, ou de son Lieutenant, commendant au dit Consort de contribuer aux Reparations, dans un temps nommé, et en cas

de refus, de venir dire ses raisons au contraire a jour nommé. Si le Consort soustient qu'il n'y a point besoing de reparation : cela est remins au Vicomte ou a quelques ungs de la Justice ; sur le rapport desquels l'autre consort a permission de proceder aux reparations, aux frais de tous les deux, ou de retenir la possession de la chose par deuers soy, jusques a la concurrence des dits frais desboursez ; desquels partie aduerse peut demander liquidation par Justice, en cas qu'elle se sente greuée par le calcul de sa partie.

14.   De mesme, quand une Piece de Terre est possedée en commun et par Indiuis, par deux Parchonniers, desquels l'un est bon mesnager et veut qu'elle soit cultiuée et approffittée, et l'autre au contraire un fayneant et desbauché qui n'en veut rien : en ce cas celuy qui veut cultiuer doibt estre preferé a l'autre, et auoir les fruicts de la Culture tous entiers sans en faire part a son compagnon *Jason in l. serui electione § Labcor nu. 10. vers. 4 ff de Legatis 1.* Ce qui est veritable : car c'est a celuy qui seme de recueillir les fruicts mais cela n'empesche pas qu'il ne tienne compte a son compagnon de sa quote part du prix de la terre et c'est ainsy que nous en userions.

15.   Quand il se rencontre quelque Rente Priuélegiée a payer sur un heritage ; on a de coustume d'allouer a celuy qui la doibt payer de la terre a la moitié ou au tiers de l'appreciement (sélon la sorte de rente que c'est) pour porter ceste charge la. Et en ce cas c'est aux autres Parchonniers et non a celuy qui paye la rente, a luy en donner ou il leur plaira ; pourueu que ce soit a la commodité des ungs et des autres, sans vexation ou malice, a quoy les Arbitres doiuent prendre garde.

C'est un Point tres important que celuy des Appreciements ; et qui donne ou oste beaucoup aux Parchonniers. C'est pourquoy on doibt faire election pour cela de personnes egallement Judicieuses et Droiturieres et Experimentées en la nature, differences, et autres circumstances des terres qui peuuent en accroistre ou diminuer le prix et valeu. Or nous obseruons en matiere d'appreciement de Terre de ne considerer gueres ses qualitez accidentelles et temporaires, lesquelles la rendent pour le present plus prisable, mais ne sont pas perpetuelles ; comme sont toutes sortes d'ameliorements, plant, Clostures et bastiments ; au contraire on considere la profondeur du fonds, et sa bonté naturelle, s'il a l'eaue a commodité, si c'est terre droicte ou penchante et choses semblables. Au contraire

§

on doibt auoir esgard aux qualitez accidentelles qui derogent à la
bonté et au prix de la terre ; par ce que quoy qu'elles en soient
separables, il est impossible de les en separer sans beaucoup de
peine, car comme la meilleure terre du monde peut deuenir mauuaisé
par negligence, sans autre aide, ainsy lors qu'elle est gastée, elle ne
peut retourner a sa bonté sans aide de main d'homme et beaucoup
de frais. C'est pourquoy quand il s'agist d'apprecier un bon fonds
de terre laissé en friche, sans closture, plein de ronce, fougere etc.,
il en faut raualler et deduire de l'appreciement a proportion des
frais requis pour la remettre en sa bonté. Et ceste procedure n'est
pas sans equité, quoy qu'elle semble inegale. Car puisque les
ameliorements, le Plant et bastiments, sont presque tousjours sur
la maison et prochainetez, lesquelles vont au proffit de l'aisné, en
faueur duquel l'appropriement s'en fait de la sorte; et que les
empirements, friches et decadences se trouuent ordinairement sur
les autres terres plus esloignées, lesquelles escheent, aux lots des
puisnez : Il est de raison que puisqu'on ne leur peut donner
lesdites terres auec les aduantages qu'ont celles de l'aisné ; a tout
le moins on ne leur vende point dans l'appreciement ces depreciements la, et qu'on ne leur compte pas les ronces au prix des Greffes
et Pommiers ; mais qu'on y procede de sorte que si lesdits Puisnez
demeurent sans aduantage, ils demeurent aussy sans prejudice, ou
auec le moins de perte qu'il sera possible. Car ce seroit chose inique
de donner tout le proffit a l'un, et toute la perte aux autres. Et
encore auec toutes ces precautions il y auroit bien plus de raison
d'apprecier les Ameliorements de la Terre, non pas a toute rigueur ;
mais en approchant du prix, auquel elle se pourroit bailler ; pour
example un Jardin a pommiers qu'on pourroit bailler a un quartier
de froment par vergée, deueroit estre moins dans l'appreciement a
6 ou 7 cabots ; et suyure ceste proportion en autres choses car le
parchonnier auquel il eschet n'aura de quoy se plaindre tandis qu'il
s'en peut deffaire a proffit. Mais en succession collaterale, et entre
filles, les Apprecieurs doiuent y procéder auec une grande exactitude
affin de reduire les parchonniers aussy prez de l'egalité que possible :
Car c'est une Regle aduouée, Que hors la succession entre Ascendants et Descendants, il n'y a ny Legitime, ny rapport ny preceput,
ny aucun autre aduantage a un Parchonnier plus qu'a l'autre par
le Droict commun ; mais les parchonniers se considerent comme
autant de Personnes qui auroient acquis un heritage en commun,
et le vont partager egallement. *Bald. Cons. 37. nu. 6. in. fi. lib. 2.*

Come, cons. 188. In præsenti cons. in pr. lib. 2. Alex. cons. 201, perspectis. nu. 20. lib. 6. Balds. cons. 39. Punctus quæst. circa fin. nu. 3. vers. frater. et Cons. 300. Tam legitimam. nu. 5. vers, non est. lib. 4. Castren. cons. 287. col. 2. vers. in quarto. lib. 1. Alex. Cons. 152. In causa. nu. 5. lib. 6. Or je vous prie, dites moi si on auoit a partager un heritage entre Titius et Moenius acquisiteurs par égalles portions de l'heritage de Sempronius, si les Apprecieurs ne consideroient pas aussy bien les Amelioriements necessaires et utiles comme le fonds ? Et pourquoy donc ne font ils le mesme entre Coheritiers ? La partiallité est elle plus juste, ou moins a blasmer entre freres et sœurs, qu'entre des Etrangers ? Que si l'aisné merite un aduantage, et que la loy luy en donne, ne vault il pas mieux qu'il soit certain et limité, que de le confier au caprice des Apprecieurs ; qui sont le plus souuent ou ignorants ou briquez, (1) et quasi tousjours Interessez pour l'une des parties ? N'est-ce pas icy faire tous nos Partages arbitraires, incertains, partiaux, et subjects a mille accidents et casualitez, et donner pied a mille tromperies, et damnables pratiques ?

(1) Stupide.

Ascauoir si un enfant a un Droict acquis aux biens de son père de son viuant ?

Un enfant a droict acquis en la portion des biens de son pere et de sa mere, que la loy luy a taxée, et qui luy est deüe necessairement. Ce qui est fort aisé a prouuer ; car si la portion legitime n'est autre chose que *Quædam congrua portio taxata legis arbitrio personis quibus jure necessario debetur successio. Bald. Consil. 69. Cum statutis nu. 1. lib. 1. Socin. Cons. 150. nu. 17, vers. 15. lib. 1.* Et que par le Droict Commun le pere ne peut frustrer un enfant de sa legitime. *Cuman. consil. 188. spectabilis circa medium quia est debita jure naturæ,* parce qu'elle est deüe par le Droict de nature, et qu'en ceste Legitime l'enfant est comparé a un Crediteur. *Alex. cons. 82. lib. 4. Afflict. Decis. 162, nu. 3. Bald. in. l. filium quem. Cod. famil. erciscun. Im. l. marcellus. § res. ff Trebell. Oldrad. cons. 7. Barth. in l. suo quoque ff. de hæred. instit. Bart. in l. Si quis legatum §. fin. ff de fals. Cyn. Jas. de Arctio* etc. lesquels voyez tout aulong chez le Card. Tuschus, *literá L. Concl. 181.* Il s'ensuyt par la, que l'enfant a un droict certain et asseuré aux biens de son pere, autant comme les choses mondaines le peuuent estre, a tout le moins au regard des autres enfants de mesme pere, lesquels ne peuuent estre aduantagez par pere ny par mere, en quelque maniere que ce soit, au prejudice l'un de l'autre : Qui est un point de nostre Coustume (approuuée par nos Roys) si inuiolable et si estroictement obserué que les enfants rapportent en Partage tous les emoluments receus du pere ou de la mere. Or la portion legitime par nostre dite Coustume s'estend a tout ce qui viendroit a un enfant *ab intestat*. (hormis une certaine proportion, dont il leur est permis de disposer a autres, qui ne peuuent pretendre a la succession). Et que les dits enfants n'ont pas seullement une esperance en ceste portion la, mais aussy un droict de bien fondé, que quand le pere ou la mere l'auroit osté a l'un pour le donner a l'autre, ce uy a qui il auroit esté osté auroit son recours par la Loy, pour le recouurer ; ce qu'il ne pourroit faire si c'estoit seullement un droict en l'air, et qui ne seroit soubstenu par la Loy. Il est vrai que par le Droict Ciuil ladite Legitime n'est que viron le tiers de ce qui viendroit a l'enfant *ab intestat* mais par nostre Coustume, c'est le Total ; et par la nous voyons que la liberté de tester, ou faire testament, est ostée aux Peres et aux Meres, au regard de leurs enfants : et qu'un Pere ne peut faire aucun establissement en faueur de l'aisné et en diminution de la Legitime des autres, sans violer les Loix naturelles (par ce qu'elle est deüe *Jure naturæ, ut suprà*) et diuines (parce que Dieu fist la mesme Loy pour le peuple d'Israël) et encore plus les Loix humaines, et les Coustumes qui ont eu cours chez nous plusieurs Centaines d'années. Que si on objecte, que cela est utile pour le public, et aduantageuse pour les familles ; Je responds que quand cela seroit ainsy, on ne doibt pas procurer une telle utilité, en violant une loy establie et en faisant tort a des particuliers ; et que quand il y a une autre voye pour paruenir a une pareille utilité, elle doibt estre suiuie ou il y a une autre voye de faire un tel establissement, sans deranger au droict d'aucun, qui est de le faire auant qu'il y ait personne né de ceux qui le peuuent casser. D'ailleurs si un tel establissement regarde le bien de la famille et du nom, il faudroit qu'il se fist en la personne des masles seullement, et non pas des femelles, lesquelles par mariage perdent et le nom et la famille de leurs peres.

Car pour ce qui regarde la Concession d'un Prince Souuerain et l'authorité de ses Lettres Patentes. Il est certain que de sa Puissance ordinaire (qui est sa puissance legitime ; et la puissance qu'on appelle absolue est injuste et a rejetter) il peut tout ce qui est permis par les Loix establies et pratiquées : Et mesme qu'il peut, quand il est expedient pour le bien et utilité de ses subjects, abolir ces loix la, pour en establir de meilleures ; ou mesme qu'il peut faire des Loix et priuileges particuliers, pour quelques familles ; pourueu qu'il ne deroge pas en ce faisant au droict ja acquis a quelque autre de ses dits subjects ; car c'est une Regle certaine, et receüe generallement, Que le Roy ne fait tort a personne : Et voila pourquoy tels Priuileges et Establissements se doiuent tousjours entendre, sauf autruy droict, qui est une clause laquelle doibt estre tousjours soubsentendue en tous Actes du Prince, encore qu'elle ne s'y trouue pas en termes exprez ; par ce qu'elle y est essentielle. D'ailleurs les Loix de leur nature regardent tousjours le futur, et ne peuuent obliger pour le passé : de sorte qu'on ne peut establir aucun Priuilege (qui est une Loy particuliere) laquelle regarde en arriere, lors qu'il y va de l'Interest et du droict d'autruy ; voila pourquoy le Prince peut bien changer les Loix qui regardent les successions pour l'aduenir ; mais il ne peut empescher que ceux qui sont des-ja nez ne succedent selon les loix jadis establies. Ce que dessus est formellement consonant a la Pratique, et aux opinions de tous les Jurisconsultes que j'aye jamais leus. *Princeps non potest auferre Jus suum alicui sine causa. Calderin. Cons. 294. Juri tertii non præsumitur Princeps ex suo Rescripto ut Priuelgio velle præjudicare prout de Priuilegio. Oldrad. cons. 237. nu. 7. Gemin. Cons. 63. in prin. Et quando Princeps præjudicaret tertio ex sua Dispositione potest allegari defectus intentionis in Principe, qui si scivisset, non præjudicasset. Staphyl de Litteris Græ fol. 83. Si Princeps aliquid concedat per viam priuilegii vel Rescripti vel Gratiæ non præsumitur concedere in præjudicium tertii. Fed. de Sen. Consil. 17. nu. 4. vers. prætereà Princeps qui loquitur etiam de concessione faciendi legem vel statuta, ut intelligatur, sine præjudicio tertii. Extende ut procedat, etiam si in genere sit facta mentio ut derogatio ; quia nunquam talis derogatio extendetur ad Jus tertio quæsitum Gemin. dict. Cons. 63.*

Je scay bien de vray que le Droict d'un enfant au bien de pere ou de mere n'est pas un Droict acquis, du viuant d'iceux, à proprement parler : par ce qu'il n'en est point saisy ny en possession jusques a leur mort : Si est ce pourtant que tout ce que les Jurisconsultes disent d'un droict acquis, ils l'entendent aussy de la Legitime ; par ce qu'en leur opinion *Jus quæsitum et Jus certum et indubitatum* sonnent la mesme chose. *Ant. de Butrio in c. 1. nu. 6 de Rescript. ubi Felin. nu. 9.* Et ils appellent *Jus quœsitum Jus in re, un droict en la chose, et Jus quœrendum, Droict a acquerir, Jus ad rem, Droict a la chose,* ou bien *Jus in spe, droict qui consiste en esperance.* Et ils distinguent ce *Jus quœrendum, Droict a la chose,* en *Jus radicatum & non radicatum non radicatum quando pendet ab alteruis arbitrio vel conditione incerta ;* Radicatum *quando radicatum est in causâ de prœterito.* Et de mesme ils distinguent le *Droict en esperance,* en *considerable,* et *non considerable ;* Et ils appellent une esperance *considerable* celle qui a sa cause du praeterit ou temps passé, et ne depend pas de la volonté d'autruy. *Voyez Franc. Aret. cons. 3. alleg. l. post emancip. § fin. ff de liber. legat. Qui habent Jus considerabile, sunt citandi, si agitur de eorum prœjudicio. Alex. cons. 218. nu. 2. lib. 2. quia jus in spe non censetur sublatum per legem vel Principem, non factâ mentione de eo, quando tale Jus conditionale vel in spe habet causa de prœterito. Franc. Aretin. Consil. 7. nu. 4.*

Je pourrois m'estendre infiniment sur ceste matiere ; mais cela seroit trop ennuyeux et peu utile. Ceux qui en voudront dauantage qu'ils lisent le Card. Tuschus, *literâ R. concl. 211* et *literâ P. Concl. 759.* Et encore *en la Lettre P. concl. 685 et 686.* Et Guido Pape *Quœstione 354 etc.* Ou vous lirez que quand ce seroit chose certaine que le Prince peut deroger et prœjudicier au Droict d'un tiers, il seroit tousjours requis qu'il le fist par une Clause Derogatoire non pas generalle (car elle ne seruiroit de rien) mais specialle, en ces mots ou autres semblables, Et par ceste nostre concession nous entendons deroger au Droict de tels ou de telles par nom et par surnom ; pour faire que la derogation soit bonne, par ce que ceste sorte de Priuilege estant tres odieux de sa nature, on ne pourroit faillir a l'interpreter tres estroictement, jusques a tordre les paroles contre leur sens legitime ; pour les reduire au droict commun ; si elles ne portent un sens si clair, qu'il ne se peut interpreter en autre sens.

On pourroit faire une autre question, touchant les Concessions et Lettres Patentes, qu'on appelle des Blancs, ausquelles on a laissé une lacune ou place vuide pour inserer le nom qu'il plaira a celuy qui en est porteur, auquel le Prince s'en est fié. Ascauoir si elles sont legitimes ; et si un droict d'ainéesse (que nous appellons Esmortissements) seroit bien fondé la dessus ?

Pour resolution duquel doubte, je supposeray Que les Princes en cas de Guerre et d'Affaires urgentes ne pouuants pas estre present par tout ny commettre le maniement de leur Grand Sceau sinon a une personne seule qui reside auprez d'eux, sont contraincts quelques fois pour le bien de leurs affaires d'user de cet Artifice, quand la necessité le requiert, et que le Seruice pour lequel ils le font est fort esloigné ; auquel cas on peut dire que necessité n'a point de loy ; et partant, *valeat quantum valere potest.*

Il y a une autre sorte de Blancs, qui sont des Breuets soubs le seing du Roy et son Signet, en Papier, tant seulement ; pour la dignité de Baronnet, qui sont ottroyez a des particuliers, pour les remplir, affin de les faire repasser par les mains du Roy, pour estre approuuez, et mis en forme, puis apprez soubs le Grand Sceau d'Angleterre. Et ceux cy sont fort legitimes ; car le Roy les approuue apprez auoir esté remplis et ordonne qu'ils passent.

Mais pour le regard des Lettres Patentes soubs le Grand Sceau pour l'establissement d'un Droict d'Aisnéesse, lesquelles sont passées auec un viuide en blanc et confiées a un tiers pour les remplir, il est fort doubteux qu'elles ne subsistent pas en Droict ; pour plusieurs raisons ;

1. Pour ce que la matiere des Aisnéesses estant contraire a la Loy receüe et pratiquée chez nous, elle ne peut estre tournée hors de son cours, sinon par l'Authorité seule du Prince, et apprez information receüe de l'estat de celuy a qui il donne un tel Priuilege ; et que ceste authorité est une Emanation de sa propre personne, dont elle est inseparable, et ne peut estre commise ny deleguée ny confiée a un tiers quiconque soit-il.

2. Par ce que la Grace ou faueur du Prince est purement sienne et ne peut estre attachée au plaisir d'aucun autre, comme a une condition requise a la faire valoir, ce qui seroit en ce cas.

3. Par ce que toute concession du Prince de ceste nature requiert necessairement la clause de certaine cognoissance et de pur mouuement, sans lesquelles elle seroit nulle et frustratoire : or ceste clause ne peut conuenir aux Blancs susdits ; par ce que le Prince ne peut auoir de certaine science de ce qui n'est pas encore *in rerum natura,* et peut estre n'y sera jamais ; et vous scauez que *quod ab initio non valuit, ex post facto non convalescit.*

4. Adjoustez qu'il est necessaire que la personne à qui le Prince donne quelque Priuilege soit certaine, affin que le Prince scache si

elle est digne de sa faueur, ou non ; et elle ne peut estre certaine, si elle est laissée et confiée a un tiers, et n'est point nommée dans l'Instrument ou Lettres Patentes. C'est pourquoy Rebuffe, *In Praxi Beneficior. Tit. de Procur. ad Resignand. constitut.* blasme les Lettres de Procure dans lesquelles le Procureur n'est point nommé, mais est laissé en blanc (lesquelles il appellé *Procuratoria in Abbo dimissa*) par ce que tout Procureur doibt estre certain, et ainsy denommé dans l'Instrument ; pour obuier aux fourbes et faussetez. *l. 2. ff de Procurat. glo. in l. Tutor incertus ff de Testam. tutel. facit Text. si bonæ tab. ff de injusto Testamen. Et quia tolleretur facultas Procuratorem reuocandi, et intimandi ipsi Procuratori incerto. Clem. 1. de renunciat. & il allegue Joh. de Grassis. In tract de Procurat. subst. in verbo certos* ; et Chassaneus *Coust. Burgund. Des Droicts & Appartenances. § 5. glo. Sans Procuration nu. 8.* Et confute Boer, *in Decis. Burdegal, quæst, 274—an valeat, col. 2.* lequel excuse les Procures en Blanc, disant qu'elles passent ordinairement pour bonnes ; ce qui arriue parce que personne ne s'en plainct : et ainsy, dit-il, *sustinentur potius de consuetudine quam de Jure* ; on les tolere plustost par coustume que de droict.

5.   Finallement nul Priuilege contraire au droict Commun et a la coustume uniuerselle d'un Peuple, ne peut estre donné par le Prince a aucune Personne (mesme lors qu'il prejudicie au droict de quelque autre) sans apposer a l'instrument les Clauses Derogatoires, non seullement generalles, mais aussy speciales, c'est a dire, qu'il faudroit y specifier par nom et surnom, tous ceux ou célles ausquels il y est fait prejudice, comme j'ay remarqué cy-dessus : Et encore auec tout cela ne seroit ce rien qui vaille ; or cela est impossible d'estre obserué en un Instrument laissé en Blanc, auquel le Prince ne scait, s'il donne effectuellement, ny a qui ; ny s'il prejudice a aucun, ou s'il ne le fait pas.

Voila pourquoy ceux qui ont des Concessions ou Patentes laissées en Blanc par le Roy, & depuis remplies par autre main, feront mieux de les faire reuoir et ratifier de nouueau par le Roy ; de peur qu'estant disputées par ceux qui y ont droict, elles ne se trouuent inutiles.

Couarruuias. *To. 1. de Testam. 2. Rubr. parte. De Testam. reuocat. nu. 16. 17 & 18* fait encore ceste question, Scauoir, si un homme ayant par l'Authorité du Prince soubs son Grand Sceau, annexé a la personne de son aisné quelque partie de son Estat, peut par apprez se repentir et la reuoquer ? Et il dit qu'ouy par les Loix & pratique d'Espagne, sinon au cas que les Lettres du Roy porte-roient expressement qu'une telle concession seroit Irreuocable, ou que celuy a qui le Don auroit ésté fait, en fust des-jà en possession actuelle, ou finallement qu'une telle Concession eust esté faite pour cause onereuse, *ex causa onerosa*, comme si l'heritier auoit donné a son constituant ou Donateur quelque considerable rescompense; en ces derniers cas elle ne pourroit pas estre reuoquée. Ce qui est consonant au Droict & a la Raison.

Il y a encore une question touchant ceste matiere, Ascauoir, si les Preciputs, ou Droicts d'ainéesse, soient ils establis par Patente Royalle, ou par Contract entre Parchonniers, peuuent estre alienez ou transportez hors de la ligne du Constituant ? Auant que d'en donner Resolution, je diray que nous n'auons point en Jersey de Preciputs annexez aux heritiers masles ; comme il s'en trouue ailleurs, mais qu'ils sont tous communicables aux filles, en defaut de masles ; et que quand ils eschéent a fille, ils sortent aussy tost hors de la famille du Constituant, car *femina est finis et principium familiæ*. Et pourtant quoy que les dits preciputs puissent legitime-ment passer d'une famille a l'autre par le moyen des filles ; ils ne laissent pas de retenir dans la nouuelle famille leur qualité de Preciputs, et de demeurer Inalienables et Impartables, et Incon-fiscables, et Irreuocables, ou Indecretables etc. Et la raison en est toute euidente, par une Regle de droict qui est que, *Alienatione prohibita prohibentur ea ex quibus alienatio sequitur.* Et Balde *Consil. 415. lib. 1.* dit que Qui est prohibé ou empesché d'aliener, est aussy empesché de constituer Titre en la chose prohibée, par lequel la propriété puisse estre transferée quand mesme ce ne seroit qu'un titre futur ou viager. Car ceste sorte de Preciput est de la nature d'un Fideicommins, lequel est non seullement subject a Restitution, mais aussy inalienable hors de la ligne du Constituant ; qui est presque ce que nous appellons en Angleterre *an Entaile.* Car pour un Fideicommins subject simplement a estre restitué a celuy ou celle qui sera heritier ou heritiere, il est accordé entre les Juriscon-sultes qu'il y a des cas ou il peut estre alié ; ascauoir pour consti-tuer Dot ou Mariage a une fille, pour se nourrir et alimenter, et pour rachapter un fils qui seroit captif ; le tout seullement en cas de necessité, et lors que le Fideicommissaire ne peut y fournir d'ailleur et auec ceste condition qu'il n'en alienera sinon autant qu'il en faut pour suppléer lesdites necessitez. Il faut donc regarder en quels

termes les Instruments et Chartres desdits Preciputs sont conceus ;
car si c'est seullement en Termes Enonciatifs, qu'une maison, terres
et rentes specifiez ou a specifier, sont annexez a la personne de
quiconque sera heritier, aisné ou aisnée, d'un tel et a l'aisné de
l'aisnée etc. impartablement : sans aucune prohibition expresse
ausdits aisnez de les vendre ceder ou aliener ; alors en ce cas, il
semble qu'il seroit permis de les aliener, en tout ou en partie, si la
necessité estoit extresme ; comme si l'heritier manquoit d'aliments,
sans sa propre faute, ou que son prochain heritier fust en Captiuité,
mais si l'instrument ou Chartre dudit Preciput couroit en termes
prohibitifs d'aliener, ceder ou transporter lesdits Preciputs, hors de
la ligne du Constituant, alors c'est un cas net, que le possesseur
dudit Preciput n'en peut disposer, sinon durant sa vie ; et que
combien qu'il en ait la proprieté tandis qu'il vit, il n'y peut non plus
que s'il n'en auoit que l'Administration, de sorte que quoy qu'il
face, soit a dessein ou sans dessein, il ne peut faire Acte ou contract,
par lequel ledit Preciput soit transporté en main estrangere, ny en
tout ny en partie. *Decuis de Appellat. nu. 4. Angel. consil. 168.*
non pas mesme le bailler pour long temps. *Aret. cons. 58. nulli
dubium in prin.* non pas mesme pour dix Ans. *Alexan. cons. 17.
viso Instrum.* ny constituer usufruit. *Aret. dict. cons.* Et comme
il ne peut aliener directement ; c'est-a dire faire acte dont l'alienation s'ensuiue *Balde dict. Consil. 415*, ce qui s'estend bien loing.
Car par la il ne peut compromettre, ou transiger, ou faire acte
volontaire, touchant la proprieté dudit Preciput, ou d'aucune partie
d'iceluy *Bald. Ibid. Bart. cons. 159. visa quadam constitutione nu. 4.
lib. 1.* Ce qui se doibt entendre comme j'ay dit de la proprieté, et
non pas de l'utilité dudit Preciput. Il n'y peut pas constituer une
seruitude, comme d'y donner ou vendre droict de chemin etc. sinon
durant sa vie. *Bald. in l. Prouinciale Cod. de Servit. et aqua—Jason
in l. fin. cod. de Jure Emphyt. nu. 147 & 148.* non plus qu'un mary
ne peut constituer seru'tude sur le mariage de sa femme, ny l'encombrer, qu'il ne soit reuocable dans l'an et jour. Et partant il ne
peut non plus charger ledit Preciput du Douaire de sa femme, outre
le tiers deu par la Coustume *l. fin. C. de rebus alienis non alienandis
Cap. non liceat. 12. q. 2 Bart. in l. codicillis § Institutio ff de leg. 2.*
Il ne peut l'engager au Mortgager. *Negus. de pignorib. in 3a parte
in 1° membro nu. 27 & seq. l. legata § finali & ibi Bart. de supell. leg.*
Il ne peut faire recognoissance ou Confession au prejudice dudit
Preciput. *Alex. Cons. 45. lib. 1.* de peur d'ouurir la porte aux

fraudes, *Osasch. Decis. Pedemont, 172, nu. 11 & 36 & seq.* Il ne peut faire Pact, Accord, Promesse ou Engagement, qui induise alienation tacite ou expresse *Alex. cons. 17 lib. 4.* Il ne peut bailler aucune partie dudit Preciput a Emphytheose, rente ou Ferme. *Bald. cons. 184 lib. 2.* Il ne peut pas mesme en disposer ny d'aucune partie d'iceluy pour cause de pieté ou de charité. *Alex. cons. 120, lib. 1.* Il ne peut le permuter ny en faire eschange ou Contre-eschange, quand il y auroit a gaigner. *Cap. nulli de rebus Eccl. non alienandis. Ripa in l. filius famil. § Divi Fabian. de monte, Tract. de empt. & vendit. in 2da quæst.* Il ne peut faire aucune Donation ny Legs Testamentaire sur ledit Preciput. *Incert.. Auctor post Regul. Socin. Regul. 10 prohibita venditio,* mesme les Jurisconsultes tiennent que le possesseur dudit Preciput ne peut confisquer les choses qui y sont subjectes ; parce qu'il ne confisque sinon le Droict qu'il y a luy mesme ; or comme j'ay des-ja dit, il n'y a autre Droict que viager, et au regard de l'utilité seullement. Et leur Regle est, que, *In Fiscum non transeunt, nisi ea quæ transeunt in extraneos hœredes,* laquelle opinion est commune, selon le card. *Tusch.. lib. C. conclus. 719. Alciat. cons. 522. post nu. 6. Clar. § fin. quæst. 78. nu. 7. Alex. 2di Temporis quæst 30. Socin. consil. 266 in causa quæ. col. 15. in fin. vers. 2. et lib. 2. cons. 121. comittenda. col. 5 vers. 3 lib. 1. Ruin. cons. 124. Viso Testam. nu. 5. lib. 2. & cons. 24 quia copiosè nu. 12. lib. 5.* Toutesfois elle a plusieurs contredisants. *Alciat. cons. 781.* (qui dit que c'est une opinion commune) *Roland. a valle cons. 98. nu. 10 lib. 2.* dit qu'elle est commune, mais il y est contraire luy mesme. Enfin il est certain que l'opinion qui contrarie a la confiscation dudit Preciput, est la plus commune ; comme vous pouuez voir dans la Pratique du Card. Tuschus, literâ C. conclus 719 & dans les Apostilles sur la 341 Question de Guido Pape. Neantmoins puis que ce n'est pas un point sans controuerse, nous ferons bien de prendre nostre visée sur l'usage d'Angleterre : et la nous trouuerons que tels preciputs, lesquels ils appellent *Entailes,* ne se confisquent jamais pour quelque crime que ce soit, non pas mesme pour Leze-Majesté au premier chef, mais descendent a ceux qui y ont Droict ; tout ainsy que la Dot stipulée ou promise par Contract de mariage (laquelle ils appellent *jointure*) va aux femmes des condamnez. Ce que j'ay veu obseruer au regard des heritiers & veufues de quelques uns de ceux qui furent executez en 1660 et 1661, pour avoir participé au meurtre du feu Roy ; ou il se trouua que quelques uns des Complices possedoient des *Entailed lands ;*

lesquelles sont demeurées aux heritiers : Et de mesme de la dot des veufues desdits complices : et en particulier, la veufue du Sieur Flechewood, laquelle jouist encore sur le manoir et prochainetez de son feu mary de plus de 250 livres stg. par voye de Dot Stipulée au Contract de mariage, laquelle a esté trouuée bonne ; le surplus du bien estant au Chevallier Clayton qui en est proprietaire, l'ayant acquis de son Altesse le Duc d'York ou de qui auoit droict de luy. Ce que nos officiers de Sa Majeste feront bien de remarquer, le cas escheant.

Or comme un Preciput ou droict d'Aisnéesse de ceste sorte, n'est ny alienable, ny confiscable, ny ne peut estre engagé ou hypothequé, ny par hypotheque generalle, ny par hypotheque specialle, il s'ensuit de la, que quand le proprietaire d'un tel Preciput ou Esmortissement par Droicts authentiques oblige tous ses heritages a la fournesture et garantie d'aucun Contract, soit bail ou vendition ou autre, il n'y oblige pas ny ne peut y obliger aucune des choses qui font partie dudit Preciput ou Esmortissement, sinon durant sa vie et qu'il ne peut Renoncer, ny faire cession dudit Preciput, entre les mains de ses Crediteurs, lesquels n'y ont aucun Droict, puis qu'ils ne peuuent auoir Hypotheque dessus. Et s'il estoit autrement, toutes les plus estroictes clauses du monde, fortifiées de l'Authorité Royalle, ne pourroient empescher qu'un Prodigue n'alienast en peu de temps ledit Preciput hors de la ligne ; puis qu'il seroit en son pouuoir de l'engager a ses Crediteurs en toutes occasions : et par ainsy ledit Preciput n'auroit aucun des priuileges cy dessus specifiez ; car il pourroit estre hypothequé, engagé, eschangé, aliené, et finallement renoncé et Decreté, ne plus ne moins que les autres heritages : Voila pourquoy *Chassanéc sur les Coustumes de Bourgogne. col. 1167. nu. 29 & 30* dit que *Bona alienari prohibita non veniunt in Cessione bonorum, Biens inalienables ne peuuent venir en Cession ny estre Decretez :* Et le mesme tient Tiraqueau, quand il dit que les choses qui ne sont alienables, ne sont non plus cessibles ; et que *qui alienare prohibetur, eo quoque interdicitur, ex quo alienatio sequitur. De Retraict Lignager, fol. 123 nu. 14.* Laquelle Regle est punctuellement obseruée en Angleterre, ou les *Entailes* sont exemptes de toutes sortes de charges, debtes, Jugements et autres encombrements ; et passent franches aux heritiers auxquels ils appartiennent. Ce qui merite d'estre bien consideré par les Crediteurs de ceux qui possedent tels Preciputs ; qui pourroient y estre trompez, s'ils s'attendoient a faire Decreter ces heritages là ; lesquelles appartiennent non pas au Possesseur, mais a toute la famille ou ligne, jusques a la fin du monde.

Il y a encore un point a vuider ; Ascauoir si les choses subjectes a un Amortissement, Preciput, ou Ainaage, se prescriuent par quarante-Ans, comme les autres choses ? La raison de doubtes est parce que si elles sont prescriptibles, il sera au pouuoir du proprietaire, en quelque façon de les aliener, a tout le moins indirectement, en souffrant qu'elles se prescriuent, et par ainsy l'Establissement fait en la ligne ou famille sera frustratoire. La plupart des Jurisconsultes tiennent que les choses Inalienables hors de la famille ou ligne de quelqu'un sont Imprescriptibles. Les raisons sont alleguées par Couarruuias, aussy bien que leurs Autheurs, en son Traicté de la Prescription § 3. nu. 6. ou je renuoyerai le Lecteur. Quant a luy, il est de sentiment contraire, et ainsy la chose demeure en controuerse. Pour moy, je croy qu'elles ne sont pas prescriptibles, comme les autres choses ; c'est a dire par une Prescription ou Possession ordinaire, de dix Ans, *inter prœsentes*, & de vingt, *inter absentes*, pour les Immeubles ; ny de 30 & 40 Ans pour les Actions hypothécaires etc. Car si cela estoit quel aduantage auroient-elles par dessus les autres ? Mais, au reste, je ne doubte point qu'elles ne puissent estre prescriptes, aussy bien que les choses fiscales, par la suite du temps immemorial : et ce seroit chose trop captieuse, et trop rigoureuse de vouloir faire rechercher des pieces subjectes a un Aisnaage, apprez qu'elles auront esté quatre-vingts, ou Cent ans possedeés de bonne foy, et qu'elles auront changé de main plusieurs fois.

De Alimentis : Des Aliments ou Nourriture.

C'est une chose qui arriue assez souuent, que ceux a qui nous sommes obligez de la nourriture, ou pour quelque autre assistance, ont besoing de la nostre : Et c'est chose certaine, que ceux a qui nous donnons quelque considerable assistance, soit nourriture ou autre, nous sont obligez a quelque chose de reciproque. Or en cés deux occasions la pluspart du monde est fort subjecte a se tromper, ou par Auarice ou par Ingratitude, ou par Ignorance. Voicy en peu de Regles, ce que j'en ay apprins dans les Autheurs du Droict.

1.   Le Pere, s'il est aisé, est tout le premier obligé a la nourriture de son enfant, fils ou fille, non seullement durant leur enfance, et minorité d'aage, mais aussy long temps qu'ils ne pourront se nourrir

eux mesmes. Or on juge une personne incapable de se nourrir,
quand ces fruicts et autres reuenus ne suffisent pas a cela sans
aliener ou vendre le fonds, et la proprieté, ou le principal, ou sort.
*Ut quis habeat unde se alere possit, non debet vendere proprietatem,
sed debet habere ex fructibus, vel reditibus ; alias non dicitur habere.*
Bald. fort amplement, *Consil. 30. Sicut dixi lib. 2. Crauet. Cons. 198
nu. 11. Aret. in l. alimenta nu. 3. Cod. negot. gestor. Decius in l.
Diuus Pius in fi. de Reg. Jur. Alex. cons. 100. super primo, in fin. lib.
1.* Et ceste obligation du Pere enuers l'Enfant, est du Droict de
Nature, et ne peut estre cancellée, sinon au cas que le pere seroit
incapable de fournir a la nourriture dudit enfant ; alors auroit lieu
le Prouerbe que " qui ne peut pour soy, ne peut pour autruy," et
que " la charité commence par soy mesme." Et encore en ce cas
nature l'oblige a faire tout son possible pour trouuer la nourriture
a son enfant tandis qu'il est petit, jusques a mendier, s'il ne peut
par autre voye ; et s'il ne le faisoit il seroit plus a blasmer, que tous
les autres animaux, qui manquent la raison. *l. 1 § Jus naturale ff de
Just. et Jure. Instit. de Jure nat. gent et ciuil. §. 1.* mais apprez que
l'enfant est deuenu capable de trauail, ceste obligation n'est plus si
estroicte ; car il n'est pas tenu d'alimenter son enfant, sinon entant
que sa condition le permet. Et partant pour faire que le pere soit
obligé en ce cas, il est requis deux choses, La premiere, Qu'il soit
aisé, c'est a dire qu'il puisse espargner de quoy nourrir son fils ou
fille, L'autre, que le fils ou fille soit vraiment indigent, et qu'il ne
scache mestier ny profession pour subuenir a ses necessitez. *L. si
quis a liber. vers. liberto ff de liber. agnosc. Quia sibi magis tenetur
quam filiis l. proeses ff. de servit. Bart. in Authen. res quæ C. commun.
de leg. et l. libertis 2. §. 1. nu. 3 ff. de alim. & cibar. legat. l. si quis a
liberis. §. sed si filius ff. de liber. agnosc. Capella Tholos. Decis. 77.
Ubi Apostill. Bart. in l. fin. C. de mendie. valid. lib. 11. Socin. Cons.
121. nu. 47. lib. 4. Gabriel cons. 25. nu. 17. lib. Angel. cons. 95.
In casu prædicto nu. 12. & seq. per totum.* Et ceste Regle, auec ses
limitations s'estend non seullement a nourrir le fils, mais aussy la
femme du fils (si le pere a donné son consentement au mariage) et
ses enfants. Et s'il ne refuse de le faire, il y peut estre contrainct
d'office de Juge. *l. 3. & 4. Cod. de alen. liber. ac parent.*

2.   Si le Pere est incapable d'accomplir enuers ses enfants le deuoir
de Pieté paternelle, et que l'Ayeul soit aisé, alors ledit Ayeul ou
Grandpere *in subsidio* doibt subsidiairement suppleer la place du
Pere, quand mesme ledit Pere auroit esté emancipé, et nourrir les

enfants de son fils. *Ant. de Butr. cons. 56. Socin. cons. 161. ver. Ego præmitto. lib. 2. Barbat. cons. 81. nu. 15. et seq. lib. 3. Jo. And. in Addit. ad specul. qui filii sunt legitimi. cap. 1 num. 121. ver. sed pone, quidam emancipavit filium.*

8. Si l'Ayeul ou Grandpere paternel n'est plus, ou est incapable de fournir a ladite nourriture, alors la mere y est obligée subsidiairement, soubs les Regles & limitations cy dessus. *l. pen. ff. de liber. agnosc. Text. in § Illud Authen. ut liceat matri. Bart. in l. alimenta ff. negot. gest. Castren. cons. 436. ad confirmationem nu. 3. lib. 1. Bart. in l. si quis a liberis. ff de liber. agnosc.* Ce qui se doibt entendre aussy bien d'un enfant naturel, comme legitime ; jusques la, que pour leur subuenir elle a pouuoir d'aliener son mariage ou Dot : *Castren. d. cons. 436.* Et l'obligation de la mere est en quelque sorte plus estroicte et plus naturelle que celle du Pere ; car elle n'est pas obligée seulement, *in subsidio*, subsidiairement, mais elle y a une obligation principalle ; estant tenüe de l'allaicter de son propre laict, qui est la premiere et la plus necessaire nourriture ; laquelle a esté limitée par les Loix a 3 Ans. *L. nec filium. C. de patria potest. Bart. & Bald. in L. alimenta C. negot. gest.* de sorte que la nourriture de l'enfant appartient proprement a la mere pour les 8 premieres années, et apprez cela au Pere. Ce qui se doibt entendre si elle a du laict, ou que sa santé luy permette de l'allaicter elle mesme ; car autrement ce seroit au pere a y pouruoir. *Bald. in L. pen. C. de patr. potest & in d. L. alimenta C. de negot. gest. Corne. cons. 165. in fin. lib. 4 &c.*

4. Si l'enfant necessiteux ne trouue ny au pere ny en l'ayeul, ny en la mere de quoy subuenir a ses necessitez, ou qu'il n'y aye pere, ayeul ny mere ; les freres & seurs & les autres Collateraux seront, obligez subsidiairement, chascun en son degré, de luy fournir les aliments : Et si les plus proches refusent, ils seront priuez de l'esperance de la succession, laquelle ira aux plus esloignez, qui auront fait ce deuoir : Ce qui est veritable, que le pere mesme, apprez auoir refusé de nourrir son fils perd l'authorité paternelle qu'il auoit sur luy *glo. in L. nec fil. C. de patr. pot.* Et la mere aussy qui auroit refusé de luy subuenir perd l'esperance de sa succession. *Castren. cons. 436. Ad confirmationem. nu. 3. lib. 1* ou il dit *nu. 4.* que cela se doibt aussy entendre du frere et des autres Collateraux : a quoy se rapporte ce que Chassanée a obserué *col. 860. Consuetud. Burgund. In successione furiosi, dementis, et mente capti, quicunque etiam proximus excluditur per extraneum, qui illum in vita*

rexit, curavit et aluit, in negligentiâ præditorum jure sanguinis vel alias succedere debentium &c. C'est a dire que quand il s'agist de la succession d'un enragé, fol ou insensé entre les proches parents d'un costé, lesquels ont negligé de garder, nourrir et entretenir, & un estranger qui aura supplée a leur deffaut, en faisant ce denoir là, d'autre costé, L'estranger sera preferé auxdits parents quelques proches qu'ils puissent estre. Il est vray que par la Coustume de Normandie les Insensez sont en la garde des proches parents ; lesquels aussy peuuent estre contraincts a les garder et nourrir s'ils en sont capables, toutes fois s'ils ne le font, & qu'un estranger le face, il leur sera preferé en la succession dudit Insensé.

5.   Il y a bien plus. Celuy qui a fourny les aliments a quelque personne en necessité, lesquels un autre estoit tenu de fournir, peut pour lesdits aliments, auoir son recours contre celuy qui estoit tenu de les fournir, et les repeter d'Office de Juge. Et par ainsy (le pere ou ayeul paternel viuants et capables) si la mere a fourni les aliments a son enfant, outre les 3 premieres années d'alaictement, elle les recouurera par Action, contre le Pere ou Ayeul, ou contre leurs heritiers : ce qui se doibt estendre aux autres parents plus esloignez, voire aux estrangers ; lors qu'il y a eu ou refus de fournir les aliments ou negligence trop paroissable, de la part de ceux a qui cela touchoit. Et la raison en est, d'autant qu'on ne peut supposer que la mere, ou autres plus esloignez, ayent entendu de faire parjure charité, ce a quoy d'autres aussy capables et plus proches qu'eux, estoient obligez par la Loy, et pouuoient estre contraints par le Juge ; auquel cas *charitas cessat Bart. Rom. & alii in L.quæ Dotis ff solut. matrim. Salicet. L. si paterno,& L. alimenta. Cod. de negot. gestis.*

6.   Si le fils est coupable d'aucune des causes pour lesquelles il peut estre desherité, ou s'il est notoirement prodigue, le pere ny les autres parents ne sont point obligez a sa nourriture, quoy qu'il soit indigent. *capell. Tholos. Decis. 77. Bart. Tract. de alim. nu. 17 vers. in fil. nat.*

7.   De mesme le pere n'a plus d'obligation a la nourriture de sa propre fille depuis qu'elle est mariée. *Gabriel cons. 25. nu. 16 lib. 1.* Et la raison en est touchée a la fin du premier Article, ou il est dit que le Pere et Ayeul paternel sont tenus a la nourriture de la femme du fils et de ses enfants, a cause du lien estroict du mariage. *Voyez Cynus et Balde in L. alimenta. Cod. de negot. gest.*

8.   Comme le pere, l'ayeul, la mere & les autres parents sont tenus chacun en son ordre, et degré, de nourrir, et alimenter le fils et ses descendants ; de mesme le fils et descendants sont tenus estants capables de nourrir le pere, ayeul, mere et autres parents, s'il ne se trouue quelque autre plus proche qu'eux, dans la mesme capacité ; & ne s'en peuuent excuser qu'a cause d'incapacité. Voyez les deux premieres Loix *Cod. de alend. liber. & la loy filia Cod. de patria potest. Bart. Tract. de alim. nu. 8. vers. quœro circa hoc L. si quis a liberis ff. de liberis agnosc. L. filiœ C. de Adoptionib. Fulgos. Cons. 228. Anthonius. Col. 2. vers. & dato. Ubi dicit communem. Castrensis cons. 436. nu. 4 lib. 1. L. qui filium ff: Ubi pupilli educari deb.* Ce qui doibt s'estendre aussy bien a la fille ; jusques là, que si par hazard ledit fils ou fille est mineur, il n'en doiue pas estre excusé pour cela ; mais est son Tuteur ou Meneur, tenu de le faire pour luy ; et est receuable a passer en ligne de compte les aliments prestez au Pere, mere, Ayeul etc. de sondit pupille. *Alexand. cons. 54. Circa id. nu. 6 & Seq. vers. 2 principaliter. lib. 2. Castren. de cons. 436. nu. 3. lib. 1. Abb. cons. 12. Ut clarè, col. pen. vers. Ultimum. lib. 1.* Et comme le frere est obligé a la nourriture de sa seur, il est aussy obligé a luy faire un mariage selon ses facultez. *Fulgos. d. cons. 228. nu. 4. Jason in lib. 1. nu. 29. & seq. ff solut. matrim. Bald. nouell. de dote, in princ. in 6 parte privil. 16. versic. in fratre autem.*

9.   Le mary est obligé a la nourriture de sa femme, et sa femme a celle de son mary, quand mesme tout le bien seroit du costé de celuy ou de celle qui nourrist ; *quia sunt socii Diuinœ & humanœ Domus,* ils sont consorts de la maison Diuine et humaine. *Bald. cons· 464 per totum lib. 5. Et matrimonia non dotibus sed affectibus contrahuntur,* le mariage ne se contracte pas par la Dot mais par l'affection mutuelle, *Guido Pape quœst. 439. Abb. cons. 39. nu. 4. lib. 2.* Toutefois si le mary estoit tombé en necessité, par quelque maluersation, sa femme en ce cas ne seroit pas obligée. *Bald. d. cons. 464. nu. 2. lib. 5.* Il s'ensuyt de ceste Regle, que si un mary par meschanceté refusoit de nourrir sa femme, selon son estat, et qu'elle fust contrainte notoirement a s'en retourner chez son pere, ledit pere de la femme doibt estre oüy a repeter du mary les aliments qu'il luy a fournis au besoing. *Bald. in L. quod in uxore. Cod. de negot. gest. vers. quœro si pater. Corn. cons. 145. In hac consult. lib. 2.* Que si la femme se depart d'auec son mary par caprice, il n'est pas tenu de la nourrir.

υ

10.   Le Fisc qui a succedé au droict de quelquun par Confiscation, ou Commise etc. est obligé aux mesmes conditions d'alimenter les enfants de celuy a qui les biens confisquez appartenoient ; parce qu'il succede aussy bien aux charges de l'heritage confisqué, comme aux proffits : or les Aliments sont une charge necessaire de tous les heritages ou il y a des enfants ou autres a nourrir. *Apostilla ad Matthesil. Sing. 147. Nota quod istud onus.*

11.   Quand nous disons que le mary est obligé a la nourriture de sa femme ; la femme a celle du mary ; le pere et l'ayeul et la mere a celle des enfants, et les enfants a celle des pere, mere et ayeul ; et ainsy consecutiuement des autres parents ; il faut tousjours entendre cela, auec ceste condition, que celui ou celle sera nourry, demeurera en la maison de son nourricier, (s'il le peut faire honnestement et sans scandale) non pas en paresse ny oisiueté, comme un fay-néant, mais pour y faire quelque trauail ; selon sa condition et aage : et c'est ce que les Jurisconsultes appellent obsequiales : Car ce seroit chose injuste que l'on fournist les aliments, et que l'autre ne fist pas quelque chose reciproquement par voye de recognoissance enuers son benefacteur. Il y a mesme d'autre sorte de seruices qu'on nomme Artificiels, lesquels le Nourriçon est obligé de rendre a son Nourricier, si sa condition le permet, mesme il doibt, s'il peut, luy rendre *operas cœquales alimentis* ; car c'est un point de justice. *Barbat consil. 63 col. 4. lib.   Corn. cons. 184 Super hoc. col. fin lib. 3. Bart. in L. Gaio. § fin ff. de alim. & cibar. legat. & L. Diuortis in prin. ff. solut. matr.   Textus est in L. sicut ff. de oper. libert.   Angel. Aret. in Tract. de Testam. versic.   Item reliquit Triticæ mul. concub.* De laquelle Regle il faut excepter les personnes incapables de trauail, et les nobles qui n'y ont pas esté accoustumez. *Castill. cons. 33. nu. 4. Bart. L. si quis a liberis. § sed si filius ff. de agnosc.   Socin. cons. 161. lib. 2.*

12.   Quand quelcun a esté nourry par celuy qui n'y estoit pas obligé, et qu'il redemande ou repete lesdits aliments, il est tenu de faire compensation desdits Aliments auec les Seruices, et de les deduire. Ce qui doiuera estre arbitré et adjusté par une juste Ballance et estimat tant des aliments que des Seruices ; *quia omnis labor optat præmium. Glo. in.c. charitatem 12. q. 2. & glo. in c. omnis Christianus, de Consecrat. Distinct. 1.* Et quand les seruices sont esgaux aux aliments, ils doiuent passer l'un pour l'autre. *Corn. cons. 165. in fi. lib. 1.   Ruin. cons. 94. nu. 7. lib. 1 plenissime Rom. cons. 440. non est dubium in pr. Ubi prima Apostilla dat.*

concord.   Ubi quis servit, ibi, gratis ali debet. L. in rebus. § possunt.
Ubi. glo. ff. commodati. L. Item si servi, in fi. ff. de Aedil. Edict.
Bald. in L. fin. nu. 8.   C. de indict. viduit. tollend. Bart. & Bald.
in L. si paterno affectu. C. de negot. gest.   Corne. cons. 265. in fi.
lib. 1.   Et toutesfois quoy que j'apelle les œuvres *obsequiales*, ou
officiales, seruices, je n'entends pas qu'on les prenne pour œuvres
vrayment seruiles : Il feroit beau voir un pere ou mere, frere ou
seur trauailler comme un seruiteur chez le fils ou frere ; Non :
j'entends seulement les œuvres ou seruices de recognoissance, comme
celles d'un bon pere de famille a de coustume de faire en sa maison
propre *Bald. in L. pen. nu. 8. C. de indict. viduit. toll.   Corne. d.*
cons. 165.   Ruin. d. consil. 94. num. 7. lib. 5.

18.   Quand il se rencontre un cas doubteux, ou l'un veut repeter les
aliments qu'il a fournis, & l'autre soubstient qu'ils ont esté donnez
gratuitement, *intuitu pietatis & non animo repetendi, par une*
consideration de pieté, & non a desseing de les repeter, Il faut regarder
a plusieurs circumstances, pour en bien juger ; comme a la personne
de celuy qui les a fournis, s'il est riche ou pauure ; si les aliments
sont de considerable valeur, ou non ; si les seruices rendus au lieu
des aliments leur sont equiuallents ou approchants, ou s'ils ne le
sont pas ; si les personnes sont conjoinctes, et en quel degré ; si
le Nourricier a gardé Liure des Comptes desdits aliments, ou s'il ne
l'a pas fait ; ou s'il se trouue autre Indice, comme protestation,
escripture ou tesmoignage, qu'il aye entendu les repeter ; et
finallement si celuy qui les a fournis estoit administrateur dû bien
de celuy a qui il les a fournis, ou non : car en ce dernier cas, on
supposeroit qu'il auroit fourny la nourriture, habits, education, et
autres necessaires en vertu de son administration, pour les mettre
en compte, que non pas pour les donner. Au contraire quand le
Nourricier est riche, et le Nourrisson pauure ; ou qu'il a receu un
seruice considerable, quoy qu'inferieur a la nourriture, on supposeroit qui l'auroit fait a desseing de rien repeter ; et encore plus quand
cela se fait entre des personnes conjoinctes, dont il ne se trouue ny
Journal, ny Escripture, ny autre Indice quelconque par ou il apparoisse du contraire. *Rom. cons. 255. quoad primum. nu. 2. vers.*
quoad secund. glo. & D.D. communiter in L. si paterno.   Cod. de
negot. gest. Bart. L. alimenta.   C. de negot. gest. vers. quando
expediat, et in L. Nesennuis circa finem. ff. cod.   Socin. cons. 5. nu.
14. & cons. 64. nu. 2. lib. 4.   Curt. Jun. cons. 328. nu. 12 & 13. & 20
& 21.   Aym. Crauet. cons. 86. nu. 3. Bald. ad d. l. nesennuis col. 2.

ff. de negot. gest. vers. nota, tertius casus. Ubi etiam Paul. Castr.
Ruin. cons. 171. consideratis. nu. 3. & seq. lib. 1. Anchar. cons. 435.
prœtermittendum per totum ou il dit que Nulla œquitas suadet quod
voluerit donare si fuit Administrator. Bologn. cons. 27. nu. 16.
Bero. quœst. 11. nu. 2. vers. tertius casus. Ruin. cons. 102. lib. 4 &
cons. 92. vers. circa aliud lib. 5. ce qui se doit entendre aussy bien
d'un administrateur conjoinct comme d'un estranger. *Castren. in*
L. Si negotia per illum Text. C. de negot. gest. parce que *prœsumptio*
Administrationis tollit omnes alias prœsumptiones, La presumption
qui vient de l'administration est plus forte que toutes les autres ; et le
mesme dit Ruinus, *d. Cons. 171.* Et *Bero. d. quœst. 11.* estend ceste
regle a la mere Tutrice ou Administratrice de son fils ; *& Ruin. d.*
cons. 102. lib. 4 au frere, *& d. cons. 92. nu. 9. lib. 5.* a l'ayeul maternel;
& Anchar. cons. 435. & Bologn. cons. 27. nu. 16. à l'oncle Paternel ;
& finallement au Beau pere comme tesmoigne, *Rom. cons. 255. &*
Joan. de Amicis. cons. 37 col. fin.

14.   Le frere qui a fourny les aliments ausquels ses autres parchonniers estoient tenus de contribuer esgallement auec luy, peut
deduire et defalquer le Partage faisant, a sesdits parchonniers, sur
leurs Parties d'heritages a proportion de ce qu'il a desboursé pour
un chascun d'eux ; aussy bien comme a celuy qui a receu lesdits
aliments, si c'a esté sur son compte, soit qu'il soit aisné ou puisné.
Et il les peut repeter non seullement par action de Partage, mais
aussy par autre Action. *L. de alimentis C. de Transact. plenè Alex.*
cons. 72. nu. 10. lib. 6.

15.   Sur la Consequence du 4me Article cy dessus, sont fondées les
Dimissions ou Delaissances, desquelles il se rencontre des examples
chez nous ; par le moyen desquelles une personne aagée, ou affaiblie
& incapable de trauailler ou de subsister de son bien meuble, ou du
reuenu de son heritage (apprez le refus de plus proches parents
d'en prendre la charge, & une protestation, qu'ils seront pour leur
refus exclus de la succession de celuy qui fait la Dimission, inserée
aux Rolles de la Cour) se remet & delaisse a quelque autre estranger
la nourriture et autres choses necessaires, durant sa vie ; pour auoir
la succession apprez sa mort de tous ses meubles & heritages.
Lesquelles Dimissions ou Delaissances estant conformes au Droict, &
particulierement au susdit Article 4, & a l'Article 11, ou il est parlé
de la repetition des Aliments prestez par celuy qui n'y estoit pas
obligé, il ne sera besoing d'en dire autre chose en ce lieu ; sinon
d'admonester ceux ausquels une pareille Dismission auroit esté

faite, qu'ils ne manquent pas d'y appeller tous les parents habiles
a succeder a celuy qui fait la Dimission, & de leur faire publiquement
offre de ladite Dimission soubs les mesmes conditions ; et a leur
refus, d'en faire entrer Acte auec sa protestation ; de peur qu'en
temps a venir, il n'y ait du procez apprez qu'il aura fait les frais.
Ce qui arriue assez souuent, manque de precautions en affaires.

16.   Pour plus ample Declaration de l'Article 12, il faut pour ceste
Regle ; que, quiconque recoit les aliments est tenu aux œuvres
officiales ou *obsequiales*, mais non pas aux *Artificielles* ; et partant
qu'un nourricier peut justement demander celles-là, mais non pas
les autres. Les œuvres officiales sont les menus seruices d'un logis,
lesquels sont faciles & honestes ; comme d'auoir soing de la maison,
& voir qu'elle soit nette & ballayée, faire la despense, prendre garde
que les chambres, licts, & autres meubles, soient en bon ordre,
vestir les enfants & leur donner a manger, & choses semblables.
Les Artificielles sont celles qui regardent l'exercice de quelque art,
mestier ou profession, ou celles que nos seruiteurs & seruantes
louez a gages sont tenus de nous faire; comme faire des Bas d'estame,
filer, tistre ou faire mestier de tisseran, ou de tailleur, pour en tirer
proffit, ou gain, au compte du Pere de famille ; ou bien celles qui se
font par les seruiteurs & seruantes & autres mercenaires ; comme
bescher & fouir, moissonner, tirer les vaches, aller a la charüe,
seruir de charton, (1) berger etc. Lesquelles sont tousjours compensées
auec les aliments ; parce qu'elles ne sont pas deües a un Nourricier ;
de sorte qu'il est tenu a les payer. Par ceste distinction on peut
facilement voir ce qu'il faudroit en juger, si un frere, pour example
auoit alimenté frere ou seur ; & que apprez leur decez il demandast
d'estre repayé de ses aliments sur le bien du deffunct, par les autres
freres & seurs, lesquels demanderoient compensation des seruices
rendus auec lesdits aliments : car il faudroit en ce cas regarder si
lesdits seruices estoient de la premiere ou de la seconde espece : &
s'il s'en trouue de toutes les deux, admettre compensation pour les
unes & non pas pour les autres. Toutefois il se peut faire que les
œuvres obsequiales ayant esté rendues auec tant d'assiduité qu'elles
meritent compensation, ce que depend du Juge de bien considerer.

(1) Charretier, cocher.

Des Semonces ou Adjournements.

——

Les semonces ou citations, estant necessaires pour la juste deffense de la Partie appellée en Jugement, sont de droict naturel, & ne peuuent estre obmises, ny ostées ny par le Prince, ny par la Coustume : comme Couar. a fort bien remarqué *Pract. Quæst. To. 11. cap. 23. nu. 6 & 7. Zabbarell. Cons. 139, nu. 1. & seq. Abb. in c. ea quæ, de re Judic.* Et sont comme le fondement & la Base de toute la cause. *Abb. in c. Eccla. Sanctæ Mariæ. Bald. in Authen. Clericus C. de Episc. & Cler. Angel. in l. 1. C. de præscript. Longi temp.* Et partant tout Jugement fondé sur une Semonce vicieuse ou inutile est fort mal fondé, & tombe de luy mesme.

Or pour faire qu'une semonce soit legitime, il faut qu'elle ait 2 qualitez ; La premiere qu'elle soit conceüe en termes qui expriment l'intention de l'Acteur, & la cause de son Action, affin que le Deffenseur scache a qui il a affaire, & que c'est qu'on luy demande ; affin d'y pouuoir respondre pertinnement, soit en affirmant ou en deniant. Matthieu sur la 255 Question de Guido ; ou il allegue le *Specul. Tit. de Citat. §. 1. nu. 6. & Bald. in L. consentaneum. C. quemadmodum & quando Jud.* La seconde quelle donne au Deffenseur temps conuenable pour examiner le droict de la Cause, pour adjourner ses Garands & Parchonniers, s'il en a aucuns; & a preparer toutes ses deffences en bon ordre & sans precipitation. Lesquelles il faut deduire plus au long par Articles.

1. La Bille ou Semonce contiendra brieuement, mais intelligiblement, la substance de la demande de l'Acteur, & les causes de ladite demande ; en sorte que le Deffenseur scache que c'est qu'on luy demande, et pourquoy ; mais il n'est pas necessaire qu'elle contienne les particularitez & circumstances de ladite Demande, sinon autant qu'il en faut pour l'information dudit Deffenseur.

2. Elle contiendra le nom & surnom tant de l'acteur que du Deffenseur ou l'expliquera de sorte qu'on ne s'y puisse tromper.

3. En Jersey ou il y a 3 sortes de Courts, Heritage, Cattel & Briefuetez, il est requis que la Semonce die à laquelle de ces 3 Courts le Deffenseur est semonds, affin qu'il scache comme se conformer au Style de la Cour, mais ou il n'y en a qu'une, cela est superflu.

4. La ou il y a concurrence de plusieurs Juges competents, il sera bon de nommer celuy deuant qui la cause se doit traicter, mais en Jersey il n'en est pas besoing.

5.   Il est de la substance d'une semonce, que le Deffenseur scache non seulement le lieu mais aussy le temps de la Comparence, jusques a l'heure s'il estoit possible. *Boer : Decis. 235 in prin.* & ainsy là ou la Jurisdiction ou Cour n'est pas ordinaire ny certaine, ou attachée à un lieu, ny a des Termes certains & limitez, il est besoing d'apposer en la Semonce toutes ces particularitez la.   Mais d'autre part là ou le lieu & le temps sont certains & determinez par la Coustume ; (comme ils le sont en Jersey) tout cela est superflu ; et il suffist pour tout qu'elle se rapporte a la Cour d'Heritage, de Cattel ou de Briefueté qui sera tenue pour le Terme suyuant apprez le Dapte de la Semonce ; comme le mesme Boer en ladite *Decis.* a fort bien remarqué.   *De consuetudine* (dit-il) *non seruatur circa expres-expressionem loci, necque horæ, quando fit coram ordinario, qui habet locum certum & horam certam.*   Il est vray que chez nous il n'y a point d'heure certaine par nostre style, ou un Deffenseur est consti-tué defaillant, s'il ne respond si tost qu'il est appellé, mesme deuant l'heure de midy.   Et pour le jour il n'est gueres plus certain ; car il y a plusieurs jours a la Cour ou Assise, soit d'heritage soit de Cattel; et de mesme à l'Extraordinaire ; et tous les Adjournements se font au premier jour de la Cour ; parce qu'on ne peut pas faire mieux ; et c'est ce qu'on dit en prouerbe que *Necessité n'a point de loy.* Pourtant si nous n'estions des Brouillons, nous trouuerions bien un remede a ceste necessité là : et j'en ay parlé ailleurs.

6.   Outre ces Circonstances nous y en adjoustons encore plusieurs autres fort peu materielles & lesquelles sont plus de style, que de necessité ; lesquelles nous pourrions obmettre, sans aucun danger, si nous auions affaire a des Juges moins attachez a l'escorce, & plus curieux de la substance du Droict.   Mais le mal est que nos Juges permettent aux Aduocats de badiner sur des orthographes de mots, et autres telles Inepties de pareille estoffe, pour prouuer une Semonce Inciuile, quoy qu'elle soit assez ciuile au regard de sa substance, & des conditions requises : Au lieu qu'ils deueroient reprimer toute ceste chicannerie là, qui est honteuse ; & ne sert qu'a multiplier les frais & les procez ; & a perdre le temps qui est si precieux ; & a donner du Jeu aux Imposteurs & du Passetemps aux Fai-neants : Je dis honteuse, voire mal sceante en toutes Courts ; mais beaucoup plus en une Cour Souueraine qui ressortist immediatement a la personne de Sa Majesté ou on ne deueroit admettre rien de friuole, & qui ne fust pour estre pesé a la Ballance du Sanctuaire.   Et partant je souhaitte passionnément qu'entre plusieurs autres choses cela soit reformé.

7.   Quand un Procureur, ayant esté semonds, a comparu en la Cause, il doibt estre semonds tousjours par apprez, quoy que son constituant soit present ; & si le constituant est semonds, ou adjourné, il faut que le Procureur le soit aussy ; sinon en cas de maladie, ou d'absence. *Bart. in L. furioso ff de re Judic. c. Si quem de procur. Ubi Gemin. & Franch. Alex. in L. procuratoribus. C. de Procurat.* Nous n'obseruons pas cela que je scache.

8.   Si une Semonce ou Bille d'adjournement est defectueuse ou Inciuile elle est conualidée par la Comparence de la partie, si elle y acquiesce, mais si elle s'oppose a la Semonce, alors elle n'est point conualidée. *Jason in L. Si quis Romæ. nu. 14 ff. de verbor. oblig. & in L. 1. nu. 2. de seriis Felin. in c. Statutum de Off. deleg. Col. 2. Cuman. Cons. 166. Simon in prin. Alex. cons. 188 in fin. lib. 2. Castren. in L. 1 in fin. de feriis.* Toutesfois, je voudrois distinguer icy & dire que si la defectuosité de la Semonce est materielle, de sorte que le Deffenseur n'aye pas bien compris l'estat de la cause, alors son opposition doibt estre receue & l'adjournement declaré Inciuil. Mais si la Defectuosité n'est que dans la forme ou dans le Style, ou dans quelques Syllabes, ou au Nom ou Surnom de la partie qui a comparu, alors elle sera purgée par ladite Comparence. Et c'est ce que veut dire *Rom. Cons. 410 Ut clarior. nu. 2. si Citatio est nulla, ut quia erratum est in modo citandi vel forma non est seruata si deuenit ad notitiam citati, illum arctat ;* Si l'adiournement est nul pour quelque erreur commis en la manière de citer, ou en la forme, & qu'il soit paruenu a la cognoissance de celuy qui a esté cité, cela l'oblige et ledit Rom. est suiuy par l'Apostille, *in verbo emanans.*

9.   Aux Causes de Briefueté où on procede sommairement sans figure de Jugement, une Semonce suffist pour toute la Cause, mais aux autres Causes, si la Partie se deffault, par le Droict Ciuil il la faut semondre derechef jusques a 3 fois ; car il faut 3 Citations pour faire un Peremptoire, & quelque fois plus, auant qu'on puisse venir a Contestation de Cause ; mais si le Deffenseur a une fois comparu, il ne doit plus estre Semonds peremptoirement ; mais il suffist qu'il soit garny sans autre forme. Toutesfois la chose n'est pas si rigoureuse, qu'il faille rejetter une Bille parce qu'on y trouve Semondre au lieu de garnir : *car omne majus continet in se minus,* Le plus *contient toujours le moins* & partant semondre contient garnir : mais si on auoit escript garnir en un Peremptoire, au lieu de semondre, cela porteroit coup pour faire la Semonce Inciuile.

10.　　Regulierement un Deffenseur ayant esté adjourné ne peut estre obligé a respondre a son Auteur, s'il n'a eu le temps qui estoit necessaire pour faire tous les preparatifs necessaires de la Cause. De la vient ceste ancienne Regle de la Coustume de Normandie, que nul ne peut estre contrainct a respondre touchant son heritage auant quinzaine. Ce qui nous auons totallement aboli en Jersey, ou les Adjournements mesme pour les plus Importantes causes, se font au plus long terme 3 ou 4 jours deuant la Cour. D'ou vient que les Deffenseurs se trouuent au despourueu, & ne pouuants mieux faire, laissent courir la deffaulte & ainsy le premier terme est perdu. Ce qui est a reformer comme contraire a la Loy et à nostre Coustume. *Citatio habens terminos nimis angustos est nulla*; *une semonce contenante un terme trop brief est Inciuile. Afflict. Decis. 124 Ecce datur in fi. Inno. in c. 2. de Dilationi 69.* Et la raison est, d'autant qu'elle oblige a une Impossibilité morale auquel cas personne n'est obligé. *Felin. in c. quod ad consult. nu. 3. de re Judic, Specul. in Tit. de Citat. §. 1.* Par l'ancien Droict Ciuil les Citations se faisoient 10 jours auant la comparence en toutes causes ciuiles, comme il appert par la Loy *peremptorium ff de re Judic,* mais Guido Pape asseure qu'en son pays de Dauphiné cela ne s'obseruait point ; mais estoit laissé a la discretion des Juges.

11.　　Encore que Regulierement personne ne soit tenu de respondre sans adjournement, il y a pourtant des cas exceptez par la Coustume; comme de coguoistre ou nier a lignage, ou a son propre fait, & plusieurs autres, ou il ne faut point d'Assignation pour respondre, quand on trouue la partie presente en Cour ; comme tesmoigne le Comentateur du Viel Coustumier fol. 52 pag. 2. Col. 1.

Des Libelles ou Billets.

Anciennement les causes se commencoient par libelles formez en façon de Requeste, comme elles sont encore a present en France ; et de la est venu le mot de Libelle qui signifie Requeste. Nous n'obseruons point cela ; mais nous nous contentons d'un simple Billet presenté au Juge qui contient la substance de la demande de l'Acteur ; et est le fondement de tout le procez sur le modele du quel le premier Acte est tracé, & la sentence consecutiuement : et

v

partant il est requis qu'il soit plus exact que la Semonce, & qu'il
contienne les causes et principales circumstances de la demande :
autrement la procedure seroit nulle, comme faite sur un mauuais
fondement. *Oldrad. cons. 108. in fi. vers. circa ult. & cons. 308
nu. 6 vers. respondetur* ou il dit que le billet ou Libelle est le Syllo-
gisme des Legistes, & que par ainsy il doibt conclure necessairement
a l'intention de l'Acteur ; c'est a dire par la cause de la demande.
*Alexan. Cons. 166. nu. 4 & 5 lib. 6. Corne. cons. 18 & cons. 55 lib. 3.
Alex. cons. 182 Sectis & pond. in prin. lib. 2. Bald. cons. 146. in fi.
lib. 3. Id. in Auth. ex causa. C. de Episc. & Cler.* Et de la il
s'ensuit que si ledit Billet est fondé sur une cause fausse ou inepte,
il doibt estre rejetté. *Bald. cons. 320 circa fin. vers. præterea dico
lib. 2.* mais s'il contient plusieurs causes dont les unes soient faulses,
les autres vrayes, il ne doit pas être rejetté. *Rom. cons. 245. Ad
primum. nu. 8. vers. de quarto.* Le Libelle donc estant comme la
pierre fondamentale de tout le Procez, l'Acteur doit y conformer
toutes ses preuues, & le Deffenseur toutes ses Deffenses, & le Juge
sa sentence, par ce que c'est une Regle sans exception, que, *Sententia
debet esse conf.rmis Libello,* La Sentence doibt estre conforme au
Libelle ou Billet. *L. ut fundus ff communi diuidundo Anchar. cons.
194 In causa & quæst. nu. 3. c. licet. Simon. c. qualiter & quando §
ad corrigendos de Accus. Jason cons. 100 in prin. lib. 4.* c'est a dire
que le Juge ne peut condamner le Deffenseur a faire ou payer outre
ce qui est demandé par le Billet ; et si la Sentence contient dauantage, elle est nulle, & ne subsiste point en Droict *Arct. cons. 7. quoad
hoc. nu. 8. & seq. vers. secundo ex alio. Alex. cons. 72. viso processu.
nu. 5 vers. secundo principali. lib. 5. Bart. cons. 82. quæstio commissa
col. 1. vers. aut dicemus, lib. 2. L. fin. C. de fideicommiss. libertat.*
Ce qui estant ainsy, il faut par mesme raison que le Billet soit conceu
en termes si clairs & si euidents, qu'il n'y ait rien a deuiner ny pour
le Deffenseur, ny pour le Juge ; pour laquelle cause le libelle doibt
sortir, autant que faire se peut, & que la nature de la Demande le
permet, hors des termes generaux, & proposer les particularitez de
la Cause ; Je dis, autant que la nature de la Demande le permet,
parce que l'Acteur est bien souuent contraint de se tenir dans la
generalité quand l'astuce de sa partie ou pour quelque autre cause
legitime, il n'a pu auoir la cognoissance des particuliers de sa
Demande ; comme si estant Heritier nouuellement parvenu a son
bien son tuteur ou Meneur luy est Reliquataire ; & ainsy des autres
ou il y a pareille equité ; en ces cas la libelle ou Billet, quoy que

conceu en termes generaux, ne doibt estre rejetté.

Un Billet ou Libelle est de fauorable Interpretation, aussy bien qu'une Semonce ; Voila pourquoy il doibt estre construit & entendu; *In sensu lato, en son large sens* ; et s'il s'y rencontre quelque mot ambigu ou douteux, il le faut accepter a l'intention de l'Acteur & a son Action pour la faire subsister en Droict s'il est possible ; jusques la, que *Verba libelli sunt improprianda*, les paroles du Libelle doiuent estre interpretées hors de leur propre & naïfue signification, en faueur de l'Acteur, cedit *Balde Consil. 468. Visa petitione, circa med. vers. præterea si libellus. lib. 2. Alex. cons. 121. Viso processu. nu. 3. vers. pro hoc. lib. 1. Felin. & Dec. in C. Sane. nu. 2 de offic. Deleg.* Laquelle opinion est commune, selon Decius : Ce qui se doibt entendre, quand les paroles sont capables d'interpretation ; car si elles portoient un sens notoirement & visiblement inepte, ce seroit folie de les vouloir tordre en faueur de l'Acteur. Voyez de cela *Alex. d. cons. 121. nu. 11 vers. non obstat. L. edita C. de edendo Angel. in L. fi. C. de Interdict. in fi. Paul Castren. cons. 243. Videtur quod non possit, per totum lib. 2. Bald. cons. 160. in prin. lib. 2. & cons. 22 præsupponatur. Vers. & si ex forma circa med. lib. 2. Angel. cons. 167. circa med. vers. ex iis infero. Card. Tusch. Litera L. conclus. 315.* Et vous trouverez que les Jurisconsultes sont unanimes en ceste opinion. Si bien qu'un Juge ne pourroit admettre un Libelle ou Billet inepte, & que s'il le faisoit, la sentence qui s'en ensuiuroit aussy bien que le reste de la Procedure seroit nulle *Ipso Jure.*

Des Delays ou Dilations.

Les Delays ou Dilations Judiciaires, quand ils sont demandez pour juste cause, prennent leur origine du Droict de Nature, aussy bien que les Adjournements ; parce qu'ils appartiennent a la Deffense de la cause, & quelques fois aussy a la poursuite, & a l'esclaircissement du Droict de l'Acteur : parce qu'il se rencontre des emergents en plaidant, dont la preuue ou confutation ne peut estre fournie sur le lieu ; mais il y faut necessairement du temps. Auquel cas les Dilations sont autant necessaires, comme elles sont legitimes ; & ne les ottroyer pas seroit une injustice. Mais aussy

quand elles sont demandées sans juste cause alleguée & approuuée
en jugement, apprez meure deliberation, pour vexer & chicaner la
partie, ou pour dilayer le jugement, (comme sont presque toutes nos
Dilations) elles sont calomnieuses, & ne doiuent jamais estre receües.
C'est pourquoy le Juge ne doibt jamais en ottroyer aucune sans
connoissance de cause, en presence de Partie, & ses raisons ouies a
l'encontre. Et si la cause s'en trouue legitime, regulierement elle
se doibt ottroyer une fois, & non plus outre. *Alex. cons. 65.
Habita. nu. 3. vers. unde succedit lib. 1. Bart. in Extravag. Ad
reprimendum Vers. super dicto. in fi. vide L. 1. C. de Dilat. & per
totum Titulum.*

Il y a deux sortes de Dilations : Deuant contestation de Cause
& apprez ou deuant la Sentence. Celles qui precedent la Contestation sont, comme celles qu'on demande pour auoir Conseil de
Parchonniers ou de Garands, sans lesquels personne ne peut estre
contrainct de subir Jugement, s'il n'a negligé quand il les falloit
vocher. Celles qui la suiuent, comme les autres qu'on demande
pour faire quelque preuue ou replique, ou Duplique, qui ne se peut
faire sur le champ manque de preuue, Droicts, Actes de Rolles &
choses semblables.

En matiere de Dilation il y a une perpetuelle & presque infallible Regle a suivre, que quand quelcune des parties demande
dilation ou terme pour faire quelque preuue ou contre preuue, ou
pour produire quelque Droicts, papiers ou euidences, lesquelles par
sa faute ou negligence il auoit differé de produire, quand il le pouuoit
faire, ayant eu le temps necessaire pour cela ; alors elle est captieuse
& tend a gaigner temps, & a dilayer Justice, & ne doibt estre
ottroyée, mais si elle est fondée sur quelque nouuel emergent, que la
partie n'auoit pu preuoir, ou sur quelque empeschement legitime,
sans la faute de la partie, elle est receuable, pourueu que cet emergent ou empeschement soit verifié en Cour par celuy qui le propose,
ou a tout le moins qu'il en preste serment, a l'instance de l'autre
partie, ou du Juge. *Bart. cons. 97. In quæst. nu. 3. & seq. lib. 1. &
cons. 125. quæstio talis. in pr. lib. 2. & cons. 115. col. 2. vers. Sed quid.
lib. 2.* Ce qui se doibt entendre non seulement de la premiere
dilation, qui est Juridique, mais beaucoup plus de la seconde ou
troisième ; lesquelles peuuent estre ottroyées par la Cour si la
necessité de la Cause ou la Justice le requiert. *Bar. d. cons. 97. nu.
6 & seq. Alex. cons. 101. visis oibus. in pr. lib. 5. Auper. Decis.
Tholos. 116.*

De ce que dessus il sera facile de juger si la pluspart des dilations lesquelles s'ottroient par nostre Pratique, sont bien ou mal fondées ; car Premierement toute Dilation soit auant ou apprez contestation, doibt estre demandé pour cause necessaire, en presence de partie, & ladite partie ouie a ses raisons ;   & ladite cause approuuée par la Cour, et inserée en l'Acte.

Celuy qui a eu les Termes necessaires pour faire toutes les diligences & les preparatifs de la cause, s'il a obmis quelque chose par malice ou par negligence, ne peut compter cela pour une cause suffisante d'auoir Dilation. Et la Cour seroit a blasmer si elle deferoit a des tergiuersations, au prejudice de celuy qui demande droict.   Il faut donc regarder s'il y a nouuel emergent, ou cause necessaire & non preueüe ; car, a moins de cela, ottroyer des Dilations seroit estre liberal du bien d'autruy ; car tous les aduantages qui se donnent a l'une des Parties outre la Loy, sont au prejudice de l'autre.

Par l'ancienne Coustume de Normandie on donne un delay et un Respit en une cause, le delay pour auoir temps de se conseiller, & le respit en faueur, & sans declarer la cause, pour les diuers empeschements qui peuuent aduenir : combien qu'il y ait plusieurs cas lesquels par ordonnance & usage special en sont exceptez, ou il n'eschet ny delay ny respit ; Commentateur du viel Coustumier sur le chap. de delay.

Des Amendes & Peines pecunaires.

Nous comprenons soubs le mot d'Amendes toutes les peines pecuniaires, de quelque sorte qu'elles soient, aussy bien celles que les Latins appellent *mulctæ*, que les autres qu'ils appellent *pœnæ*. Elles sont de deux espèces, ascauoir, Certaines & Incertaines : Les Amendes certaines sont celles qui sont prescriptes par les Loix ou approuuées par la Coustume : Les autres sont celles qu'on impose en diuers cas emergents, lesquelles sont subjectes a varier selon les circumstances impossibles d'estre reduictes a une Regle ; & partant sont laissées a la discretion des Juges, & ainsy sont Arbitraires. Celles qui sont prescriptes par la Loy ou par la Coustume, sont ou pour Defaute & Contumace ou pour delict.

'Quand un homme a esté legitiment adjourné, & qu'il a esté appellé par le Sergent ou Officier et euoqué par le Juge ; s'il se deffault, alors, apprez Record, il est pris à l'Amende pour sa deffaulte, *propter despectum Curiæ pour son despit de la Cour* c'est a dire parce qu'il a mesprisé l'authorité de la Cour ; et ce despit de cour est taxé chez nous a 3 sols, amende autrefois fort considerable, mais a present de neant : ce qui est cause que les deffenseurs se deffaillent ordinairement deux ou trois fois, ou plus, & se preuallent de toutes les fuites que la nature du procez ou l'indulgence des Juges leur promet de mettre en pratique. Ce qui est cause de beaucoup de longour & de retardement dans les procez. Quand ceste Amende fut taxée a 3 sols, le sol Tournois en valoit dix de ceux d'a present ; de sorte que les 3 sols en valloient trente ; comme le liure noir de l'Eschiquier en fait foy, dans lequel on trouue le poids & valeur des monnoyes d'alors. Ce qui estoit cause qu'il n'y auoit que bien peu de deffaultes dans les procez, ou on donnoit seullement un Delay pour cause, & un Respit sans cause : La ou a present on prend toutes les Deffaultes, & tous les delays, & toutes les fuites & toutes les desobeissances : et tout cela ne monte qu'a une somme inconsiderable, au prix de la vexation & de la perte de temps de la partie, & de l'Interest qu'il a que sa Cause soit vuidée.

Les Amendes pour Delict sont pour example, celles qui sont establies contre les Chasseurs, qui prennent les lapins ou pigeons d'autruy, ou qui destruisent la chasse ou le Gibbier, & celles qui sont pour Attentat, soit en empeschant les officiers de Justice de faire leur deuoir ou en mettant la main aux choses saisies par Authorité de Justice, ou en violant la clameur de Haro, & choses semblables.

Les Amendes ou peines pecuniaires infligées pour causes criminelles lesquelles croissent et diminuent selon les circumstances des lieux, & des personnes & des temps &c. n'ont pu estre reduictes a une Regle certaine par les Loix ou Coustumes : Et ainsy elles sont demeurées a la discretion de la Cour et celles cy sont en bien plus grand nombre que les precedentes. Il y en a aussy une infinité pour delict.

On pourroit proposer en ce lieu une question, Ascauoir si la Cour du Roy en notre Ile a pouuoir de changer ou commuter la peine d'un Crime ou Delict que par la Loy est corporelle, en une Amende pecuniaire ? Car personne ne doute de son pouuoir a imposer une peine pecuniaire ou la Loy n'en a point pourueu du tout. Pour respondre a ceste question je distingue des Crimes,

dont les uns sont punissables de mort par la Loy & les autres non,
mais de quelque autre peine, comme de mutilation, ou bannissement,
ou du fouët, ou de prison etc.   Et des personnes dont les uñes sont
ou publiques, ou honorables ou dignifiées, & les autres sans honneur
charge ou dignité.   Si la question est touchant ces derniers, alors la
Resolution sera qu'il n'est pas au pouuoir d'aucune Cour de changer
la peine que la Loy a voulu estre certaine, en une peine incertaine &
arbitraire ; et que s'il en estoit autrement toutes les peines legales
seroient frustatoires & inutiles : et ceste resolution s'entend aussy
bien des peines pour Delict, & de celles qui ne sont point mortelles
comme des autres ; avec ce temperament neantmoins, que tant
plus le Crime est capital, tant moins le Juge a de liberté a y rien
changer ; mais qu'aux autres moindres crimes & delicts, il se peut
faire qu'il soit expedient d'addoucir les peines, ou de les changer
mesme en faueur d'un homme non dignifié.   Mais si la question est
touchant une personne dignifiée, la Resolution sera que si son Crime
est punissable de mort par les Loix, il y auroit trop de presumption
d'en vouloir faire aucune Grace que ce soit apprez conuiction.   Car
en ce cas là c'est a celuy qui est par dessus la Loy, ou a qui la Loy a
donné ce pouuoir de faire Grace & non a autre : parce qu'encore
que la raison ne veult pas que ces crimes là soient punis de la mesme
peine en toutes personnes indifferemment, principallement, quand
les peines outre qu'elles sont a la mort, ont aussy quelque ignominie,
laquelle pourroit auoir quelque reflexion au prejudice d'une famille
illustre, quoy qu'elle ne fust pas considerable en la populace : Pour
tout cela ce n'est point au Juge, qui a les Loix deuant luy pour son
modele a user de son Franc-arbitre en cela ; mais tout ce qu'il peut
faire est de suspendre l'execution de la sentence, jusques a ce que le
Prince aye declaré sa volonté en ce cas.   Et c'est de ces crimes que
Couarr. entend *lib. 2. Variar. Resolut. c.9. nu. 2, quand il dit : Nulla
reus pertimescit culpam quam redimere nummis existimat : & Arnol.
lib. 7. aduers. gent. crescit multitudo pecantium cum redimendi peccati
spes datur, & facile itur ad culpas, ubi est venalis ignoscentium gratia.*
Mais pour les autres moindres crimes & delicts, principallement
ceux dont la peine est ignominieuse, comme fustigation, pillory &c.
La Pratique uniuerselle permet aux Juges de relascher la rigueur des
Loix pour ces personnes la, s'il y a cause, & que la peine pecuniaire
est commensurée a la faute & a la peine corporelle.   Sur laquelle
consideration *Couar. Loco supra cit. nu. 3. & 4* allegue la Glose sur
le chap. *Cum quidam in pr. de Jureiur. quœ dicit pœna pecuniana*

gravius puniendi m esse nobilem aut constitutum in dignitate quam plebeium ob qualitatem personarum ex qua instissime fit pœnœ mutatio. Et pour cela il allegue le texte *in L. aut. facta § persona ff de pœnis, &* la *L. Sacrilegii pœnam in pr. § 1. ff ad leg. Jul. de pecul. L. Pedius & L. ult. de incen. ruin. & naufrag. L. 3. § ult. ff. ad. L. Cornel. de Sicar. C. pastoralis. in pr. de off. deleg. c. ult. de pœnis & Tiraq. in Tract. de nobilit. C. 20. nu. 104 post. Alberic. in L. illicitat. § Uniuers. ff de off. Prœsidis. Bart. in l. 1. ff. de termin. mot. c. contra 24. q. 1. &c. ult. 26. q. 5. glo. in cap. ult. de transact. Matth. de Afflict. in Const. Neap. rubr. 9. nu. 36. Bonus a Curtili, de nobilit. 5. Vide & Guid. Pap. Quœst. 443. Sub. fin. & 579. nu. 2. & Apostilla Ferreii ad eundem locum.* Voyez aussy Lindenodé sur le Chap. *Circumspecte de foro compet. § liber homo,* ou conclud selon le sentiment de Jo. de Athona, que *pœna corporali plus punitur ignobilis quam nobilis, aut in dignitate positus ; sed plus nobilis quam ignobilis pœna spirituali & pecuniaria* dont la raison est parce que les personnes viles sont aussy peu soucieux de leur honneur & reputation, comme les honestes gens le sont de leur argent. Et au mesme Chap. *Circumspecte,* là ou il est dit que les Euesques corrigent les pechez mortels quelquefois de peines corporelles, & quelques fois de peines pecuniaires, ascauoir lors qu'un homme libre en a esté conuaincu c'est a dire un gentilhomme, le mesme Lindenodé en fait une Regle de Droict, ascauoir que les personnes libres doiuent estre punies d'une autre façon que les personnes seruiles, & a cest effet il allegue la Loy. *Si quis id. § in seruos. ff. de Jurisd. omniumJudi. & L. in Seruorum ff. de pœnis : Et videtur (dit-il) hœc Littera innuere quod libero homini non sit imponenda pœna corporalis, sed magis pecuniaria, & ut homo seruilis conditionis puniatur in Corpore.*

Mais comme en toutes punitions l'intention de la loy est d'extirper le vice & d'aduancer la vertu ; ceux qui ont l'honneur d'estre les ministres se doiuent donner de garde de celuy de tous les vices qui est le moins supportable en eux, & auquel plusieurs d'entre eux n'ont que trop de penchant, ascauoir l'Auarice. Et partant Je voudrois leur recomander deux choses ; L'une de n'admettre ces Commutations, sinon pour cause bien euidente ; & d'y obseruer le plus juste temperament que faire se pourra ; L'autre de conuertir autant qu'il leur sera possible ces peines ou Amendes là, a usages pieux & charitables ; & de n'enfler la bourse du Roy que le moins qu'ils pourront, des pechez de ses subjects ; mais qu'ils les conuertissent plustost a l'aduancement de la vertu & de la pieté.

Or comme il est loisible de changer les peines corporelles en pecuniaires, aussy est il loisible quelque fois, voire necessaire, de changer les peines ou mulctes pecuniaires, en corporelles, quand la partie condamnée n'a de quoy y satisfaire ; et en ce cas a lieu la Regle Vulgaire, *qui non habet in œre, luat in corpore L. 1. § ult. ff de pœnis. L. Si quis id quod ff. de Jurisd. omnium Jud. quarum meminere Bart. & DD. ad eandam. L. 1 § Ult. ff de pœnis, & Hippol. ad L. 1. C. de Sicar. nu. 63.* Voyez aussy Couarruuias *cap. 1. nu. 8. To. 2. Variar. Resolut.* qui sera, *Vice omnium & Ferrer.* sur la *Question 579 de Guido Pape.*

De la Taxe des Amendes.

Il se presente icy occasion de proposer une question, laquelle regarde une Coustume que nous auons chez nous, par laquelle le Juge prononce la plus part desSentences condemnatoires en Amendes pecuniaires, sans specifier ny determiner lesdites Amendes, lesquelles sont remises a estre taxées un autre jour, long temps apprez la prolation de ladite sentence. Il y a beaucoup de raison de doubter si ladite Coustume peut subsister en droict, & si telles sentences comme vagues & incertaines, ne sont pas nulles ; veu que c'est une opinion commune des Jurisconsultes que *Sententia debet esse certa, vel ad certitutinem reducibilis ex Actis ipsis, que la Sentence doibt estre certaine, ou du moins reduisible a une certitude. Couar. To. 2 Var. Resolut. C. 1. nu. 9.* ou il allegue plusieurs authoritez. *Sententia incerta, ut quia non continet certam quantitatem per se, necque relative ad Acta, est nulla. Paul. Castren. Cons. 425 ad confirmatonem, in fi. lib. 1. Sententia incerta, quando potuit certificari, est nulla, & non meretur executionem. Alex. cons. 109. in pr. lib. 3 Ubi quod est nulla, si Judex non espressit certam quantitatem, sed dixit quod condemnat ad quantitatem contentam in tali instrumento quod non fuit productum il illa Instantia. Vide L. pen. & l. fin. cum ibi not. C. de sent. quœ sine cert. quan. & declarant DD. in L. 2. C. eodem & in L. ait prœtor. § 1. ff. de re judic. Ruin. cons. 133. nu. 10. Lib. 5. Instit. de Actionibus. § Curare. Bald. cons. 94. Sententia primo Loco. in fin. lib. 4.* Or comme la Sentence doibt estre certaine, elle doibt aussy est prononcée en presence des parties interessées, ou a tout le moins, il est requis qu'elles ayent esté appellées a ouir ladite sentence ; autrement elle seroit nulle.

w

C'est une opinion receüe uniuersellement. Ces deux raisons me semblent impugner puissamment la taxe desdites Amendes a un autre jour. Car comment pourra la Sentence estre certaine, puisque premierement elle ne contient pas une Amende certaine, ny une quantité limitée & déterminée ? & secondement, qu'elle est bien souuent prononcée par le Bailly & taxée par son Lieutenant, ou *vice versa*, prononcée par le Lieutenant, & taxée par le Bailly.? En 3me lieu, les Justiciers qui sont entreuenus en la Cause, & qui ont contribué a la Sentence, sont rarement les mesmes qui sont presents a la Taxation ; car de ceux la quelques ungs peuuent estre absents, & d'autres qui estoient absents a la Sentence y peuuent estre presents. Et ainsy une sentence sera l'Enfant de deux Peres, & qu'elle aura esté faite a deux fois ; qui est une absurdité aussy bien en Droict comme en Philosophie. Une telle sentence n'est pas proprement une Sentence, mais seulement Profit ou Desseing d'une sentence, a estre determinée quand il plaira a la Cour. Toutes lesquelles qualifications sont si repugnantes a la nature d'une Sentence legitime, que rien plus : car elle doibt *esse certa, specialis, determinata, continens certam quantitatem, lata non super parte, sed super toto, Judice sedente pro Tribunali, & Parte præsente, vel saltem citata.* Or cest certitude est tellement necessaire par le Droict & par la Pratique d'aujourd'huy en plusieurs places, les Coups de fouët & de Baston qui se donnent aux Maléfacteurs, ne sont pas laissez a la volonté de l'Executeur, mais sont limitez & determinez par le Juge, sur le Siege. Et il semble que du temps de St. Paul cela fust ainsy pratiqué ; car il en fait enumeration, comme d'une chose certaine & qui auoit esté ainsy ordonnée par ses Juges. Ce qui n'est pas sans bonne raison : Car on doibt supposer que le Juge qui est le medecin Politique, ayant esté deüement informé de toutes les aggrauations & circumstances de la faute, est plus capable d'y proportionner la mesure de la peine, que le Bourreau qui ne scait pas aucunes fois, pour quoy il l'inflige. Et c'est encore icy un Poinct ou notre Coustume me semble s'esloigner du Droict commun, & de la Raison aussy.

Il est vray que ce que j'ay dit cy dessus de la certitude & determination des Sentences n'est pas sans exception. Car il y a des Causes & des Actions, lesquelles de leur nature sont generales, & ne descendent jamais aux particuliers, comme l'Action de Partage, de Diuision de choses Communes &c. Et en ces Actions la il faut de necessité que la Sentence soit generale ; autrement elle ne seroit pas

conforme au Libelle, ny suyuant l'Intention de l'Acteur : Et il y
en a aussy d'autres, lesquelles de leur nature sont incertaines &
indeterminées, & ne peuuent pas estre liquidées & reduites a une
certitude, sinon apprez plusieurs conferences, & contestations de
part & d'autre ; comme l'Action intentée contre un Tuteur ou
Meneur, Facteur, Procureur & autres semblables, pour Reddition
de Comptes, en laquelle Action il est impossible que la Semonce, ny
le Billet soient conceus sinon en general, sans rien specifier ; ny la
Sentence non plus ; parce qu'elle doibt estre conforme au libelle.
Et le mesme se trouue veritable des frais, reparations & Amelioriements demandez par Action : car bien souuent il faut appointer des
personnes pour les considerer & estimer ; & cela se fait quelquefois
par la Sentence, & aucunes fois apprez la Sentence, laquelle porte
seulement une condemnation en general. Et il se peut rencontrer
d'autres Instances, ou le Juge, pour quelque juste raison, trouuera
bon de differer la liquidation d'une Sentence, laquelle eust peut
estre liquidée sur le champ : en toutes lesquelles causes les Jurisconsultes recommandent cette Regle, Que si la Sentence n'est
certaine d'elle mesme, elle soit telle, qu'elle puisse estre reduite a
certitude Incontinenti. *Ant. de Butrio cons. 50. nu. 1. in fine vers. 2*
in quo. Quando Sententia Diffinitiua fertur super aliquo certo petito,
non potest fieri reseruatio super aliquo declarando post sententiam nisi
Incontinenti. Glos. & Bart. in L. cum Judex. C. de Sent. Or ceste
maniere de parler *Incontinenti*, signifie presque le mesme que
Statim, tost apprez, *antequam ad extraneos Actus diuertatur. Socin.*
Cons. 65. nu. 16. lib. 1. auant qu'on change de matiere, c'est a dire
dans quelques heures, ou dans le mesme jour. *Bart. in L. operis. ff.*
locati. Bald. cons. 34. nu. 10. lib. 5. & est communis opinio. Abb.
cons. 62. nu. 7. lib. 2. quoy d'autres extendent ce mot jusques a trois
jours, comme *Bald.* au susdit Conseil 34. *Castillion. cons. 14. nu. 7.*
Hier. Tortus. consil. suo, post Consil. Ant. de Butr. nu. 16. Ubi
etiam dicit Communem, mesmes il y en a d'autres qui l'estendent
jusques a 10 on 12 jours, selon la matiere & la nature de la chose, ce
qui est laissé a la consideration des Juges. *Mascard. Conclus. 687.*
Exceptis Dominii Incontinenti. nu. 21. & seq. Et la raison de ceste
exception est, *quia ea quæ incontinenti fiunt dicuntur inesse Actui*
qui præcedit. L. Lecta § dicebam ff. si cert. petatur. Et reputatur
unicus Actus & unicum factum illud quod fit etiam cum interuallo
temporis, quando fit actus secundus continuatiue ad primum L.
continuus. ff. de verb. oblig. Castill. cons. 14. nu. 5 & seq. Au reste

lors que l'Amende est des-ja d'auance determinée par la Loy, il n'est pas besoing que le Juge la determine : Comme les Anciens Præteurs & consuls qui ne faisoient que dire : *Lictor lege age, fay selon la Loy.*

De la Taxe des Arrerages de Rentes que nous appellons Ventes.

Par notre Coustume les Arrerages de Rentes se payent espece jusques a ce que la Cour les aye taxées a prix d'argent, qui est un peu deuant la St. Michel : apprez cela elles se payent selon la Taxe. Papon en son recueil, suiuant les traces d'Alex. Imolensis, de Jason et d'autres, en la reduction des Rentes a prix d'argent par le prix ordinaire des especes deües, selon qu'elles ont esté vendües la plus part de l'année. Nous auons esgard au prix du marché les deux tiers de l'année. Mais comme ce n'est pas assez d'auoir une bonne Regle, si elle n'est suiuie, aussy nous sommes a blasmer en ce que nous nous escartons trop souuent de la nostre, & que nous mettons ordinairement lesdites ventes audessoubs du prix ordinaire, sans aucune cause legitime ; et par ceste Indulgence nous tombons dans deux Inconuenients ; le premier, que nous rendons ceux qui doiuent les Rentes paresseux & negligents a les payer en espece, & dans le temps ; l'autre que nous violons la Justice, laquelle veut que personne ne gaigne par sa faute ou negligence, au prejudice d'autruy: or le Rentier gaigne icy doublement, ascauoir sur le temps, & puis sur le prix. D'autre part, nous ne sommes pas moins a blasmer, par taxer lesdites ventes a plus haut prix que de raison, en temps de sterilité ou de famine etc. car lors que Dieu a imprimé les marques de son ire sur les fruits de la terre, des especes desquels les rentes consistent, & que la sterilité ou quelque autre accident uniuersel a fait monter le prix des dites especes a l'exorbitance, au lieu que nous deuerions en diminuer & faire grace au pauure peuple dans la Taxe, nous nous roidissons à les augmenter, & par la nous faisons porter aux pauures rentiers, qu'il seroit plus juste que nous portassions nous mesmes. Il sera donc necessaire d'en faire quelques Regles.

1.   Premierement qu'en tout contract de loage, Bail, ou autre, ou la bonne foy predomine, les cas fortuits qui arriuent, nonobstant la preuoyance du Locataire, Preneur, ou Tenant, comme guerre, peste, famine, ou sterilité, Inondations, Tempestes excessiues & choses semblables, par lesquelles les fruicts de la terre sont gastez & destruicts, doiuent aller sur le compte du Bailleur, & les inconuenients en doiuent tomber sur luy. Cela est prouué par la Loy 23 *de Reg. Juris*, & par la Loy, *Si fundus § fin. cum lege seq. ff. Locati. Bart. in L. si vero §. Item ff. Locati. Alex. cons. 74. nu. 7. lib. 6. L. Si mora ff. solut. matrim. L. si decem, & ibi Bart. & Paul. Castrensis ff. de Solutionibus.* Or les meilleurs et les plus legitimes rentes que nous ayons en Jersey, ascauoir les censiues, Seigneurialles & foncieres ne sont que des pensions hereditalles, lesquelles se payent a raison de quelque Bail de terre ou autre heritage : Et pour les Rentes hypotheques quoy qu'elles ne soient proprement que prestations personnelles, il y en a pourtant d'attachées a des fonds particuliers, & toutes les autres sont attachées a des hypotheques generalles, & ainsy elles releuent de la terre, & se payent des fruits de la terre. Et quand cela ne seroit, elles sont tellement descriées par les Jurisconsultes qu'elles ne meritent pas aucune priuilege par dessus les autres, mais plustost d'estre rauallées au dessoubs des autres, dans la Taxe, comme estants moins fauorables.

2.   Lors qu'il s'agist de Sterilité, ou de quelque autre accident, pour lequel on doibt faire Remission de Pension, en la Taxe des Ventes, il faut auoir esgard a deux Circumstances ; premierement, si elle a esté Uniuerselle par tout le pays ; secondement, si elle a esté en un degré considerable : Car si l'une ou l'autre de ces considerations manquoit, ce ne seroit pas Sterilité, mais plus tost un effet de la negligence des mauuais mesnages, ou un accident particulier a quelque lieu qui peut estre recompensé par la fertilité d'un autre : ou s'il est uniuersel voirement, mais en un degré peu considerable, il doibt estre mis entre les accidents ordinaires, lesquels vont sur le compte du Preneur ou Locataire etc. Et partant Balde dit, qu'il faut que ce soit *Damnum enorme*, Une perte enorme ou excessive, ou il n'y ait point de la faute du Fermier, Preneur ou Tenant, *Cons. 239. nu. 1. in fi. lib. 1.* Et Calderin, qu'on doibt faire Remission de rente ou pension au Tenant ou Locataire en tout cas fortuit, par lequel il a esté empesché de jouir de sa Prinse, et qu'un tel cas se doibt entendre, lorsque le plus diligent mesnager n'eust sceu le preuoir ou preuenir ; comme les courses des Ennemis, Pyrates &

voleurs, les embrasements, orages & inondations. *Consil. 283 alias 5. de locato princ.* Pour le temps de guerre voyez Guido-Pape. *Quœst. 630. Dec. cons. 312. Licet hactenus.* De mesme pour la peste ou mortalité. Bald. *in L. Si ea lege. C. de Usur.* Matth. *Afflict. Decis. 365. ante medium* Guido *Quœst. 630.* Et pour la sterilité. Voyez le mesme Guido, en *Quest. Susdite,* & du Ferrier *en son Apostille, ibi* : mais plus amplement que tous les autres Couar. *Pract. Quœst. cap. 30. & Alex. cons. 3. lib. 1. Aret. cons. 52. Visa consultatione*—qui est une doctrine consonante au Texte tant du Droict Ciuil que Canon ; comme il Conste par le Chapitre. *Propter sterilitatem. De locato. L. licet. C. Locati, & L. si uno ff. eod. tit. & illic. L. exconducto § si vis. & L. si merces. § Vis major* : Et est receüe en Espagne, par leur Droict municipal *L. 22 Tit. 8. Partita 5ta* comme tesmoigne le susallegué Couar. Et le susdit Guido en dit autant pour son pays de Dauphiné : Et finallement il apparoist par l'Apostille de du Ferrier, au lieu susallegué, & par les tesmoignages de du Molin, du Feron, Chopin & Cuias que cest Usage est Uniuersel. Ce qui se doibt pareillement estendre a celuy qui ayant prins un Pré a rente, demanderoit remission de sa rente, a cause que l'herbe ou le foing auroit esté gasté & rendu inutile par Inondation. *L. Si merces § vis major ff. Locati Bart. in L. cotem ferro. maximos ff de publ. & vectigal. & in sua Disput. Publicanus quidam & in uno § cum quidam ff. Locati & Calcan. cons. 24. capio primum dubium.* or il ne faut pas seulement que la .perte du Fermier ou Tenant soit considerable, mais il faut par aggrauation qu'elle soit Intollerable : Et le susdit Couarruuias par l'autorité de *Panorm. nu. 12. in cap. propter sterilitatem, de locato, de Dynus & Bart.* & de Paul de Castres, Anton. de Butrio, Alex. Paulus Paris & autres tient que cela doibt auoir lieu lors que le Tenant ou Fermier n'a peu recueillir des fruits assez pour payer la moitié de la rente, les frais du Labourage deduicts, auec le fumier & la semence. Ou bien lors qu'il n'a point recueilly la moitié des fruicts qui auoient de coustume d'estre recueillis sur le fonds. *glo. si uno. ff. Locati. Alex. d. cons. 3. & cons. 107, nu. 15. Ant. et Imo. nu. 15. in d. cap. propter sterilit. Bald. Paul. Paris. Carol. Ruinus. cons. 81 & 87. lib. 1.* Lesquels sont alleguez par ledit Ruinus pour la plus Commune opinion. Et il y a encore une condition requise, a ce que ceste pratique ait lieu qui est, Que lors que l'année precedante la stérilité, ou celle qui la suit, se trouue si abondante, que le fermier y trouue de quoy se recompenser de sa perte, en ce cas il n'y a point de remission a faire. *ff de vino. tritico &*

ol. legat. L. ex eo ff. quando das legat. ad Paul. Castrensis in vol. antiq.
Consil. incip. In Christri nomine Amend. cons.333. in. 3. col. Versis
sed hic. Ce qui est raisonable. Et ainsy ceste matiere aura tousjours plusieurs circumstances a considerer, lesquelles seront soigneusement considérées par les Juges sur le champ. Mais en tout euenement quand la voix publique, comme un oracle, a tesmoigné
hautement que le flau de Dieu s'est desployé sur la Cueillette de
l'année, & qu'on voit les bleds monter a un prix excessif, c'est alors
que les Juges doiuent songer a faire grace aux pauures rentiers dans
la Taxe des Arrerages de ceste Année la ; mais par ce que cela peut
estre subject a beaucoup de contestations, & de difficultez, je
conclurray cet Aduertissement par les paroles mesmes de Couar. qui
estoit un des Presidents de la Cour de Grenade. J'ay remarqué
(dit-il) dans le Prætoire de Grenade, quand il n'apparoissoit pas
clairement qu'il y eust eu Sterilité, ou quand elle n'auoit pas esté
telle que les ordonnances du Droit Ciuil & Canon eussent lieu, et
mesme quand on estoit en doubte de la quantité des fruicts perceus,
ou des frais de la culture, a cause des Controuerses & des responses
differentes des tesmoings ; en ce cas, dis-je, ou faisoit remission aux
fermiers & laboureurs, a raison du tiers ou du quart, selon que les
Juges trouuoient expedient.

Mais aussy, ces considerations mises a part, lors qu'il s'agist de
taxer equitablement les Arrerages de quelque Rente, il faut s'arrêter
precisement au prix du marché qui a esté le plus commun les deux
tiers de l'année ; car c'est la vraye Regle, de laquelle il ne faut
varier. Et nous voyons que par taxer les dites rentes au dessoubs
de leur juste estimat, on commet les 2 fautes marquées cydessus, (1)
qu'on est cause que les Rentiers, estant asseurez de gaigner du temps
par negliger le payment des dites rentes, et d'y faire encore du gaing,
ne les payeront jamais dans le temps, ny en espece, ny en deniers,
sinon par composition, au dessoubs de leur prix. La (2) que au lieu
que par la Loy, celuy qui est *in mora*, c'est a dire qui dilaye le
payement de sa debte, en estant requis, doibt payer la chose deüe
par apprez auec les Interests. Icy on donne aux Dilayeurs & aux
mauuais payeurs ung salaire pour leur malice & negligence, & par
ainsy on les encourage a suiure le mesme train une autre fois, ou a
faire encore pis.

De mettre prix sur les choses qui appartiennent a la vie de l'homme.

1.   Le Magistrat Ciuil a pouuoir de faire en sorte, en temps de famine ou sterilité, que les choses necessaires pour la nourriture de l'homme soient dispensées auec egallité, en sorte que les pauures & les indigents en ayent leur proportion, aussy bien que les riches & opulents ; et de contraindre ceux qui en auront fait amas, a les vendre a tel prix que ledit magistrat trouuera raisonable. Il a aussi pouuoir de faire collectes, pour la subuention des pauures, & de contraindre les Refractaires a y contribuer comme les autres, sans leur faire tort : dont la raison est, parce qu'encore les Loix de toutes les nations l'appropriation des biens soit permise ; si est ce que dans une extrême necessité, pour empescher la ruine ou perte insigne d'un Estat, les Interests de chasque particulier sont subordinez a ceux de tout le Corps ; partant il faut que ceste Communion de biens qui estoit auant l'establissement des Estats & Communautez réprenne place, s'il en est besoing, jusques a ce que la dite necessité ne soit plus. Et generallement toutes les Loix du monde, quelques bonnes qu'elles soient, & quelque authorité qu'elles portent, sont subjettes a la Loy de necessité ; laquellé est de telle force qu'elle rend les choses illicites licites, et d'autres fort justes elle les fait injustes. Ce que Couarruuias a remarqué au *chap. 14 du 3. Livre Varicr. Resolut.* ou ceste matiere est amplement traictée, auec ses fondements & authoritez. Et si quelquuun a la curiosité d'en lire encore dauantage, qu'il lise *Oldrad. Cons. 190. Thema tale. in fi. Jas. in L. si ex toto. ff de Leg. 3. Anchar. Cons. 194. nu. 4 & 5. Card. Tusch. Lit. N. conclus. 19. nu. 9. etc. Castrens. in L. Diuus, nu. 5. Vers. nota ff. de Petit. hœred.* Et que toutes choses deuiennent communes en temps de necessité, si elles appartiennent a la vie de l'homme est declaré par *Bald. Cons. 443. Jus naturale, nu. 2. Vers. & nemo vult. lib.* ou il monstre que dans ceste occasion là un des membres de l'Estat peut estre contraint a secourir l'autre gratis, sans aucun salaire ou autre consideration. Et que le magistrat peut durant ladite necessité & pour y subuenir, s'il ne trouue d'autre expedient, Imposer Imposts, contributions, Taxes, Tailles etc. sur les particuliers, quelques chartres, exemptions, ou priuileges qu'il y ait au contraire, *Bald. cons. 429. super eo. in fi. lib. 5.* Du priuilége de la Famine & comme elle excuse de la rigueur des Loix, *Roland,*

a Valle, cons. 76. nu. 27. lib. 2. Et comme en temps de famine
toutes choses sont communes, *Decius, Cons. 698. nu. 17.* Mesmes
les biens des Eglises, *Castren. Cons. 415. In facto præsenti, nu. 2.
lib. 1. allegat Text. in cap. Dilectissimi, & in c. Expedit, 12. q. 1.
Menoch. cons. 137. nu. 9. lib. 2. Bald. in L. Divus, in fi. ff. de petit
haered.* Voila donc une Regle certaine, Que le Magistrat, en cas
de necessité, comme de famine, ou grande sterilité, guerre, peste etc.
peut forcer ceux qui ont moyen de subuenir a ceux qui manquent ;
et imposer Collectes ou autres Tailles ou Impositions, selon qu'il
jugera expedient, pour subuenir a la necessité presente ou Imminente ; & qu'il peut aussy disposer, non seulement des biens, mais
aussy des Corps & Industrie des particuliers pour la mesme cause
& a la mesme fin.

2.   Mais que jugerons nous du cas ou il n'y ait point de telle
necessité, mais seulement, que cela se trouue expedient pour le bien
de la Communauté ? Je responds que le Magistrat, qui est le Medecin
Politic, doibt imiter le medecin naturel, lequel voyant la Gangrene
en quelque partie du Corps, ne fait point de difficulté d'y appliquer
le fer, & a d'autres fois le feu, pour mettre le corps hors de danger,
mais quand le mal est moins dangereux il se sert de remedes lenitifs
& naturels ; De mesme le Magistrat Ciuil se voyant hors des termes
de la necessité ne doibt user de ces remedes violents & extraordinaires, mais de ceux qui sont approuuez par les Loix, & de son
Pouuoir ordinaire, & auoir tousjours en la memoire ceste belle
sentence. Comme vous voudriez que les hommes vous fissent,
faites leur semblablement. Mais par ce que plusieurs particuliers
non comprins soubs aucune Loy sont du pouuoir ordinaire du
Magistrat, qui est authorizé ou par les Loix ou par Coustume, d'y
pouruoir selon sa prudence ; Il faut voir jusques ou il y peut
proceder sans blasme. Il faut donc sçauoir que naturellement
toutes communautez legitimes, de leur constitution, ont pouuoir de
faire les choses absoluement necessaires pour leur subsistance : Ce
qui se doibt entendre non seulement des grandes Communautez &
Republiques, mais aussy des Inferieurs, comme sont celles des
Villes, Bourgs & Paroisses : Et que puisqu'elles ont ledit pouuoir
elles en peuuent user legitimement, sans licence d'aucun Superieur.
Et c'est a ce propos que Chassanée sur *les Coust. de Bourgogne Col.
1387.* dit que nous voyons communément que les Habitants de
chasque Paroisse imposent collectes sur eux mesmes, pour les
necessitez desdites Paroisses, sans Licence de leurs Superieurs ; et

x

c'est aussy en ce sens que *Gemin. Cons. 116* dit que chasque Communauté a pouuoir d'imposer une collecte speciale, pour ses necessitez. *Voyez Angel. Aret. in L. 4 in pr. de re Judic. Alex. cons. 78. Videretur. lib. 6 nu. 4. Et Apostilla ibi.* Mais hors de ceste necessité nulle communauté subjette a un Prince ou autre Superieur ne peut faire aucune collecte sans licence particuliere : Voyez le mesme *Gemin. ibid. nu. 9 & 10. Alex. Consil. 52. lib. 5. Abb. Cons. 6. col. 3. in prin. lib. 2 & Cons. 13. nu. 5. lib. 2. Bart. Cons. 180. Si aliqua lib. 1. in princ.* Et la cause legitime d'imposer Collectes est la necessité publique, comme pour employer des Commissaires vers le Superieur, pour quelque subject necessaire *Ruin. Cons. 116. in fi. lib. 4.* Et pour payer les debtes de la Communauté, quand elles ne le peuuent estre, par autre voye. *Purpur. cons. 428. nu. 43.* Et aussy quand ceste necessité est imminente, quoy qu'elle ne soit pas encore arriuée. *Roland. a Valle cons. 1. num. 98 & seq. lib. 2.* Mais ladite Communauté ne peut faire Collectes en faueur d'aucune Affaire particuliere, quelque juste qu'elle soit, *Idem Purpur. Cons. 428 nu. 21. 43 & 87.* Et quand telles Collectes se font ce doibt estre par l'aduis de la Communauté mesme, c'est a dire de la plus grande partie *Cald. consil. 443, alias 1. de censil,* & a proportion des biens d'un chascun, dans une egalité que le pauure ne soit point plus greué que le Riche. *Bald. cons. 228. per totum lib. 5.*

Mais pour la taxe & appreciement des choses qui appartiennent a la vie ou ornement de l'homme, hors le cas de necessité, nous voyons que cela est remis a la prudence des Magistrats presque partout le monde ; & que les particuliers, n'ont pas tousjours en cela une liberté absolue : Ce qui estoit partiqué aussy par les Anciens, dont les Histoires font foy. Et c'est pour ceste cause qu'on a estably des poids & des mesures publiquement, tant pour les choses arides que liquides ; et on a fait des Loix & Reglements contre le transport des choses necessaires, principallement, le Blé, les Viandes, le Poisson, Breuuage ordinaire &c. *Natt. cons. 221. nu. 2. per totum.* Et on deffend d'achapter ces choses la pour en faire magazin, affin de les reuendre plus cher. *Rom. sing. 220 & Natt. ibid.* Et nous voyons que le pain a vendre a son Assise son poids & son prix : Et les breuuages de mesme. Et le mesme s'est pratiqué & se pratique encore en plusieurs lieux pour la Viande de la Boucherie mesme dez le temps des Justiciers Errants, il y a plus de 400 Ans, il n'estoit pas permis d'exercer l'Estat de Boucher, Boulanger ou de Tauernier, sans permission speciale du Magistrat,

non plus qu'a present. Et neantmoins tout cela est contraire a
cette liberté naturelle que tous ont d'achapter & de vendre sans
empeschement. *L. ex hoc Jure ff. de Just. & Jure.* Et toutesfois
cela ne repugne pas a la raison laquelle veut que la liberté des
particuliers cede a l'utilité publique, et la meilleure police du monde
est fondée sur ceste maxime, *Salus populi Suprema lex : le bien &
sauucté du public est la Souueraine Loy.*

Du Pouuoir du Magistrat en certaines Prohibitions

La Justice de Jersey, mesme quand elle ne consiste que de trois
ou quatre Justiciers auec le Bailly, s'attribue le pouuoir de faire des
Ordres & des Reglements pour la Police de l'Isle. Ce qu'ils semblent
n'auoir pas pouuoir de faire, non pas mesme quand leur nombre est
complet. J'insisterai sur quelques particuliers. Du temps de feu
Messire Philippe de Carteret senior on deffendait de transporter des
Bœufs de Jersey en Normandie ; et ledit Sieur fut blasmé au Conseil
pour auoir, entre autres choses, permis le transport de quelques uns
pour courtoisie à des gentils hommes de sa cognoissance, luy estant
Lieutenant Gouuerneur, mais a present il n'en est pas ainsy ; car
nous sommes sur la veille d'en deffendre le transport de Normandie
en Jersey, comme on a fait depuis peu pour les cochons ; & comme
on a fait diuerses fois (& je voudrois qu'on l'obseruast tousjours)
pour les Pommes & pour les Cidres estrangers. En toutes lesquelles
choses, & en plusieurs autres, la Justice a de tout temps, par de la
memoire des Viuants, usé de son authorité, sans hesiter, selon
l'exigence du temps : Qui est un pouuoir legislatif, lequel le Roy ne
possede pas absolument en Angleterre, sinon conjointement auec
les trois Estats du Royaume en Parlement ; ou s'il en use dans les
Interualles des Parlements par voye de Proclamation, c'est seulement pour un temps ; sans que cela tourne en Loy : et encore en
ce cas le peuple a bien de la repugnance a obeir, & se trouue fort
greué d'estre restrainct en sa liberté, & n'est pas sans en murmurer :
mesmes on a veu telles Prohibitions censurées par les Parlements.
Et neantmoins je confesse qu'il pourroit arriuer bien du mal, s'il
n'estoit au pouuoir du Magistrat de brider la liberté du peuple en
beaucoup de pareilles occurrences : Et partant je trouue que ce
pouuoir la est expedient, pourueu qu'on en use bien ; ce qui sera si

on obserue deux Precautions. La premiere de ne faire jamais de Prohibition, ny restreindre la liberté du peuple, en choses perminses par la Loy de Dieu ou de nature, sinon lors que la necessité grande & urgente les y obligera, pour la conseruation de la chose publique : ou lors qu'ils verront clairement qu'on abuse de ladite liberté contre la pieté ou contre la vertu. La seconde, de n'y proceder pas a la legere, en petit nombre de Justiciers, mais en plein Siege, ou par l'aduis des Estats ; et encore auec cela de donner liberté et loisir pour consulter & debattre la chose, & en considerer touts les ressorts & toutes les consequences : affin qu'il n'y ait rien a refaire, comme il arriue, lors que les Resolutions se prennent a la volée, & sans estre bien & meurement digerées, comme il est requis.

Or parce qu'en tous Estats ou il se trouue des Pauures incapables de gaigner leur nourriture & autres necessitez par leur trauail et industrie, les Riches sont obligez, chascun selon ses facultez, de contribuer a la nourriture & subuention desdits pauures, non seullement par la Loy de charité, qui est la Loy des Chrestiens, mais aussy par la Loy de nature, & de la Raison, (laquelle veut que dans ung Corps, aussy bien Politic comme naturel, les membres soient mutuellement obligez a la nourriture les uns des autres). C'est pourquoy le Magistrat a aussy indubitablement pouuoir de faire que ceste obligation Chrestienne, Naturelle & Raisonnable, soit reduite en pratique, & en cas qu'il s'y trouue de la resistance, de contraindre les contredisants a se submettre a ce qu'il aura ordonné, comme les Jurisconsultes ont unanimément recognu estre juste & raisonable. *Panorm. in c. cum causa de elect. col. Ult. Anan. in c. Si quis propter necessit. de fur. Felin. in c. 1. col. Ult. 1. dist. Abb. & ibi Anton. Burgens.* qui en allegue d'autres *in c. 1. de Emption. Alberic. in dict. Eleemosyna, Specul. de Instrum. Edit. §. nunc aliquo. nu. 66. Felin. c. 1. de off. Judic. & in cap. Si quis testium de Testib. Carolus Molin. de Contract. quœst. nu. 73 & 74. Couar. Var. Resolut. lib. 3. cap. 14. nu. 5* ou il prouue que les Contributions ordinaires qui se font pour les Pauures sont *Legale Debitum* un *Deub Legal*, auquel le Juge peut contraindre les particuliers de contribuer, en vertu de son office. Et pourtant j'approuue l'usage d'Angleterre ou les Aumosnes Parochiales se font par l'authorité des Justices de la Paix, comme il les appellent, & par voye de Taille ou un chascun contribue selon son Estat, reel ou personel, sans aucune Tergiuersation. Et d'en user autrement est laisser a la liberté d'un Auaricieux de faire Aumosne ou n'en faire pas, & de mettre par consequent le fardeau de la nourriture des pauures tout entier sur ceux qui sont liberaux & charitables de leur propre inclination.

Sur tout, le Magistrat prendra ung soing particulier de faire donner de l'employ aux Indigents capables de trauail ; & de faire eslever leurs enfants en quelque mestier ou vocation honeste, sans leur permettre de s'accoustumer a mandier en oisiueté, qui est une Pepiniere de toute sorte de meschanceté.

An in alienatione Feudi & rerum feudalium necessarius sit consensus Domini ?

Feudorum antiquo jure Feuda ipsa resque omnes feudales alienari non possunt sine consensu Domini *cap. 1. de prohib. alien. Feud. per Frider.* Ita ut si alinata fuerint, ac possessio realis inde sequta sit, statim committantur & aperiantur Domino a quo imediate tenentur, quod eo usque verum est, ut si Emptor sciens rem esse feudalem, nihilo minus eam emerit, priuandus veniat precio, & Dominus vel rei vendicatione, vel condictione ob causam, recuperare illud possit. Sufficit tamen si consensus Domini obtineatur, vel post alienationem peractam ; quia hoc casu recte retrotrahitur, *Chassan. Coust. de Bourgog. col. 466. nu. 7.* Dominus autem ex sententia *Lud. Roman.* suo Jure uti tenetur intra quinque annos, alioqui præscriptione summovendus, nisi fecerit, *L. 2. C. de Vect. & Commiss.* quod tamen tempus ad usque 30 annos extendit. *Idem Chassan. col. 456.* Hæc ita intelligas, ut post alienationem, ac realem possessionem, feudum ipso jure apertum atque ad Dominum devolutum sit, nec alia ob hoc sententia quam Declaratoriam opus sit. Atque hoc quidem ita obtinet de Jure Communi, quo adhuc utuntur Burgundi, *Autore Chassaneo. Rubr. 3. § 8. Consuetud. Burg.* nec non Angli, ut testatur *Conellus in Justit. Juris Anglic.* Et alii nonnulli. quadere videndus est Guido Papæ, *Quæst. 305.* Sed apud Gallos longe aliter se res habet, ut posse quorum generati Consuetudine Feuda jam Patrimonalia habeantur, non solum in succedendo, sed etiam in alienando, ita ut citra Dominorum veniam recte veneant & tradantur (prœterquam Ecclesiasticis personis quœ istorum incapaces sunt absque Regis licentia) nec propterea cadant in Commissi Jus cujus consuetudinis testis prostat luculentissimus Joh. Faber, citatus non ab eod. Guidone *quæst. 59.* solum sed ab ipso Chassaneo, aliisque non paucis : *Videsis Guidonem Pap. quæst. 297*

& Apostillam Ranchini & Ferrerii ad prædict. quæst. 59. quibus succinit Tiraquellus, *De Retraict Agnayer §. 1. glo. 3. nu. 11. citatque Sebast. Neapodanum & Mash. de Afflictis* asserentes id quoque Juris esse apud alios populos. Quod si apud nos Insularum incolas hac de re quæstio oriatur, non aliter decernendam censerem quam ex Gallorum consuetudine ; quorum ad Instar, ac præcipue eorum qui vicinam Normanniam incolunt, omnia fere Instituta nostra moresque populi compositi videntur & comparati, ita ut vix ovum ovo sit similius. Siquidem cum innumeræ Feudorum & rerum feudalium alienationes post trecentos circiter annos factæ reperiantur in una Insula Jerseiensi, quarum adhuc Instrumenta leguntur passim, vix tamen constabit, Regis aut cujuscunque alterius Domini consensum vel semel per id temporis obtentum aut positum fuisse ; quod si fuisset, aut in Instrumento insertum aut Saltem apud Acta relatum opportebat. Dominus tamen de Sto. Audoeno, postquam obtinuerat Feudum Roselli, ad majorem cautelam, consensum Regis postiminio habuit : non utique opinor, quod, absque illo, commissi Jure ad Regem deuolutam crederet ipsum feudum ; sed quia contractui, quem irritum alii putabant, diffidebat, Regis nominis atque auctoritatis præsidio tueri se volebat.

J'auois escript ce que dessus par voye d'exercise, lors que j'entendis qu'il y auoit une pareille question sur pied en Guernezey, entre les heritiers du feu Sieur d'Auneuille, d'une part, & les acquisiteurs du fief le Comte, vendu par luy, sans permission du Roy, duquel ledit Fief est mouvant immediatement, d'autre part. Laquelle Question a plusieurs Branches. Car les heritiers pretendent la vendition nulle, non seullement parce qu'elle a esté faite sans Licence du Chef Seigneur, mais aussy manque d'argent compté ; et ainsy ils en veulent faire aussy une Action *non numeratæ pecuniæ.* Et d'autre part les acquisiteurs sont en possession de (1)

1. ans ou viron. Pour la premiere Branche, elle est vuidée par la Coustume generale de France, par laquelle tous Fiefs & chose feodales sont deuenus patrimoniaux en toutes choses, & passent d'homme a homme tant par voye de succession que de Contract, comme les autres heritages sans licence d'aucun ; & par consequent sans comminse ou nullité.

2. La seconde Branche auroit quelque raison ce me semble. Car combien que par le Droict Ciuil l'Action *non numeratæ pecuniæ* se

---

(1) Sic.

proscriuit par deux Ans ; comme il appert par le Code ; toutesfois Rebuffe affirme au Prœme de ses Ordonnances que ceste Prescription la ne s'obserue point en France, ou on est receu a prouuer le prix ou argent non compté mesmes apprez les 10 ou 20 ans.

3. Outre ces deux considerations, lesquelles se rencontrent en ce procez, en voicy encore une troisiesme assez considerable, ascauoir Que les heritiers dudit Sïeur d'Auneuille ne pourroient rien pretendre ny par voye d'action ny par voye d'exception audit fief le Comte, en vertu d'aucune telle nullité ou Comminse, quand mesme le consentement du Roy se trouueroit necessaire : par ce qu'en ce cas la ledit Fief le Comte seroit tombé en Comminse au benefit du Roy, a qui la forfaiture ou Commise seroit deüe, & non au vendeur ny a ses heritiers ; qui n'y ont plus que voir. De ceste derniere consideration sourdra une Resolution a la Question laquelle j'ay ouie faire touchant les Rentes & dependances de la Seigneurie de Rosel alienées par le Sieur de St. Ouen a des particuliers, il y a plusieurs années, car je tiens que les acquisiteurs sont hors de danger, soit que ces pieces la peussent estre desmembrées de la Seigneurie par permission du Roy, ou sans sa permission, car si la permission du Roy n'y estoit pas requise, le Seigneur ny ses heritiers ne peuuent aller a l'encontre d'un Acte legitime, mais si la permission du Roy s'y trouue necessaire, et que sans elle il y ait comminse des pieces alienées, ladite Comminse ou forfaiture est estainte par la Prescription de 5 ans qui est selon le Droict Ciuil, ou par la prescription de deux Ans pratiquée par le Droict Anglois ; de sorte que les Officiers n'y ont plus que voir.

4. La 4eme & derniere consideration donc est, Que le Roy ny ses Officiers ne peut plus agir au Droict de Comminse contre les Acquisiteurs du fief le Comte, par ce que Sa Majesté en est exclus par la Prescription Ciuile de 5 Ans ; & par la prescription municipale d'Angleterre de deux ans contre le Fisc. *Voyez Conell Instit. Juris Anglici lib. 2. cap. de Prœscript.*

Des limites, bornes ou Confins des Territoires, Paroisses, Fiefs et autres Possessions tant publiques que particulières.

La question des confins, que les Latins appellent *Finium regundorum* se rencontre fort souuent, entre les Communautez,

comme entre les habitants de deux Paroisses ; ou entre particuliers,
comme les Recteurs de deux Paroisses, pour quelque Disme ou autre
droict parochial ; ou entre les Seigneurs de deux Fiefs ; ou entre
deux voisins pour quelque piece de terre, fossé, chemin, banque, ou
issue, que chascun des deux pretend luy appartenir : Lesquels cas
se trouuent aucune fois tellement brouillez et embarassez qu'apprez
les loyaux Deuis, veües & autres procedeures usitées, les Juges se
trouuent si peu satisfaits du Droict des parties qu'ils ne scauent
bonnement quel Jugement en faire : ou s'ils procedent a la Sentence,
comme il faut qu'ils le fassent par force, si la Partie insiste, c'est
auec tant de suspension & de doute que rien plus. Cela estant
ainsy, je ne meriteray pas de blasme, si j'apporte quelque esclaircissement a ceste matiere, en proposant la methode et procedeure en
ceste Question telles que les Jurisdictions modernes pratiquent
aujourdhuy sur les Vestiges du Droict Ancien & des meilleurs
Jurisconsultes.

1.   Premierement donc je pose pour Regle indubitable, que quand
il s'agist d'une cause pareille, dont la preuue est difficile, ou parce
qu'elle relate a un commencement qui est par delà la memoire des
hommes viuants, ou parce qu'il ne s'en trouue aucune euidence par
escript, qui soit authentique, ny aucun tesmoignage de certain, ou
pour quelque autre cause que ce soit ; C'est la Coustume de toutes
Courts d'admettre des preuues foibles & legeres, lesquelles en un
autre ne seroient pas receuables, comme Presumptions, Indices,
Vraysemblances, Renommée publique, Liures & escripts anciens
de foy doubteuse, banques, chemins, riuieres, Actes possessoires, &
choses semblables. *Gemin. cons. 100. col. 2. circa medium vers. in
quo quidem libro. Bald. Cons. 286. Thema. in pr. lib. 2 Mascard.
conclus. 393. Communia de confinibus. Marsil. in L. de minore §
plurimum nu. 78 ff. de Quæst. Guido Papæ Quæst. 193.* de toutes
lesquelles preuues il faut parler particulierement & distinctement.

2.   Pour les Presumptions, ce sont des conjectures resultantes des
Circumstances des choses, par lesquelles le Jugement d'un homme
est excité a croire ou ne croire pas ce qui est en question. *c. ex studiis
de Præsumpt. Alex. Cons. 89. Viso themate. nu. 7. & Seq. vers.
similiter. lib. 3.* Et ces Presumptions estants de Droict (*Præsump-
tiones Juris*) c'est a dire fondée sur quelque Loy, coustume, ou
ordonnance, sont censées preuues liquides, & le Juge est tenu de
guider son Jugement selon elles. *Bald. Cons. 250. In quæst. Domini*

Milani. in fi. nu. 16. ver. Item, si fallitur lib. 1. et ne doibt admettre
de preuue contraire pour les infirmer : Comme pour exemple, si un
heritier ne fait point d'Inuentaire, la Loy presume qu'il les fait en
fraude ; & ainsy le condamne a porter toutes les debtes ; quoy que
peut estre il l'aye fait par inaduertance : mais si telles presumptions
ne sont fondées sur la Loy, elles sont de leur nature preuues fort
foibles, & n'arriuent pas a une Demypreuue. *Præsumptio est minor
probatio quam Semiplena, cedit Alex. au Cons. susallegué.* Voila
pourquoy le Juge fera bien de regarder a deux choses. La premiere,
Que la presumption qui fait pour un costé, ne se trouue pas destruite
par une contraire presumption qui fasse pour l'autre costé. Que la
presumption alleguée en faueur de quelque cause, soit fortifiée par
une seconde presumption, ou par quelque Indice, ou autre preuue,
qui la rende passable. Et s'il se rencontre plus d'une presumption
vraysemblable, elles seruiront toutes ensemble de preuue telle quelle,
lors qu'il n'y a aucune preuue a l'encontre.

8. Pour la renommée, il faut scauoir qu'elle passe aussy pour
preuue en pareilles causes, mais c'est seulement *In antiquis*, comme
parlent les Canonistes, c'est a dire quand il s'agist de quelque cause
dont le Principe ou commencement excede la memoire des Viuants :
comme pour example, s'il falloit vuider quelques anciennes controuerses qui sont sur pied, pour les limites de quelques Paroisses, il les
faudroit decider par Presumption & par la Renommée, c'est a dire
par Enqueste des plus vielles gens, & par l'opinion & croyance
vulgaire ; car pour d'autres preuues, on n'en trouueroit point. *Bald.
d. cons. 286. & cons. 359. lib. 3. & cons. 420 nu. 3. in fin. ver. sed quid
est. lib. 1. c. causam in fin. Ubi late Felin. de probation. Deci. cons.
42. pro facultate. Paris cons. 27 lib. Natta cons. 672 nu. 13. lib. 4.
Hier. de monte Tract. de finibus cap. 50. nu. 6 & seq. Corne. cons. 171.
col. fi. lib. 1. Mascard. conclus. 393.* ou il tient que pour faire la
preuue d'une chose ancienne & Immemorialle, lorsqu'il n'y en a
point de plus certaine, deux Presumptions ou preuues Circumstan-
tielles suffisent. Ce qui se doibt entendre *In pari causa,* là ou les 2
parties pour example sont egaux en tous egards, comme s'ils
pretendent tous deux aussy bien a la possession comme a la proprieté
de la chose ; car si l'un d'entre eux estoit en possession indubitable,
je ne pense pas qu'il peust estre depossedé par deux simples presumptions comme il arriua il y a quelque temps en une cause entre
Mr. de Bagot & le Sr. Salomon Journeaux en laquelle tous les Actes

Y

possessoires & la pluspart des Presumptions estoient de costé dudit Journeaux ; qui se trouuoit possesseur indubitable d'une Ruette joignant a son logis de St. Sauueur, laquelle ledit Sr. de Bagot vouloit attribuer au Public ; nonobstant laquelle possession peu s'en fallut que la pluspart des voyeurs fondez sur deux conjectures l'une d'un Acte de Rolles ancien du sens duquel on n'estoit point d'accord, & l'autre d'un tesmoignage de croyance, sans alleguer cause de ladite croyance, n'ostassent & la possession & la proprieté audit Journeaux. Car c'est une Regle certaine, que *In pari causa melior est conditio possidentis.* Lors qu'il se trouue des preuues, droicts, presumptions & conjectures entre deux litigeants, il faut tousjours regarder de quel costé se trouue la possession, & luy donner gaing de cause ; parce que la presumption de Droict est tousjours d'auec le possesseur, s'il n'y a de forte preuue au contraire.

4.   On se sert pareillement de Droicts, Actes de Cour, & autres Escripts anciens en la question des Limites. Mais il faut obseruer cette Caution, Que tous Droicts, Actes de Cour, & autres Escripts authentiques sont bonnes Preuues contre les parties qui les ont faits, et contre leurs heritiers & successeurs ; mais ne sont de nulle force contre un tiers, lequel n'y a point esté appellé ny consenti : Car, je vous prie, qui empesche que deux particuliers faisants quelque contract ou Transaction, ou en plaidant, ne laissent couler dans les Droicts ou Actes en seront faits, quelque fausseté, soit par collusion ou par nonchalance, au prejudice d'un absent, lequel s'il y eust esté appellé ne l'eust jamais permis : Et c'est une bonne maxime en Droict que *Acta inter duos vel plures, non præjudicant tertio, nisi in casu quo legitime citatus non comparuerit. L. 1. Cod. Res inter alios acta :* Et c'est encore une autre maxime que *Alteri per alterum non debet iniqua conditio fieri : Videsis Card. Tusch. Lit. A. Conclus. 313.* En voicy encore une troisiesme, qui dit le mesme, *meliorem conditionem absentis facere possumus, deteriorem non possumus. Fulgos. cons. 209. in pr. duobus tribus. in pr. nu. 2 Rom. cons. 157. honorabilis col. 2. ver. 2. quia hoc. laudum in pr. Pet. de Anchar. cons. 21. in pr. ver. & hoc est verum Jo. de Imo cons. 44. nu. 5. ver. circa tertium. Clem. 1. de re Judic. Bald. cons. 122. nu. 5. lib. 3. Cod. de Transact. lege 1. Abb. Cons. 72. In negot. lib. 1. Alex. cons. 104. In causa & lite. nu. 2 lib. 4 & cons. 37. nu. 4 lib. & cons. 78. Clarissime. n. in fin. ver. quantum. lib. 3.* Voyez le Card. Tusch. *litera R. Conclus. 265* ou vous trouuerez ces Regles appliquées & expliquées bien au long.

Mais si les Droicts ou autres Escripts produicts en la cause, auoient esté passez tout esprez pour cela, entre les Parties mesmes, ou entre ceux qu'ils representent, ou desquels ils ont droict ; en cé cas ils seruiront de preuue irrefutable a l'encontre de ceux qui les ont faits ou passez, comme estant leur propre fait, & aussy contre leurs heritiers, & contre ceux qui ont droict d'eux parce que ceux-ci ne peuuent auoir plus de droict en la chose que leur Autheur n'en auoit luy mesme. *L. optimam. Cod. de contra & communibus stipulat. L. cum aliquis. C. de Jur. de liber.* mais autrement ils ne seruiroient d'aucune preuue, *nam Instrumenta inter alios confecta in alios non probant Guid. Pap. Quæst. 193. ex Bartholo in d. l. cum aliquis. C. de Jur. deliber.* Si ce n'estoient quelques Droicts fort ancients qui auroient été receus par plusieurs années comme véritables, car en ce cas il y auroit quelque raison de deferer a leur authorité. *Alex. cons. 177. In causa et lite. in pr. ver. & dicti confines lib. 6. Mascard. conclus. 394. Confines per Instrum. Corn. cons. 171. in fi. lib. Crauett. de antiq. in. 1. parte Sect. ampliatur. nu. 6 & 7.* Et cela encore plus, lorsqu'il se rencontre plusieurs Escripts passez entre personnes differentes, qui n'ont point communiqué ensemble, & de Daptes differents, lesquels s'accordent en une mesme chose, car ils doiuent, pour le moins auoir force d'une preuue semiplaine. *Crauett. de antiq. part. 2. Sect. permissis. num. 49.* mais hors de ces considerations la, il faut se donner garde d'attribuer foy a ces Droicts ou Actes de Cour gerez entre deux ou plusieurs personnes au prejudice d'un absent, comme j'ay dit. Car, je vous prie, qui peut empescher que Titius faisant a Menius le Passement de quelque terre ou closture, ne la luy cede auec le Fossé, Issues ou banques de Sempronius, qui ne scachant rien de ce qui se passe entre eux, n'a garde de s'y opposer ? Qui peut empescher ledit Titius de faire escrire dans les Droicts du Passement, que ceste Terre ou Closture la est située sur le Fief de A, quoy que veritablement elle soit sur celuy de B ? Qui peut encore empescher que ledit Menius en assignant audit Titius, dans les Droicts quelque Rente a recepuoir sur C. ne la declare fonciere ou deüe en une somme, quoy que veritablement elle ne soit qu'Hypotheque & en plusieurs sommes ? Finallement, qui peut empescher que Menius ne recognoisse en Jugement deuoir à Titius une Rente sur le fonds ou sur la maison de Sempronius ; et qu'apprez 10 ou 20 ans ou plus cet Acte ne se puisse produire contre ledit Sempronius ou ses heritiers ? Il faut donc se tenir ferme a ceste Regle, *Acta inter alios aliis non nocent ;*

nul acte geré au prejudice d'un Absent ne luy prejudicie, sinon au cas qu'il eust esté absent par Contumace, ou par une absence affectée, et quand il auoit esté appellé, ou scauoit ce qui se faisoit & estoit obligé d'y assister.

5. Pour les Banques, chemins, riuières & autres eaües courantes & perpetuelles &c. ce sont voirement des bornes naturelles, desquelles on se sert bien souuent par voye de conjecture ; mais il arriue quelques fois qu'elles ne le sont pas, & qu'elles appartiennent au proprietaire le plus esloigné ; et partant je conseille qu'on n'y adjouste foy, sinon conjoinctement auec d'autres conjectures ou presumptions, s'il est possible, & selon les Cautions que j'ay données cy dessus, en l'Art. 2. *Voyez Bald. cons. 140. Verba principis in pr. lib. 1. Crauett. cons. 949 in pr. & nu. 6 & cons. 882. nu. 4.*

6. On prouue beaucoup plus certainement la possession & proprieté tout ensemble des confins & limites, par Pierres Limitrophes, lesquelles nous appellons Deuises ; pour ce qu'il conste qu'elles ont esté placées d'accord de parties ou par authorité de Justice auec toutes les circumstances qui de droict doiuent y estre obseruées. Mais il se rencontre bien souuent que la Deuise ou Pierre qui est monstrée par l'une des parties pour limitrophe, n'est pas aduancée telle par l'autre : Auquel cas, *asserentis est probare*, c'est a celui qui *affirme a faire la preuue de son affirmation* ; laquelle preuue peut estre faite par quelque Acte ou Instrument ancien, qui tesmoigne cela, ou son equivalent ; ou par la Renommée & enqueste du Voisiné. Car sans cela, il ne suffiroit pas de trouuer quelque caillou, en quelque posture que ce soit ; pour en tirer une bonne preuue : Et si les Voyeurs alleguoient qu'ils croyent en leurs consciences qu'un tel Caillou ait autrefois esté posé pour Deuise, il n'est pas raisonable de les croire, s'ils n'alleguent quant & quant la raison de leur croyance. *Testis est factum narrare, non indicare*, dit Alex. en plusieurs lieux de ses Escripts, mais particulierement *Cons. 53. In causa & lite nu. 18 vers. præterea, lib. 7.* Et partant ce n'est pas assez de dire qu'ils croyent, ou qu'ils scauent de certain, ou sont asseurez que la chose est de mesme ; mais il faut qu'ils rendent raison de cette croyance & de cette certitude, & encore plus s'ils sont personnes grossieres, de peu d'entendement & de facile croyance Et s'il en estoit autrement, le Juge seroit mal fondé à donner Jugement sur le simple cuider & croire de ces gens là. C'est pourquoy les Jurisconsultes ont grandissime raison d'exiger des Tesmoings, autant que faire se peut un tesmoignage appuyé de quelquun

des sens, ascauoir de la veüe, ou de l'ouie, ou du toucher, ou du
gouster, ou du flairer ; & qu'ils disent, Je l'ay veu, oui, touché,
gousté ou flairé ; parceque les plus grossiers & stupides sont bien
croyables des choses sensuelles ; mais ou il est besoing de l'entendement & de la raison, ils ne le sont pas tousjours. *Voyez Alex. cons.
70. nu. 3. lib. 1 et cons. 82. nu. 2 lib. 4. Jo. de Imol. cons. 147. In
causa inter Francis. nu. 3. vers. nec dicat quis. Bald. in L. sive
possidetis C. de probat. Socin. cons. 143. nu. 6. lib. 1. Marsil. sing.
19 & 183. Rol. a Valle, cons. 157. nu. 30. lib. 1. Corne. cons. 162.
lib. 1. &c.*

7.   On a aussy de coustume de prouuer les confins et limites des
Fiefs, Jurisdictions & terres particulieres par Actes possessoires.
Et premierement au regard des Paroisses, lors que les Processions
estoient en usage, c'estoit un excellent moyen d'en conseruer les
bornes : car lesdites Processions estoient fort solennelles, & se
faisoient pour le moins une fois par An par tous les confins de la
Paroisse, & principalement là ou il y auoit apparence d'opposition
de la part des autres Paroisses confinantes. Mais a present que cela
a esté quitté, nous n'auons que les Dismes et les Terriers faits il n'y
a pas fort long temps, outre quelques conjectures & Presumptions,
a nous diriger en la cognoissance de ces choses. Mais pour les Fiefs
nous auons d'autres Actes possessoires, ascauoir les Adueus, fermes,
& autres redeuances seigneuriales prestées au Seigneur du fief par
ceux qui habitent sur les lieux controuerts, ou par leurs predecesseurs ; Item les Tenües de Cour, & autres Actes de Jurisdiction, et
les Captures d'animaux, faits par les Messiers, sur lesdits lieux ou
confins, & s'il y a encore quelque chose de pareil, comme le varech
etc. neantmoins il faut que j'aduertisse le Lecteur qu'il peut y auoir
de l'abus & de la tromperie en ces Actes possessoires, selon que les
proprietaires des Fiefs sont ou plus fins & cauteleux, ou plus
negligents & peu soucieux de leurs affaires : Et pour ceste cause les
preuues tirées desdits Actes possessoires ne sont pas sans exception.
C'est pourquoy les Juges feront bien de considerer si ceux qui ont
fait ces Actes possessoires estoient rusez, agissants & puissants, ou
s'ils auoient la reputation d'estre simples, paisibles & peu addonnez
au procez, car pour ces derniers les preuues par Actes possessoires
sont receuables sans difficulté ; mais non pas pour les premiers, au
regard desquels il faudra regarder aux preuues & conjectures qui
viennent d'ailleurs sans s'arrester precisément a celle-cy : Car 'cest
une chose certaine qu'on ne doibt pas presumer qu'un simple aye

usurpé sur un autre plus ruzé ou plus puissant; ains tout le contraire:
car encore qu'il se trouue parmy ces rustiques quelques ungs qui
ont assez la volonté de tromper, & qui en usent aussy quelquefois
enuers de pareille condition ; si est ce qu'ils ne le seroient pas enuers
leurs superieurs ; comme les petits poissons n'ont garde de deuorer
les plus grands, ny les Renards d'attaquer les loups. Pour les
Tenements particuliers il se rencontre rarement des differends pour
pieces entieres ou de quelque importance ; mais bien pour des murs,
ou fossez ou issues, ou pour quelque chemin particulier metoyen, ou
pour quelque banque ou piece destachée &c. Et alors on distingue ;
ou bien on est d'accord lequel des deux est en possession ; ou on ne
l'est pas. Si on est d'accord touchant la possession, il n'y a point
de doubte que celuy du costé duquel elle est n'y doiue estre maintenu
jusques a diffinitiue de la Cause Proprietaire ; & qu'il n'aye quant
a la proprieté mesme un grand aduantage sur l'autre, parce que la
Grande Presumption de Droict qui est que celuy qui possede une
chose a titre de proprietaire en est proprietaire, s'il n'apparoist du
contraire, & parce que c'est a l'autre a faire les preuues, lesquelles
ne doiuent pas estre doubteuses contre une possession : et de fait
In pari causa melior est conditio possidentis. Mais si on n'est pas
d'accord de la possession, de quel costé elle est, parce que la chose
en question a esté negligée de part & d'autre, ou parce qu'il se
trouue des Actes possessoires aussy bien d'un costé que de l'autre,
ou parce que la chose peut estre difficilement possedée ; alors on a
recours aux presumptions, conjectures & autres arguments circum-
stanciels : ou il est besoing que les Juges procedent auec une
merueilleuse prudence, & qu'ils ne s'en rapportent pas au simple
cuider & croire des tesmoings ou de l'enqueste, qui n'y entendent
pas grand chose le plus souuent ; mais qu'ils examinent les raisons
produites de part et d'autre & les confere auec les autres circumstances, pour en faire tel jugement que de raison, comme, pour
example, s'il s'agissoit de quelque fossé, issue ou autre parcelle de
terre, laquelle auroit autrefois appartenu notoirement a l'heritage
duquel l'un des parties est en possession : en ce cas la Presumption
seroit : Que ceste parcelle là ayant esté autrefois une dependance
d'un tel heritage & ne se trouuant ny Droicts, ny preuues par
lesquelles il apparoisse qu'elle en aye esté destachée ; Elle y doibt
encore appartenir, comme du precedent. Voilà la premiere Presumption de Droict. En voicy encore une autre, Que l'aisné d'une
famille baillant partage a ses puisnez a de coustume de se reseruer

pour les commoditez & ornement de la maison, les Issues & autres choses qui luy appartiennent de Droict, & qui ne sont pas necessaires pour la commodité des autres ; & que s'il y a quelque fossé metoyen entre la terre de l'aisné & celle d'un des puisnez il appartient communement a la terre de l'aisné comme la plus priuilegiée. Le tout a entendre s'il n'apparoist rien du contraire.

Mais lors que la question se peut esclaircir par les circumstances visibles des choses mesmes ; la methode plus certaine est d'y proceder par Loyal Deuis, ou par la Veüe sur les lieux en differend ; selon que nostre pratique le porte. En laquelle occasion les Juges font fort bien de se seruir plustost de leur yeux propres que de ceux des Voyeurs, si par l'Inspection de la chose on peut juger de la question : car comme dit Paul de Castres *Cons. 141. Visis allegat. in fi. lib. 2. ver. Quidquid sit, quærere visum alterius, ubi possum habere proprium dementia videtur* ; c'est manque de Jugement a ung Juge de voir par les yeux d'un autre, ce qu'il peut voir beaucoup mieux des siens propres : et partant les Jurisconsultes recommandent extremement l'Aspect ou Veüe aux Juges ; voire ils disent qu'elle est necessaire en la question des confins. *Bal. in c. cum olim de præscript. L. si irruptione. § ad officium ff. finium regund. Alex. cons. 134. In causa, col. fi. lib. 2 & cons. 116 in fi. lib. 1. Bero. cons. 144. nu. 54. lib. 3 &c.* En tous lesquels lieux & en plusieurs autres obmis pour briefueté, il apparoist que le Juge n'a pas seulement pouuoir, *ex officio*, de se transporter sur les lieux contentieux, s'il croit que la Veüe & inspection en soit necessaire pour esclaircir la verité ; mais mesme qu'il est obligé de le faire a la requeste d'aucune des parties.

Or comme les Veües sont fort anciennes & conformes au Droict Ciuil, aussy sont elle d'excellent usage, pourueu qu'elles soient bien reglées : mais elles ont je ne scay quoi qui approche de tumulte populaire & de fraction, comme on les poursuit ordinairement chez nous car l'une & l'autre des Parties, fait election de ses plus affidez amis, & de ceux qu'il croit estre obligez de le seruir, soit pour tesmoigner ou pour estre de l'Enqueste, laquelle est par ce moyen egallement partagée en iceux. Et ainsy il arriue bien souuent que ceux qui y ont esté appellez s'estiment obligez a tort ou a droict, de soustenir les Interests de celuy qui les a choisis, & qui les a quelquefois corrompus soit par le vin ou par quelque autre Amorce. Et ainsy l'Enqueste demeure diuisée en deux Factions & quelquefois

en deux Escots : qui est une chose egallement honteuse & pernicieuse, & qui ne peut sinon empescher & frustrer le bon succez qu'on
pourroit en attendre, si elles estoient mieux mesnagées : Auquel
cas je souhaitterois que la Justice elle mesme fist election des
voyeurs, d'entre les moins esloignez du lieu que faire se peut, ayant
tousjours le principal egard a leur prudence, discretion & bonne
reputation ; laissant aux parties la liberté de saonner & recuser
ceux contre lesquels il se trouue quelque juste exception. Et pour
les tesmoings comme les parties ont pouuoir d'en produire jusques
au nombre competent ; aussy le Juge ou Officier, *ex officio*, doibt
prendre garde que nul du voisiné de ceux qu'il jugera plus capables
n'en soient exclus par fraude ou faction. Et apprez toutes ces
cautions, j'entends que la Justice ne soit pas obligée de prononcer
aveuglement selon le verdict ou Resultat de la Veüe ; qu'elle en
ordonne selon Loy & equité, en deferant autant que la Justice le
permettra audits Voyeurs, & non plus outre.

Je souhaiterois aussy comme chose tres necessaire, que sitost
que les tesmoings auront deposé & que leurs Depositions auront
esté recordées en presence des voyeurs, lesdits Voyeurs, sans bouger
du lieu mesme s'il est possible, pour aller ou boire ou manger, soient
obligez de donner leur verdict sur le champ, & en presence de la
Justice ; Affin que leur memoire estant plainement informée de
toutes les circonstances les puisse fidellement suggerer a leur Jugement ; et que les parties n'ayent point de temps de leur donner de
nouuelles Impressions, ou de pervertir leurs sentiments par importunité ; et aussy affin que les Justiciers entendent leurs opinions
par le detail, & qu'ils s'informent des raisons qui les obligent a ainsy
opiner ; qui est un point fort considerable ; car comme j'ay aduerty
cy dessus, le Juge ne doibt pas deferer beaucoup au croire & cuider
de gens champestres, en choses qui dependent de l'entendement &
de la raison ; quoy qu'il n'en soit pas ainsy lorsqu'il ny a qu'a
tesmoigner de ce qui depend de quelquun des sens exterieurs.

Toute pierre limitrophe, ou autre chose qui serue de borne ou
Deuise, entre deux tenements, est commune a tous les deux non par
indiuis & confusement, mais en sorte qu'on tire une ligne imaginaire
par le milieu de la borne, & que chascun des confinants emporte la
moitié qui joinct a sa terre. *Confinia duorum fundorum prout est
fossatum vel aliud Instrumentum diuidens, est commune amborum
glo. in l. 2. §. apud Labeonem, vers. præterea, in verb. confinio. ff. de*

aq. pluu. arcen. Sequitur Bart. in tract. de flum. in ver. flumen. nu.
3 & 4 Corne. cons. 53. In hac causa col. 2 vers. nec etiam vol. 2. Veron
in Tract. rustic. prœdior. c. 38. de torrente. nu. 3. ver. sed quid si
reperiantur. Ce qu'il faut entendre lors que quelque pierre, haye,
fossé, arbre, banque, riuiere ou eaüe courante &c. est vrayement
limitrophe, soit qu'elle aye esté posée ou faite tout exprez pour
seruir de borne ou ait esté recognue & declarée pour telle ; au quel
cas elle seroit commune aux deux confinants, comme toutes bornes
& deuises le sont de leur nature. Mais si un fossé metoyen a esté
fait par l'un d'iceux sur son propre fonds, (ou quelque muraille,
haye ou rangée d'arbres) & non sur les confins de tous les deux &
dans la ligne metoyenne a desseing de seruir de bornes (comme la
pluspart de nos hayes, murs & fossets sont non metoyens mais pour
la deffense des terres de l'un ou de l'autre costé, auec leurs 3 pieds
de relief en dehors), il est pas commun pour cela.

Des chemins Publics et Particuliers.

Par le Droict Ciuil & par le Droict municipal de plusieurs
nations les chemins publics peuuent estre de toutes lezes ; quoy que
Cepole die que par les 12 Tables ils deuoient estre de huict pieds, *de*
seruitut prœd. rust. Tit. de Seru. in 5 charta ; toutes fois auec cette
condition qu'ils soient de capacité pour mener charoy. *L. via*
constitui ff. de seruit. prœd. rust. Mais en notre Isle il se trouue
plusieurs sortes de chemins publics, dont le plus large est celuy de
Perquage, ainsy appellé a cause de sa laize, qui est d'une Perche que
nous appellons Perque, quoy que ce soit une Tradition, que ces
chemins la estoient seulement pour passage des Forjurez ou for-
bannis, pour se rendre au port le plus proche du Sanctuaire. Ce
que j'ay refuté ailleurs. Apprez le chemin de Perquage suit celuy
de seize pieds, & puis celuy de 12 & de 8 & de quatre, par lequel il
n'est point licite mener de charoy ; & partant il n'est pas proprement *Via* mais seulement *Actus* et ce chemin de 4 pieds est le plus
estroit de tous ; & qu'aucun sentier de moindre laize ne peut estre
challengé ny vendiqué pour chemin public ; quoy qu'entre voisins
il s'en pourroit bien trouuer de moindre laize & pour seruir de
sentier d'homme seulement, ou de passage pour abbreuuer des
bestes ou pour autre fin, pourueu qu'il apparoisse de telle constitution.

z

Un chemin de Voisiné deuient public s'il a esté possedé par le public comme public de temps immemorial. *Glo. in l. 2: viarum. ff. ne quid in loc. pub. pers. fi. ff. de itin. publ.* pour preuue de quoy 2 choses sont requises, l'une que tous allants & venants y ayent passé non en cachette, mais ouuertement, tout ledit temps, comme en chemin public. J'adjouste & que la veüe des chemins y aye passé sans opposition. Car en Jersey tous chemins publics de quelque laize qu'ils soient sont subjets a estre visitez par la veüe solennelle qui se fait tous les ans une fois : les autres chemins par ou elle ne passe point sont ou particuliers a une famille, ou communs entre quelques voisins. L'autre condition requise est qu'il apparoisse de la continuation & longueur dudit temps. *Alex. cons. 177. col. 3. lib. 6 nu. 6 & seq.* mais en cas de doubte on suppose plustost qu'un chemin est public que de Voisiné *L. 2 §. viarum ff. ne quid in loco publico.*

Chemin de Voisiné est celuy qui est commun aux voisins pour aller les uns chez les autres & a leurs Terres, & qui n'aboustist point sur le chemin public *L. 1. §. viarum ff. nequid. in loco publico. Bald. cons. 55. reperitur quœdam scriptura lib. 1. & cons. 385. lib. 5 glo. in l. 2. §. viar. ff. ne quis in loco publico per leg. fin. ff. de loc. & Itin. publ. Cœpol. Tract. de seruit rustic, prœdior, sit de seruit viœ.* Ce qui ne suffiroit pas chez nous pour faire chemin public, si la veüe n'y a point passé ou que le Voisiné qui y pretend Droict a usé d'actes inhibitoires, ou qu'il en ait empesché le passage libre par heches, barres, hayes, escaliers & choses semblables par un temps legitime, cela tranchera pied aux pretensions du public.

J'ay parlé ailleurs de la maniere de prescrire la seruitude & l'exemption de chemin. Mais il se presente une question, touchant celuy qui auroit une terre, sans auenue ou passage pour y aller ; asscauoir si quelqu'un de ceux qui y confinent peut estre forcé de luy constituer un chemin ? La raison de doubter est parce que regulierement *nemo compellitur vendere,* Personne n'est forcé de vendre *Boer. Decis. 322. Et prœsuppono in. pr.* ou il allegue le texte *in L. in vendendo ff. de contract. empt. Corne. cons. 154. lib. 2.* Pour esclaircissement de laquelle question ledit Boer. distingue en ceste sorte, ou bien celuy qui me demande que je luy vende ou constitue chemin par ma terre, pour aller a la sienne, laquelle n'en a point, a contracté auec moy ou non. S'il n'a pas contracté auec moy, c'est a dire s'il ne l'a pas acquise de moy, alors je ne suis pas tenu de luy vendre ou constituer un chemin, selon l'opinion commune des Jurisconsultes ; mais s'il a contracté auec moy, c'est a dire s'il a acquis de moy ladite terre, *quoad usumfructum tantum, seulement quand a l'usufruit* & non quant a la Proprieté, ou s'il la tient de ceux desquels j'ay droict, ou suis heritier ; en ce cas je suis tenu de luy constituer chemin pour y aller ; parce que sans cela le Contrat d'Usufruit seroit inutile et sans effet. Et ceste opinion est aussy commune. Que si ledit Voisin auoit acquis la proprieté de ladite terre, de moy ou de ceux dont j'ay droict, & que le marché faisant il n'ait point esté parlé dudit chemin, alors *de stricto Jure, de rigueur de Droict,* je ne luy en doibs point ; mais selon l'équité, je suis tenu de luy vendre un passage ; Et c'est la plus commune opinion. Voyez Bœrium en la susdite Decision nu. 8. in fi. Ce qui se doibt entendre auec ceste limitation que si ledit Voisin a quelque autre passage a sadite Terre, quoy que peu commode, il n'en peut pretendre d'autre par dessus la mienne, quelque commode qu'il luy puisse estre ains doibt se contenter de tel passage qu'il a des-ja : Et la raison est d'autant que je luy constitue passage, non pour sa commodité, mais pour sa necessité, laquelle cesse en ce cas : & il n'y a pas de raison que pour accommoder mon voisin, je m'incommode moy mesme. Et quant ainsy seroit qu'il n'auroit aucune Auenüe a sa dite Terre, ny bonne ny mauuaise ; encore en ce cas ne peut-il exiger de moy chemin ouuert, mais seulement passage clos, c'est a dire permission ou droit de passer par ma terre a la sienne, auec les moins de prejudice qu'il sera possible. Bœr. Decis. 322 nu. 12. pour laquelle opinion il allegue Alciat ; & dit qu'il a Arest pour cela.

Lors que le chemin public a esté destruict & rendu inutile au public, ceux qui ont des terres confinantes, sont obligez *fauore publicœ utilitatis,* de constituer un chemin par dessus leurs terres, au Public, a un prix raisonable, que le Prince ou le Public ou le Seigneur feodal payera, c'est a dire celuy d'entre eux a qui il sera trouué que le viel chemin appartenoit ; mais s'il appartenoit non pas au Prince ny au Public ny au Seigneur du fief, mais aux Proprietaires que le nouueau chemin sera constitué, & ils auront le fonds du viel chemin *Jure Accretionis, par droict d'Accretion ou d'Accession. Voyez ledit Bœr. de Decis. nu. 9 &c. Si locus ff. quomodo seruit. amitt.* Tout chemin public doit auoir deux choses libres, *Cœlum & Solum. le fonds & le Ciel. L. si intercedat. ff. de seruit.* Et partant comme celuy qui empesche le Ciel par plant soient-ils arbres de

fustaye ou taillis ou hayes ou buissons & espines etc. est condam-
nable a l'amender & a oster les dits empeschements ; de mesme celuy
qui a fait quelque chose au fonds dudit chemin par lequel il soit
empesché, soit en prenant terre, ou pierres, en y mettant du fumier
ou autrement, le doibt aussy Amender selon la qualité de sa faute,
et doibt en outre remettre ledit chemin *in statu quo. Angel. de Perus.
cons. 18. repentur ista. L. 1. ff. de via publ.* Mais *Matth. de Afflictes*
en son Traicté *de Jure Protomiseos* (ou plus tost *id est
prœlationis, de preference*) tient que celuy qui a occupé ou enuahy
le Chemin public, outre la refection & reparation du domage, peut
estre condamné a porter la peine de Sacrilege ; parce que les chemins
publics sont sacrez & inuiolables, ne plus ne moins que les murailles
ou murs d'une ville *§. 9. nu. 9 & seq.* ou bien la peine de Peculat, qui
est de cinquante liures d'or ; parce que a son opinion *occupare viam
publicam* n'est pas un moindre crime que *occupare pecuniam
publicam.* Voyez de ceste matiere *Guido Pape. Quœst. 444.*

De la Seruitude de chemin ou passage par les terres d'autruy.

En Jersey, ou tout est diuisé par petites pieces de terre, tellement engagées & meslangées les unes parmy les autres, qu'il est
impossible qu'il n'y arriue souuent des controuerses, nous auons
quelquefois des procez pour le droict de chemin ou passage par les
terres d'autruy desquels la pluspart ne sont fondez que sur des
pretendues possessions, sans aucune cause alleguée : car ces
Messieurs la ne font point de distinction entre possessions de seruitudes & de choses corporelles ; & s'imaginent que la prescription
quadragenaire suffit pour en acquerir la proprieté. En quoy il se
mescontent. Ce qui apparoistra par les Regles suiuantes tirées du
Droict Ciuil ou de ceux qui en sont interpretes.

1.   Les choses qui ne peuuent estre possedées de possession
proprement ainsy appellée, ne s'acquierent point par aucune prescription ordinaire parce que Prescription n'est autre chose que
Possession par un espace de temps ordonné par la Loy pour acquerir
proprieté en la chose possedée. Or les seruitudes, comme Droicts
Incorporels, ne peuuent estre possedées de possession proprement
nommée, mais improprement, que les Jurisconsultes appellent

Quasi-possession ; et encore plus celles qui ont une cause discontinue, comme de passer par la terre d'autruy, qui ne se fait pas continuellement, mais par reprises & selon les occasions ; car pour les autres qui ont cause continüe, comme chemin gardé ouuert continuellement, un conduict ou Aqueduct par la terre d'autruy, &c. il y a plus d'esgard, parce qu'elles se possedent en quelque sorte corporellement. Et par consequent la Prescription ordinaire n'y a point de lieu, non plus celle de 40 ans que les inferieurs, mais il y est requis une possession pour le moins Immemorialle. (Voyez cy dessus au chap. de la prescription Immemorialle). Et partant,

2.	Quand un homme agist par Action negatiue, c'est a dire qu'il soustien contre un autre pretendant Droict de chemin par sa Terre, qu'il en est Proprietaire; en ce cas la Loy, laquelle fauorize tous jours la liberté naturelle des choses, supposera ladite terre libre & franche de la Seruitude de chemin pretendue, s'il n'apparoist de titre ou Cause Valable.

3.	Il n'y a point de Titre ou Cause Valable d'aucune Seruitude, s'il n'apparoist de la Constitution par Partage ou autres Droicts Authentiques, par lesquels ladite constitution soit declarée, comme par Vendition, Bail, Eschange ou autrement ; et ne peut cela estre prouué par tesmoings ou autre preuue de certain, ny par enqueste, si non au cas que la partie voudroit prouuer par tesmoings que les Droicts en ont este soubstraicts, ou perdus. Et la raison de cela est d'autant que personne n'est receu a prouuer un heritage luy appartenir par autre preuue que par bon Titre. Et c'est ce que notre Coustume dit que personne n'est tenu d'attendre enqueste de son heritage. Que si le Titre ou Cause de la Seruitude n'apparoist point, mais seulement qu'il apparoisse de la quasi-possession ou usage de ladite Seruitude a diuerses fois ; cela ne suffist ; d'autant qu'on doibt supposer que cela s'est fait par permission & amitié ; comme il se void souuent entre bons voisins, qu'ils en usent pour la commodité les uns des autres.

4.	On ne peut justement supposer qu'aucun veille de gayeté de cœur se mettre soubs le joug d'autruy, ny diminuer la juste valeur de son fonds, sans cause ; car ce seroit autant comme s'il donnoit a son voisin partie dudit fonds, sans recompense : ce qui ne se presume pas. Et partant, quand on est actionné par une action Confessoire, ou qu'on se deffend par exception negatoire pour chemin ou autre seruitude il suffist de monstrer qu'on est proprietaire de la terre, sur laquelle la seruitude est pretendue ; sans qu'il soit besoing de prouuer qu'elle soit libre ; car cette liberté est supposée par Presumption de Droict ; Et par la il aura gain de la Cause, si la partie ne monstre ladite seruitude. Nous auons en Jersey un Jugement de cela en la cause de Jean Le Moigne : qui est Juridique.

Des Prodigues & autres ausquels l'administration de leurs biens est interdite

C'est une Regle en Droict, que celuy auquel l'Administration de son bien est interdite, soit Prodigue, Decocteur, Insensé ou autre ne peut de la en auant faire contract ou acte qui regarde ladite Administration, sans l'authorité de son Curateur (s'il en a) ou Decret ou Acte de Justice, fait en presence de ceux qui y ont Interests soient parents ou Crediteurs, lesquels y auront esté appellez legitimement & en bonne forme, & apprez cognoissance de cause ; comme cela est demonstré par Barth. sur la Loy *Is qui bonis. ff. de Verb. oblig.* lequel est suiuy par Balde, Angel., Paul de Castres, Alexan. & Jason, lesquels tous ensemble concluent, qu'un tel Acte ou Contract n'est de nulle force ou valeur, quand mesme il auroit esté confirmé par serment ; & que le serment est nul en ce cas aussy bien que le contract parce que le serment ne peut faire qu'un contract contraire aux Loix & aux bonnes meurs, soit valable ; non plus que si le mesme serment auoit esté presté par un Pupille ou par une femme sans l'authorité de son mary. Car le Prodigue est par la Loy accomparé a un Insensé, lequel ne peut gerer aucun acte legitime. *dict. leg. Is qui bonis ff de verb. obl. L. 1. Cod. de curat. furiosi. L. Fulcinius. §. adeo ff. ex quibus causis in poss. cat. L. Is qui. § Diuus. ff. de Tutor. & Curat. dat. ab his. Instit. de Curat.* Et partant ceux qui s'ingerent de contracter auec luy, agissent necessairement de mauuaise foy, & font fraude a la Loy, & frustent l'ordonnance de la Justice entant qu'en eust gist : or tous Actes & Contracts sont nuls & ne subsistent point en Droict. C'est l'opinion commune des Jurisconsultes tant anciens que modernes, selon Alciat sur le chap. *Cum contingat. de Jurejurando. nu. 138.* Laquelle Couar. a bien propugnée *To. 1. in C. quamvis de Pactis in 6. parte 2. §. 3. nu. 11.* ou il allegue une grande suite d'Autheurs. (Voyez aussy l'Apostille de Ranchin sur la 260 Question de Guido Pape, & aussy celle de

Mathieu).   Or pour faire declarer un homme Prodigue, a l'intention de luy oster & interdire l'administration de son bien (que nous appellons en Jersey clorre la main) il suffit qu'il apparoisse que *male utitur substantia sua* qu'il mesnage mal son bien.   *Cardin. Tusch. Lit. P. conclus. 865. nu. 3.* ou, *quod vendit & dilapidat,* qu'il vend et *dilapide ;* or dilapider signifie degaster ou despenser inutilement & sans cause.   *Mascard. Conclus. 415. Verbo dilapidator,* dit que c'est celuy *qui ludit, donat & viuit luxuriose & similia ;* un Dilapideur est celuy qui joue, donne ou vit en luxure & choses semblables.   *Angel. Aret.* adjouste, *si de facili fide jubet quis pro aliis, quia ex hoc arguitur quod male versatur in re sua, in L. in personam, §. 1. ff. de past. & Alex. in L. si constante. ff. solut. matrim.* c'est a dire s'il oblige legerement pour autruy, car de la on juge qu'il mesnage mal son fait.   *Barthole. in L. 2. solut. matr.* y adjouste, *si recipit pecunias sub usuris,* s'il emprunte de l'argent a l'interest.   Voyez le chap. *quanto, de usuris, & in Clemen. Usurarum, eod. Tit.   Et Matiard. conclus. 515* y adjouste la Luxure, le jeu & l'yurognerie ou frequentation des Cabarets.   Et Joh. de Athona, sur la *Constit. d'Ottobon, fol. l. xxxvii §. Cessauerit,* dit que celuy qui laisse aller sa maison en decadence par negligence, ou qui coupe les arbres de fustaye, sans necessité, peut estre accusé de Dilapidation.

J'ay adjousté ces remarques pour seruir de direction aux Juges, lorsqu'il se presentera occasion de clorre la main a quelque Prodigue & de luy interdire l'administration de son bien : Ce qui deueroit faire, non pas apprez qu'il aura tout dissipé, ou qu'il s'en faudra peu ; mais tandis que la chose est encore en son entier, ou qu'il se trouue encore un reste considerable.   Ce qui se peut faire, soit a l'instance des parents, ou d'aucun Crediteur ou Interessé, ou mesme d'Office de Juge ; qui pourra luy donner un Curateur par l'authorité duquel le bien puisse estre regi & conserué.   Si cela estoit deüement obserué, j'espererois de voir une grande reformation dans nostre Isle, en ce qui regarde les meurs & le bon mesnage car je ne pense pas qu'il se puisse trouuer un plus puissant argument a conuertir un Prodigue ou mauuais mesnager que de le menacer d'un Curateur, en cas qu'il ne change de vie.

On donne des Curateurs a cause de l'aage, aux Soubs-aagez et aux Sur-aagez, ascauoir aux vieillards decrepits & grabbataires ; on en donne a ceux qui manquent quelque sens exterieur necessaire pour administrer comme aux Sourds & muets ; ou en donne a ceux qui manquent le droict usage de la raison, comme aux Insensez ; et on en donne a ceux desquels les meurs sont corrompues, par quelque habitude vicieuse, qui les rend ineptes a se bien gouuerner par une Regle generalle que, *Interest reipublicæ ne quisquam re sua male utatur* ; c'est a dire : *Il importe a un Estat de prendre garde que personne n'abuse de son bien.* Or les dits Curateurs ainsy choisis & authorisez ont bien par la Loy le pouuoir de conseruer le bien sur lequel ils sont establis (car c'est sur le bien & non pas sur les personnes qu'ils sont constituez curateurs ; la ou les tuteurs possedent aussy bien sur les personnes comme sur le bien) mais il ne leur est pas permis de le perdre, gaster ou deteriorer en aucune façon : car premierement ils y sont obligez par serment : Et qu'il-a-t'il plus fort que le serment, ou Dieu est appellé comme Juge & tesmoing ? Secondement la Loy exige d'eux de faire bon & loyal Inuentaire en forme solennelle, auant qu'ils puissent administrer. Tiercement, ils ne peuuent consentir a aucune chose prejudiciable au bien qu'ils ont entre mains, s'ils n'y sont contraints par Loy outrée : Et s'ils le font, a leur peril : car ils en respondront de leur chef, & porteront sur leur propre bien le prejudice qu'ils auront fait au bien qu'ils ont en maniement. En quatriesme lieu, ils sont obligez a la fin de leur Administration & auparauant, s'ils en sont requis, de rendre bon & fidele compte ; & de payer le Reliquat (s'il y en a) dans an & jour sans exception. Et cependant tous leurs biens tant meubles qu'immeubles, demeureront engagez & hypothequez *Ipso Jure* (par hypotheque de Droict) pour la descharge de leur Administration *L. officio. Cod. de Administr. tut.* Voyez pour ce que dessus *Barth. cons. 70. Reuerendiss. Domine in pr. lib. 1. Fulgos. cons. 79. quidam ser ventura. nu. 2 vers. dabitur autem. glos. & ibi Barth. in L. 1. ff. de curator. bon. don. Aretin. cons. 110. col. 1. Bald. super illum textum in Authen. Si ommes. in fi. C. si min. ab hœred. se abstin.* et Alexandre Imolensis tient pour certain qu'un Curateur ne doit pas auoir l'Administration jusques à ce qu'il ait donné caution de bien administrer. *Cons. 221 ponderatis nu. 8 ver. satis dare tenebitur. lib. 6.* aussy bien que *Fulgos.* au lieu susallegué. Et *Angel. consil. 193.* & *Capi. Decis. 87* & *Alex. cons. 163. Alius consultus lib. 5. per totum.* Et cela est receu comme un point non controuert. Voyez le *Cardin. Tuschus. Lit. C. Conclus. 1106, 1108, 1109 & 1111 per totum.*

Tout ce que dessus est veritable, non seullement en cas de prodigalité mais aussy en tous autres cas, ou il append tutelle, Curatelle & autre pareille Administration, soit d'office de Juge, ou la requeste des parents ou Crediteurs ou autrement.

Encore touchant l'Administration du bien d'autruy & du deuoir de ceux qui en ont le maniement.

Tout homme qui est Administrateur du bien d'autruy, comme Tuteurs ou Meneurs, Curateurs, Procureurs, Facteurs, Recepueurs &c. sont tenus a administrer *Arbitrio boni viri*, au dire d'un homme de bien, c'est a dire auec autant de soing fidelité & diligence, comme un bon mesnager a de coustume de faire paroistre en ses propres affaires. Et partant en ceux là la negligence est *Crimen mortale Un crime mortel* comme parlent des Canonistes : et ils sont aussy bien obligez a rendre compte de leurs obmissions comme de leur Commissions. De sorte que s'ils ont negligé de faire valloir le bien dont ils estoient administrateurs, s'ils ont negligé de faire cueillir les fruicts en leur saison, s'ils n'ont pourueu a leur conseruation par y prendre garde & faire reparer les clostures & deffenses ; il ne leur doibt pas suffire de dire, qu'ils n'en ont recueilly que tant ou tant : mais doiuent estre condamnez a la prestation desdits fruicts tous entiers, selon qu'ils auroient vallu entre les mains d'un homme diligent : *Tenentur enim non tantum delata culpa, sed etiam delcui & leuissima* : c'est a dire qu'ils sont tenus a la reparation de la perte qui est arriuée par leur faute, mais aussy de celle qui prouient de negligence. *Soc. cons. 2. seq. ordinem. nu. 5 & seq. vers. sed etiam quicunque lib. & nu. 11. Barth. in l. 2. per illum textum ff. de negot. gest. Soc. cons. 46. lib. 1. Bart. in L. cum alicujus. in 2. not. ff. de negot. gest. L. qui pupillæ Cod. negot. gest.* Jusques là que s'il a obmis a demander quelque debte en temps, & que cependant le debteur soit deuenu non soluable ; ou s'il a manqué a reparer en temps, & que cependant la chose soit tombée en decadence, il est tenu de prester & faire bonne la perte auenue par cette sienne negligence. *Socin. d. cons. 2. nu. 8 & seq. Bald. Consil. 137 quædam vidua, in fi. lib. 5. Rom. cons. 144 quoad primum. in pr. Socin. cons. 46. lib. 1. Rom. cons. 413 in prin. & nu. 16. Alex. consil. 110. col. fi. nu. 21 lib. 3. Castrensis Cons. 412. col. fi. lib. 1. Decius cons. 110. col. fi.* Et ceste regle est sans controuerse. C'est ce que les Jurisconsultes expriment quand ils disent : *Tenentur rationem reddere fructuum non solum perceptorum, sed etiam eorum qui percipi potuissent, nec sunt percepti.*

Tout Administrateur est obligé a son Entrée de faire Inventaire de tout l'estat dont il a l'Administration selon Droict, *In quo describat omnia bona, cum qualitatibus & æstimatione* : Secondement

2. il est obligé de garder bon liure, contenant *omnes Reditus & Exitus, emptiones & venditiones singillatim.* Et la raison de ces 2 Articles est parce que sans cela, il luy est impossible de rendre bon & juste compte de son Administration & de se purger de dol & de coulpe. *Soc. d. cons. 46. lib. & cons. 213. lib. 2. l. fi. in pr. ff. de bon. Auth. Jud. poss. Apostilla ad Alex. cons. 215. nu. 8 lib. 6. in verb. priuatum.* Et c'est un point si precis & si necessaire de faire Inuentaire & de garder Liure de Comptes, que si l'Administrateur neglige de les produire a l'instance des Interessez *contra cum juratur in litem* ; c'est a dire que le Juge deferera le serment ausdits Interessez, lesquels auront pouuoir de taxer leur frais, domages, Interests & Reliquats, sans contredit, car on s'en rapportera a leur serment. *Bero. quæst. famil. 15. Cum quidam in domo Plot. in L. Si quando. C. unde vi. nu. 194 Soc. cons. 159 nu. 3. lib. 1. Menoch. de arbitrar. cas. 209.* Et la raison pourquoy le Juge se rapporte icy au serment de partie est pour ce que l'Administrateur est en Dol, presumptiuement. *Ang. cons. 277. nu. 6. ver. ideo in culpa. Bald. cons. 80. principalis cura nu. 2 lib. 3. Ang. cons. 175. In quodam Stat. nu. 1. in fi. Fulgos. cons. 196 Ad id de quo, Castren. cons. 124 in fi. lib. 1. Barth. cons. 150. cum prædicta. nu. 7. in 4° dub. lib. 1. Ang. cons. 308. portio hæreditatis. nu. 2.* Et ne suffist pas a l'Administrateur d'alleguer qu'il a perdu ses comptes ou Inuentaire, sans sa faute ; car on presume qu'il les a par deuers luy & qu'il les recele, s'il ne prouue le contraire. *Et onus probandi incumbit ei. Socin. c. 159. nu. 5. lib. 2. & cons. 190 lib. 2.*

3. De ces deux Articles ensuit le troisiesme receu uniuersellement de tous les Jurisconsultes & Canonistes. Que tout Administrateur est obligé à la sortie de son Administration, & toutes les fois qu'il en sera requis, a rendre bon & fidelle compte de sa dite Administration. Vous en trouuerez les preuues dans le Recueil du Card. Tusch. *Lit. A. Conclus. 203.* en grand nombre soubs cette Regle ; *Quilibet Administrator tenetur reddere rationem villicationis suæ.* Or par rendre compte, nous n'entendons pas un compte a la volée, en gros & en general ; mais ung particulier detail de tout ce qu'il a receu & desboursé, auec les circomstances du temps, du lieu & des personnes, & autres particularitez circonstantielles qui peuuent seruir a l'esclaircissement de la chose *Rom. Cons. 118. nu. 2. Ruin. Cons. 129. nu. 11. in fi. lib. 5.* lequel dit qu'un frere ayant administré pour l'autre y est aussy obligé. *Io. de Imola. cons. 35. nu. 17. &*

cons. 65. Castren. cons. 227. respondebo. lib. 2. Et iste liber debet continere singulariter Recepta a tali, de tali tempore, et certam quantitatem specificam, ita quod non sufficit describere in genere, ut possit argui de falso, affin qu'il puisse estre convaincu de faussté. *Bart. con. 150. cum prœdicta, in fi. lib. 1. Socin. con. 140. lib. 2. Ubi quod est in Dolo si non scripsit omnia habita,* il est convaincu de Dol s'il a manqué d'escrire tout ce qu'il a eu entre mains. Et que quand mesme il auroit eu une quittance generale de ses Comptes, elle ne luy seroit pas utile, & ains. seroit nulle. *Decius. cons. 110. nu. 7 & 8. Socin. cons. 213. nu. 3. lib. 2. Rom. con. 413. in pr. Bald. con. 152, Ad audientiam. Vol. 3. Soc. con. 213. cum in prœsenti. nu. 4. lib. 2. Gabriel. cons. 148. Constant Marium. nu. 5. 6 & seq. lib. 1.* Et ainsy celuy qui rend Compte doibt en premier lieu produire ses Liures ; secondement, il doibt consigner le Reliquat, c'est a dire le reste des argents ou autres choses qu'ils a eües entre mains du bien de celuy pour qui il a administré. *Rom. cons. 413 in prin.* En troisiesme lieu, il doibt declarer les Debtes qu'il a faites, & les causes pourquoy. En 4me lieu, il doibt satisfaire pour sa negligence. En 5me lieu, il doibt rendre par Inuentaire tous les Papiers, Droicts & autres euidences lesquelles il a eües entre ses mains. Et en cas qu'il manque en aucun de ces points, *Quant plurimi teneatur ;* c'est a dire Qu'il soit condamné a refonder les domages & Interests de celuy pour qui il a administré a la plus haute estime que la chose puisse porter. *Rom. ibid. Vide Soc. Cons. 92. nu. 6 &c. lib. 4 & cons. 159. Castren. cons. 413. lib. 1. & cons. 227. Respondeo. lib. 2.* Et qu'il n'y a point de Comptes rendus, sans consignation du Reliquat. *Afflict. Decis. 157.* Un Administrateur ne prescript point l'obligation de rendre Compte, au dessoubs de trente Ans, mesme auec bonne foy. Mais s'il est en mauuaise foy, il ne la prescript pas en ce temps la. *Alex. Cons. 102. Visis. in fi. ver. circa aliud. lib. 1. Neque deducit expensas excessiuas, sed tantum necessarias :* c'est a dire qu'il ne peut deduire ny par consequent mettre en ligne de Compte les desboursements, frais ou charges excessifs lesquels il auroit faits, mais seulement les necessaires. *Socin. Jun. cons. 148. In causa hœred. nu. 28. lib. 1. Anchar. Cons. 316 nu. 8 usque in finem.* Vous me demandez donc quels frais & desboursements un Administrateur peut mettre en compte & deduire ? A cela je responds qu'il deduira les desboursements necessaires, selon que dessus : Et les Aliments ; Et mesme le salaire s'il l'un ou l'autre luy est deub ; En quoy il conuient distinguer de la personne de l'Administrateur : Car ou bien il est aisé, ou il ne l'est pas. S'il n'est pas Aisé, mais Pauure ou Incommodé en son bien, alors le Juge luy pourra appointer tel salaire que de raison, lequel il mettra en deduction sur ses Comptes ; mais s'il est Aisé, il ne peut demander ny Aliments ny salaire selon les Jurisconsultes : soit-il tuteur ou autre, mais seulement l'argent desboursé *Quia tutoris officium est gratuitum* l'office du tuteur est gratuite. *gloss. in leg. 1. in verbo gratuitum. ff. mandati. Bart. in L. 1. §. Si pupillus in fi. ff. de tutel. & ration. distrah. Joh. de Imol. cons. 74. nu. 4. ver. circa quartum Bart. in L. a tutoribus. § fi. ff. de administr. tutor. Castrens. Cons. 302. in fi. nu. 7. lib. 1. Florian de Ste. Petro. cons. 13. in fine.*

Sauf meilleur Aduis, j'estime que cela doibt estre remis a la consideration des Juges ; lesquels regarderont qu'elle sorte d'Administration c'est dont il est question. Car celuy qui a geré ou administré *Intuitu pietatis* pour une personne Indeffendue, comme pour une veufue, orphelin, viellard, grabbataire, muet, sourd, insensé, & est capable de faire les frais de son chef, ne doibt point estre receu a demander gages, mais seulement a repeter ses desboursements & frais necessaires, mais d'autre part si c'est un homme qui ait entrepris l'Administration du bien ou des Affaires de quelquun sans aucun esgard de pieté, comme un Facteur, Procureur & autres semblables, lesquels en font mestier & sont gagez par contract entre parties, ceux la peuuent deduire outre les frais necessaires, les aliments ou salaire qui aura esté conuenu entre eux, ou qui est accoustumé, selon le poids des affaires qu'ils auront administrées. Et pour conclusion, je recommande aux Juges ceste belle & juste sentence de Paul de Castres que *Nemini officium suum debet esse damnosum,* c'est a dire Que personne ne doibt, s'il est possible, recepuoir domage de son office. Ce qui est vray des offices & charges volontaires ; car pour les charges necessaires ou il y a de l'honneur & point de gaing a faire, il faut les donner aux Aisez qui sont capables de les porter, & qui seront contents de l'honneur au lieu du proffit. Et aussy pour les charges charitables, ceux qui les portent en doiuent attendre leur salaire au Ciel, & non en la terre.

De Dol, Fraude & Collusion.

Celuy qui prendra garde auec combien de zele les anciens Legislateurs se sont portez a l'encontre des tromperies, finesses malicieuses, cauteles & machinations pratiques en affaires ciuiles & auec combien de soing & de seuerité les Prœteurs les ont rebuttées en leurs Edits et les Juges en leurs Juridictions, aura subject de s'estonner de les voir pratiquer ordinairement en nos jours, non seulement par des frippons mais mesmes par ceux qui sont Ministres de la Justice ; lesquels en font debit aussy bien que les autres. Notre Souuerain Maistre nous auoit bien instruicts d'une autre façon par ce Commandement Euangelique de faire aux hommes comme nous voudrions qu'ils nous fissent ; lequel est si raisonnable que non seullement il est consonant a la Loy morale & aux Prophetes ses Interpretes, mais aussy a la Loi de nature & aux Philosophes qui en sont esclairez, tesmoing ceste sentence vulgaire. *Quod tibi fieri non vis alteri ne feceris.* A quoy s'accorde ce que le Jurisconsulte Ancien a dit que *Nemini malitia sua lucrosa, aut simplicitas damnosa esse debet. L. 1. ff. de Dolo.* La ou a present il n'y a point de sincerité ny de franchise dans les transactions & dans les Affaires; mais seullement des ruses & des deceptions indignes de ceux qui portent le nom, non seulement de Chrestiens, mais mesme d'hommes. C'est pourquoy ce chapitre icy lequel seroit de plusieurs sections, si on obseruoit en Jersey tous les Reglements du Droict Ciuil en matiere de Dol, sera d'autant plus court que l'Action de Dol n'est point cognue en ce pays la, non plus que son Exception. Il est vray que l'Action de fraude (qui en approche) est encore pratiquée en quelque peu de cas, comme pour example en alienations faites en fraude des Lignagers pour empescher le Retraict qui a mon aduis n'estoit pas le lieu ou il la falloit poursuivre avec tant de chaleur, mais plustost dans les autres Actions ou elle est plus domageable aux particuliers, & plus contraire a la Societe humaine & a l'equité.

Or parce que les Fraudes & tromperies sont difficiles a prouuer, par ce qu'elles ne sont pas estallées ouuertement, mais qu'il en faut juger au trauers de plusieurs Circumstances, Conjectures & presumptions, voila pourquoy il est difficile d'en faire des Regles certaines. Je tascherai neantmoins de reduire par Articles les Marques & Indices par lesquelles les Interpretes du Droict Ciuil veulent qu'on recognoisse le Dol & la Fraude.

1. Quand on voit quelque contract ou transaction fait contraire a la Loy, coustume ou usage du pays, on y peut justement soupçonner de la fraude, s'il n'apparoist que cela s'est fait par simplicité ou inaduertance, ce qui se pourra conjecturer de la condition des personnes qui y ont agy, & des autres circumstances. *Bald. Cons. 311. nu. 13 & 14. lib. 5.*

2. Lors que les solemnitez requises par la Loy en quelque Contract ou Acte que ce soit, ont été obminses, sans cause manifeste, c'est une grande presumption de Fraude, comme pour example, par la Loy on ne peut aliener les Immeubles d'un Pupille, sans cause necessaire, & sans Decret de Juge, apprez cognoissance de cause, les Electeurs ou proches Parents appellez &c. Or si un Tuteur auoit obmis quelquune de ces circumstances la, cas auenant, ce seroit une presumption de Droict contre luy qu'il y auroit de la fraude de son costé. *Roman. Cons. 54. nu. 5.*

3. Tout Acte, contract ou transaction fait en temps ou en lieu non accoustumé est suspect de fraude, comme les actes nocturnes, ceux qu'on faict au Dimanche, au Cabaret apprez auoir beu a Imtemperance &c. Les Testaments faits proche de la mort &c. *Menoch. cons. 108. nu. 15. Crauett. cons. 82.*

4. Tout contract ou transaction extorqué par menaces, fausses suggestions, subornement d'un tiers & persuasions indirectes est presume fraudeux principallement quand la personne induite est foible de jugement ou d'aage, comme un jeune homme, une femme, un decrepit &c. *Crauett. cons. 92. nu. 12. lib. 1.* Et celuy qui auroit usé de tels moyens pourroit estre condamné a perdre le benefit du contract, & a payer l'interest de celuy qui auroit esté lezé. *Ruin. Jun. cons. 184. nu. 11. lib. 2. & consil. 228. nu. 35. lib. 2. Tiraq. de Utroque Retractu ad fi. Tit. nu. 50.* Ce qui se doibt aussy entendre de celuy qui auroit enyuré quelque autre pour l'induire a contracter, car en ce cas, le contract est presumé fraudeux & nul. *Decius. Consil. 11. in principio.*

5. Tous Accords, Contracts & Donations faites entre un Meneur ou Tuteur & son pupille, soit durant la Tutelle ou tost apprez, sont suspects de fraude. Ce qui se doibt entendre des Curateurs aux Insensez, Prodigues &c. *Bertrand. Cons. 48. nu. 26. lib. 1. parte 2. Rota antiq. Decis de Testam.*

6. Tout Acte fait par une personne foible de Jugement a l'instigation d'autruy, principallement si c'est au proffit de celuy qui la

gouuerne, est suspect de fraude. Ce qui a lieu particulierement aux Testaments qui se font par la persuasion d'autruy, & par Interrogatoires. *Corn. cons. 319. nu. 13. lib. 1.*

7.   Tout homme qui affecte immoderément quelque chose ou il peut y avoir du proffit ou aduantage pour luy, n'est pas sans soupçon de fraude *Jo. de Imol. cons. 78.*

8.   Un soubsaagé ou Mineur qui auroit alien' sans solemnité par ruze, scachant bien qu'il auroit pouuoir de le rappeller dans son An Proffitable, ou qui se seroit porté pour Majeur deuant le temps, pour attraper quelque ung, perd le Benefit de restitution en ces cas la. *Fulgos. cons. 219. nu. 4. Angel. cons. 216. nu. 5. Anchar. cons. 226.* Et le mesme d'une femme ou fil'e ou autre personne priuilegiée, qui auroit par finesse fait quelque Acte dont elle esperoit estre releuée pour dupper quelqu'ung : Duquel Article la raison est parce que, *Deceptis non Decipientibus Jura subueniunt, les Loix subuiennent tousjours aux trompez & jamais aux trompeurs. L. quod sine ff. ad Velleian. cons. 109. nu. 10 & seq. lib. 4.*

9.   Tout homme qui cele quelque verité ou affirme quelque fauseté, pour son proffit, ou au prejudice d'un autre, est suspect de fraude. *Abb. con. 68. in pr. lib. 1.*

10.   Lors qu'une personne n'est point capable de quelque chose, & que pour eluder la Loy, on se sert d'une autre capable pour mettre entre mains quelques tours ou destours dont on puisse user, c'est toujours fraude qui est reuocable. *Petr. Anchar. Cons. 329.* Car quand la Loy deffend quelque chose elle le defend indirectement, aussy bien comme directement ; car le Legislateur deffend l'équiualent de la chose, autant comme la forme exterieure voire beaucoup dauantage. Et par consequent tout Acte pallié & qui porte un faux semblant, est tousjours suspect de fraude. *Anch. Cons. eod. Alexand. Consil. 219. nu. 2. lib. 3.*

11.   Il est loisible de s'entre deceuoir au prix & estimation de la chose (pouruee que ce soit au dessoubs de la moitié) mais il n'est point loisible de tromper en la mesure. *Jo. de Anan. Cons. 98. Paul. Castr. cons. 250 lib. 1. L. causœ § fi. ff. de minoribus.*

12.   Lors qu'un Juge, Commissaire ou Arbitre refuse d'admettre les preuues, allegations ou justifications d'une Partie ; on suppose Dol. *Aret. cons. 2. nu. 5.*

13.   Celuy qui fait quelque chose pour empescher le Fisc de son

Droict, ou qui cache ou cele sa marchandize, ou denye ou soubstraict la Coustume ou Gabelle, ou qui aliene, donne ou transporte son bien en tout ou en partie apprez auoir commis un crime confiscable, ou un peu auant la perpetration dudit Crime, est presumé l'auoir fait en fraude. *Abb. cons. 68. lib. 1.*

14.   Comme pere ou mere par la Loy ne peuuent aduantager un de leurs enfants au prejudice de l'autre ; de mesme ils ne peuuent faire acte indirect par lequel aucun aduantage paruienne a l'un plus qu'a l'autre qui ne soit fraudeux & reuocable.

15.   Comme un Crediteur Antérieur en Dapte a un Droict sur tous les biens tant futurs que presents de son Debteur, preferable a tous autres, et ainsy des autres subsequents chascun en son ordre de priorité : Et comme il n'est pas au pouuoir dudit Debteur de changer cet ordre là, ny de placer un Crediteur posterieur au dessus de celuy qui le precede en Dapte, ny de faire acte par lequel un nouueau Crediteur face prejudice aux Ancients en leur Droict, ouuertement & directement : Aussy ne peut il faire Acte couuert & indirect, ny par soy ny par autruy au prejudice desdits Crediteurs qui ne soit nul & cassable, comme fait en fraude desdits Crediteurs, quelque legitime que cet Acte soit de sa nature. Et partant un homme qui auroit constitué Dot ou mariage a sa fille ou a sa seur au prejudice de ses Crediteurs, ou qui auroit donné partie d'heritage exorbitante a frere ou a seur, ne seroit pas en seureté, car il faudroit refonder le surplus.

16.   Un Debteur qui seroit obligé seulement par contract personnel ou par scedule priuée & non recognüe en Justice ne peut aliener en fraude de ses Crediteurs chirographaires, encore que ladite Alienation soit en forme de Droict & authentique : Et la raison en est, parce que les solemnitez requises pour le Droict ne donnent point de force ou un Acte qui est nul ou vicieux de sa nature : or les alienations fraudeuses estants cassables par la disposition du Droict, viennent necessairement soubs ceste Regle & ne peuuent estre validées, quand elles auroient esté passées en la meilleure forme du monde. Mais pour entendre cet Article, je coucheray icy premierement notre usage de Jersey en matiere de faits obligatoires & puis je le confronteray auec ce que le Droict commun en ordonne pour en tirer plus d'esclaircissement. Il faut donc scauoir que nous n'auons que 2 sortes d'obligations priuilegiées, qui soient recognues pour publiques & qui portent Hypotheque par deuant toutes autres

posterieures en Dapte ; ascauoir celles qui sont fondées sur Droicts passez par deuant le Juge, en forme d'Instrument public, et enregistrées au Registre public ; et celles qui ont esté recognues en Cour sceante & inserées aux Rolles de la Cour : Quant est pour les autres scedules, nous ne faisons aucune difference si elles sont le fait particulier du Debteur, sans aucuns tesmoings, ou si elles sont fortifiées par nombre legitime de tesmoings : et toute la question qui peut y arriuer est, si c'est le fait obligatoire d'un tel, ou si ne l'est pas : mais pour autre Priuileges elle n'en ont point, jusques a ce qu'elles ayent esté verifiées en Cour. Cet usage a un grand aduantage ; en tant qu'il donne a tous ceux qui ont a contracter le moyen de pouruoir a leur seureté, car quand ils ont visité le Registre public & les Rolles de la Cour, ils sont asseurez de l'estat de celuy qu'ils a contracter ; & que pourueu qu'ils contractent en forme publique, ils seront priuilegiez & preferez aux Crediteurs chirographaires, si aucuns y en a. Mais au contraire ceste mesme pratique est fort injurieuse aux Crediteurs par Scedule non Recognue & les expose aux fraudes et collusions des Crediteurs peu consciencieux & a beaucoup d'autres hazards : car il est certain qu'un Debteur qui doibt d'auance mille escus par scedule priuée & non recognue, peut en recognoistre une posterieure somme de mille autres Escus, au prejudice de la premiere, quelque diligence que le Premier Crediteur face de le preuenir ; ou bien il peut faire vendition d'une bonne partie de son heritage par Droicts Authentiques, lesquels prendront pied en Dapte auant ladite scedule : et je ne trouue aucun expedient a cet Inconuenient que par contracter tousjours en forme publique aussy bien en obligations pour argent presté, comme nous faisons pour les Acquisitions hereditales (ce qui est presque impossible) ou bien en remettant en usage la Loy *Scripturas. Cod. qui petiores in pign. vel hypoth.* par laquelle toute Scedule attestée de trois tesmoings de bonne renommée signez auec le principal obligé, porte hypotheque & Dapte du jour qu'elle a esté faite au prejudice des Scedules posterieures, mesme de celles qui auront esté recognues & inserées aux Rolles de la Cour, & aux Droicts enregistrez. Et la mesme force auront les Demandes solennellement faites a un Inuentaire & porteront hypotheque priuilegiée. Mais pour les autres Scedules, lesquelles ne sont point attestées de trois tesmoins sans reproche, ladite Loy *Scripturas* ordonne fort bien qu'elles seront bonnes contre celuy qui y est obligé, & contre ceux qui auront droict de luy ; pourueu qu'il apparoisse qu'elles ne soient contrefaites : & c'est aussy l'opinion de Couarru. *To. II. Pract. Quœst. cap. 22 &c.* & celle de Tiraqueau *in leg. connubial. 9. nu. 54.* qui dit que ceste opinion est communé-mcns receüe ; et cite Charles du Molin. *L. 2. de reg. Juris. nu. 31* & plusieurs autres.

Mais quand il s'agist de quelque vendition ou Alienation faite en fraude des Crediteurs par un Debteur, il ne faut point distinguer entre obligation recognue ou non recognue, priuée ou publique, priuilegiée ou non priuilegiée, auec tesmoings ou sans tesmoings : car il est indubitable que toute debte, obligation ou scedule quelle qu'elle soit est tousjours plus fauorable & plus priuilegiée qu'un contract fait en fraude des Crediteurs ; & qu'elle luy doibt estre preferée, si elle est premiere en Dapte ; mais si elle estoit posterieure, on ne pourroit pas pretendre que le Contract eust été fait en fraude d'elle, puis qu'elle n'estoit pas quand le contract fut fait. Venons aux preuues de ce que dessus. Nul Debteur ne peut aliener ny transporter a un autre, par aucun Acte solennel, en fraude (*in damnum, au prejudice* ou *domage*, ainsy que Balde l'explique, *in Rubr. de Revocand. iis quœ in fraud. creditor*) de ses crediteurs chirographaires & personels tant seulement, quand mesme ce seroit a une personne ignorante de la fraude : et que s'il le fait, lesdits Crediteurs qui auront esté fraudez, seront receus a rappeller ladite Alienation. *Abb. cons. 89 in fi. lib. 2. allegat. L. fin. juncta lege. Qui autem. §. simili quoque ff. de hiis qui in fraud. credit.* Paul de Castres est de mesme sentiment, *in L. 1. ff. solut. matrim. in fi. Dec. Perusiana. 66. nu. 32.* ou il dit formellement que *Hypotheca in fraudem non præfertur anteriori personali tantum. Quando quis scit se obligatum & bona sua non sufficere creditoribus, si alienat, non valet alienatio, etiam titulo oneroso. Glos. in §. Item si quis in fraud. credit. Instit. de Action. verbo in fraud. Ubi Jason. nu. 27.* Voyez le Cardin. Tuschus, au mot *Alienatio in fraudem.* Mais il faut se souuenir, que les choses ainsy alienées se doiuent repeter par Action ou Interdit Reuocatoire ; car telle alienation est bonne *Ipso Jure*, jusques a ce qu'elle aye este deuement reuoquée : Et il faut pareille-ment se souuenir que ladite Action Reuocatoire n'est que subsidiaire; c'est a dire qu'elle ne doibt auoir lieu, sinon en cas que les autres biens du Debteur ne suffisent pour satisfaire ausdits Crediteurs. Et de la il s'ensuit que les Crediteurs doiuent agir premierement contre le principal obligé & faire excussion de ses biens ; lesquels n'estans suffisants pour les satisfaire ils peuuent s'addresser subsidiairement au tiers possesseur qui est l'acquisiteur en Fraude. *Bart. in L. post contractum in fi. Col. 2. ff de Donat.* Et de la aussy s'ensuit que puisque le contract est valable de Droict, jusques à Reuocation, l'Acquisiteur cependant demeure proprietaire & fait les fruicts siens. *Cœpol. de simulat. contract. char. 2. col. Clar. § fi. Quœst. 78. nu. 20. in fi. & est communis, secundum cum. Voyez L. œris alieni. (Ubi glossa quœ communiter approbatur) C. de Donat. Bart. in L. a D. Pio § fi. si super rebus nu. 7. ff. de re Judic. Rom. con. 246. nu. 6. Ubi Apostilla, ad ver. Revocatoria citat. Curt. sen. con. 72. Magnifice vir. col. 3. nu. 6. in 9. limit.*

Cela estant ainsy posé en general, il sera fort aisé d'en faire application auec une double Distinction ; la premiere des Alienations & l'autre des personnes contractantes. Pour la premiere il faut regarder a la cause desdites Alienations, si elle est Lucratiue ou Onereuse. Nous disons qu'une Alienation se fait pour cause onereuse, laquelle se fait moyennant un Prix, ou quelque chose tenant lieu de prix, commesuré & proportionné a la Valeur de la chose alienée, comme au contraire, quand il n'y a pas prix ny chose qui en tienne lieu ; ou quand le prix n'est pas commesuré & approportionné a la chose alienée, c'est une Cause Lucratiue, laquelle se trouue ordinairement en Legs ou Legation Testamentaires, Donations simples ou Remuneratoires, & choses semblables.

L'autre Distinction qui regarde les Contractants est : ou bien tant l'Alienateur que l'Acquisiteur ont participé a la fraude, ou l'Alienateur seul en est coulpable : Si donc la cause de l'Alienation faite en fraude des Crediteurs, est pour Cause Lucratiue ; alors il suffist pour la faire reuocable que l'Alienateur seul ait eu cognoissance de ladite fraude, mais si elle est pour Cause onereuse, en ce cas il est requis que l'Acquisiteur aussy bien que l'Alienateur ait eu cognoissance de ladite fraude & y aye participé pour faire l'Alienation reuocable. C'est l'opinion des meilleurs Jurisconsultes. *Voyez Jason. in §. Item si quis in fraud. cred. Justit. de Action. nu. 33. Paul Castren. Cons. 68. Inquistione qui vertitur. Ver. super altera vero dimid. lib. 1. Corne. cons. 178. In hac. nu. 18. lib. 2. Clar. §. fi. Quœst. 78. nu. 18. Ubi dicit Communem. Abb. cons. 102. circa personarum col. 3. nu. 3. lib. 2.*

Mais comment scauoir si l'Acquisiteur aura participé a la fraude ou s'il ne l'a pas fait ? Je responds que comme la Loy presume tousjours que tout homme qui aliene de son heritage lors qu'elle ne

surpasse point ses Debtes, le fait pour frauder ses Crediteurs, s'il
n'apparoist le contraire ; par mesme raison il faudra que celuy qui
acquiert de celuy qui a la reputation d'estre prest à faire Cession,
ou de n'auoir pas plus que ce qui est requis pour payer ses Crediteurs,
tombe dans la Presumption d'auoir participé a la fraude de son
Alienateur ; & il y a d'autant plus participé qu'il scauoit bien que
lesdits Crediteurs n'estoient que Chirographaires & que par son
Acquisition il se mettroit par deuant eux, & les empescheroit de
leurs justes Debtes.

17. Toutes Clauses extraordinaires & Inusitées en un Contract sont
soupçonneuses ; et toutes choses Irregulieres ou exorbitantes,
comme alienations de sommes immenses tout a la fois, ou proches
l'une de l'autre, Donations de grandes sommes, Grandes Portions,
Grands mariages ; Emprunts sans cause visible, Grande Acquisition
faite par un homme mediocre, & autres circumstances, que le Juge
comparera ensemble pour son information.

18. Celuy qui va au deuant d'un Trompeur & le preuient en la
mesme ruse, pour maintenir son droict, sans violer les Loix, ou
prejudicier a un tiers, n'est pas coulpable de fraude, & n'est subject
a aucune Action de Dol ou autre quelconque : mais est homme
prudent & sage.

19 User de la liberté naturelle en ce que la Loy permet, n'est pas
une fraude, encore qu'on le face pour son aduantage, & que le
Droict d'un autre en soit empesché ; comme de faire un Bail, au
lieu d'une vendition, par lequel les Lignagers demeurent exclus de
leur priuilege. Pourueu toutesfois que ledit Bail se face reellement
sans paction ou promesse de reuendre la rente ; car ce seroit non pas
un Bail, mais une Vendition simulée. *Tiraqueau, de Retractu
lignag. in Præfat. in fi. nu. 78 & seq.*

20. Par le Droict Ciuil & François la femme qui a apporté a son
mary par voye de Dot ou de Mariage quelque somme d'argent, pour
supporter les frais du mariage, doibt la Repeter, en cas que le
menage ne subsiste, mais soit dissoult ou separé, ou que le mary face
Cession. *L. 2. in pr. ff. solut. matrimon.* Par nostre usage femme
mariée apprez la mort tant naturelle que ciuile de son mary, joüist
du tiers de tous ses biens meubles & immeubles, en contribuant aux
Debtes : Ou si elle aime mieux se tenir sur son mariage, elle le peut,
& sera exempte de contribuer aux Debtes. Or comme par le Droict
les fraudes ne sont jamais tollerées au benefit du fraudateur, ny de

quiconque y auroit participé ; aussy si un mary se trouuant a la vieille de faire Cession ou de Renoncer, Recognoissoit par obligation solennelle, auoir receu par voye de Dot, de sa femme, ou de quelquun de ceux qui luy pouuoient constituer Dot, quelque grande somme de deniers, on supposeroit par Presumption de Droict, que ceste Confession seroit en fraude des Crediteurs, & cela seroit subject a rappel par Action Reuocatoire. *Crauett. Cons. 44. in pr. Ursill. in Addit. ad Decis. Afflict. 402. nu. 1. in fi & nu. 2.*

Mais par notre Routine un Decocteur aura beau moyen de tromper tous ses Crediteurs en se mariant. Car supposons qu'il vaille 21 quartiers de froment de rente, & que ses Debtes s'amontent a pareille estime ; en ce cas il n'a pas un sol de franc : et neantmoins il prendra en mariage quelcune laquelle n'aura pas 5 sols en meuble : et apprez cela il Renoncera & ainsy par le moyen de sa femme il retiendra le tiers de son bien, franc & quitte, & ses Crediteurs seront frustrez du tiers de leur Droict, tout le temps que la femme viura. Je voudrois bien qu'on me donnast une raison au droict ou a la raison pour cet usage. Je seray fort content que la femme apprez la mort de son mary repete son mariage tout entier, soit meuble ou heritage, & que le Contract de mariage, s'il y en a, soit obserué ; sinon, qu'elle aye le tiers de tout le franc, apprez deduction faite des debtes, qui sont charges necessaires du patrimoine, lequel est hypothequé au payement desdites debtes. Et s'il n'y a rien de franc pour elle, elle aura tousjours le sien.

Collusion est entre deux qui en apparence litigent, mais en effet s'accordent au prejudice d'un tiers, lequel ne s'en donne volontiers pas de garde. La Regle est que la Collusion de 2 ne prejudiciera au tiers, quelque sentence, Decret ou Solennité qui se trouue au contraire. *Bald. cons. 396. fideuissor. lib. 2.* Et en matiere Beneficiale tous les 2 que participent a la Collusion perdent leur Droict. *C. audiuimus de Collus. delegenda.*

Guy Coquille en ses Questions & Responses sur les Coustumes de France Cap. LXXIIII.

Si le Voisin est tenu d'octroyer chemin a son Voisin par dedans son heritage quand le Voisin n'a autre chemin.

Il aduient souuent en ce pays, (Niuernois) selon que les partages des heritages ont esté faits d'ancienneté, qu'un heritage se trouuera enclos de toutes parts par d'autres heritages appartenants a des particuliers, sans qu'il abboutisse par aucun endroit au chemin public : & le proprietaire de tel heritage enfermé se sera accommodé de prendre son passage par dedans les terres qui pour le temps se sont trouuées n'estre en labourage & en culture, & par consequent n'estre en deffence. Aduiendra que tous les voisins auront labouré & emblavé leurs heritages ou les auront bouchez & tenus clos. On demande si celuy qui a son heritage enclos de toutes parts pourra contraindre ses voisins de luy bailler passage, ou si de soy mesme il le peut prendre. Sur quoy me semble en premier lieu Que pour auoir esté enduré & souffert de passer par dedans ung champ, pour le temps qu'il n'estoit en culture & en deffence, par quelque laps de temps que la tolerance ait esté, n'a esté acquis droict de seruitude, ny possessoirement ny pour la proprieté, *eo quod potius jure facultatis quam jure seruitatis videatur fecisse, vel jure familiaritatis: quibus casibus nec possessio nec per consequens prescriptio introduci potest ; quia opinione domini, necque suo facere credidit. L. qui jure. ff. de arg. poss. L. 1. § Julianus recte ff. de Itinere actuque privato. L. si serius § 1. ff. de noxal. act.* Mais si d'ancienneté tous ces heritages voisins, ou grande partie d'iceux ont esté & appartenu a une mesme famille & communauté, laquelle depuis se soit departie en plusieurs branches, je croy que celuy qui a son heritage enfermé de toutes parts peut demander passage *jure suo* a ceux qui ont des heritages voisins aboutissans sur le grand chemin, pourueu que lesdits heritages ayent autrefois appartenu a la mesme famille, dont le sien est party. (Ceste Regle a quelque restriction). Car la communion sans Société & la Société estants negoces de bonne foy, comme sont les actions qui en prouiennent, *pro socio vel communi duid.* on y doibt entendre & appliquer tout ce qui par raist, equité & bienseance, est propre, apte & commode a tel negoce, & ce qui est vray semblable auoir esté traicté lors du partage, ores qu'il n'apparoisse de la conuenance. *L. quia tantundem. ff. de negot. gest.* & ce qui est en usance & accoustumance y doibt estre entendu. *L. quod si nolit. § quia tantundem. ff. de Aedil. edicto.* Or les gens de bien jugeront tousjours & arbiteront que lors du partage il estoit raisonable, & est vray semblable qu'il ait esté conuenu que celuy a qui la piece enfermée demeureroit, auroit son passage par l'une des pieces de ses compartageans ; pour ce qu'autrement la partie luy seroit inutile. Pour cette decision fait ce qui est dit *in c. via § Ult. in f. ff. de seruit. rust. prœd. quamvis glo. censeat hoc pendere ex voluntate* corum qui communem fundum habebant. Et comme en cas de legs Testamentaires, ou le presume ainsy. *L. 1. ff. de servit. leg. & l. 1. §. 1. ff. se Usufruct. petatur*—ou sera notée la distinction *si sine ea via uti non potest, vel si cum aliquo incommodo.* Ainsy faut presumer es negoces & contracts de bonne foy, *cum sint ad instar. L. si scruis legatus. § cum quid. ff. de leg. 1.* Et si tant estoit que les pieces d'heritages n'eussent appartenu a une mesme famille, & n'eussent esté partagées ensemble, ou qu'il n'y eust moyen de le monstrer ; je croy que celuy qui a sa piece enfermée peut par action en forme d'impartition d'office du Juge, contraindre celuy qui a la piece de terre plus proche du grand chemin & plus commode pour se rendre en iceluy, de bailler passage par dedans sa terre, en luy payant pour son indemnité ce que le Juge arbitrera, mais non pas gratuitement ; pour la raison de la *L. si quis sepulchrum ff. de relig. & sumpt. funer.* Et combien qu'acuns Docteurs dient que ladite Loy est egale au fait des sepulchres, a cause de la faueur de la religion ; je croy que la raison est generalle. Et ainsy se dit *de glande tegenda in alieno agro, quem agrum licet extraneo ingredi, dummodo damni infecti caueat. L. Julianus §. glans in fi. ff. ad exhib.* Et quia natura *comparatum est ex jure gentium ut unus ager alteri serviat, secundum situm agrorum lib. 1. §. Ult. De aqua pluvia accord.* Et sera arbitré par le Juge, que le passage sera donné par l'endroit du champ, qui moins portera de domage au proprietaire. *L. si cui ff. de Seruit. Titulo. generali.*

Idem. Cap. 66.

S'il est loisible de tuer ou blesser les bestes en dommage, si sont bestes fugaces ou volantes, qui malaisement peuuent estre apprehendées.

Les Loix Romaines ont ordonné si quelcun apperçoit les bestes d'autruy en son dommage, qu'il les chasse sans leur faire outrage, tout ainsy qu'il feroit ses bestes propres ; & que par action il se pouruoye pour son dommage. *L. Quintus Mucius & l. quamvis ff. ad L. Aquil.* Notre Coustume (C. de Niuernois) fondée sur l'estat naturel du pays, plus propre a nourriture de bestail, a permis a celuy qui recoit dommage, de prendre les bestes d'autruy en son dommage, & les mener au toict & prison de Justice, auec ce priuilege qu'il·est creu de la prise ; & encores il peut retenir lesdites bestes en sa puissance jusques a 24 heures, comme en prison priuée, & pendant ledit temps peut composer de son dommage. Ce qui est bien necessaire en ce pays a cause de la frequence du bestail, & parce que le pays est couvert et peu peuplé. Mais s'il aduient que celuy qui recoit le dommage ne puisse apprehender les bestes, qui font dommage, ou parce qu'elles sont fugaces, comme porcs, taureaux ou vaches en amour, " ou piquez des mousches " ou parce que ce sont des bestes volantes comme oyes & poulles, la question est s'il est loisible de les tirer d'arquebuse, arbaleste, ou arc, pour les blecer, ou peut estre tuer. De prime face sembleroit que non ; pour ce que les Loix veullent, que le dommage soit poursuiuy par action, sans offenser les bestes ; aussy que par l'outrage qui se fait ausdites bestes, le dommage n'est pas reparé ; et cette blesseure semble estre en pure vindicte, sans qu'il en reuienne proffit. Mais si les dites bestes sont coustumieres de faire dommage, ou que le maistre d'icelles, ayant esté aduerty par son voisin ne tienne compte de donner bonne garde a ses bestes, pour les empescher de faire dommage ; je croy que celuy qui recoit dommage, ne pouuant les apprehender facilement peut se venger de son authorité, & tirer sur l'une d'icelles, non pas pour tuer s'il peut, ains seullement pour la blesser, & s'il la blesse en sorte qu'elle soit arrestée, la laisser sur le lieu, pour tesmoignage qu'elle estoit en dommage : & sur tout se garder de la prendre, pour en faire son proffit, car la presumption seroit que ce fust pour desrober. Car quand on ne peut auoir sa raison par la voye ordinaire de justice, ou aisément on ne peut auoir, il est loisible de faire sa vengeance de soy-mesme. *Sic. in L. 1. C. quando liceat sine Judice se vindicare & L. 4. ff. ad leg. Aquil.*

Si le voisin peut estre contrainct par son voisin refaire ou reparer l'heritage commun: ou bien s'il est tenu seulement de s'abstenir du fruict & usage de l'heritage commun ; & comme se doiuent partir les fruicts de l'année du remboursement (Cap. LXXVI).

La Loy des Romains a donné un remede a celuy qui refait l'heritage & bastiment commun, que si apprez auoir sommé & interpellé son compagnon de contribuer aux frais, il est refusant, ou dilayant, celuy qui a ses frais a refait, deuient proprietaire incommutable de l'édifice refait ; *ex orat. D. Marci, relata in L. si ut proponis C. de œdif. priv. & L. cum ex duobus alias L. si fratres. § Idem resp. socius ff. pro socio.* Et semble que notre Coustume de l'an 1584 au Tit. des Seruitudes reelles, incline a cette part, es Art. **5** & 6. Mais la question est, si outre ledit remede, qui est une contrainte causatiue & non precise, celuy qui seul a refait a ses propres despends, peut contraindre par execution son compagnon de le rembourser ? Sembleroit par premiere apparence, que la contrainte precise n'y fust pas : mesmement que la muraille ou bastiment est decheu & ruiné par vetusté, sans la faute expresse de celuy a qui il appartient, *cum sit Regula, Res inanimatas quœ ad nos partineant, non onerare nos, ultra quam ut eis carcamus : sicut dicimus in animalibus quœ noxam dederunt. Ideoque sufficere ut alternative cogatur vel reficere, vel re carere. L. prœtor. § hoc edictum & §. Ult. cum L. seq. ff. de damn. infect.* Il semble que ledit 5me Article incline a ce mais je croy que l'election est a celuy qui veut refaire, ou d'user du remede de ladite *oraison. D. Marci* recitée en la dite *L. si ut proponis,* ou bien de contraindre celuy qui a part en l'edifice de contribuer ou rembourser les frais de la refection pour la portion qu'il y a : et ce par l'action *pro socio,* s'ils sont compagnons associez ou par l'action *Communi dividundo.* Et ainsy est dit *in L. cum duobus. & Idem resp. pro socio* ; ou il parle de celuy qui aime mieux estre remboursé, que d'auoir la proprieté de l'heritage reparé. *Maxime* si le Bastiment est en ville close, car *etiam* par l'office du Magistrat les particuliers peuuent estre contraincts de reparer & refaire les ruines des Bastiments qui sont es Villes. *L. singulor. C. de œdif. privat. L. ad curatoris, ff. de damn. infer. L. prœses. 5. de off. prœsidis.* Et quand bien le Bastiment ne seroit en ville close, & que nous ne serions es termes du priuilege des villes closes, esquelles se dit que c'est l'interest public qu'elles ne soient difformées par ruines ; je croy que celuy qui a portion peut estre contrainct a reparer, ou a rembourser les fraits qui auront esté faits a la reparation, par l'une desdites actions, *pro socio vel commun. divid.* Et a ce semble y auoir decision expresse *in L. si œdibus. ff. de damn. infer. & de L. cum duobus § Idem resp. ff. pro socio.* mesmement quand la refection est telle, qu'une partie ne peut estre faite pour seruir bien a propos, sans que le tout soit fait. *L. si quis putans § hoc autem. ff. commun. divid.* toutesfois me sembleroit bon d'y appliquer temperament, Que si la ruine est aduenüe par la seule occasion de la vetusté ou antiquité ou par terre-morte, ou par autre cause non procedant de la faute du proprietaire, & la refection fust de si grand frais, que le proprietaire ne peust porter facilement & commodement ladite contribution selon ses facultez ou bien que l'heritage ne fust de valeur pour les porter, ledit proprietaire en quittant sa part de la proprieté demeurast quitte desdits frais, par la raison de la Loy *in fundo. ff. de rei Vindic.* & de ladite Loy, *Prœtor.* § *hoc edict.* & § *ult. cum L. seq. de damno infer.* Mais si la ruine estoit aduenue par sa faute (car quelque fois a faute de faire les menues reparations en temps et saison les grandes demolitions & ruines s'en ensuiuent) je croy que precisement il seroit tenu a contribuer, ou rembourser par l'action. *Commun. divid.* Ce que dessus s'entend quand on veut remettre l'heritage en son estat ancien, & selon son ancienne forme & destination. Car si l'un vouloit refaire en autre forme plus sumptueuse, & non necessaire, je croy que son compagnon ne seroit subject a ces frais de noüuelle & plus sumptueuse edification par la Loy. *Parietem.* §. *de servit. urb. prœd.* & *l. Sabinus, Commun. divid.* ains seulement seroit tenu de prester patience, en cas que cette noüuelle structure fust utile, & non nuisible a celuy qui est semons de contribuer.

Ladite Coustume de l'an 1534 es Articles 6, 7, permet de faire le remboursement dedans deux mois, quand il y a eu interpellation ; & a tousjours quand il n'y a eu interpellation. Mais s'il aduient que celuy qui a part, vienne offrir le remboursement la veille de la pesche de l'estang, ou de la perception du proffit, qui doit prouenir de la chose reparée, ou peu de temps auparauant, je croy qu'il sera subject a payer les Interests a la plus haute raison ; ainsy qu'il est dit *in. d. L. si ut proponis,* en ces mots, *cum Centesimis usuris C. de œdif. priv.*

Si l'un des Coheritiers fait seul le remboursement sera-t-il tenu d'en faire part aux autres & dans quel temps.

Il est certain que celuy des 2 mariez (communs en biens) auquel le remboursement peut estre fait dedans l'an es cas des 2 questions precedentes, n'est tenu de receuoir ledit remboursement par parcelles, la Regle estant, *ne quis Creditor teneatur & cogatur admittere solutionem partis, quœ partis solutio non minima habet incommoda. L. plane ff. famil. ercis. L. tutor* § *Lucius. ff. de usur.* Donques semble que l'un des heritiers de celuy qui estoit lignager n'est receüable a faire le remboursement pour sa part, s'il ne plaist au non lignager. Mais aussy si ce coheritier veut rembourser le tout, je croy que ledit non lignager sera tenu de receuoir le tout, & luy delaisser le tout, en promettant par ledit coheritier de desdommager celuy qui recoit les deniers, enuers les Coheritiers, par la raison de la Loy premiere. § *si pecunia, ff. depositi. & ad instar* de ce qui se dit en retrait lignager, que le premier & plus diligent lignager qui se presente, peut retraire pour le tout. Dont resulte autre question si ce coheritier ayant ainsy remboursé pour le tout, sera tenu de faire part en l'heritage recouvré a ses autres coheritiers, en le remboursant chascun *pro ratà* & dedans quel temps. Sur quoy je pense qu'il peut estre contraint a se rembourser, *eo quod negotium hœreditarium videatur gessisse ; et cum actio familiæ exciscundæ sit bonæ fidei, dicendum est bonæ fidei convenire, ut potius negotium commune videatur gessisse, quam jus cohœredum voluisse sibi prœcipere. Imo eo nomine habet actione ad reprehendum a cohœredibus, quia id gessit quod pro parte expedire non potuit. L. hœredes. § si unus L. his consequenter. § si filius ff. famil. excisc. Et ratio communionis efficit ut negotium commune gessisse videatur ; ideoque cohi possit ad communicandam eam utilitatem. L. ult. § quatuor. ff. de legat 2.* De Lur en son Recueil des Arests *sub Tit. de litigiosis, qui est in lib. 11* recite un Arrest du 14 Aoust 1526 faisant a ce propos. Mais je croy que ce remboursement ne se peut estendre apprez l'an en prenant une mesme proportion au remboursement, qu'il y a eu au desboursement.

Quelle deception est requise pour rescission de partage.
CLVII.

La Glose & les *DD. in L. majoribis C. commun. Utriusque Jud.* disent que pour faire rescinder un Partage fait entre majeurs de 25 ans, la decepetion *d'autre* moitié de juste valeur est requise, *ad instar* de la rescision de vente & permutation, dont est parlé *in L. si rem C. de rescind. vendit.* Mais la Cour de Parlement par plusieurs Arrests a declaré & jugé que pour la rescision ou reformation du partage, suffit qu'il y ait notable lezion, sans venir a la proportion d'oultre moitié. On allegue un ancien Arrest de l'an 1483, entre Maistre Jean Charlet & Maistre Achilles Jaques, & porte ledit Arrest l'alternatiue, que les parties viendront a nouueau partage, où que supplément sera fait au demandeur pour la lezion. De mesme par autre Arrest de la pronciation de Chandeleur 1524 entre René de Cont & Loyse de fillas ; Et de mon temps en l'an 1547 au rapport de Monsr. Bourgoing mon oncle au proffit de Luillier Sr. de la Motte d'Esgy contre Lapithe Sr. du Courances. La raison selon mon aduis est que Partage n'est pas contract uy commerce ; ains un expedient inuenté par le Droict Ciuil, pour representer a chascun des Communs separement & a part la vraye valleur de la portion indiuise, qu'il auoit pour euiter les discordes ou nonchallances qui ordinairement se trouuent en l'administration des heritages & biens communs comme il est dit *in L. cum pater §. dulcissim. ff. de leg. 2 & Sancimus §. ne autem. C. de donat. &c.* Voyez tout le chapitre.

Idem. Cap. CCC.

Selon les regles de Droict, quand aucune question se presente deuant le Juge qui gist en science mechanique, ou d'Art manufactrice, ou qui n'est de la science du Jurisconsulte, le Juge doibt prendre l'aduis des ouuriers artizans, ou autres qui font profession de la Science par laquelle telle question doibt estre jugée. *L. comparationes C. de fide Instr. L. 1. & seq. ff. si mensor fals. mod. dix.* Et est accoustumé que le Juge semond les parties litigeantes de conuenir d'experts, ou bien ordonne que chascune des parties en nommera un, & tous deux ensemble conuiendront d'un tiers, ou, a leur discord, refus, ou delay, le Juge le doit nommer de son office. *L. ult. vers. Electione, C. de Judiciis, & L. si quis sup. C. fin regund.* Et est expedient que le nombre soit non-pair, comme de 3 ou 5, affin que la plus grande part puisse emporter la moindre, ce qui ne seroit si le nombre estoit pair. Et suffist que la plus grande part soit d'un aduis *L. 1. §. Et notand. ff. de venti. inspiciend.* Et si le Juge en nomme d'office, les parties peuuent apporter reproches ou recusation pour empescher qu'il soient receus. *c. causam extr. de probat.* Et doit la visitation & le rapport estre par auctorité & examen du Juge de la Cause *L. Semel. C. de re milit. L. XII.* Et si le Juge cognoist estre besoing, il doibt luy mesme se transporter sur le lieu contentieux & le voir & visiter a l'œil auec lesdits Experts. *L. si irruptione § 1. ff. fin. regun. c. quia, extr. de procript.* Tels experts doiuent prester serment par deuant le Juge *d. L. comparationes. C. de fide Instr.* Et leur assertion peut estre non precise, c'est a dire, qu'il suffist qu'ils tesmoignent & rapportent qu'ainsy leur semble, qui est ce que disent les Latins, *ita sibi videri,* & non pas precisément qu'ainsy soit *L. 1. §. 1 ff. de ventr. inspic.* Et si on ne peut recouurer des Experts en nombre de deux ou plus, on peut se contenter d'un seul § *quod autem. Authen. de non alienand.* toutesfois audit cas, quand il n'y en a qu'un, le plus seur est d'appeller auec luy deux ou trois notables personnes, qui, par l'instruction & remonstrances que leur fera ledit expert, puissent comprendre que c'est de l'affaire, & en dire leur aduis auec raison probable. Aussy la Coustume est a Paris & autres bonnes villes qu'auec les massons & charpentiers, & autres Experts, on appelle un ou deux notables Bourgeois, pour euiter la suspicion contre ceux de l'art qui ordinairement sont prompts a trouuer moyen pour estre employez en leur manufacture. Les salaires des Experts doiuent estre payez par les parties *pro rata* & pour la portion que chascun a, ou pretend en la chose usitée. *L. 4. § sed et si mensor. ff. fin. regun.* Et combien qu'il soit dit *in d. L. 1. ff. si mensor fatum mod.* que l'arpenteur ou mesureur est seulement tenu de dol, & non de coulpe, toutefois pour ce que ladite Loy & les sequentes adjoustent la raison en ce qu'il est employé par honeur ; & son salaire a ceste cause s'appelle honoraire, je croy que ladite decision auroit seulement lieu auprez de nous, a l'esgard des bourgeois & autres notables qui seroient appellez auec les massons & charpentiers, mais a l'esgard des massons & charpentiers, le labeur desquels a accoustumé d'estre payé par journées & salaires, *ad instar* de location, je croy qu'ils seroient tenus de leur coulpe, *etiam* de leur imperitie *L. illicitas §. sicuti ff. de off. presidis.* La Coustume & l'usance presque generalle de ce Royaume a admis & receu que l'une des parties puisse requerir l'amendement du Rapport par la visitation qu'autres Experts feront ; en la Coustume de 1584, au Titre des Seruitudes reelles. Art. XVII. Et ce rapporte a ce qui est dit *in L. Societatem. § arbitrorum ff. pro socio & in L. Si quis arbitratu, ff. de Verbor. oblig.* Mais je croy que cette seconde visitation doit estre faite aux despens du requerant ; sauf a recouurer en fin de cause, s'il est trouué que les premiers Experts eussent douteusement, ambitieusement, ou imperitement rapporté.

Des Appeaux ou Appellations.

1. En quel cas il eschet Appel & quels Appeaux sont Deuolutifs & Suspensifs de la Jurisdiction du Juge *a quo* & quels Deuolutifs et non Suspensifs.

2. Quand l'appel doibt estre jugé Desert.

3. Touchant les Despends de la Cause d'appel.

Des Cas ou il est eschet Appel.

Par le Droict Ciuil il eschet Appel de toutes Sentences diffinitiues, & des Interlocutoires qui ont force de deffinitiues, *nisi sint notoriæ*, si elles ne sont notoirement justes, & que leur notorieté n'apparoisse *ex Actis ipsis*, des Actes mesmes du procez ; car en ce cas l'appel ne seroit receuable, comme je monstreray cy dessoubs.

Secondement par le mesme Droict l'Appel est interdit des sentences possessoires & momentaires, que les Jurisconsultes appellent *momentanæ*, c'est a dire ou il ne peut y auoir delay, sans prejudice de la partie ; ores que les dites sentences fussent deffinitiues. *L. 1. C. si de moment. posses. appell.* Laquelle Loy s'entend *de quolibet possessorio*, de toutes sortes de possessoires, selon Guido Pape en son Apparat sur le Statut de Dauphiné *Si quis per litteras* ; pourueu que ledit possessoire ne prejudice au Petitoire ; qui est aussy l'opinion de la Glosse, Jac. de Butrio, Barthole, Balde, Salycet & Cyn sur ladite *Loy 1. C. Si de moment. poss. appel.* Voyez Guido Pape en sa Decis. 37. & Ranchin en son Apostille *in possessorio Jure Canonico procedit, sed non impedit sententiæ executionem. Bald. in L. quæritur C. de Episc. aud. Rebuff. tit. de Sent execut. Art. 8.* Voyez aussi Fulgos. *cons. 145* ou il dit que *non datur Appellatio a sententia de imittendo aliquem in possessionem,* Il n'y a point d'Appel d'une sentence pour mettre quelquun en possession.

Tiercement, par le mesme Droict il n'eschet point d'Appel de Sentences Interlocutoires, c'est a dire par lesquelles le principal de la Cause ne se decide point, mais seullement quelque Emergent ou Incident d'icelle. *Bald. Cons. 344. ver. in contrarium, lib. 1.* Lesquelles se donnent bien souuent sans contestation de cause, *Castren. Cons. 430. in princ. ver. si vero lib. 1* ou sur le preparatoire d'un procez. Auec cette limitation, pourueu que *reparari possint in diffinitiva*, qu'elles puissent estre reparées en diffinitiue. *Bald. Cons.*

378. ver. in contrarium, lib. 1. Corn. Cons. 262. nu. 2. ver iis tamen. lib. 4. C'est une Regle tirée de la Loy *Ante sententiam C. quorum appellatio non recip. Ubi Bart. & alii. Castren. Cons. 271. Super primo. ver. super secundo. lib. 1.* Que si ladite Interlocutoire apportoit grief a partie qui ne peut estre reparé par la sentence diffinitiue, comme il arriue quand ladite Interlocutoire porte coup au principal de la cause, alors elle a *vim deffinitivœ,* force et vertu de diffinitiue, & n'est Interlocutoire que de nom ; et partant il en peut estre appellé comme de la diffinitiue mesme comme il appert par ladite Loy *Ante sententiam,* & par Balde sur la Loy *2 C. de Episcop. ardientia.*

Quant au Droict Canon, il permet d'appeller fort legerement, en plusieurs cas interdits par le Droict Ciuil, mesmes en Causes possessoires, & de sentences Interlocutoires, a tout le moins quant a la Deuolution de la Cause principale, quoy que non-pas tousjours quant a la suspension de la Jurisdiction du premier Juge, qui peut en plusieurs cas proceder a execution de sentence Interlocutoire, jusques a Inhibition ou deffence faite de par le Juge d'appel. *Lap. alleg. 2. nu. 7. & 8. Feder. de Sen. Cons. 163. nu. 3. Aegid. Bellam. cons. 18 in pr.* En 4me lieu, il est permis d'appeller tant par le Droict Ciuil que Canon d'incompetence de Juge, lors qu'il s'entremesle hors de sa Jurisdiction, ou qu'il veut estre juge en sa propre cause ou en celle de ses proches conjoincts &c. Auquel cas il peut estre recusé jusques Appel, ce qui recoit quelques exceptions, desquelles je parleray cy dessoubs.

Les ordonnances Royaux & la Pratique generalle de France admettent Appel en presque tous les cas ou le Droict Commun les recoit ; mais avec quelque exception, & auec cette notable difference, qu'elles ne les admettent en plusieurs cas sinon quant a la Deuolution de la Cause, & non quant a la Suspension ; De sorte que par l'Appel la cause principale est bien deuolüe au Juge d'appel, mais cependant le premier Juge peut proceder a l'execution de la sentence, comme si l'Appel n'estoit point. Lesquels cas sont amplement declarez par Terrien au chapitre des Sentences executoires, et par Rebuffe sur lesdites ordonnances au Traicté *de Sent. provisionalib. art. 1. glo. 2. nu. 2* et au Traicté *de Sent. execut. art. 11. glo. unic.* Et par Papon en son second notaire *Liure X. des Sent. execut. sur l'appel pag. 723.* Et par Godefroy sur l'Art. 2 de la Coustume de Normandie & par plusieurs autres ; tous les quels

clonclucnt Que sentences données en maticre de Dot, Douaires,
Salaires, Aliments, Decrets Tutelaires, confections d'Inuentaire,
reparations de Ponts & chemins publics, Interdicts faicts a prodigues & furieux d'administrer leur bien, Adjudications de sommes
non excedantes 40 livres Parisis, non descendantes de delict &
aussy de 10 livres Tournois adjugez pour cause ciuile, ores qu'elles
fussent diffinitiues, et pour prouision de garnison de sommes deües
par Instrument authentic, de quelque somme que ce soit, sont
toutes indifferement executoires nonobstant Appel & sans prejudice
d'iceluy ; & en baillant caution de rendre ce qu'ils auront receu, s'il
est trouué que l'appel soit bon ; sinon en sentences pour Aliments
prouisionels (tels que sont nos Portions de Viure, lesquelles la Glose
du Viel Coustumier appelle Prouisions) & autres semblables, ou il
n'eschet point de Caution, Papon au lieu sus-allegue pag. 125. dont
la raison est, que les Aliments sont du Droict naturel, & par
consequent plus priuilegiez que les autres cas, selon l'opinion dudit
Autheur, lequel Rebuffe en son Traicté *de Sent. prouis.* explique plus
au long, disant, *Intellige faciendam esse provisionem super Alimentis
&c.* Il faut (dit-il) entendre que ladite Prouision d'aliments, (ou
portion de viure) soit que le procez soit intenté contre le fils, ou soit
que le fils demande la succession des biens paternels ; et qu'en ce
cas prouision luy doibt estre allouée durant le procez ; affin qu'il
aye tous les ans, tandis que le procez durera, certaine proportion
des biens de son pere par la Loy *si Institutam* § *de inofficios. D. de
inoff. Testam. Bart. in L. fin. Cod. de Alend. liberis* ; ou la Glosse
conclud que le Demandeur doibt auoir prouision d'aliments durant
le procez ; et qu'autrement faire, seroit priuer indirectement un
homme de son bien, et luy oster le moyen de pouuoir poursuiure son
Droict en Jugement. Et au mesme passage, nu. 34. Finallement
(dit-il) en tous cas ou il eschet prouision d'aliments a un Estranger
(comme seroit un Acquisiteur) il y eschet aussy execution nonobstant tous Appeaux ou oppositions : car l'ordonnance ne parle pas
des sentences de prouision d'aliment données en faueur des Enfants,
mais aussy de toutes autres : car toute Sentence pour aliments est
regulièrement executoire en quelque termes qu'elle soit conceue :
Jugez par Arrest du 14 Juil. 1539 pour le Prieur de Longiumeau qui
auoit obtenu sentence de 3 muids de froment pour les Aliments de
ses Religieux. Si bien que voicy les principaux cas reseruez par les
ordonnances & pratique de France & de Normandie ausquels il est
permis d'appeller sur le Principal de la Cause, l'execution de la

Sentence dont est appellé demeurant tousjours par deuers le premier Juge, qui en tous lesdits cas peut proceder a l'execution susdite, nonobstant Appel & sans prejudice d'iceluy. Et par ainsy ausdits cas l'Appel est seullement Deuolutif, & non suspensif. Voyons quelle Regle nous deuons suyure en nos Isles en ce particulier.

Premierement soit posé pour Regle, que l'Appel d'Incompetence n'a lieu chez nous, sinon en 4 cas, lesquels les Roys d'Angleterre ont reserué a leur cognoissance ; viz. Le Crime de Trahison ou Leze Majesté, de faux monnoyeurs, et de poser les mains injurieusement a la personne du Bailly ou d'aucun des Jurez en faisant leurs offices ; comme il est contenu au liure des Coustumes de Guernezey, extraict de leur Precepte d'Assise, au chapitre de l'Estat et office du Bailly : ou il est dit, que c'est selon l'ancienne Accoustumance de ladite Isle, & partant ce n'est pas une nouuelle Reseruation. Ausquels 8 cas reseruez on peut adjouster les differends qui peuuent sourdre entre le Gouuerneur & la Justice touchant leurs Jurisdictions ou autrement lesquels par l'ordonnance de Henry 7 sont aussy reseruez a la Cognoissance du Roy. Ce qui est tres necessaire : parce qu'en ce cas ny les ungs ny les autres n'estants competents en leurs propres causes, & ne se trouuant dans les Isles aucun pouuoir par dessus eux, il faut de necessité, que ce soit au Roy a en decider. En ces 4 cas la, il seroit bien permis d'appeller d'Incompetence, si la Cour s'ingeroit d'en juger, autrement que par voye de preparatoire. Mais en tous autres cas, ils ont pleniere Jurisdiction soubs Sa Majesté sans aucune restriction ; selon les anciens Priuileges desdites Isles, approuuez & ratifiez par tous les Roys qui ont regné depuis Ed. 3 lequel en l'an 6 de son regne les confirma par sa Chartre, jouxte l'original recordé au Tresor de l'Eschiquier dont un Article porte expressement, Que toutes causes et differends arrivants dans lesdites Isles y seront jugées et determinées & non ailleurs. Lequel Article est de telle importance qu'on l'a fait inserer en plusieurs Chartres des Priuileges ottroyees auxdits Insulaires par les Roys suyuants ; & particulierement je le trouue en celle de la Royne Eliz. aux habitants de Guernezey en ces mots *Damus &c. Baillivo &c. plenam & absolutam authoritatem super omnibus placitis, processibus, litibus & actionibus, querelis & causis quibuscunque intra Insulas predictas emergentibus, tam realibus personalibus & mixtis quam criminalibus & capitalibus, eaque omnia*

ibidem & non alibi placitandi & peragendi &c. secundum leges &
consuetudines Insularum & locorum predictorum prœantea usitatas &
approbatas &c. De sorte que par lesdits priuileges le Bailly & Jurez
sont competents en toutes matieres qui peuuent arriuer aux dites
Isles, les 4 cas susdits tant seullement exceptez ; lesquels 4 cas
n'estants qu'une exception de la Regle generalle, confirmant ladite
Regle en tous les autres cas non exceptez par la maxime, *Exceptio*
firmat Regulam. Et partant tout Appel d'Incompetence fait hors
lesdits 4 cas est nul, & la partie appellente coulpable de temerité &
injurieuse a l'authorité de ladite Cour, & partant subjette a grosse
Amende.

Pour les Interlocutoires, nous suyuons a peu prez le Droict
Ciuil qui ne recoit point d'Appel, sinon quand elles ont force de
diffinitiues ; quoy que dans le Reglement de la Royne Eliz. pour
les Appeaux, il ne se trouue aucune exception ; mais je croy que
cela se doiue soubs entendre, veu qu'il n'y a gueres a dire entre une
Diffinitiue & une Interlocution qui a force diffinitiue. Ledit Règle-
ment porte dapte a Richmond le 22 an du Regne de ladite Royne,
ayant esté fait par son Conseil Priué. Et court ainsy, *art.* 2.
Provided further more that nœ Appeale be made from any Decree that
is not finall, but onely from Decrees Sentences & Judgments diffinitiue.
Il se trouue un autre Reglement du 14 May 1572 dont le premier
Art. porte que *Noe appeale be admitted or allowed from any sentence*
or Judgment in any cause great or small before that sayd matter be
fully examined & ended by definitiue Sentence or other Judgment
having force and effect of a sentence definitiue, selon lesquels reglements il y a eu 2 Jugements donnez depuis peu, le premier en la
cause d'entre Messire Ph. de Carteret d'une part & Ch. Maret &
Hugh Lempriere d'autre part sur un appel fait par ledit Mess. Ph. de
Carteret d'une sentence Interlocutoire donnée contre luy en l'an 1657
laquelle fut confirmée le 29 Aug. 1662. Le 2d én la cause d'entre
Jos. Ahier & Jo. Poingdestre en presence du Roy ou il fut dit
qu'il n'y auoit point d'appel de la Sentence donnée en Jersey au
benefit dudit Poingdestre, par ce qu'elle n'estoit que Interlocutoire
et ledit appel fut declaré nul. De sorte que c'est desormais un
point décidé.

Les Sentences en matieres possessoires dont a este touché cy
dessus, sont de 3 sortes, car ou bien elles tendent a prendre une
possession qu'on n'a pas encore, qu'on appelle *adipiscendœ posses-*
siones ; ou secondement a conseruer une possession qu'on a des-ja,

qu'on appelle *conseruandœ* ; ou en 3me lieu a recouurer une possession qui a esté ostée, lesquelles sont celles qu'on appelle *recuperandœ
possessiones* & en France *Reintegrandes*. Les causes de la premiere
& troisiesme espece se traictent aux chefs pleds d'heritage, ou on
determine les matieres de successions, partages, Retraicts lignagers,
loix apparentes & autres actions de proprieté de fonds, ou on tend
a une possession qu'on n'a pas ; & aussy les nouuelles Dessaisines
par lesquelles on recouure la possession perdue. Celles de la seconde
sorte se vuident par la Clameur de Haro, hors la Cour des Chefs
pleds. Cela posé voyons l'autre membre dudit *Art. Prouided that
it shall not be lawfull to appeale in any Causes Criminall, or of
Correction, nor from the execution of any order in their Courts of Chiefe
Pleas, nor in Cryes of Haro : nor in any matter moueable, not exceeding
the summe of £10 sterl. of England.* Il n'est donc par ledit Article
permis d'appeller de l'execution d'aucun ordre pris aux Courts de
Chefs pleds : bien est il permis d'appeler de la sentence ou ordre
mesme prise ausdites Courts en diffinitiue, quant a la deuolition de
la Cause, mais non de l'execution de la Sentence, or j'ay monstré cy
dessus que la premiere & derniere espece des possessoires se traictent
aux Chefs pleds, et le Haro qui fait la seconde est interdit, quant a
l'Appel, de maniere qu'en toutes matieres possessoires par nos loix
il n'y a point d'Appel, sinon quant a l'effet deuolutif de la Cause, &
non quand a la suspension de la Jurisdiction du premier Juge ; non
plus que par le Droict Ciuil & par les ordonnance de France. Et
de mesme les Sentences prouisoires pour aliments, portions de viure
& semblables estants pour la plus part en causes d'heritage traictées
aux Chefs pleds, il s'ensuyt que nostre Regle pour lesdits Cas ne
differe gueres de celle de nos voisins.

Pour les Appeaux des Sentences notoirement justes, desquels
il a esté touché au commencement de ce discours, ils sont entierement reprouuez & le premier Juge n'est obligé d'y deferer, sinon
auec cette Clause, *in quantum de Jure*, en tant que de Droict il y
seroit tenu ; ains doit proceder en la Cause, jusques a l'execution de
la Sentence sans danger d'estre coulpable d'Attentat. Car comme
la Sentence est notoirement nulle, qui paroist euidemment injuste
ex Actis, par les Actes du procez ; de mesme l'Appel est nul et a
rejetter, quand la Sentence apparoist notoirement juste par les
Actes et pieces du procez. J'ay cy deuant remarqué qu'en Appel
d'une Sentence Interlocutoire, le premier Juge ne laisse pour ledit
Appel, de proceder *donec ei Inhibitio facta fuerit*, jusques a ce qu'il

luy en ait esté fait defence par le Juge d'Appel ; mais c'est en faueur de la Cause principale, laquelle ne doibt demeurer en suspends, pour un Accessoire, telle qu'est l'Interlocutoire. Pour la diffinitiue, il est absolument requis que l'Appel paroisse notoirement injuste ; autrement le premier Juge seroit tenu y deferer. Voyez Guido Pape *Decis. 213. nu. 6. et. Decis. 436. nu. 21. Bald. cons. 367. Ad. evidentiam. lib. 1. Oldrad. Cons. 383. nu. 5. Vers. ad id. c. non solum, de appellat. in 6. Bald. cons. 111. Processus factus. lib. 5. Zabar. cons. 101. in fin. ver. quoad secundum Felin. in C. Rodolphus in fin. ver. & appellat. nu. 42. de Rescript. Rom. cons. 324. In proposita. nu. 2 ver. secundo. Ubi Apostilla, in ver. non posse dat concord. & communem dicit. Jo. de An. in c. quam pretiosum, post nu. 1. de Usuris*, ou vous trouuerez que le Juge *a quo* n'est tenu de deferer a tels Appeaux notoirement nuls.

Quant a l'Appel d'Incompetence de Juge, quand ladite Incompétence procede de la personne du Juge, comme s'il vouloit estre Juge en sa cause, ou en celles de quelque personne conjoincte de laquelle il ne pourroit cognoistre par la Loy, ou en laquelle il auroit conseillé ou postulé, ou pour quelque autre incapacité legale, en ce cas la Coustume de Guernezey y a pourueu, au chapitre de Recusation de Juge, en ces mots : Si aucun propose ou baille par escript Recusations contre les Juges, qui par la Justice sont trouuées frivoles & non receuables, le Juge recusé les pourra telles declarer, & ordonner que nonobstant icelles, il passera outre selon la forme de droict. Et s'il y a appel, sera nonobstant iceluy passé oultre, non pas par le Juge recusé mais par celuy qui a accoustumé tenir le Siege en son absence, ou par le plus ancien Juré : tellement que pour la proportion de ladite recusation & appellation sur ce interjettée, la poursuite & procedeure ne soit aucunement retardée ou delayée. Et si lesdites Causes de recusation sont trouuées legitimes, sera baillé un seul delay pour les prouuer et verifier, non pas par le Juge recusé, mais par celuy qui doibt tenir le siege en son absence, comme dit est; lequel a faute de ladite verification au dedans du delay et apprez iceluy escheu & passé, & sans autre declaration ni proclusion ne deboutera le proposant desdites Causes de Recusation. Lequel proposant sera pour chascun fait de recusation calomnieusement proposé, mis a une grosse amende, a la discretion de Justice, moitie a la Majesté de la Royne & moitié a la partie &c. Mais si ladite Incompetence procede de la matiere en question, laquelle on pretendroit n'estre de la Competence de la Cour, il est facile d'y pouruoir.

Car, ou bien le cas en question est un des 4 cy dessus reseruez au Prince, auquel cas la Cour est tenue de deferer a l'Appel, ou il ne l'est pas ; auquel cas ledit Appel comme notoirement Calommieux doibt estre rejetté, comme nul, & l'appellant le doibt grieuement amender a Justice, pour sa calomnie.

Pour plus ample declaration de quoy, on peut mouuoir une question sur ce qui s'est presenté en Jugement ces jours passez, & qui peut arriuer cy apprez Scauoir si la Cour de Jersey est competente a cognoistre de quelque cause que ce soit derogeante a quelque ottroy Royal soubs le grand sceau ou si la cognoissance en appartient au Roy seul ? La cause de doubter est fondée sur une Regle de Droict, que *Ejusdem est interpretari legem, cujus est condere* ; *c'est a celuy qui a fait la Loy a l'interpreter.* Joinct qu'il semble contre raison qu'un Inferieur cognoisse du faict de son superieur ; parce que ce seroit en quelque sens luy donner la loy, en donnant a ses paroles autre sens qu'il n'a entendu. Sur quoy ma premiere distinction sera ; ou bien ledit ottroy est traicté audit procez seullement par voye d'Accessoire, & en consequence, comme un Incident, ou bien comme principal Chef de la Cause. Au premier cas, il n'y a point de doubte que la Cour ne puisse proceder en la Cause principalle, qui est notoirement de leur Competence nonobstant ledit Accessoire : parceque *Principale trahit ad se Accessorium, non vice versa, Le principal tire a soi l'accessoire, & non l'accessoire le principal* ; Qui est le point en controuerse entre Mr. Josué Ahier *causa uxoris* & moy, pour le partage de la premiere partie des heritages de Fr. Langlois. Pour l'autre cas, ou la validité ou Inualidité d'un tel ottroy seroit mise en dispute comme Chef principal du procez, il faut faire une seconde Distinction ; Car ou bien on dispute touchant le pouuoir du Roy a faire ledit Ottroy ; ou bien on dispute seullement touchant sa volonté & touchant les autres points qui en dependent, ascauoir touchant les Inciuilitez, surreptions & obreptions qui s'y peuuent rencontrer. Si la question est touchant le pouuoir ou authorité du Roy, je ne conseillerois jamais a ladite Cour de s'en entremesler ; car il n'est point permis aux Inferieurs de disputer la puissance, Droicts ou Prerogatiues du Souuerain, mais si (comme il arriue presque tousjours) la question n'estoit sinon touchant sa volonté & intention, laquelle se peut supplanter par fausses informations & autres procedez surreptieux, il n'y a point de doubte que ladite Cour ne soit competente d'en cognoistre. *Gabriel cons. 182. nu. 14 & seq. lib. 2.* ou il dit a ce propos, que l'ordinaire ne peut interpreter ou cognoistre des Graces & priuileges donnez par le Pape lorsqu'il s'agist de la puissance du Pape, ou touchant l'interpretation de quelques paroles doubteuses &c. mais s'il ne s'agist que des Lettres de Justice & de leur surreption, obreption, validité ou Inualidité, en ce cas l'ordinaire en peut bien cognoistre &c. *Voyez Aufrer, in Addit. ad Capellam tholosan. 423 et in Clém. de offic. ordinar. nu. 125 et seq.* Ce qui s'accorde a l'ordonnance de Charles 7, laquelle se trouue a la fin de Terrien, ou il commande aux Juges de Normandie de cognoistre touchant les Inciuilitez surreptions & obreptions de ses Lettres de Chancellerie, & de les accepter ou rejetter selon que de Droict, conformément a l'Art. 3 de la Coustume dudit pays ; ou la cognoissance des priuileges Royaux est attribuée aux Baillifs ; ce que Godefroy a bien remarqué sur ledit Article. Suyuant laquelle Coustume nous pratiquons de tout temps en nos Isles, Que nulles lettres Patentes ne sont de mise, jusques a ce qu'elles ayent esté presentées en Cour sceante, leües & debatues, en presence du Procureur du Roy, lequel, manque d'autre opposant, a pouuoir de former ses oppositions a l'encontre & les arguer d'Inciuilité, surreption et obreption ; et apprez le procez verbal sommairement fait, elles sont Interinées, s'il ne se trouue de raisons vaillables pour en empescher l'Interinement ; autrement, sur opposition juste & vaillable elles sont rejettées, mesme cela se pratique rigoureusement, lors qu'il est question de quelque Pardon ou Grace faite a un malfaiteur, soubs le Grand Sceau, lequel pardon n'est jamais interiné sinon apprez cognoissance de cause, & aucune fois rejetté, s'il s'y trouue quelque deffaut essentiel. Que si cela a lieu lorsqu'il s'agist de sa vie ou des membres d'un subject, qui est une cause fauorable en droict ; par plus forte raison doibt il auoir lieu, quand il n'est question que de son bien qui n'est pas de telle consideration que la vie. *Ubi gratia principis est dubia potest per Principem declarari, sed sinon esset dubia non valet in prœjudicium tertii. Dec. cons. 14 et pro tenui in fi. vers. abundantem et cons. 229. Et ante in fin. Angel. cons. 274 Domini facias Epistla in prin. Ru. cons, 76. nu. 5 lib. 5 Domin. Jun. cons. 399. nu. 76. Idem Decius cons. in. fi. Castrea. cons. col. fin. vers. prœterea lib. Ancharan cons. 127. nu. 7. ver. non obstat. Jo. de Imol. cons. 67 in fine.*

Quant a l'interpretation des mots ou Clauses doubteuses qui se pourroient rencontrer dans lesdites Lettres Patentes, j'accorde volontiers que s'il se trouuoit ou dans tels Ottroys, ou dans le Corps de quelque Loy establiez par Sa Majesté aucune parole ou clause tellement ambigue ou doubteuse, que les Juges & practiciens ne pourroient Conuenir de son vray sens & Interpretation, en ce cas il seroit necessaire d'auoir recours a l'oracle, & receuoir de la bouche du Legislateur la declaration de son intention : qui est ce que le sus allegué Gabriel a entendu quand il dit que l'ordinaire ne peut cognoistre de l'interpretation des paroles doubteuses contenues aux ottroys du Pape. Mais quand il n'est question que de l'interpretation des Clauses ordinaires, lesquelles sont assez intelligibles d'elles mesmes, & peuuent estre esclaircies par d'autres passages des mesmes Lettres ou d'autres semblables ou par le cours & pratique du droict, il n'y auroit pas de raison d'obliger les Juges a chercher ailleurs l'interpretation d'une chose qui leur est des-ja toute intelligible, au delay de Justice & vexation des parties. Car encore que les Concessions des Princes ayent quelque chose de special, si ne sont elles pas pourtant une Regle Lesbienne qui porte une Interpretation incertaine ; mais se doiuent interpreter selon Loy & pratique, comme il est euident par le § *Et hoc vero in Auth. Ut. nulli Judic. Collat. 9. ibi. Et sic qui factus fuerit Judex hæc suscipiat et exigat, si legitime facta sint, si vero contra legem aut contra publicam facta fuerint pro non scriptis esse jubemus &c.* ou l'empereur veut que ses Lettres soient receües, pouruen qu'elles soient legitimement faites, autrement qu'elles demeurent comme non escriptes. Voyez aussi la Loy *Rescripta. C. de precibus Imp. offer.* & la L. *puniri* & suyuante, et la L. *Et si legibus C. si contra Jus.* Voyez aussy le chap. *Causam de Rescripti,* ou il est dit que telles Lettres *debent interpretari secundum Jus commune, etiamsi quantum ad verba videantur discrepare a Jure communi ;* c'est a dire qu'elles doiuent estre interpretées selon le Droict commun, quoy que quant aux paroles elles varient du Droict Commun. *Calder. cons. 25. Si mandatur,* par ce (dit-il) que *ordo Juris servari debet,* l'ordre du Droict doibt estre gardé. Et au mesme Conseil nu. 3. il adjouste que les paroles d'un Ottroy de Prince *Improprianda sunt, ut reducantur ad Jus commune, & ne Jus tertii auferatur,* c'est a dire qu'elles doiuent estre interpretées hors de leur sens naturel, pour les reduire au Droict commun, & empescher que le Droict d'un tiers ne luy soit osté. *Et Rom. Cons. 334. nu. 2. ver. secundum idem. Ubi Apostil. & nu. 4 Rescriptu Principis ita semper intelligitur &c.* Les Lettres du Prince sont tousjours prises en un sens ou elles ne derogent point au droict d'autruy. Ce qui se confirme encore dauantage par le chap. *super eo, De offic. deleg. Alex. Cons. 108. Viso processu nu. 4. lib. 6. Et nu. 15. In Rescripto semper inest Clausula tacita, Sine præjudicio juris tertio quæsiti.* Il y a tousjours (dit-il) dans les Lettres du Prince cette clause tacite, sans prejudice d'autruy droict *Telon. in. C. Capitulum. col. 17. vers. de duobus de Rescript.* Ce qui est encore amplifié par Gomes. *super reg. de Jure quæsito non tollen. Quæst. 1. Castil. Cons. 8 in facto. nu. 3.* ou il est dit que la Clause *salvo jure alieno, sauf autruy droict,* y doibt estre tousjours soubs entendue. Ce qui s'accorde a la loy 2 § *merito,* et § *Si quis a Principe D. ne quid in loco publ.* & a la Loy *cum filius D. de Testam. milit.* & a la loy *Impuberibus D. de administr. tutor.* & a la loy *nec auus. Ubi Glo. et Bald. C. de mancip. liber* & au chap. *quamvis, de Rescript. in 6.* et au chap. *super eo de offic. deleg.* par lesquels il est euident qu'on doibt tousjours presupposer que le Prince n'entend pas oster le droict d'autruy, quand mesme cela se trouueroit escript en son ottroy. *Etiamsi hoc Princeps exprimat :* parce que comme Balde remarque fort bien sur la loy *ex facto, in prin. D. de vulg. et pupil. substit. in omni actu gesto a Principe, mens ejus semper talis esse præsumitur, qualis esse debet,* c'est a dire, en tout Acte faict ou geré par le Prince, sa volonté est tousjours presumée telle qu'elle deueroit estre. A quoy s'accorde cette excellente Maxime du Droict Anglois, que le Roy ne fait point de tort, laquelle Coke en le case d'Altonwoods explique, que le Roy par sa Patente ne peut faire tort, et que sa Prerogatiue ne le garantist pas de faire injure a autruy, *fol. 44.c.* et *au feuillet 52* il repete a peu prez les mesmes mots. Et *Concll au 1. liure de ses Instit. du Droict Anglois, Tit. 2. § 5* allegue un passage du mesme Coke, ou il dit que la loy donne ce priuilege aux Juges Royaux d'interpreter les Chartres du Roy selon les Regles de Droict. Ce que j'ay esclaircy plus amplement ailleurs. Cela sert d'explication a la *Loy Nerotius 192 D. de neg. Jur.* Et monstre en quel sens doibt estre pris ce que Decius & quelques autres disent sur ladite loy, que *Principis est sua priuilegia & Rescripta interpretari,* et certainement, il n'y auroit aucune apparence de permettre aux Juges d'interpreter les Loix faites par les Princes, lesquelles sont les plus venerables effects de Souueraineté, comme nous voyons qu'ils font tous les jours ; et ne leur permettre pas d'interpreter les priuileges ottroyez par les mesmes Princes, lesquels ne sont que *priuatæ leges, des loix particulieres,* adaptées a quelque personne, famille ou communauté, dans lesquelles la Majesté souueraine ne reluit pas si puissamment, comme dans les loix publiques, et lesquels priuileges sont trop souuent obtenus à la legere, & par surprise, & tousjours sans cognoissance de cause et extrajudiciairement ; et partant ont mestier d'estre bien considerées, auant que d'estre mises en execution ; pour euiter un notable inconuenient d'authorizer des violences et injustices du nom du Prince, au prejudice de son honneur & de sa Justice & detriment de ses subjects : Ce qui ne peut estre euité, qu'en permettant a ses Juges de cognoistre de l'Inciuilité, surreption et obreption de tels Ottroys, & de maintenir le Droict d'un chascun de ses subjects, nonobstant aucunes Clauses *de certa scientia & nonobstante &c.* lesquelles viennent de la boutique des Legistes, & non du prince, lequel ne peut auoir autre cognoissance de son ottroy, que celle qu'il a receüe par l'information de celuy qui a le benefit de l'Ottroy.

Venons maintenant au second point, qui est des termes fataux dans lesquels l'Appel doibt estre interjetté, introduict ou entré & finallement poursuiuy : manque de quoy faire il est desert par la loy. Il faut scauoir que par le Droict, il y a 10 jours limitez a interjetter l'appel, a estre comptez du temps que la partie a eu cognoissance de la sentence donnée contre luy. L'Appel une fois interjetté il y a 30 jours pour l'entrer ou introduire deuant le Juge d'Appel : et finallement on a un an, a compter tant les 10 premiers jours que les 30 autres, pour en faire poursuyte ; lequel an pour cause raisonable se peut prolonger, si l'Appel est deuant le Prince ou Cour de Parlement. Si l'Appel est fait a la Cour de Parlement, l'Appellant a 3 mois par les ordonnances pour le faire releuer : s'il neglige, l'Appel demeure desert, et est permis au premier Juge d'executer sa sentence, *Rebuffe Tit. de appellat. art. 4 et 5. Sur les ordon. Royaux. Bart. decis. 106. nu. 11.* Pour le regard de nos Isles, le Reglement fait a Richmond l'an 1580 par le Conseil Priué de la Royne, prolonge les 10 jours du Droict Ciuil a 15 jours, a estre comptez depuis la cognoissance qu'on a eüe de la sentence. *Art. 2.* quant au temps prefix pour introduire ou entrer l'appel les dits Seignrs. du Conseil se sont contentez de le limiter a 3 mois, & ont en cela suiuy l'ordonnance ; comme ils firent aussy pour l'an fatal, a le poursuiure effectuellement ; sinon qu'ils y ont adjousté un jour selon le Stylle de Normandie, comme il se void par ledit Art. 2, lequel court en ces mots : *Provided alsoe yt. party appeallant shall prosecute his Appeale within a yeare & a day, if he be not lett by any*

Z

lawfull Impediment &c. Mais parce que cette derniere Clause
d'Empeschement legitime a ouuert la porte a des longueurs &
delays de procez, & autres inconuenients en matiere d'appel ;
nosdits Seigneurs du Conseil y ont tasché de pouruoir a diuerses
fois par d'autres Reglements, desquels le dernier qui porte Dapte
du......(1) de......(1) court en ces termes.

....

....

....

....

....(1) ....

Pour le troisiesme & dernier point, A qui c'est a porter les
despends de la cause d'Appel, il y a une Regle generalle, *Victus
victori in expensis condemnatur, le vaincu doit porter les despends du
vainqueur,* soit Appellant ou Appellé. Ce qui ne recoit point de
doubte, quand l'Appellant succombe ; parce que la confirmation de
la sentence sert de presumption contre luy, qu'il n'auoit cause legitime d'appeller, & partant qu'il est raisonable qu'il porte les frais de
celuy qu'il a indeuement vexé & mesmes les domages & Interests
que la partie appellée auroit eu par la suspension de l'execution de
la sentence, lesquels aucunse fois montent a grosse somme, quand
l'appel est longtemps en suspends. Mais si c'est la partie Appellée
qui succombe, il n'y a pas mesme raison : car puis que la premiere
Sentence estoit de son costé, il auoit par presomption de droict, juste
cause de la soustenir, & partant ne doibt legerement estre condamne
aux despends de sa partie, si ce n'estoit au cas qu'il apparust clairement par les actes du procez que la sentence estoit injuste, ou qu'il
eust cognoissance en son particulier de l'injustice de sa cause ;
auquel cas sa mauuaise foy ne seroit excusable, ains deueroit estre
condamné aux despends de celuy duquel il auroit de guet apens
opposé le droict, contre sa propre cognoissance. Mais par ce que
ce point consiste en fait & non en droict, c'est aux Juges d'Appel a
bien considerer toutes les circumstances qui peuuent esclaircir la
bonne ou mauuaise foy des parties, & de regler la dessus le Jugement
des despends, domages & Interests ; car il seroit trop difficile d'en
donner des regles certaines. Voyez Guido Pape en sa *Decis. 137* &
en la *Decis. 436. nu. 48* & les Apostilles sur ladite *Decis. 137.* Et

---

(1) Sio.

Rebuffe sur les ordonnances, au *Proeme glo. 5* et Papon en son Recueil d'Arrests. *Tit. des despens. Arest. 6.* ou cette matiere est amplement traictée, quoy qu'auec quelque difference.

Des Doleances.

Les Doleances seruant de remede es causes ou il n'eschet point d'Appel, elles estoient anciennement fort ordinaires en Normandie ; mais a present on les conuertist en Appeaux par les ordonnances. Ladite Doleance a lieu quand le Juge, auroit fait grief a partie en luy donnant le benefit des Loix ou Coustumes en quelque endroit du procez, ou en prononçant la sentence contre les formes de droict &c., mesme ores que le grief soit couuert, pourueu que la Doleance soit prise dans le temps prefix par les Loix, qui est de 10 jours (ou de 15 jours par nos Reglements) comme en matiere d'appel. Et est le doleant tenu de faire entrer sa Doleance, & de la poursuyure dans le temps limité pour les Appeaux. Ladite Doleance est prise non contre la partie mesme, mais contre le Juge, lequel se rend partie en faisant le grief ; et est obligé a la soubstenir de son chef. Toutesfois la partie qui a eu proffit par ledit grief, a son choix de se charger du fait du Juge, & juge en la deffense ; ou finallement de desister, & obeir a ladite Doleance, s'il voit qu'elle soit bien prise. Et au cas que la partie desiste, le Procureur du Roy estant deüement informé que le Juge n'ait point failly peut prendre la deffense du Juge, et auoir le proffit de l'amende de la faulse Doleance pour sa peine. En tous les cas ou l'Appel est deuolutif et suspensif, la doleance l'est aussy. Et est a noter qu'une cause ou il y a Doleance ne pourroit regulierement choir en Appel ; car s'il y escheoit appel la Doleance ne seroit de mise ; par ce que c'est un remede extraordinaire & odieux ; & par ainsy ne doibt estre pratiqué, tandis que partie a la voye ordinaire et fauorable ouuerte pour son remede. Comme pour example si le Juge procede contre la forme & stille de la Jurisdiction ou qu'il prononce sentence contre les opinions de l'assistance, il se peut bien faire que la sentence quant a sa substance se trouuera juste & equitable, de sorte que si on en appelloit, elle seroit confirmée, et a *sententia notorie justa non datur appellatio* ; et toutesfois la Doleance en ce cas seroit bien contre le Juge qui auroit outrepassé les limites de sa charge en faisant de la sorte. Ce que dessus s'accorde punctuellement a la Glosse du Viel Coustumier, sur le Chapitre de Jugement fol. 15, page 2. col. 2. &c. Et sur le chap. de Pleges, fol. 63. page 1. col. 2.

Lesdites Doleances sont fort anciennes, et estoient en usage auant Justinian, comme il se voit par la Loy *Si quis*, & par l'Authentique *quæ supplicatio. Cod de precib. Imperat. offerend*, & l'est encore en pays de Droict escript. Et en pays Coustumier en plusieurs cas. Elles s'appellent en Latin *Supplicationes* ; desquelles il est fort souuent parlé dans les liures des Jurisconsultes & Canonistes ; ce qui me fait estonner de l'inaduertence de Terrien, qui dit en son Liure XI. au chapitre des Apellat. que Doleance est special pour Normandie, & qu'en autres pays le mot d'appellation est general pour quelque sentence que ce soit, Interlocutoire ou deffinitiue, par laquelle on se sent greué ; Ce qui est assez refuté par la seulle lecture de ladite loy *Si quis* & par l'authentique, *quæ supplicatio C. de precib. Imp. offeren.* Sur lequel subject vous pouuez voir a votre commodité *Barth. in quæst. 1. post. consil. lib. 2. Jo. de Imol. cons. 146. nu. 7. Capic. Decis. 28 in fin. & plusieurs autres alleguez par le Gard. Tuschus en la lettre S. au mot Supplicatio.*

Je ne dissimuleray pas ce qui est veritable que ces Supplications ou Requestes sont plus amples en leur signification que nos Doleances, en tant qu'elles comprennent aussy les Requestes Ciuiles dont on use aux Parlements, & celles qui se font a la personne du Roy pour la reueue des Arests de Parlement, & ne s'addressent pas tousjours a la personne du Juge *a quo* ; & par consequent ne sont pas si odieuses, mais tousjours elles ont cela de commun, que les unes & les autres sont un recours du droict permis aux parties greuuées par les Juges, lors qu'il n'y a aucune voye d'appel, ny autre remede legitime ; lequel recours est au lieu de l'appel prohibé. *d. l. Si quis. & d. authen. quæ supplicatio. Bart. in d. q. 1. post consil. lib. 2* & que comme on appelle d'une sentence inique ou nulle, de mesme on fait requeste ou doleance d'une sentence donnée contre la forme de droict. *Jo. de Imol.* en traicte fort au long dans ledit conseil 146 quoy qu'il y ait quelque difference entre Capic. & Jason quant a l'effet de ladite Requeste au regard de la suspension de la Sentence et execution d'icelle ; car ce dernier tient que ladite Requeste arreste le juge, comme nous parlons, quand elle est interjettée dans les 10 jours limitez pour faire l'appel ; ce qui se doibt entendre aux Causes ausquelles l'appel eust eu un effect suspensif, desquelles il a esté parlé cy-dessus.   Et elles ont aussy cela de commun entre elles, qu'elles n'ont point de lieu en nul cas possessoire ; parce que la partie greuuée peut auoir son remede au petitoire par le droict commun *L. 1. Cod. de moment. possess. Jo. de Imol. d. cons. 145. Ver. item. nu. 3.* Voyez aussy Rebuffe sur les ordonnances, *Tractat. de supplicat. in præfatione nu. 38* et Guid. Pape. *Decis. 50 et 420,* auec les Apostilles de Ranchin. & de Ferrier sur ladite Decis. 50.

Des Surdemandes ou demandes de plus & de moins.

Les Reglements faits anciennement par les Empereurs Romains sur les Plus-petitions, Surdemandes ou Demandes de plus & de moins, sont ou abolis ou changez en partie par l'usage de France, comme Rebuffe a remarqué au Proëme de ses Commentaires sur les ordonnances duquel usage voicy les principaux Chefs.

1.   Quand il arriue quelque Procez ou il y a Demande de plus, celuy auquel la Demande est faite, est tenu de faire offre en Jugement, de ce qu'il cognoist deuoir justement, au dessoubs de ladite Demande.   Car par ce moyen il sera exempt des despends de la cause ; lesquels tomberont sur l'Acteur.   Que s'il ne fait ledit offre, l'Acteur le fera condamner a la somme qui apparoistra en Jugement luy estre deüe, & aux despends de la Cause, au prorata de ladite somme prouuée.   Rebuffe au lieu sus-allegué.   Ranchin. sur la Decision 27 de Guido Pape. Car :—

2.   En toute Action tant Reelle que Personelle, quoy que l'Acteur aye demandé plus que ce qui luy est deub ; le Deffenseur ne laisse pas d'estre condamné a la Juste Debte, apprez les preuues faites. Comme si pour example, Titius demandoit a Mœnius 20 quartiers de froment de rente par Action Reelle, ou la somme de 100 Escus par Action Personelle ; & qu'au lieu de 20 quartiers Mœnius ne trouue luy en deuoir que dix ; ou bien que au lieu de 100 Escus, il n'en doiue que 50, ledit Mœnius sera absous, & s'en ira deschargé d'une moitié des dites Demandes, & sera condamné a l'autre moitié. Guido Pape Decis 27. & Ranchin en son Apostille sur le lieu.   Ce qui se doibt entendre, lors que ce qui a esté surdemandé peut estre separé d'auec ce qui est justement deub ; car si toute la Demande estoit Indiuisible, le Deffenseur seroit absous pour toute ladite

Demande & l'Acteur condamné de plus aux Despends. *Jason post alios in L. si non Sortem. § Si centum ff. de condict. Indeb. Socin. in L. certi condict. § quoniam ff. si certum petatur. Decius late in Reg. cum amplius ff. de Reg. Juris. Alexand. Cons. 208. nu. 7. lib. 7.* & la raison est *Quia in dividuis utile per inutile non vitiatur. L. Sancimus Cod. de Donationibus.*

3.   Si quelquun par Calomnie, & a desseing d'extorqer outre son Droict, demande a son Debteur plus que ce qui luy est bien deub, ou luy en veut faire faire recognoissance en Cour, la Loy unique *Cod. de plus petitionibus* le condamne a la perte de sa Debte : Laquelle Loy n'est point abrogée, en tant qu'elle porte une juste peine du Dol & meschanceté du Demandeur ; lequel à presumé d'abuser de la Justice à authorizer l'extorsion. Et il est raisonable que celuy qui a voulu si ouvertement desrober a son prochain une somme indeüe soit puni de la Pareille, par la perte d'une somme qui luy estoit deüe. *Fulgos. cons. 179. ver. ad tertium. Alex. cons. 73. In causa. nu. 7. ver. tertio principaliter, lib. 6.* Autre chose seroit d'un qui auroit surdemandé par erreur, & sans Dol. *Alex. cons. 83. Viso. ver. nec similiter. lib. 6 & 7. cons. 73.*

4.   Si quelquun malicieusement demande Judiciairement une debte ou Scedule ja payée, & qu'il en soit conuaincu, il sera puny comme coulpable de Stellionat ; c'est a dire d'un crime qui n'a point de nom, sinon qu'il participe de la finesse & ruse d'un espece de serpent. Et ce crime là est punissable a la discretion des Juges, selon qu'il a plus ou moins de circomstances qui l'aggrauent, mais pour la plus legere peine, il doibt perdre autant comme il auoit desseing de tollir a son prochain. *Fulgos. d. cons. 179. Dubia super quibus. numero 1.*

5.   Celuy qui a plusieurs Debteurs ou Pleges obligez solidairement pour une mesme somme, la peut demander a chascun d'eux en particulier ; mais en mesme temps il est tenu de declarer, qu'il se contentera d'un seul payment pour le tout : Autrement ce seroit une demande de plus, punissable selon l'Article precedent.

6.   Celuy a qui il est deu quelque Rente ou prestation annuelle par entre deux ou trois parchonniers qui luy ont si accortement celé leur Partage, qu'il n'a sceu onques apprendre par lequel d'eux elle est payable ; Il l'a peut demander a chascun des dits parchonniers solidairement, ou a tous ensemble par un mesme libelle ou Billet

(selon l'article precedent) pourueu que s'il la demandé a chascun separément, il declare auant la sentence qu'il se contentera d'une seule Prestation. Et un tel ne peut estre blasmé de son procedé qui ne vient pas de son propre choix, mais de la malice de ses parties qui l'ont reduict a ceste necessité. Que ce procedé soit legitime est l'opinion de Paul de Castres *cons. 203. quantam ad secundum lib. 2.* J'ay encore a present un procez de ceste nature, contre les hers de feu Rich. Fauvel & contre Philippe son frere pour ung quartier de froment de rente acquis par moy de Mr. Ph. Poingdestre : lequel fut commencé en l'an 1656, contre lesdits Rich. et Philippe, par Actes separez ; parce que ledit quartier est deub tout en une somme, je scauois bien qu'il falloit qu'elle fust deub par l'un des deux, & que par consequent je ne pouuois pas le demander a tous les deux conjoinctement ; de peur d'en faire une somme diuisée. Comme j'eus suiuy ledit procez jusqu'a contestation de cause mes parties m'opposèrent que je demandois deux quartiers au lieu d'un & par consequent que ma procedeure estoit vicieuse & que je deuois estre remis a recommencer. Et quoy que je sceusse alleguer pour mon procedé & que je declarasse que je serois content quartier payable par celuy qui en seroit trouué redeuable ; ce neantmoins la faueur de quelques alliez & la stupidité de la Justice d'alors, l'emporta contre moy ; & fallut que je recommenceasse tout de nouueau ; ce que je fis en 1658, sans auoir jusques a ce present jour qui est en l'an 1664, peu paruenir a contestation de cause ; pour les changemens qui ont ensuiuy & par raison des delays & tergiuersations prodigieuses qui se pratiquent en ce lieu là ; au grand scandale de l'équité & au prejudice indicible des particuliers & au grand aduantage des frippons, chicaneurs, banqueroutiers & semblables.

7.   Ce qui a esté déclaré cy-dessus, Que celuy qui a fait demande de plus ne laisse pas d'obtenir le moins ; c'est a dire qu'on doibt obtenir le plus s'il se trouue deub. Et c'est ce que Justinian a entendu au § *Si minus Instit. de Actionibus.* Si (dit-il) l'Acteur a intenté une Action ou Demande de moins qu'il ne luy estoit deub ; comme, pour example, s'il n'a demandé que cinq Escus, lorsqu'il luy en estoit deub dix ; ou si lors que tout le fonds luy appartenoit, il n'en a demandé que la moitié ; il agist hors de danger : car le Juge ne laissera pas de luy condamner sa partie, quant au surplus aussy, selon l'ordonnance de l'Empereur Zenon d'heureuse memoire. Les legislateurs ont sagement jugé que la modestie, simplicité ou

erreur d'un Demandeur, ne doibt pas empescher les Juges de luy faire rendre ce qui luy appartient ; & de se fouruoyer en ce cas de la Regle qui veut que la Sentence soit conforme au libelle ; puis que cela est juste, & qu'il ne prejudicie a personne ; et qu'il est plus équitable de subuenir a l'infirmité de l'Acteur, qu'a la malice du deffenseur ; & de contracter deux procez en un, que d'en partager un en deux, sans necessité. Cependant j'ay peur que nos Messrs. de Justice ne se fissent bien prier, premier que d'approuuer, ou pratiquer cette forme, car c'est le propre de l'ignorance de s'attacher a des vetilles, & passer par dessus les choses essentielles. Et la Regle susdite, comme elle est praticable en toutes Causes & Actions personnelles & possessoires que nous appellons Briefuetez & causes d'Admirauté &c. ausquelles on procede sommairement & sans figure de procez.

8.   La grande difficulté est lors qu'on demande une chose pour l'autre ; comme pour example, si on demandoit un cheval pour un beuf, ou du froment pour de l'orge, ou un Bassin pour un Plat &c. ou s'il y auoit erreur en la designation de la cause ; comme si on demandoit une somme deüe par voye de Legation Testamentaire, quand elle est deüe par Donation entre Vifs ou autrement : Que c'est que le Juge doibt faire en tous ces cas ? Le mesme Justinian y a pourueu au § suyuant qui commence *Si quis aliud de Action*. Si (dit il) quelquun a poursuiuy une chose pour une autre, nous auons trouué bon qu'il ne coure point de risque pour cela en sa Cause ; mais que, son erreur decouvert, il luy soit loisible de le corriger sur le champ, comme si celuy qui deuoit agir pour Stichus a agi pour Erote : ou s'il a demandé une chose comme legs testamentaire, laquelle luy appartenoit par stipulation. Laquelle Decision quelques Jurisconsultes modernes sont bien en peine de reconcilier a quelques autres textes tant du Droict Ciuil que Canon ; particulierement a la Loy *Ut fundus ff. Commun. dividun* ; & a la Loy *de quare in pr. ff. de Judiciis* par lesquelles il est euident que le Juge ne peut prononcer sinon de ce que a esté demandé par le Libelle ; auquel c'est une maxime que la Sentence doibt estre conforme. Et toutesfois je n'en trouue pas un qui ne soit bien d'accord que la Decision de Justinian doibt estre pratiquée en toutes Actions de bonne foy, & en tous Jugements ausquels on procede sommairement sans figure de Procez ; et en toutes Causes ou on agist *sola facti veritate inspecta* (selon la verité du faict) comme parle *Roland. a Valle cons. 53. nu. 12. lib. 3. Ruin. cons. 19. nu. 19,*

lib. 4. Alex. cons. 114 lib. 6. nu. 3. ver. accedit. Marsil. sing. 272. In hac. Crauet. cons. 198. nu. 7 & 8. Socin. cons. 39 & 128 lib. 1. Corn. cons. 8. lib. 1. Item ils sont d'accord, que d'equité & pour euiter un Circuit (comme ils parlent) le Juge doibt plustost condamner le Deffenseur sur un Libelle (ou Billet) Inepte (ou Inciuil) que de remettre a recommencer le procez. *Anchar. cons. 23. Verba stipul. nu. 11. Bald. cons. 270. nu. 6. Item præmitto. lib. 1.* Item que les Juges d'une Cour Souueraine peuuent d'office prononcer Sentence qui contienne plus que le Libelle. Comme les Princes Souuerains en leurs Conseils ne sont point astreincts au Libelle, mais a la verité. *Crauet. cons. 198. nu. 7. etc. Ursill. ad Decis. Afflict. 372. nu. 3.* Et en ce cas la Sentence est assez conforme au Billet, quand elle est conforme a la verité de la demande, & au juste sentiment & droicte intention de l'Acteur reformant son erreur. Mais si le Billet auoit proposé la Demande en sorte qu'elle ne pouroit estre entendue par le Deffenseur, pour y former sa response en affirmant ou deniant : Ou si le Billet contenoit une demande si contraire a la verité, qu'il faudroit necessairement que la Sentence y fust toute contraire ; en ce cas il le faudroit rejetter.

Des Nullitez.

Il me souuient que du temps de Cromwell, estant en compagnie de quelques ungs des officiers de ce temps ; & parlant d'une Sentence qui se trouuoit dans les Rolles de la Cour assez inepte & bourrue ; il m'arriua de dire qu'elle estoit Nulle ; parce qu'elle estoit contradictoire a une maxime fondamentalle de Droict ; ascauoir : *Le mort saisist le vif* ; & que par consequent ceux qui se trouueroient interessez en ladite Sentence, pourroient nonobstant elle, demander la succession dont il s'y agissoit ; et qu'il n'etait pas au pouuoir de la Cour d'ordonner que les heritiers d'un homme ne fussent receus a sa Succession : Quelqu'un de ceux qui estoient presents se trouua scandalizé que j'eusse dit qu'une sentence peut estre nulle & sans efficace quoy qu'il n'y eust jamais eu ny Appel ny Doleance. Je respondis qu'il n'y auoit aucune incongruité en cela : Car a proprement parler on Appelle d'une sentence quand elle est de sa nature bonne & vallable ; & alors on pretend qu'elle doibt estre cassée : mais quand on propose quelque nullité contre une sentence, on veut

dire qu'elle n'a jamais esté bonne ny valable, & partant on demande
qu'elle soit declarée nulle et sans effect. Comme, pour example, si
quelcun par outrecuidance, sans commission, s'ingeroit de soir en
la Place du Bailly & d'y faire office de Juge ; ses sentences seroient
nulles, par deffaut de Jurisdiction & d'Authorité : ou s'il arriuoit
qu'un Juge, au reste bien authorizé, par faueur, haine ou corruption
prononceast sentence directement contraire a la Loy, comme s'il
ordonnoit que le Puisné eust le Manoir & la Seigneurie, ou le
Priuilege d'Ainéesse, & l'Aisné la part ou lot du puisné : ou en 3me
lieu si le Bailly prononcoit sans demander l'aduis des Juretz ou
contre leurs aduis (car ils ne sont pas comme les Assistants des
Courts en Normandie, desquels l'aduis n'est gueres que de bienseance) : ou si la Sentence estoit contraire a la Loy de Nature ;
comme s'il condamnoit le Pere & la Mere a honorer leurs enfants &
non les enfants a honorer Pere & Mere. Ou si elle estoit derogatoire
a la Loy ou commandement Diuin ou Euangelique. Toutes
lesquelles & plusieurs autres seroient nulles ; sans qu'il fust requis
de les faire casser par Appel ; ny d'obseruer les temps, & les formes
requises a un Appel. Il y a aussy des Sentences lesquelles sont de
vray legales, ayant esté prononcées *secundum allegata et probata*, &
toutes fois il peut árriuer que l'execution en soit nulle, c'est a dire,
qu'elles ne soient pas executoires, & que la partie peut s'opposer a
l'éxecution d'icelles. Comme il me souuient que Monsr. de St. Ouen
ayant fait actionner le Sieur le Brèton il y a 4 ou 5 Ans, a luy payer
Cent liures sterling, sur un Billet fait par ledit Breton 15 ou 20 Ans
auparauant, a feu son Pere, de payer ladite somme au Cheuallier
Tho. Jermyn en Angleterre, a la descharge de son dit Pere'; lequel
Billet ledit Sr. de St. Ouen auoit depuis peu trouué parmy ses
Papiers ; et cela ayant esté disputé auec plus de challeur que de
jugement, sur ce que ledit Breton ne peut monstrer descharge, quoy
qu'il protestast d'auoir fait suiuant au Billet, & qu'il fust tout prest
d'en jurer ; sentence neantmoins fut donnée contre luy. Or
quelque peu de jours apprez ledit Breton trouua la Descharge soubs
la main de feu Sr. de St. Ouen ; et ainsy la Sentence qui n'estoit pas
nulle lorsqu'elle fut prononcée, deuint nulle *Ex post facto* ; *quia res
ad eum statum peruenerat unde incipere non potuisset.* Et partant
voilà un poinct tout clair, que le Juge n'a pas seullement pouuoir
de reuoquer, par le consentement de ses co-Juges, les Sentences qui
sont visiblement & notoirement nulles ; mais qu'il est obligé *ex
officio, d'office,* & par conscience, de le faire ; & que s'il ne le fait, il
est Inique.

De mesme il arriue quelque fois Nullité dans les Contracts ;
quand ils sont faits contre la forme precsripte par la Loy ; principallement s'il y a dans ladite Loy prohibition de faire autrement :
car en ce cas ils sont reputez inutiles, comme s'ils n'auoient pas esté
faits ; comme, pour example, la Loy ayant fait prohibition aux
Prodigues d'administrer, sans le consentement de leurs Curateurs &
par authorité de Justice ; & de mesme aux Insensez, & aux soubs-
agez ; cette prohibition la fait qu'ils ne puissent y contreuenir,
qu'en mesme temps le contrat qu'ils auront fait ne soit nul & sans
aucun effet, ce que les Jurisconsultes disent *Nihil agere*. De mesme
d'une femme qui auroit Contracté sans l'authorité de son mary, &
autres cas pareils.

Mais d'autant que le Point des Nullitez si elles estoient receües
& pratiquées en toute leur latitude, pourroit estre cause de beaucoup
de chicane & de procez superflus, c'est pourquoy la Pratique
moderne les a resserrez en des Canaux assez estroits : Car

1.   Premierement en France on ne recoit aucune Nullité dans les
Courts Ciuiles, sinon par Appel ; & sans Appel personne n'est ouy a
se pleindre ; *In hac patria semper nobis providemus per Appellationem, etiam si sententia vel Actus sit nullus. Rebuffus, in Prœmio* ;
sur les ordonnances. *nu. 55.* Voyez Ranchin sur la Question 88.
de Guido Pape, lequel cite Phil. Bugnon des Loix abrogées. Si ce
n'est quand la Nullité est si grossiere & si notoire qu'elle apparoist
in promptu sur le champ, par la seule Inspection de la Sentence. Et
alors le Juge *a quo* la peut & doibt reformer luy mesme, s'il est sage,
ou sinon, lé Juge *ad quem*, c'est a dire le Superieur, voyez de cecy
Inno. in c. cum P & G. in glo. magna in fi. de Offic. de leg. & les
Canonistes, *in Cap. 1. de re Judic. Alex. cons. 79. Jason cons. 34.
lib. 3. Vant. de Nullitat. ex defectu proc. nu. 122.* ou il asseure que
ceste opinion est Commune. *L. 1 §. Item ff. quæ sent. sine Appell.
Antho. de Butrio, cons. 27. in princ. Osasch. Decis. Pedemont 142.
nu.30.* ou ils parlent des Nullitez des Sentences prononcées contre
le texte clair & euident de la Loy, ou de la Coustume, auquel cas
l'Ignorance du Juge qui a prononcé lesdites Sentences ne l'excuse
pas ; parce qu'il est obligé de scauoir les Loix. *Gabriel. lib. 2. tit.
de sent. nu. 6 & 7. Bald. Cons. 269. Quidam nomine. ver. 2.* Car
c'est une grande outrecuidance d'entreprendre une charge & une
conduite si difficile & si pesante, sans la suffisance requise pour cela.
Autre chose est d'un Juré qui y seroit entré par Election, sans
aucune recherche de son costé ou mesme contre son gré, & qui a

voulu s'en excuser : ce qui est arriué autrefois ; mais a present il n'y a si chetif compagnon qui ne s'en estime capable, au grand prejudice de la Justice & de ces Idiots la qui sont si libres de leurs suffrages pour en patir par apprez.

2.   Les Courts Souueraines c'est a dire qui releuent immediatement du Prince, & ne ressortissent a aucune autre Jurisdiction Superieure, comme les Parlements de France, a cause de leur Dignité, n'admettent point de Nullité contre leurs propres Arrests ; comme de fait il ne s'y en trouue pas que rarement parce que on y procede auec beaucoup de circonspection & de prudence. Neantmoins pour preuenir a celles qui pourroient y arriuer, on permet aux parties lezées de se pouruoir a l'encontre de la Sentence nulle, par Requeste Ciuile, ou par Proposition d'erreur, ou par restitution, en la mesme Cour, pour faire reuoir le procez ; ce qui se doibt faire regulierement dans un an apprez.   Du Ferrier, pourtant, asseure que le Parlement de Tholouse admet les actions de nullité en deux cas : le premier, Quand la Sentence est contraire a une autre sentence ou a elle mesme ; l'autre, Quand la Nullité est grossiere & notoire.   Voyez Guid. Pape. *Quæst. 50.* auec les Apostilles de Ranchin & du Ferrier. Rebuff. *in Constit. Reg. tit. de Lit. Ciuil.*

3.   Quand une Cour admet la reueüe d'un Procez, elle ne permet pas que l'execution de la sentence soit suspendue ou differée ; mais en ce cas la partie victorieuse donne caution de restituer la chose, en cas qu'elle en tombe. *Jason in L. 4 § condemnatum ff. de re judic.* Bugnon, *des Loix abrogées. Art. 119. lib. 3.*

4.   Les Sentences injustes (si l'injustice n'en est notoire & grossiere) ne sont pas pourtant nulles, quoy qu'elles soient contre le droict de l'une des parties : et partant elles ne peuuent estre cassées sinon par Appel ; car les Loix, Statuts & Coustumes se trouuant bien souuent obscurs & de difficile intelligence, les Juges peuuent comme hommes s'y tromper, ou par erreur ou aussy par estre mal informez de l'estat de la cause, & ne sont pas a blasmer s'ils ont fait au reste leur deuoir. *Geminian. Cons. 122. Quia Reverend. Bald. Cons. 363. punctus facti. lib. 4.*

5.   La Cour de Jersey consistant de 12 Jurez electifs par le peuple & d'entre le peuple de fort mediocre suffisance ; auec le Bailly qui n'est pas tousjours bien capable d'une telle charge & d'Aduocats qui n'en ont gueres que le nom ; ce n'est pas de merueille s'il leur eschappe de faire assez de Nullitez. C'est pourquoy ils feroient

honnestement, si lors qu'ils s'apperçoivent d'auoir fait quelque faux pas, de permettre aux parties lezées de demander une Reueüe de la Cause deuant nombre plus complet de Justice, (comme on fait en Guernezey) car il se rencontre rarement plus de 4 ou 5 Jurez sur le Siege a la fois, & bien souuent 2 ou 3. Par ce moyen ils couperoient pied a plusieurs Appeaux & deliureroient les bonnes gens de beaucoup de frais & de peine ; & eux mesmes du deshonneur de voir leurs sentences renuersées, & leurs personnes blasmées de trop de negligence, ou de pire.

6. Il peut y auoir Nullité là ou il ne peut auoir d'Appel, comme en une Sentence pour meuble, au dessoubs de la valeur de 20 Escus. En ce cas, si le Juge s'apperçoit de la nullité, que fera-t-il ? La partie greuée n'a aucun remede par Appel. Le Juge donc permettra-t-il que la Sentence tire outre a execution ? Il n'aura garde de faire cela, s'il est tel comme il deueroit estre. Il la fera donc retracter *ex officio* ; ou s'il ne peut faire mieux, il en suspendra l'execution. De mesme nous n'auons aucun remede par Appel en Causes Criminelles, pour plusieurs bonnes raisons (dont je parleray ailleurs). Or posons le cas qu'il se rencontre une Nullité toute notoire en quelque Sentence Capitale, auant qu'elle ait esté executée. Que faire ? Le Juge passera-t-il outre a execution ? Et l'Innocent perira-t-il manque de remede legitime ? Je croy qu'il n'y a gueres de Juges au monde qui voudroient se rendre coulpables d'homicide de gayeté de cœur : et partant je supposeray que le Juge en ce cas passera par dessus toutes autres considerations pour empescher que le sang innocent ne soit respandu, en vertu de sa Sentence.

Il est vray que si les Appeaux estoient receus en toutes sortes de causes petitoires & possessoires, comme ils le sont en France, jusques a appeller de la Taxe des despens, & que la poursuite en fust facile & de peu de frais, il y auroit raison de reduire les Nullitez avec les causes d'Appel, mais puisqu'il y a des Nullitez, ou il n'y a point d'Appel ; & autres si lourdes que les Juges s'en apperçoiuent aussy tost, qu'est-il besoing de les renuoyer plus loin a corriger, qu'a ceux qui les ont faites ? Quelle necessité y a-t-il d'obliger les Juges a persister en leur erreur, & a faire injustice bon gré mal gré qu'ils en ayent ?

7. Il peut arriuer qu'une sentence prononcée entre deux Litigeants, soit valable quant a eux, & qu'elle soit nulle quant a un troisiesme interessé en la mesme cause ; qui n'a esté ny cité ny present a la

cause ou qui en ayant eu cognoissance n'a peu s'y opposer effectuellement. Voyez *Couar. Practic. Quæst. Cap. 13. per totum* ou il monstre
cela doctement. Comme, pour example, Si Titius actionne Mænius
pour un quartier de froment de rente fonciere, deub sur la maison &
mesnage de Sempronius absent, & non appellé en la cause ; & que
ledit Mœnius luy en face recognoissance dans les Rolles de la Cour
par Acté : Ledit Acte pourra-t'il en temps a venir estre produit par
ledit Titius ou par ses Successeurs a l'encontre de Sempronius ou
des siens ? & s'il est produit, sera-t-il effectuel pour prouuer son
Intention & pour assubjectir ledit Sempronius a ladite Rente ?
Si cela estoit, il seroit au pouuoir de deux Coquins toutes les fois
qu'ils voudroient, de ruiner un honeste homme ; et ainsy nous
aurions applany les chemins des fraudes & des Collusions. Ce qui
ne doibt pas estre. Il me souuient que feuilletant les Rolles de la
Cour un jour je tombay sur un Acte comme Mr. Philippe Poingdestre
mon nepueu estoit actionné par le Sr. Jaq. Lempriere a luy faire
recognoissance, ou payment, je ne scay pas lequel, de 6 quartiers de
froment deubs assemblement, sur le Grand Clos Patier, lequel je
possedois par ma Partie d'héritage, comme terre franche : et si est
elle aussy : mais le bonhomme s'estoit mesconté & auoit prins le
Nord pour le Sud. Ce qui arrive assez souuent en des Recognoissances a Cattel ; en toutes lesquelles, & en tous autres actes de cette
nature, il faut se resouuenir que la Sentence, Accord, Recognoissance,
faite passée ou gerée par entre deux, au prejudice d'un tiers est bien
de force au regard de ce qui les concerne, mais non pas au regard du
tiers.

Des Emprisonnements pour Debte Ciuile.

Regulierement & de Droict personne ne peut estre constitué
prisonnier pour debte ciuile. *Oldrad. cons. 54. Rom. cons. 120.* Sinon
en trois cas : 1. quand le Debteur s'est obligé par corps a payer. 2.
quand il est en contumace. 3. quand il est soupçonné de fuite.
Non pas mesme pour debte Fiscale, ny pour Crime, quand il ny
append autre peine que pecuniaire, pourueu qu'il donne Caution
suffisante. *Jo. de Anan. cons. 21.* (toutesfois Guido Pape tient le

contraire *Quœst. 61*).   Voicy donc l'ordre du Droict.   Premierement
le Debteur est actionné, & condamné par Sentence, apprez quoy il
a quatre mois allouez par le Droict pour payer ; les quatre mois
passez & la debte estant liquidée. (*Castillio. cons. 29. nu. 2. & seq.
Alex. cons. 90. nu. 8. lib. 3 & cons. 115. lib. 7*) on fait excussion des
biens du Debteur, premierement des meubles, & puis des Immeubles
& finallement des Droicts (*Janum*).   Et apprez cela, on vient a la
Capture de la personne *Glos. & Bart. in L. 3. § Tutores. ff. de suspect.
Tutoribus.*   Et encore apprez toutes ces formalitez, le Debteur peut
estre relasché en donnant bon Plege.   *Bald. cons. 90. lib. 5.*   Il faut
aussy se souuenir qu'un debteur ne peut estre saisy en son propre
Domicile.   Et si c'est une honeste femme, elle ne peut estre detenüe
en prison. *L. 1. Cod. de offic. Jud. diuerson. & in Authen. sed. novo
Jure. C. de Custod. reorum Guido Papœ. Quœst. 256.* ny aussy un
Clerc ou homme d'Eglise ; ny un Docteur ny un mineur.   *Bart. in
L. medicos. C. de Profess. & med. lib. 10. Rom. cons. 120 per totum.*
Et c'est la pratique uniuerselle de France a present, de s'addresser
premierement aux meubles, & puis en deffaut de meubles, aux
Immeubles & aux choses censées pour Immeubles.   Et si tout cela
ne suffist ou peut auoir la personne du Debteur lequel on ne relasche
point, sans Plege ou Caution suffisante de payer, jusques a ce qu'il
ait satisfait ou qu'il ait fait Cession de tout ce qu'il a, & qu'il ait
juré qu'il n'en retient ny cele rien du tout, outre ce que la Loy
permet a un Cessionnaire de retenir ; ascauoir ses habits, necessaires
à couurir sa nudité, & les outils de son mestier, pour gaigner sa vie.
Mais en nostre Isle, il semble que ny le Crediteur ny la Cour mesme
n'ont aucun pouuoir sur les Immeubles ou heritages d'un homme,
sans son consentement ; Car je ne me souuiens point de l'auoir veu
pratiquer autrement sinon que le Vicomte en Absence de partie,
peut estre constitué son Procureur d'office, & apprez condamnation,
& les autres formes Renoncer ou faire Cession en son nom, qui est
maniere de proceder en cas de Contumace.   Voila pourquoy toutes
nos poursuites visent principallement a la capture de la personne du
Debteur, affin de le forcer a payer ou a renoncer : Car ce qu'on y
adjouste de manque de biens est plus par forme qu'autrement, de
peur d'obmettre un point essentiel.   Et pour en dire mon sentiment,
je croy que ce procedé nous a esté monstré par la necessité, d'autant
que chez nous les Heritages sont generallement si chargez & affectez
a des Rentes, qui foncieres, qui hypotheques, & sont obligez a tant
de fournestures & de garanties vieilles & nouuelles, qu'il y a fort peu

d'assurance à decreter aucune partie des dits heritages, de peur de quelque crediteur Anterieur ; & que cela a esté cause que les Decrets lesquels ailleurs se font par parcelles (*pro modo Debiti*) sont deuenus impractibles chez nous ; et que nous n'auons aucun decret, sans Cession prealable ; ou tous les Crediteurs sont appellez comme a un Jeu de Hazard a jetter le sort pour Tout ou Rien.

Ascauoir s'il est permis de contracter ou transiger auec un Prisonnier

---

Par Prisonnier j'entends non seulement celuy qui est detenu de fait en quelque Prison close, mais aussy un qui ayant esté saisy par l'officier de Justice auroit rachapté sa liberté ; ou qui ayant esté en Prison en seroit sorty soubs caution. Guido Pape, en la question 253 & 326 semble insinuer que la Coustume du Parlement de Grenoble estoit de casser tous contracts faits par les Juges des Chastelains & Bannerets de Dauphiné auec leurs Prisonniers ; Quoy que de droict il appartienne au deuoir des Juges d'induire les parties a compositions, & que c'est mesme un deuoir de charité de moyenner la paix entre les parties, & d'assoupir les procez selon que tient *Bart. in L. qui a latronibus. ff. de Testib.* Voyez le *chap. 1. de petit. & Abb. in sua Practica. in Rubric. Judiciarius.*

1. Il faut donc distinguer, entre la Prison Publique & Priuée, & dire que la Prison Priuée est tousjours suspecte d'Injustice ; et c'est de ceste Prison que les Docteurs entendent ceste Maxime, Qu'un Contract fait auec un Prisonnier ne vault rien, *in L. qui a latronibus. ff. de Test. De carcere priuato. Vide Card. Tusch. Lit. C. Conclus. 94.*

2. Secondement il faut distinguer de la cause, car, ou bien un homme est detenu prisonnier pour cause juste, ou injuste : Si c'est pour cause Injuste, il faut encore distinguer & dire. Le Contract ou composition se fait auec le Detenteur ou quelque autre pour luy, auquel cas la Loy *Qui in carcerem ff. quod met. causa.* a lieu : ou le contract se fait avec un tiers qui n'est point cause de l'emprisonnement : et en ce cas il est valable.

3. Mais s'il est detenu prisonnier pour cause juste, & en Prison publique & legitime, alors le Prisonnier est libre de contracter & de transiger auec son Detenteur, a l'instance duquel il est detenu, ou auec quelque autre que ce soit pour sa liberté : Car une Action faite *lege permittente* par la permission du Droict, ne peut estre faite par crainte ; comme tesmoigne Ranchin, qui allegue Paul de Castres & se moque de ceux qui font sortir les prisonniers pour contracter auec eux. *Quod autem dicitur carceratum non posse contrahere, intelligitur quando est servus effectus, vel de facto ; nam si jure non est servus effectus, potest facere Procuratorem, potest se obligere, maxime ut se liberet, dando fidejussorem &c. Abb. cons. 60. Quoniam Satis. Rom. cons. 316. in princ. Restringe quando carceratio esset justa, quia culpa carcerati non inducit metum ; ideo valebit eo casu obligatio & fidejussio. Signorol. cons. 174. nu 3 & 4. Contraria loquuntur, quando promissio vel obligatio fieret ei qui facit incarcerare, ut extorqueat ab incarcerato aliquid : secus autem est quando via Juris fit carceratio. Rom. cons. 316. in pr. Gozad. cons. 9. nu. 17. Præpositus post Inno. in c. cum locum. in fi. de sponsal. qui dicit hanc opinionem communem. Abb. cons. 60. lib. 1. in pr. Vide Alex. 241. in fi. lib. 6. Rom. d. cons. 316. Deci. cons. 691. nu. 5. Ruin. cons. 187. nu. 13. Lanc. Dec. in l. qui a latronibus. ff. de Testam. Afflict. Decis. 149. Vital. in tractat. Clausular. in c. de metu carceris ; qui tenent quod valet obligatio & contractus factus per Carceratum juste & via ordinaria Juris. Card. Tuschus. Lit. C. conclus. 89.* De toutes lesquelles Authoritez on recueille Que si un homme a esté emprisonné de fait et non pas de Droict, par Crainte, ou par force, ou par menaces, ou par la puissance de quelque superieur, pour le contraindre a offrir de l'argent, ou pour luy extorquer quelque autre chose ; en ce cas il ne peut composer, contracter, ny s'obliger, ny a celuy qui l'a fait enserrer, ny a autre pour luy : mais s'il a esté constitué prisonnier justement & par les voyes de Droict, il peut contracter & s'obliger enuers toutes sortes de personnes, sans distinction ; & constituer Procureur a agir pour luy & donner Plege pour luy, & faire toutes autres choses, comme s'il estoit en liberté. Et ne seruiroit de pretendre par apprez que la crainte de rester en prison auroit esté cause de le faire s'obliger ou consentir au contract fait en prison : Car la crainte qui procede de la coulpe ou faute de celuy qui en est saisy & qui patist justement, n'empesche pas que son obligation ne soit bonne : comme au contraire la crainte dont la cause est injuste & contre la Loy, empesche que l'obligation qui

Zh

en prouient ne soit vallable ; ou a tout le moins elle la vicie & luy
oste son efficace, qu'elle se dissoult facilement.   Et en tout cas, soit
que l'emprisonnement soit Juste ou Injuste, c'est une fort honneste
cause de s'obliger a un Prisonnier, quand c'est auec un tiers qu'il
contracte, & non auec celuy qui est son detenteur ; et que c'est *ad
se liberandum* pour obtenir sa liberté.

Quel remede pour un homme qui aura esté accusé à tort ?

En Jersey les Injures reelles ou verbales, & autres Delicts
particuliers ou il y a quelque Infraction de la Paix, se poursuiuent
Ciuilement par la Partie lezée, auec adjunction du Procureur du
Roy : mais les Crimes publics se poursuiuent au nom dudit Procureur seul ; lequel a ordinairement pour ses Delateurs & Informa-
teurs, les Connestables, Centeniers & autres Officiers des Paroisses,
ausquels il appartient de presenter les dits Criminels ; Il faut donc
distinguer en cette sorte : Ou un homme a esté accusé par le
Procureur du Roy sur quelques Indices & Presumptions de Droict,
ou sur la Renommée & Bruit public, ou sur des Informations. S'il
est accusé sur des Indices & Presumptions, ou sur la Renommée,
sans autre Delateur ou Informateur, & qu'il se trouue innocent,
qu'il impute a soy mesme, & a sa mauuaise conduite, d'auoir donné
occasion a ces Indices & a ceste Renommée : car il est sans remede ;
parce que le Procureur du Roy estoit tenu de faire comme il a fait,
necessitate officii, par raison & necessité d'office ; & s'il eust fait
autrement il eut esté a blasmer. Mais si ledit Procureur a esté
induict a cette accusation par l'instigation de quelque autre, en ce
cas l'ordonnance d'Orleans Article 73 porte que ledit Procureur sera
tenu, apprez le Procez fini, de declarer a celuy qui aura esté faulse-
ment accusé, le nom de son Instigateur, affin qu'il recouure sur luy
ses Domages & Interests : Que si ledit Procureur seul & sans
Indices auoit accusé la partie temerairement, alors il doibt estre
condamné aux Despens & aux Interests de son chef : et le mesme
se doibt aussy entendre de l'Aduocat, Vicomte, Conestables &

autres Soubs-officiers quand ils presentent quelquun sans Indices suffisants : Et le mesme aussy du Juge. Voyez Ranchin sur la Question 269 de Guido Pape. *L. Sancimus ff de Jud. & ibi Cyn. & Bald.*

Mais posons le cas que ledit Procureur, Aduocat ou Recepueur du Roy intentent un Procez ciuilement contre quelquun, pour Rente ou Redeuance ou pour quelqu'autre Interest pretendu de Sa Majesté & qu'apprez beaucoup de frais & de vexation, la Justice juge en faueur du Deffenseur, ou que ledit Procureur, Aduocat ou Recepueur, desistent de leur bon gré auant qu'il y ait sentence deffinitiue ? En ce cas voyez la Decision du mesme Guido en sa dite Question 269. *nu. 2.* ou il dit que le Parlement de Grenoble jugea que le Tresorier du Roy pour le Dauphiné payeroit les Despens de la Cause contre Jean Brunet intimé pour les Grandes Gabelles ; pour l'auoir tiré à tort en Jugement ; & de plus qu'il fut ordonné par les dits Seigneurs du dit Parlement, que le mesme seroit obserué en pareilles causes. Car en toutes Causes & Ciuiles & Criminelles, la Regle est, *Victus Victori &c.* Le Vaincu doibt les Despens au Vainqueur.

Ascauoir s'il est licite d'acquerir une Debte. sur autruy ?

Mr. Aaron Messervy ayant fait constituer Noé le Geyt Prisonnier a son Instance, pour quelques Demandes qu'il luy faisoit au droict de Jean Marett (ce me semble) & non content de cela, pour l'accabler tout a fait, ou pour extorquer de luy quelque contract aduantageux, ayant encore acquis le droict de quelques autres crediteurs dudit le Geyt (pour fortifier le sien, & mis tout cela en jeu contre ledit le Geyt) : il arriua que contre l'espérance dudit Messervy, le Geyt trouua moyen de sortir de prison & de passer en Angleterre ; où ayant representé son Affaire a quelques Legistes, elle fut par eux trouuée si enorme, qu'ils la jugerent digne de la censure de la Chambre de l'Estoille. Mais ledit Messervy moyennant quelques amis & beaucoup de frais, para le coup.

Or par ce que le procédé dudit Messervy peut estre censuré eu plusieurs esgards, & qu'il est comme un Hydre qui a plusieurs testes, il en faut examiner la matiere par Articles, affin d'en voir l'iniquité distinctement.

1. Premierement il faut supposer que combien que Regulierement il soit licite de faire commerce d'une Debte ou Action sur autruy, & de la transporter a un tiers par vendition, Donation ou autre voye ; comme on feroit de toute autre chose : toutesfois les Acquisiteurs de Debtes & de Procez (*Redemptores Litium*) s'ils en font mestier, sont notez & stigmatizez par les Loix, comme personnes soupçonneuses & dont il se faut donner de garde ; et sont traictez par les dites Loix auec beaucoup de rigueur.

2. Pour obuier aux machinations qui se pourroient couurir soubs semblables acquisitions & transports de Procez, il est statué par la *loy 22. Cod. mandati* qu'aucun Acquisiteur de procez ne pourra demander au Debteur sinon ce qu'il aura effectiuement desboursé auec les Interests legitimes, soubs lequel mot les Interpretes comprenent aussy les frais du procez ; en sorte que quand l'Action seroit pour mille liures, s'il n'auoit desboursé effectiuement que livres 500 il ne pouuoit en demander que 500 ; auec les Interests legitimes ; (c'est à dire du jour que le Debteur est *in mora solvendi*, qu'il dilaye de payer estant interpellé) & les frais du procez : Et la Loy *Ab Anastasio* suyuante y adjouste Que tout transport ou Cession de Droicts, Actions ou Procez (car ces 2 derniers sont compris soubs le premier) se face par vendition (soubs lequel mot nous entendons aussy bien permutation ou Bail) ou par Donation simplement & entierement, & non pas en partie par vendition & en partie par Donation ; & que faisant autrement, le Transporteur, Vendeur, Permutateur, Bailleur ou Donateur perdra tout le Droict qu'il auoit en la chose & le Cessionaire, Preneur, Achepteur ou Donataire, n'en repetera ny recouuera sinon autant comme il aura effectiuement desboursé. Sur lesquelles Loix la pluspart des Interpretes tiennent Que pour faire une Cession de Droicts a titre de vendition legitime il ne suffist pas qu'il se trouue dans les Droicts de Vendition, une Recognoissance de payment fait ; mais qu'il faut qu'il y ait eu *pecunia numerata*, argent desboursé effectiuement & sans aucune feinte. Voyez Guid. Pape *Quæst. 567. nu. 5 & 6* quoy que Rabotius sur ladite Question allegue Balde au contraire aussy bien que Fulgos. & Rebuffe. Il est vray qu'une confession dans les Droicts de tant d'argent desboursé, emporte quant et elle la presumption de Droict

qu'il est ainsy ; mais cela n'empesche pas que ceux qui y ont Interest ne soient receus a prouuer le contraire.

3.   Lors que quelque Droict, Debte ou Action est deuenue une fois litigieuse, quand ce ne seroit que par simple semonce recordée deuant le Juge, elle n'est plus subjecte a commerce, & ne peut estre transferée a autruy soubs quelque sorte de contract que ce soit. *Cod. de litigiosis :* car un tel transport seroit nul, & l'Achapteur perdroit & la chose & le prix lesquels en ce cas sont confisquez. *Abb. cap. Ecclesia. nu. 10. vers. si vero. Mohed. Dec. 12.* & le Vendeur pour sa peine payeroit le triple. *Decianus Consil. 109. nu. 5. lib. 3.* Mais selon Guido Pape le Vendeur ne payeroit que le tiers du prix a l'achapteur ignorant du litige : *Quest. 337. n. 1.* Mais Papon en son Recueil tient que le Vice de Litige n'est plus en usage en France, sinon en deux cas tant seullement. Le premier Quand la chose litigieuse est transportée a personne plus puissante ; Le second, Quand le transport se fait *Judicii mutandi causa,* pour changer le Jugement & faire le Procez plus difficile a la Partie, soit en lui subrogeant un Antagoniste plus puissant ou plus priuilegié. Mais ces deux cas n'appartiennent pas tant seulement aux choses litigieuses, mais aussy a celles qui ne le sont pas encore. Pour example le titre du Code *Ne liceat potentioribus &c.* Et le titre ensuyuant, *De hiis qui potentiorum &c.* Et finalement celuy *De Alienatione, Judicii mutandi causa facta ;* par lesquelles il est deffendu de faire transport d'aucune Action a Personne plus puissante, ou de se seruir de son nom & Authorité pour faciliter le gaing d'un Procez ; et par lesquelles aussy il est deffendu aux Grands & Puissants de se mesler aux procez de leurs Inferieurs, ou de les Patronizer ou contenancer, ou de se les faire ceder ou transporter ; en peine de perte du contenu ausdites Actions ; Je dis que ces Loix là ne regardent pas seullement les choses ja litigieuses, mais aussy celles qui le peuuent estre par apprez.

4.   Mais c'est une prodigieuse Aggrauation du Vice de Litige & du transport d'Action en personne puissante, je dis que c'est une prodigieuse Aggrauation de Crime, quand il arriue qu'un Juge ou homme de Justice, ayant obtenu la rigueur de la Loy contre son Debteur, ne se contente pas de cela ; mais pour le ruiner de fond en comble, va de place en place luy suborner des nouueaux Antagonistes, & soubs leur nom ou en leur Droict, luy susciter procez sur procez par une Accumulation de toutes les Debtes & procez qu'il

peut rencontrer contre luy. Celuy qui est coulpable d'une telle pratique n'est pas simplement punissable des susdites loix ; mais il est conuaincu de tyrannie, extorsion, oppression, concussion, &, en un mot, de tous les vices qui se peuuent rencontrer en un meschant Juge, & est punissable de depriuation d'office, auec touts les maux qu'il a voulu faire souffrir a sa Partie.

Quand un Juge ou Officier de Justice menace, ou intimide quelqu'un de ses inferieurs, pour extorquer de luy argent, ou autre chose, soit meuble ou immeuble ; ou pour l'induire a contracter, transiger, composer ou faire accord auec luy ou autre ; ou qu'il intente procez ciuil ou criminel contre un Innocent ; ou qu'il laisse choir un procez encommencé contre ung coulpable ; ou qu'il le poursuit laschement par corruption ; ou qu'il recoit de l'argent ou autre chose d'un criminel ou autre personne coulpable pour luy faire faueur, c'est une Concussion ; laquelle est punissable par les loix de Depriuation d'office, & de punition extraordinaire, ou du quadruple, si elle est estimable. *glo. l. 1. ff. de concuss. Item glo. in c. indicatur. 89. distinct.* Et si c'est pour accuser un Innocent qu'ils se laissent corrompre, ou pour excuser le coulpable ; c'est un Crime qui se doibt punir selon la loy *Cornelia de falsis L. 2 ff. de Concuss.* Parce que le Crime de faux n'est pas seullement en la falsification de quelques escripts publics, & a contrefaire des Droicts, obligations ou Scedules : mais aussy en la falsification d'une charge publique, en une faulse & calomnieuse accusation d'un Innocent, & en une fausse justification d'un coulpable, par ceux qui sont establis & placez au Timon de la Justice & qui mesprisants leur Denoir & le serment pris a leur admission falsifient la Justice & luy font affront & indignité en reuestant l'Injustice & l'oppression de sa Robe & faisant passer l'Iniquité & la Corruption soubs le masque de l'Innocence.

Touchant les fruicts d'un Heritage retiré de l'Achaptevr par le lignager, a qu'ils appartiennent?

Nous auons une Coustume en Jersey par laquelle les Lignagers sont receus au Retraict de la chose Immeuble vendue, dans an & jour de la vendition, en rendant simplement l'argent, sans luy tenir compte en aucune façon des fruicts de ladite chose au prorata du temps qu'il en a jouy, ny de l'Interest de son argent pour le temps qu'il a esté hors de ses mains. Car il faut scauoir, pour mieux comprendre cecy que les venditions se peuuent faire au mois d'Octobre ou de Novembre, pour example, par lesquelles l'achapteur devient presentement Proprietaire, apprez auoir desboursé son argent; & qu'ainsy ledit Achapteur possedera son Acquisition jusques au mois de May inutilement, si c'est de la terre, par ce qu'il n'en recueille nuls fruicts durant l'hyuer, & si c'est Rente, il n'en pourra rien receuoir jusques a la St. Michel suyuante. Or posons, ce qui arriue le plus souuent, que le lignager Actionne ledit Acquisiteur a la St. George, & qu'il le face appeler vers la fin du mois de May a receuoir ses deniers; n'aura-t-il pas gaigné les fruicts de la moitié ou des 2 tiers de l'année sans aucune considération? Et l'acquisiteur n'aura-t-il pas perdu l'Interest & proffit de son argent tout ce temps la? Et cela n'est il pas en contraire a l'equité & a la charité & a la raison naturelle, que le lignager aye les emoluments de la chose legitimement acquise, pour le temps durant lequel l'acquisiteur en a jouy? Et qu'il face gaing de la perte dudit acquisiteur? Mais pour autant que j'ay affaire a des personnes qui aiment mieux retenir des coustumes corrompües, que de les reformer, si l'iniquité n'en paroist toute visible. Voyons donc que c'est que le Droict Commun, aussy bien que municipal ordonne en ce particulier.

1.   Par le Droict Commun regulièrement *Fructus rei sunt ejus cujus est Dominium rei*, *Les fruicts de la chose appartiennent à celuy qui en est Proprietaire L. 1 & 2 Cod. de Pign. Actio L. Julianus. § fructus ff. de Action. empt. Voyez le Card. Tusch. en la Lettre F. Concl. 486. nu. 13. 14. 15 & seg. ou il allegue Angel. de Perus. cons. 9. nu. 3. Ang. cons. 308. Portio hæred in princ. Afflict Decis. 138. nu. 2.* ou il dit que les fruicts sont accessoires à la Proprieté *l. 1. Cod. de condict. Indebiti l. debitori in pr. ff. de acquir. rerum Dom. socin. cons. 170. In proesenti. nu. 5. vers. ex quibus omnibus lib. 2 L. fructus & ibi Bart. Cod. de Act. empti.* Or c'est une consequence toute claire que si les fruicts & emoluments d'un heritage appartiennent a celuy qui en est proprietaire, comme estants Accessions inseparables de la Proprieté, il s'ensuit de la que l'Acquisiteur du dit Heritage estant vray proprietaire, les doibt perceuoir pour le temps qu'il en aura jouy.

2.　　　C'est aussy chose hors de controuerse, Que si le Marché ou Vendition de quelque heritage a esté faite purement & non conditionnellement quoy que puisse arriuer *ex post facto*, que le contract soit dissoult ;　toutes fois puis qu'il y a eu *translatio Dominii translation de Proprieté* du Vendeur a l'acquisiteur, ledit Acquisiteur a fait les fruicts siens ;　et par consequent il luy doibt estre tenu compte des fruicts & emoluments dudit Heritage, *medii temporis*, c'est a dire par le temps qui a coulé entre la Vendition et le Retraict. *Socinus. d. cons. 170 nu. 9 ver. aliquando. lib. 2.* Et la raison comme j'ay dit en est d'autant qu'il estoit Proprietaire tout ce temps là ?

3.　　　Mais si la vendition n'a pas esté pure, mais conditionnelle, alors si elle est cassée manque d'auoir accomply la condition, l'achapteur ne peut pretendre aux fruicts de la chose vendue, par ce que la Proprieté n'estoit pas deuers l'acquisiteur, mais estoit en suspends, jusques à l'euenement de ladite condition : et en ce cas *conditio retrotrahitur* la condition est rapportée au commencement du contract, & prend pied de là, ce dit *Socin. dict. cons. 70.* Ce qui est vray, sinon au cas qu'il auroit tenu au vendeur & non a l'Acquisiteur que ladite condition n'auroit esté accomplie :　car encore en ce cas l'Acquisiteur emporteroit les fruicts de l'Interim —*ibid.*

　　　Que si la Vendition a esté pure & sans aucune condition, & que le vendeur se soit fié a l'acquisiteur pour le payment du prix, & que ledit Acquisiteur ait négligé de payer ledit prix ; en ce cas ledit Acquisiteur quoy qu'il ait la proprieté de l'heritage vendu, ne fera pas les fruicts siens, durant l'Interim du payment differé :　Ce qui n'est pas de Droict estroict, mais d'equité, *quia æquitas non suadet ut habeat rem et proecium. L. Curabit. Cod. de Action. empti.* Et le mesme s'entend quand l'Acquisiteur a payé seulement une partie du prix :　Car en ce cas *tenetur ad ratam fructuum pro quantitate precii non soluti* ; c'est a dire qu'il est tenu a la restitution des fruicts a proportion du prix qui reste a payer.

4.　　　C'est chose si juste & raisonable que le Proprietaire face les fruits siens & si hors de doubte que mesme par le Droict commun *Possessor bonæ fidei lucratur fructus consumptos*, le Possesseur de bonne foy (quoy qu'il ne soit pas Proprietaire, ny n'en aye pas le Privilege) gaigne les fruicts ja perceus & consumez de la chose qu'il a possedée de bonne foy, c'est a dire ayant juste cause de croire qu'elle luy appartenoit ; pour le distinguer d'avec le possesseur de mauuaise foy, lequel n'est gueres meilleur qu'un volleur, & est tenu apprez euiction de refonder les fruicts de la chose tant ceux qui sont extants que ceux qui sont consumez & peris. Et n'en peut rien deduire, sinon pour les Reparations necessaires de la chose possedée par voye de compensation.

5.   Finallement comme le Droict Commun veult que l'Achapteur de quelque heritage face les fruicts siens pour le temps qu'il en aura jouy, le mesme se doibt obseruer aussy par le Droict Municipal des peuples, ou le Retraict lignager est receu ; comme le tesmoigne Tiraqueau, qui en a traicté exprez *de Retractu convent.* § *1. glo. Unic. nu. 34. ver. nam illud.* Et par les autres qui ont esclaircy le droict Coustumier, lesquels tous ensemble veullent que les fruicts soient partagez entre l'Acquisiteur et le lignager, *pro rata temporis,* a proportion du temps que chascun d'eux aura jouy ; et partant c'est un point hors de question. Et nous n'auons en Jersey qu'a reformer nostre pratique, qui est contraire a la loy de nature, a celle de Dieu & a celle des hommes.

Par les fruicts en ce lieu sont comprins tous les emoluments de la chose avec les fruits naturels, industriels & Ciuils. *Industriales sunt quæ industria hominis acquiruntur. Aret. Inst. de rer. divis. § Si quis a non Domino. Bald. in L. si traditio. C. de Act. empti. ut segetes, vinum (Bart. cons. 125. lib. 1) Oliva. Lana. Bart. in L. ex diverso n. 2. ff. de rei vendic. Alex. cons. 56. nu. 8. lib. 4. Usura. Alex. con. 144. n. 7. lib. 5. Civiles ut vectura. navis & animalium ; pensio Domus, obvensiones quae occasione rei percipiuntur ; Naturales, ut poma & pyra &c. in quibus parva industria versatur, ut foetus animalium & opera servorum. Card. Tusch. L. F. Concl. 485.* Voila quel est l'estat de la question des fruicts selon le Droict Commun. Mais pour approcher encore plus prez de la matiere, voyons ce que le Droict municipal en ordonne & particulierement au cas de Retraict lignager.

Chassanée ou Chasseneu sur les Coustumes de Bourgogne confirme ce que j'ay escript en ce chapitre touchant l'adjudication des fruicts d'icelle sinon du temps de la litiscontestation, & du delay de la partie. Que si ledit Lignager se trouue en Delay de poursuiure la cause, il ne doibt obtenir aucuns fruicts sinon du temps de la Litiscontestation : dont la raison est, dit-il, d'autant que les fruicts ne viennent point en une Action de Droict estroict, telle qu'est cette Condiction ou Action Statutaire de Retraict Lignager.

Johannes Igneus jadis un des Presidents au Parlement de Rouen, auoit longtemps auparauant decidé ce mesme point *in Repetit. L. Dudum Cod. de Contra. Empt. nu. 41.* ou apprez auoir proposé ceste Question, si le lignager pouuoit repeter les fruicts perceus dans l'interim, de l'achapteur, & comme il y faut proceder, si c'est par Action ou d'office de Juge, il subjoinct ces paroles. Quant à la permiere question, Joh. Faber dit, au Paragraphe *Action. Inst. de Actionib. 2. Col. vers. & ista,* jouxte le sentiment de Jac. de Rauenne, que *a die litis contestatæ veniunt fructus in retractu ; et sic percepti ante litem contestam fient emptoris ; quoniam in actionibus stricti Juris non veniunt fructus nisi a tempore Litis contestatæ. L. videamus § Si actionem ff. de usur. & in L. Julianus. ff. de rei vindic. L. 2. C. de pact. inter empt. & vendit.* C'est a dire que les fruicts viennent en matiere de Retraict lignager seullement du temps de la Litiscontestation & que ceux qui estoient perceus auparauant appartiennent a l'achapteur ; parce qu'en semblables Actions de Droict estroit les fruits regulierement ne viennent sinon depuis le delay de l'achapteur apprez contestation de cause. *Et num. 44*, il faict ceste Inference. *Ideo concludo quantum ad hoc cum Jac. de Rauen. et Joh. Fab. quod retrahens fructus perceptos ab Emptore non recuperat &c.* Je concluds (dit-il) auec Jaques de Rauenne & auec Jean Le Febure, que le Retrayant ne recouure point les fruicts perceus par l'achapteur ; parce que ledit Achapteur estoit Proprietaire dans l'Interim &c. mais pour les fruits non encore perceus, ils seront acquis au Retrayant ; & en outre je suis d'opinion que le Retrayant restitue les Interests du prix desboursé, non pas en qualité d'usure mais comme Interest, selon la Glosse, *in cap. conquestus entr. de Usuris &c.* Et apprez auoir quoté la *Loy Quoties, ni vers. sane Cod. de rei vendic.* il conclud en cette sorte : De maniere que comme en la dite *loy Quoties,* quand les fruicts n'ont point esté perceus par l'achapteur de bonne foy, il peut agir aux Interests du prix, en cas d'euiction ; de mesme en cas de Retraict lignager, lors que l'achapteur a deliuré le prix de la chose au Vendeur, s'il arriue qu'en vertu du droict Coustumier, la chose vendue soit retirée dans an et jour, & que l'achapteur n'ait point perceu les fruicts de la chose vendue il pourra (*usuras precii petere*) demander les Interests du prix, et de plus j'estime (dit-il) qu'en vertu du mesme texte, il demeure au choix de l'achapteur euincé, de retenir les fruits perceus, ou de demander les Interests dudit prix, au lieu des fruicts ja perceus, ou en cas que lesdits fruits n'auroient plainement satisfait à ses Interests, il en peut demander le supplément : et puis il applique cette conclusion au Retraict lignager, disant, que si la chose achaptée est retirée par le lignager, il sera au choix de l'achapteur de demander les fruicts, ou les Interests du prix. Et puis il adjouste *Istud est singulare. Et hoc puto verum, maxime propter bonam fidem & titulum suum.*

André Tiraqueau, excellent Jurisconsulte François, qui a escript sur cette matiere du Retraict lignager tout exprez, & qui n'y a rien laissé a dire aux autres, a positiuement declaré ceste mesme conclusion, *de Retract. lignag. § 15. glo. 2. nu. 3. Ex eo quod nostra Consuetudo dicit, Consanguineum, si obtineat, & fructus quoque a lite contestata obtinere, satis declaratur, fructus praecedentes emptoris manere &c nam interim, Scilicet, durante tempore retractus—est rei Dominus, nec per hujusmodi Retractum venditio retrahitur, ut ex tunc sed ut ex nunc.* C'est a dire, En tant que notre Coustume dit que le lignager ayant obtenu sa clameur, doit auoir les fruicts du temps de la Contestation de cause, elle donne assez a entendre que les fruicts precedents demeurent a l'achapteur, pour autant que durant l'interim du Retraict il est Proprietaire, & que par le retraict il ne se fait point de Retrotraction de la Vendition &c. Et en la mesme Glosse, *num. 20.* il fait ceste question, mais (dit-il) que dirons-nous des fruicts attachez au fonds au temps de l'offre faite par le lignager ? à qui appartiennent ils ? Notre Coustume (poursuit-il) n'en parle point sous ce titre, mais bien au titre ensuyuant qui est du Retraict Conuentional §. 5. ou elle decide que c'est qu'on en doibt faire tant en ce Retraict Lignager qu'en celui qu'on appelle Conuentionel. *Nempe hos dividendos esse inter Emptorem & Consanguineum ;* c'est a dire qu'ils doiuent estre partagez entre l'achapteur & le lignager, *pro rata temporis, a proportion du temps.* A quoy s'accordent les Coustumes de Meaux Cap. *42,* du Mans Cap. *289,* d'Anjou, Cap. *380,* de Borbonois Cap. *428 & 482.* Et le mesme Tiraqueau pour ne laisser a deuiner de son sentiment en cette question, en propose une qui peut arriuer journellement. Posons, dit-il, le cas qu'au temps de la vendition les fruicts se trouuent prez de leur maturité. Il est sans question que l'achapteur les leuera, & en fera son proffit. Par apprez, c'est a dire viron 6 mois ensuite de ladite vendition, perception desdits fruicts, posons le cas que le vendeur reprenne le marché en vertu de son Remeré ; Ascauoir si en ce cas l'achapteur qui n'a jouy que 6 mois & a perceu les fruicts d'une année, pourra encore demander les fruicts de l'année courante a proportion du temps, ascauoir pour 6 mois outre les fruicts perceus du commencement, & ainsy auoir les fruicts de 18 mois pour 6 mois dont-il a jouy ? Et le mesme doubte peut aussy estre fait en cas de Retraict Lignager. Laquelle question il resoult fort amplement. Voicy sommairement son sentiment. *De illis primis fructibus non est dubium quin sint omnino emptoris, cum eos jam perceperit dum esset Dominus. Ideo non debent venire ad contributionem, ut loquitur text. in simili casu loquens in L. divortio in fi. prin. ff. solut. matrim.* Quand est (dit-il) pour les premiers fruicts c'est chose asseurée qu'ils appartiennent totallement a l'achapteur, parce qu'il estoit proprietaire quand il les recueilla. Et partant ces fruicts la ne doiuent point venir en contribution &c. *Sed quod facit dubium est, quod Emptor jam percepit integros illos fructus unius anni, quamvis non fuerit Dominus rei, nisi 6 aut 7 mensibus ; ideo posset iniquum videri, ut praeterea aliquid percipiat pro rata temporis hujus anni currentis ; alias plus percipiet quam pro modo ejus temporis quo fuit Dominus nempe pro modo unius anni & dimidii, cum dimidio tantum anno, aut paulo plus fuerit Dominus. Et si quis dicat quod ratione illorum priorum fructuum pendentium rem majori pretio emit—ideoque quod non sunt computandi illi fructus in rata temporis, et quos ipse emerit, aucto propterea pretio rei. Hinc illud responderi potest, quod in Revenditione restituitur ei integrum illud pretium, nulla diminutione facta ejus quod pluris datum est pro fructibus : et sic emptor habebit fructus illos integros, & integrum eorum pretium, id est, ut dicimus vulgari Gallorum Proverbio—*L'argent & le Drap,—*quod admodum est iniquum ut tradit. glo. ult. in L. 2. Cod. quando licet ab empt. reced—Verum his non obstantibus in ea sum sententia, ut quamvis Emptor statim post venditionem perceperit fructus integros unius anni, nihilominus habebit fructus & sequentis anni pro rata temporis. Cod. §. 5. glo. 4. num. 12. 13. 14. 15 &c.*

Mais (dit Tiraqueau) ce qui augmente le doubte, est en ce que l'achapteur a des-ja perceu les fruicts entiers d'une année, quoy qu'il n'ait esté Proprietaire de la chose que 6 ou 7 mois : Et par ainsy qu'il pourroit sembler inique, qu'il percoiue en outre a proportion du temps de cette année courante ; autrement il percoiuera plus qu'a la proportion du temps auquel il a jouy comme Proprietaire, ascauoir a proportion d'un an & demy, la ou il n'a esté proprietaire que viron demy an. Et si on pense souder ce doute, par dire, Que ledit Achapteur a cause desdits fruicts prests à estre cueillis auroit achapté le fonds tant plus cher —et que par consequent lesdits fruicts ne doiuent estre comptez dans l'approportionnement du temps, parce qu'ils auoient fait augmenter le prix de la chose. A cela on pourra repliquer, qu'en la Reuente ou Remeré le prix desboursé par l'achapteur, luy est rendu sans aucune diminution de ce qui auoit esté augmenté a cause des dits fruicts : De sorte que l'achapteur aura de gain ces fruicts la tous entiers, & leur prix aussy tout entier ; qui est selon notre Prouerbe vulgaire : L'argent & le Drap ; ce qui est fort injuste, selon la *Glo. Ult. in L. 2. Cod. quando licet ab empt. reced.* Neantmoins toutes ces raisons nonobstantes, je tiens que combien que l'achapteur eust tost apprez son achapt perceu et recueilli les fruicts tous entiers d'une année, il ne laissera pas d'auoir aussy les fruicts de la suiuante a proportion du temps.

Mais peut estre qu'on me dira que ce que j'ay auancé touchant la distribution des fruicts, entre le lignager & l'achapteur, au *pro rata* du temps, est bien ainsy selon la disposition du Droict commun, & selon les Coustumes des autres Prouinces ; mais qu'il en est autrement selon celle de Normandie & selon la nostre. A quoy je pourrois respondre que quand notre Coustume seroit la plus ancienne du monde, si elle se trouue contraire a la raison & aux principes de l'equité & du droict commun, & au detail de la Justice elle ne doibt plus passer pour Coustume, mais pour une corruption qui est en toute façon a reformer. Mais je n'auray pas besoing de respondre de la sorte, si je puis monstrer que la Coustume de Normandie dispose des fruicts de la chose vendue & retirée tout de mesme que le Droict commun, & que les Coustumes des autres Provinces : ce qui ne sera pas fort difficile de faire. Et premierement je remarqueray Que le Texte de l'ancien Coustumier ne parle aucunement des fruicts de la chose vendue, & n'en ordonne rien de particulier : et que cela estant ainsy, ledit Coustumier laisse cela a la disposition du Droict Commun, pour en estre fait selon comme j'ay des-ja remarqué cy-dessus. Car il est certain que quand le Droict particulier & municipal se taist, il faut tousjours auoir recours au Droict Commun, qui est la Regle generalle, la ou le Droit Coustumier n'est que l'exception particuliere : et que la ou il n'y a point d'exception a ensuiure, ou doibt juger par la Regle. Et certes la pratique ancienne de Normandie sur la question des fruicts s'accordoit fort bien a celle qui est declarée cy dessus ; comme il est aisé a voir par les mots propres du Commentaire fait sur ledit Coustumier il y a viron 200 Ans : Voicy ce qu'il en a escript sur le chap. de querelle de fief vendu. Puis que le procez est encommencié, le tenant de l'heritage ne le doit augmenter ne edifier ne aussy au deuant du procez encommencie, en l'an & jour que l'on s'en peut clamer : et s'il le fait on n'est tenu aucune chose rendre. Toutes fois il peut labourer : car on lui en rendroit les aireures & semences. Et aussy s'il estoit de necessité de faire en dit heritage aucunes reparations pour le soubstenir & tenir en estat, il le pourroit faire, pour eschiuer la ruine & demolition dudit heritage, & luy seroient rendus. Mais le plus commun & le plus seur est (combien qu'il ne seroit pas necessaire) de le faire par congie & authorité de Justice & de le faire apprecier ; en quel cas si le marchie est attaint ou gagie, il en conuient garnier aussy bien comme du principal, pourueu qu'il en appaire, mais d'autres choses qui ne sont necessaires & de quoy on se peut passer, qui les y mettroit, ou n'en auroit rien. Ce passage ne dit pas grand chose pour les fruicts ; mais il en parle assez tost apprez : car il distingue les fruicts ou leuées faites par l'acquisiteur en deux especes, ascauoir en ceux qui ne se peuuent conseruer sur l'heritage, comme ablez ou autres fruicts que la terre seult rendre : & en ceux qui s'y peuuent conseruer longtemps comme Bois taillis jacoit ce qu'il cheist en coupe : Secondement il considere les fruicts de la premiere espece, comme cueillis & perceus, auant le procez ou durant le procez : pour les fruicts perceus pendant le procez, l'acquisiteur seroit obligé de les restituer au ric & au rac, & en espece, s'ils sont encore extants ; mais si le procez duroit quelques années, il (c'est a dire le Retrayant) peut auoir les fruicts de la derniere en rendant les aireures & semences sans diminution ; mais pour les fruicts des precedentes années ils demeurent a l'acquisiteur, en payant la juste rente de l'heritage. Pour les fruicts cueillis au devant du procez ils demeurent a l'achapteur : mais s'il n'a rien cueilly, & que les fruicts soient encore adherents sur l'heritage, il n'en re-couuera rien, sinon les aireures & semences, comme dit est. Voila dire quelque chose, mais non pas tout ; car outre les aireures & semences & autres fruits sur le fonds s'il estoit juste que l'acquisiteur receust quelque consideration pour les fruicts du temps qu'il en a joüy ; selon qu'il a esté demontré cy dessus ; a tout le moins doibt il auoir restitution des Interests de son argent desboursé de bonne foy. Mais l'ancienne Coustume est tellement enemie des Interests (qu'elle appelle usures) qu'elle ne les alloue sinon en fort peu de cas ; c'est pourquoy il ne faut pas s'estonner si elle n'en a parlé en ce lieu. Terrien suyt les mesmes erres, au chap. de querelle de fief vendu. *lib. 8.* ou il dit, Et combien qu'anciennement fust usé que si la clameur n'estoit prinse & le garnissement fait deuant la St. Jean, le tenant acqueroit la leuée de l'Aoust prochain ensuyuant ; toutesfois il fut jugé au contraire par Arest donné au mois de Novembre 1526 par lequel fut adjugée a des Marets la leuée de l'heritage dont il s'estoit clamé le 27e de Juin 1521, & a luy delaissé le 11e de Juillet prochain ensuyuant par le Preuost qui l'auoit acquis & possedé des le mois de Juin 1520. Et eut ledit le Preuost tant seullement ses aireures & semences par la Loy *Fructus pendentes. ff. de rei vindicat. &c.* Si Terrien a bien quoté ledit Arest, cela est fort estrange, qu'une telle Court se soit si lourdement trompée en la question des fruicts. Car pour des particuliers il y en a plusieurs qui s'y sont achoppez manque de bien comprendre ladite question. Celuy qui a fait les Additions audit Terrien en parle comme d'une chose laquelle il n'entendoit pas mieux ; voicy ses paroles, apprez auoir parlé de la diuersité des opinions en cette matiere, assez confusement, les autres disent qu'il faut diuiser lesdits fruicts à la proportion du temps, *juxta L. divortio ff. solut. matrim.* Et de vray il est bien equitable d'en faire quelque partition *pro rata temporis*, ainsy que j'ay entendu estre pratiqué au Balliage d'Evreux ; pourueu toutesfois que le Lignager n'attende à se clamer sur le point de la recueillie, apprez qu'il voit toutes les gelées & injures du temps passées ; ainsy qu'il a esté jugé par Arest du 1 de Mars 1549, entre Jean Hue & Jacques de Rhomba. Voyez auec combien d'incertitude ces Messrs. escriuent sur le subject des fruicts & comme il ne se faut pas tousjours fier a des Arrests de Parlement. Car c'est chose sans controuerse, premierement que l'ancienne coustume de Normandie auoit long temps auparauant ces Arrests ameubly les grains apprez la St. Jean, au proffit de l'acquisiteur, quoy qu'attachez par les racines. Et s'il est aussy certain qu'outre les aireures, semences, engrais & autres charges de labourage, ledit acquisiteur auoit le terrage, c'est à dire le juste prix du reuenu de la terre, estimée a communes années, selon qu'elle se pourroit bailler à ferme. Cela est si euident que moins de 25 ou 30 ans apprez que les Additions eurent esté escriptes, on reduisit en un Code ladite Coustume selon qu'elle se trouuoit pratiquée viron ce temps là generallement dans la Normandie ; dans lequel Code on a inséré ces deux particularitez, non comme nouuelle Coustume

(car on y auroit apposé les marques de nouueauté) mais comme
dependances de la plus ancienne.   Voyez comme l'Article 489 court.
L'Achapteur sera payé de ses aireures semences & engrais, s'il n'a
les fruicts ; & outre il aura pour le terrage les deniers du fermage ou
du prix qu'eust peu estre baillée la terre, au prorata du temps qu'il
a possedé auant l'adjournement. *Et Art. 490.*   Et quant aux prez,
bois, pommes & autres fruicts naturels, l'achapteur en sera payé au
prorata du temps qu'il aura possedé, auant l'adjournement, sur
l'estimation qui en sera faite : si mieux le clamant ne luy veut payer
les deniers du contract au denier quinze.   Voila la Coustume de
Normandie tout a fait consonante au Droict commun & a la doctrine
cy dessus deliurée, du moins en ce qu'il y peut auoir de plus materiel:
et ce en quoy elle differe du Droict Commun est, en ce qu'elle
ameublist les fruicts prouenants de semence annuelle, apprez la
St. Jean, lesquels sont acquis a l'acquisiteur, comme meuble, encore
qu'ils ne soient separez du fonds, & que par le Droict commun ils
soient censez partie d'iceluy ; comme tesmoigne le commentaire
sur ladite Coustume Reformée, imprimé à Rouen l'an 1599, ou il est
dit, qu'en cela ladite Coustume a restrainct ce droict de Retraict
Lignager ; soubs cette consideration, que l'achapteur a enduré les
hazards des gelees & gresles, (lesquelles, si elles fussent arriuées, le
clamant possible n'eust usé de sa clameur) & qu'il n'eust pas esté
raisonable, qu'ayant esté possesseur par tant de temps & son argent
desboursé & mis aux mains du vendeur, un autre clamant,
comme l'Aoust est prez, & le fruict asseuré, eust remporté iceux
fruicts sans hazard & sans auoir esté priué de l'usage de ses deniers.
Et quand aux fruicts de prairies, bois & autres fruicts naturels qui
viennent sans industrie, elle a adjugé a l'achapteur partie d'iceux,
au prorata du temps qu'il a jouy puis son contract, delaissant aussy
au clamant le prorata de ce qui pourroit estre puis la clameur
jusques au jour de la recolte ; pour ce qu'en tels fruicts il n'y a rien
d'industrie, & ne sont tels fruicts ameublis en nul temps, au proffit
de l'achapteur &c.   Voila ce qu'il en dit.   Godfray est du mesme
sentiment : Voicy ses propres termes, en ses Commentaires sur les
deux Articles susdits.   La Coustume, conformément aux Loix
Romaines, fait difference entre les fruicts naturels & Industriels ;
car les naturels suiuent le fonds, & quoy que la clameur soit intentée
apprez le jour St. Jean, ils appartiennent au Retrayant en payant
l'Interest des deniers du contract, a la raison du denier quinze en
l'estimation des dits fruicts, a la proportion du temps escheu depuis

ledit contract, a son chòix.   Et apprez le jour St. Jean les fruicts
Industriels appartiennent a l'acquereur, en payant le terrage pour le
temps qui reste à escheoir.   J'appelle fruicts naturels ceux qui
viennent sans impense & trauail, par le seul benefice de nature. *in
L. fructus. 1. ff. de Usur.*   Et les Industriels, ceux qui outre la bonté
de la terre, ont besoing d'aide & de culture, comme les grains &c.

Mais parce que la Coustume ne parle sinon des fruicts naturels
ou Industriels des terres, & ne dit rien de ceux que les Jurisconsultes
appellent fruicts Ciuils, *quia ex provisione hominis percipiuntur &
quæruntur*, parce qu'ils sont acquis par la prouision de l'homme.
*Bald. in L. si traditio. in. 12. quæst. Cod. de Act. empt. Alexander
cons. 180 lib. 2. Ang. Aret. Laté in § si quis a non Domino. Instit. de
rer. divis.* de laquelle sorte sont les louages ou loyers des maisons,
nauires & animaux domestiques. *Bart. L. ex diuerso. ff. de rei vindic.*
Les Pensions ou rentes annuelles des terres. *Petr. de Anchar. cons.
3. non est dubium in pr.*   Item les Baux & pensions des Bastiments,
mesnages, Jardins, prairies & autres terres, soit a heritage ou a
termage, lesquels (comme tesmoigne Alexandre d'Imola *cons. 181.
in causa nu. 6. vers. & constat, lib. 2.* & Paul de Castres *cons. 114. in
pr. lib. 2*) sont comprins soubs le mot *d'Affictus*, & sont comptez
entre les fruicts Ciuils : lequel Alex. dit en outre *cons. 56. num. 9.
lib. 4.* que touts reuenus, obuentions & emoluments lesquels se
percoiuent (*occasione rei*) *par occasion de la chose* en sont les fruicts
Ciuils, mesme que les fermes & rentes Emphyteotiques, que nous
appellons Seigneurialles & tres foncieres, sont comprinses soubs le
mot *d'Affictus*, & sont de la nature des fruicts Ciuils selon l'usage
vulgaire.   *Bald. cons. 114. Quædam monialis circa fi. lib. 1.   Et
cons. 116. Colombinus. nu. 4. vers. & suis lib. 1.*   Et le mesme se
doibt entendre des rentes purement hypotheques, desquelles le
reuenu annuel est aussy censé de la nature des fruicts Ciuils soubs
lesquels selon Paul de Castres sont comprins tous les proffits &
emoluments de la chose. *cons. 354. nu. 2. lib. 1.*   Ces fruicts ciuils
sont par Bart. accencez entre les fruicts Industriels sur ladite Loy &
diverso ff. de rei vind. quia consistunt in industria—Godfray sur
l'Art. 490 dit que Balde les met soubs les Industriels, si cela est, il
ne differe en rien de Bart. mais j'ay des-ja cy-dessus obserué que
ledit Balde les appelle fruicts Ciuils & qu'il en fait aussy bien que
Bart. & les autres une espece distincte.   Il est bien vray que tant
luy que ledit Bart. tiennent que ces fruicts ciuils approchent plus
de la nature des Industriels que des naturels *Bal. in L. Si traditio in*

12. quest. C. de Act. Empt. Mais Alexandre *Consil. 144.* dit que ces
fruicts Ciuils *magis sequuntur naturam fructuum naturalium, quam
quod sequuntur naturam usurarum.* Et au Conseil *181.* il dit auec
Paul des Castres (*cons. 162. per totum*) *pensiones afflictus domorum,
quæ sunt fructus ciuiles, licet non sint naturales, tamen regulantur ad
similitudinem naturalium,* c'est a dire que les fermes, pensions &
rentes des maisons, quoy qu'ils ne soient pas fruicts naturels que
toutes fois ils sont reglez à la similitude des fruicts naturels *cons.
181. In causa. nu. 6. ver. & constat. lib. 2.* Et Cuman. *con. 20.
Magister Antonius per totum* que tous Baux pour lesquels il est deu
ferme ou pension, on obserue cette Regle, *ut percepti spectent ad
venditorem, percipiendi vero ad emptorem.* Tiraqueau au lieu sus
allegué du Retraict Conuentionel, dit que ce qu'il a déterminé en ce
lieu sur le point des fruicts, doibt auoir lieu lors qu'une rente ou
pension est retirée auant le terme du payment, selon la Coustume
de Poitou & le prouue par Bald. *in c. cum mart. Ferra. col. 2. vers.
nota quod nomine fructuum. Extr. de const. quod pensiones quæ non
debentur pro fructibus locorum dividuntur inter Emptorem & venditorem pro rata temporis ; Aliæ autem dividuntur ut fructus, habita
scilicet ratione temporis, quo fructus colliguntur.* Voyez le sus
allegué Godefroy lequel n'observe pas cette différence de Balde,
mais conclud *crassa minerva* que les dites rentes toutes *pesle mesle*
estre partagées entre le Clamant & l'Acquisiteur, a la proportion
du temps escheu, soit que la Clameur s'intente deuant ou apprez
la St. Jean, sans autre curiosité ; en quoy je ne trouue pas de mal.
Sed hæc hactenus.

Du Pouuoir des Etats, ou du Gouuerneur & Justice a faire Collectes, Loix, Ordres ou Ordonnances &c.

Regulierement par le Droict Ciuil, il estoit permis aux Villes et
citez d'imposer Collectes sur leurs Bourgeois et habitants, pour
leurs necessitez. *L. omnes. C. de oper. publ. & L. per Bithyniam. C.
de Immunit.* & encore a present il leur est loisible, quand ils ont
contracté quelque Debte publique de se quotizer pour la payer, &
aussy pour fournir aux frais d'un Procez public encommencée,

pourueu toutes fois que l'authorité du Magistrat du lieu y entreuienne. Mais en toutes autres occasions les Jurisconsultes François
tiennent le pouuoir de leuer ou indire Collectes & contributions
estre tellement Royal, qu'il n'est permis à aucun, non pas mesme
aux Courts Souueraines, d'y mordre, comme tesmoigne Jo. Faber,
in L. non equidem. C. nova. vectig. & Guido Pape *Quest. 197. & ibi
Ranchinus* ; *& quest. 5. & ibi Ferrer.* mesmes les Roys de France
ont esté tellement jaloux de toutes Assemblées qui se font soubs
quelque pretexte que ce soit, de peur des brigues que se pourroient
faire a leur prejudice, qu'ils les ont deffendues, aussy bien dans les
Villes, pour leur communes affaires, comme ailleurs, quoy que cela
fust permis de Droict commun ; comme Guido le prouue par la
Loy. 1. § penult. quod cujusque universitatis : Voyez pour cela
l'Ordonnance de Franc. 1. Anno 1539. Art. 185 & de *Henr. II* soubs
le titre des *Bailiffs, Art. 6 & 7 &* les Illustrations de Claudius de
Rubis, & Guido Pape, *Quæst. 106.* & Terreruis en son Apostille, ibid.

Pour les Imposts qui se mettent sur les Denrées, que les Latins
appellent *vectigalia,* ils sont tout a fait de Droict de Regale, & ne
peuuent estre imposez sans l'Authorité du Prince. *L. non solent c.
vectig. nova indici non posse.* & cela est sans controuerse, & pratiqué
chez si ce n'estoit pour une seule fois, en cas de necessité, & pour le
seruice particulier du Prince ; mais pour les autres points, a sçauoir
de faire Assemblées, & de faire leuées de quelque somme de deniers,
lors que les necessitez urgentes & la conseruation du Public le
requiert, cela s'est pratiqué de temps Immemorial, pourueu que
l'Authorité des Estats & Gouuerneur y entreuienne : ce qui est
reuenir au Droict Commun. Et cela a esté enseigné par la necessité
& pour le danger qu'il y auroit de dilayer dans l'esloignement ou
nous sommes de la Personne du Roy. Ce qui a fait aussy que nos
Roys se sont relaschez de cette rigueur, de laquelle ils pouuoient se
préualoir par prerogatiue Royale. Et le mesme se peut dire du
pouuoir de faire des Ordres ou Ordonnances temporaires, pour le
fait de la Justice & de la Police, qui est un eschantillon de l'Authorité
Legislatiue laquelle reside en la personne du Prince ; & de laquelle il
se relasche pour la mesme raison que dessus. Le mesme pouuoir
ont les Parlements de France, comme tesmoigne le mesme Guido,
au regard de celuy de Grenoble *Quæst. 554. nu. 1.* Voyez le aussy
en la *Quest.* (1) ou il dit que les voisins se peuuent tailler, pour la
reparation d'un Puits commun ; outre ce que j'ay allegué cy dessus

---

(1) Sic.

de Chassanée, *consuetud. Burg. col. 1387*, ou il dit que les Paroissiens d'une Paroisse font collectes pour les necessitez de leurs Paroisses sans authorité du Superieur, comme pour des reparations, ou pour achapter des ornements & ustensilles, pour le Seruice Diuin &c.

De la Coustume d'aller aux Douures, aux Casteaux & du Guet, &c

Par ancienne Coustume, la populace de Jersey est obligée d'ennoyer un homme pour chaque famille, aux Chasteaux, à y trauailler aux reparations, une fois par an. Et aussy les habitants sont obligez d'aller, ou ennoyer a faire le Guet de nuict, quand cela est trouué expedient, chascun a son tour, en sa Paroisse. Mais tant de l'un que de l'autre sont exempts les Magistrats, Justiciers, Officiers publics, & plusieurs autres maisons & familles, lesquelles ont Prescription d'exemption de temps Immemorial. Ce qui s'obserue aussy en la reparation des chemins, ou il n'y a gueres que la populace qui trauaille. Voyons un peu ce qui est du poinct de droict en ces 3 cas : et premierement du premier. Regulierement tous les habitants d'une place Forte, sont obligez au Marc la liure, a la reparation des ramparts, murs & autres fortifications, parce qu'ils y ont interest chacun pour sa quote part, les riches plus & les pauures moins : *Certum est quod omnes qui bona possident in aliquo loco, tenentur contribuere ad reparationem murorum & fossarum, munitionumque loci, sive clerici sint, sive laici. Bened. in cap. Raynut. verb. & uxorem, Decis. 5. nu. 463. Guido Papæ. Quæst. 7* dit le mesme en substance, & allegue la *Loy 2. Cod. de muneribus patrimonial.* & la Glose sur ladite Loy ; ou vous verrez Ranchin & du Ferrier quotter une grande suite d'Authoritez tant des Jurisconsultes que des Canonistes, & en particulier Boyer qui dit que les Seigneurs y sont aussy bien obligez que leurs vassaux ; & le mesme des Eccle-siàstiques contre lesquels il y a des Arrests de Parlement, pour les y assubjectir. Cela est bon pour les habitants d'une ville. Mais changeons un peu la question & l'approprions au cas present ; & alors elle sera, scauoir si les vassaux d'un Seigneur Chastelain sont obligez aux reparations du chasteau du dit Seigneur ; Auquel cas on distinguera, & dira on, que ceux qui y doiuent quelque seruice

ou coruée par raison de leurs teneurs, ou par Prescription Immemoriale, sont obligez à les continuer ; & les autres non ; mais en
Jersey, ce seruice là que nous appellons Douures n'est point deub
par raison de vassellage ny de teneure ; car si cela estoit, il n'y
auroit que les tenants du Roy qui y fussent tenus : Il n'est non plus
deub par les habitants comme subjects du Roy ; car si cela estoit,
tous les subjects du Roy par toutes ses autres Seigneuries seroient
obligez a de pareils seruices, ce qui n'est pas non plus.   Reste donc
à dire que ce seruice là est deub par Coustume : et par consequent
ceux la y peuuent estre contraincts qui ont accoustumé de les faire,
& non les autres.

Pour le second point, qui est touchant le Guet, Il n'y a point de
doubte que tous les Subjects d'un Prince Souuerain qui luy doiuent
Fidelité ne soient obligez a luy porter le seruice de leurs propres
corps pour la deffense de ses Estats, mais principallement de leur
commune Patrie, quand le besoing le requiert.   Secondement les
habitants & membres d'une communauté sont obligez a la deffense
mutuelle l'un de l'autre & de leurs Estats & commune Patrie, non
pas par egalles portions, mais au Marc la liure ; selon laquelle
proportion ils doiuent contribuer aux frais qui y sont necessaires ;
de sorte que les riches & aisez y doiuent estre quotizez plus hault
que les mediocres & pauures, en tant qu'ils y ont plus a perdre, &
a conseruer.   Et il y a quelques personnes qui en ont esté jugez
exempts ; ascauoir ceux qui ne payoient que 5 sols de taille & au
dessoubs ; les Veufues lesquelles n'ont point de fils demeurant auec
elles, au dessus de 18 Ans.   Dont il y a des Arrests en Papon *Liure
13. tit. 5. Arrest. 1.* ou du Ferrier remarque qu'il y a erreur de *5* liures
pour 5 sols.   Voyez *l'Ordonnance de Louis II Mense April. 1429 & de
Louys 12. Anno 1504.*

Pour le troisiesme & dernier point en question, qui est celuy de
la Reparation des Chemins, les anciens l'ont eüe tellement a cœur,
qu'ils y ont obligé tout le monde, comme a une œuvre pieuse, n'en
exceptant ny les Soldats, ny les Nobles, ny les Prestres mesmes,
comme vous verrez en la susdite Apostille de du Ferrier sur ladite
question de Guido & Matthieu sur la Question 444 ou cela est
clairment prouué.   Il est vray que quelques Ecclesiastiques en ont
voulu pretendre exemption ; se fondants qu'ils n'estoient point
subjects a des trauaux & œuvres sordides, telles que sont ces seruices
là, ausquels il faut trauailler manuellement.   A quoy on a respondu.

que de vray s'ils y estoient tenus en leurs propres personnes, cela
seroit quelque chose de sordide ; mais que d'y faire trauailler de
leur bourse, n'estoit aucunement sordide ou messeant à quiconque
soit noble ou priuilegié. Les chemins se reparoient anciennement
par contribution, *pro modo patrimonii & Ingenini* ; qui est une voye
fort egalle. En d'autres lieux chascun est tenu de reparer vis a vis
de ses terres, comme en Normandie ; nous n'obseruons comme j'ay
dit n'y l'une ny l'autre de ces manieres.

Des Chariages deubs par les Tenants du Roy.

Les Chariages sont un fort ancien droict Feodal, lesquels sont
deubs a plusieurs Seigneurs Inferieurs par leurs tenants qui sont
tenus par leurs teneures de porter le Breuuage, Foin & Busche ou
bois de chauffage au Manoir de leur Seigneur, chascun au *pro rata*
de ce qu'il tient sur le Fief. Or la Regle en choses de pareille nature
est, que si le Seigneur transige ou compose auec aucun des dits
tenants, pour sa quotte part, il est obligé de trouuer homme à ses frais,
qui face la dite quotte part dudit tenant auec qui il a composé, & qui
en descharge les autres ; si que les autres n'en soient point plus
greuez. Car un Seigneur peut bien, s'il veut, affranchir une partie
de ses tenants de quelques seruices ; mais il ne peut faire que les
autres soient plus greuez que de coustume ; & ne doibt pas faire
comme le marchand dans la Fable, qui non content de laisser le
cheual porter sa charge ordinaire, y adjousta encore la charge de
l'Asne. De mesme on a peu affranchir les tenants des Paroisses de
hault de ce qui leur appartenoit desdits seruices, moyennant une
Rente annuelle ; mais en mesme temps on deuoit pouruoir à ce que
les autres tenants des Paroisses du Sud, lesquels n'ont point esté
affranchis, ne fussent greuez d'aucune surcharge, comme il est
arriué : car le Roy recoit à present les Rentes de composition, &
toutes fois ses Officiers font payer aux autres les Seruices tous
entiers. C'est trop que d'auoir & l'argent & le chapon : Justement
comme si 2 parchonniers deuoient par ensemble une somme de
rente ; & que l'un d'eux ayant acquis la moitié de ladite Rente, on la
fist payer toute entiere a son compagnon. Ce procedé là est si
visiblement inique, qu'il est impossible de la pallier d'aucun pretexte

de Justice ou de raison.   Et partant il est d'equité que ceux qui ont pris serment de faire Justice, deschargent lesdits tenants du Sud de la moitié desdits chariages ; ou à tout le moins qu'ils leur baillent en rescompense de leur surcharge lesdites rentes de composition lesquelles se recoivent des autres et c'est une honte qu'on ne fait ou l'un ou l'autre.   Et qu'on ne s'excuse point sur la Coustume ; car pour certain il n'y a coustume ny laps de temps, qui empesche que Dieu ne punisse l'extorsion, l'oppression & la tyrannie en ceux qui y auront trempé ou qui ayant entrepris par leurs charges de maintenir le droict de tous les subjects du Roy, les trahissent volontairement à l'auarice des oppresseurs.

D'Inciuilité de Billes ou Semonces.

J'ai desja cy dessus parlé de cette matiere au chapitre des Adjournements.   Toutesfois, j'aime mieux estre superflu que defectueux en ce point ; auquel nous nous achoppons bien souuent contre toute raison : car pour un Orthographe manqué, pour une circonstance oubliée, soit du lieu ou du temps, ou du nom de la partie, & autres choses semblables, nous rejettons les Adjournements ; quoy que le Deffenseur y fust au reste suffisamment informé de la Cause.   Voyons ce que les Legistes prescriuent non seullement au regard des Semonces, mais aussy des autres escripts dont on se sert en Jugement.   Balde, qui est suiuy par Andr. Sicul., dit en general que l'ignorance du Notaire ou Escriuain ne doibt pas nuire à un testament ; et que mesme il s'y trouuoit escript que la femme renonce au benefit du Senatusconsult *Valerion*, au lieu de *Velleian* par ignorance, cela ne nuyroit point audit testament. Jason est de mesme sentiment, *in Authen. novissima. C. de inoffic. testam. & in L. si tibi. ff. si cert. petat.*   Suiuant a quoy Inno. & Hastien *in c. petitio, de procur.* tiennent que s'il est dit dans une Lettre de Procure, que Titius constitue Mœnius pour son *Asne* (ce sont les propres termes) a agir & defendre &c. au lieu de dire *Procureur*, la Procure ne laissera pas d'estre bonne, & pourra ledit Mœnius agir en vertu d'icelle.   Le mesme est affirmé par Jason, & Alexandre au *Conseil 43. 6. col. adde quæ dicit Felin. in c. ad audientiam*, le premier *col. 3 de Rescript.* Et *Chassan. consult. Burgund. col. 886* dit qu'il a conseillé au mesme effet, touchant un Instrument de Donation, auquel on auoit escript *Institutum* au lieu de *Constitutum*. Et la raison en est parce que *Defectus in verbis, ubi sensus colligi potest, non vitiat. L. cum pater ff. de Legat. 3. Et sensus intellectualis orationem perficit in suo constructu non est. L. Verbum volo C. de fideicommiss. Vide Bened. in cap. Raynut. in verb. clausula bona. nu. 57. de testam. ubi ponit de defectu verborum qui suppletur ex intellectu sensus.* Par ou il apparoist que les Juges ne doiuent point s'arrester aux petites defectuositez du language, pour veu que le deffault soit tel qu'il puisse estre suppléé par les autres paroles, ou par la chose mesme. *Imbecillitas notarii non debet nocere partibus L. fin. Cod. de fidejuss. & L. errore scribentis. Cod. de test.*

Des Emancipations.

Les Peres ou Meres ont accoustumé de donner quelque somme d'argent ou de Rente a leurs enfants qui sont en leur puissance, ou bien quand ils les marient, par voye de Dot ou contract de mariage fait auec le Pere ou autres alliez de la femme, ou par Donation en faueur dudit mariage ; ou secondement pour mener quelque traffic ou Negotiation. Quant au premier point, il n'y a point de doubte que la Dot ou Donation en faueur de mariage, estant proportionnée a l'estat de Donateur, ne soit valable comme vous pourrez par la *Decis. 145.* de Guido Pape, & par les Apostilles la dessus, ou les loix & authoritez qui font pour cela sont amplement alleguées. Mais pour le second, quoy que la loy semble permettre au Pere de faire quelque Donation remuneratoire a son fils, quand il a merité de luy extraordinairement; toutesfois, obstante la Coustume de Normandie par laquelle le pere ou la mere ne peut aduantager un de ses enfants par dessus l'autre ny de meuble ny d'heritage, cela ne peut auoir lieu chez nous : mais en ce cas il faudroit, apprez la mort du Pere, que le fils rapportast ladite Donation a Partage, c'est a dire, non seullement la somme principalle, mais aussy tout le prouenu : La ou ce qui a esté donné en faueur du mariage se rapporte simplement ; mais les fruits & proffits demeurent au fils : et la cause de cette difference est, parce qu'au premier cas la Donation est inutile, & ainsy le fils est en mauuaise foy ; mais au second cas elle est vallable de sa nature, & par ainsy le Donataire, comme possesseur de bonne foy, fait les fruicts siens. Or si cela semble peu equitable, qu'un fils vieillisse en la puissance de son pere, & qu'il augmente le bien de son dit Pere par son Art & Industrie ; et que nonobstant il ne soit pas en son pouuoir de faire sa propre condition meilleure ; mais qu'il faille que cela aille au benefit de ses autres freres & seurs, lesquels peut estre n'y ont rien contribué de leur costé ; J'aduoue qu'il y auroit, de fait, peu d'equité en cela, si la Loy n'y auoit pourueu d'un remede, par le benefit de l'Emancipation ; Par laquelle le Pere ayant recognu la suffisance & l'Industrie d'aucun de ses enfants, & voulant qu'ils en usent a leur propre nom, il les met hors de sa Puissance Paternelle, & de fils de famille les fait Peres de famille ; apprez quoy, ils n'acquierent plus pour le pere, mais pour eux-mesmes ; & cela, soit qu'ils continuent apprez l'emancipation, en la maison du Pere, ou qu'ils ayent feu & lieu en particulier, mesme l'usufruit des acquisitions des enfants emancipez n'appartient plus au pere, mais tout entierement a eux. *Oldrad. cons. 214 Factum tale est in Instrumento Alex. Cons. 174. super eo. nu. 6. lib. 5. Card. Tusch. litera E. conclus. 115.* Or il y a deux manieres d'Emancipation, ascauoir, Expresse & Tacite : Expresse quand elle est faite *Apud Acta*, en Cour par Actes de Rolles, ou bien par Droicts Authentiques passez par deuant le Juge : Tacite, comme quand le fils de famille a gardé feu & lieu separément d'auec son Pere dix Ans entiers, du consentement du pere ou que son Pere luy a permis de faire testament ou Donation à cause de mort. *L. tam is ff. de Donat. Oldrad. cons. 26. Pater consensit. Vide Mascard. concl. 598. Emancipatio an præsumatur :* car en ce cas on presume qùe le Pere la voulu emanciper ; qui est une Presumption Legale ; entant que tester & Donner à cause de mort, sont Actes non de fils, mais de Pere de famille. Et pour la Prescription de dix Ans, elle doibt suffire pour acquerir au fils ce priuilege, puis que le Droict Commun la juge complete, en plusieurs autres cas. Consonant à ce que dessus est l'ancien usage de Normandie, declaré assez amplement par le Commentateur du Coustumier, sur le chapitre de Moneage, ou il dit, que les enfants estants en la Puissance Paternelle, ne peuuent ny acquerir ny posseder, non pas mesme quand ils seroient separez d'auec leur pere, ny mesme quand ores leur Pere se seroit remarié : parce que tandis qu'ils sont au pouuoir de leur pere, le bien mesme qui vient du costé de leur mere ne peut estre en leur disposition, mais demeure tousjours en celle du pere, quoy que remarié. Et

Zk

ainsy par ladite Coustume, un homme en se remariant ne perd pas l'usufruit de l'heritage de sa femme, dont il a des enfants non emancipez : car s'ils estoient emancipez, il ne pourroit le retenir ; d'autant qu'il n'y a plus de droict au regard de luy mesme, depuis qu'il s'est remarié, & qu'il n'est plus veuf ; & tout le droict qu'il y a est au droict de ses enfants dudit lict, qui sont en sa puissance. Nous n'obseruons pas cela de mesme ; mais si tost qu'un homme qui a des enfants d'un premier lict, prend une seconde femme, il perd l'usufruit de l'heritage de la premiere femme, si les enfants du premier lict ont attaint l'aage de vingt Ans, auquel Age lesdits enfants font Acte de Peres de famille, sans autre Emancipation. Ce qui est horriblement peruerty & par tant je l'expliqueray en quelques Articles, dont le premier sera.

1.   Un fils de famille n'ayant esté emancipé par son Pere, ny expressement ny tacitement, ne peut contre la volonté & sans permission de son dit pere, disposer de son bien, ou en ordonner, comme personne libre.

2.   Un homme veuf ayant des enfants de son premier lict en sa puissance, ne perd pas le pouuoir paternel qu'il a sur eux par conuoler en secondes nosces. Ces 2 Articles n'ont pas besoing d'illustration ; car ils sont tous deux tirez du Droict de Nature & Diuin.

3.   Un homme ayant emancipé ses enfants du premier lict, ou n'ayant aucuns enfants viuants ne peut retenir l'heritage de sa premiere femme apprez auoir conuolé en secondes nosces. Et la raison est d'autant qu'il ne peut y auoir de franc veufuage hors de veufuage.

4.   Mais s'il a des enfants de son premier lict en sa puissance, encore que par conuoler en secondes nosces, il perd le droict de franc veufuage, si retient il l'usufruict des biens de sa premiere femme au nom de ses dits enfants, & comme administrateur naturel de leurs biens : & non pas au sien propre ; c'est a dire qu'il le retient a cause de son pouuoir paternel, non pas a cause de sa veufueté.

Il ne me souuient point d'auoir veu pratiquer de mon temps aucune emancipation expresse. Ce qui peut estre arriué par nonchalance du monde ; qui ne preuoit pas tout ce qui est bon a faire, nos ancestres en jugeoient autrement ; car ils faisoient beaucoup d'estat des Emancipations. J'en ai veu quelques unes des Siecles precedents, et une en particulier en forme de Lettre authentique par laquelle Jean Poingdestre, mon grand pere ja aagé, emancipe son fils Edouard, mon feu pere, affin de pouuoir ester & agir pour luy en Juge, pour luy comme son Procureur ; laquelle emancipation se trouue entre les mains de l'aisné de la maison.

Des Dismes.

Nous auons à Jersey quelque peu de terres qui ne payent aucune Disme, ou parce qu'elles ont appartenu a quelque Prieuré, qui en estoit exempt, ou bien a quelque Franche chappelle ; et qu'ayant esté vendues a des Particuliers depuis la dissolution des Abbayes & Reformation, elles sont demeurées ainsy sans en estre interpellées par les Recteurs des Paroisses ou ces terres se trouuent ; comme elles le pouuoient estre, & le pourroient estre encore de present, veu qu'aucune Prescription ne peut tollir les Droicts de l'Eglise, non pas mesme l'Immemorialle. Voyez au chapitre de la Prescription, ou j'en ay parlé.

Il y a d'autres terres qui payent Disme au Roy ; & la troisiesme sorte les paye a celuy qui est Recteur ou Vicaire perpetuel.

Toutes les terres lesquelles se cultiuoient & labouroient, quand les Dismes furent appropriées aux Prieurez & Abbayes, ont tousjours depuis ladite Appropriation continué a payer les Dismes aux dits Prieurez & Abbayes. Et les autres terres qui lors de la dite Appropriation estoient ou Sauuages, ou en pasture, ou autrement occupées, si qu'elles ne s'estoient jamais cultiuées, de memoire d'homme, demeurerent excluses de ladite Appropriation, de sorte que de toutes ces terres la celles qui ont depuis esté reduictes a la Culture ont regulierement appartenu au Droict des Recteurs des Paroisses, & non de Prieurs ou des Abbez. La raison de cela est parce que toute alienation de Disme de la personne du Recteur d'une Paroisse, à qui naturellement elle appartient, a celle d'un Prieur ou Abbé, est odieuse & de droict estroict & par consequent elle se doibt interpreter *stricte estroictement* : or à interpreter une Appropriation de Disme estroictement il faut l'entendre seulement de la Disme qui estoit en estre & qui estoit payable lors de la Donation, & non pas de celle qui a commencé depuis ce temps la. La premiere sorte de Disme est celle que nous appellons Franche Disme, laquelle ayant esté en la possession des Abbayes & Prieurez du temps de la Messe, & les dites Abbayes & Prieurez ayants en fin esté dissoubs & conuertis au Reuenu du Roy, lesdites Dismes comme Appartenances desdites Abbayes ont aussy esté conuerties au Benefit de Sa Majesté qui en jouist encore a present au droict & titre des dites Abbayes, comme Revenus d'Abbayes. Mais pour les autres terres qui ont esté desfrichées & reduites en culture depuis le temps que les Dismes auoient esté annexées aux Abbayes par les Ducs de Normandie & Roys d'Angleterre, & lesquelles par consequent n'y estoient point comprises, elles sont demeurées incorporées au Benefice de la Paroisse, ausquels elles appartiennent regulierement ; et ces Dismes là pour les distinguer d'auec les autres, ont esté appellées Desert ; parce qu'effectivement les terres qui les doiuent n'estoient que Desert anciennement ; c'est a dire terre en friche. Or pour mieux comprendre cela, il faut considerer qu'il pouuoit y auoir plusieurs sortes de terres non cultiuables, lors que l'Appropriation susdite des Dismes aux Abbayes fut faite : premierement les terres steriles, secondement les costeaux, tiercement les terres plantées d'arbres fruictiers, ou non fruictiers, en quatriesme lieu les Issues des maisons, les Auenues, & Sieges des Bastiments ; Item les Parcs & Garennes, mares & estangs & autres semblables terres, lesquelles ayants depuis esté appliquées au labourage, montent a present à quelque quantité considerable en chaque Paroisse.

Toutes Dismes sont ou Prœdiales (que nous pouuons appeller Reelles, parce qu'elles sont deues à cause de la chose ;) ou Personnelles ; ou Mixtes, c'est à dire en partie Reelles & en partie Personnelles. Les Dismes Prœdiales sont celles qui se payent du prouenu de la terre, comme de blé & legumes, des pommes & poires, du lin, chanvre &c. Les Personnelles se payent a la St. Jean par ceux qui viuent de quelque mestier ou traffic, & ne se meslent point de labourage ou autre occupation Rustique, ou qui ne possedans aucune terres ou bestail en une Paroisse y ont seulement feu & lieu ; c'est a dire leur Domicile arresté, au regard duquel ils doiuent une recognoissance au Ministre, laquelle est en partie réglée par la Coustume & en partie arbitraire au regard de ceux qui la payent. Pour l'autre disme personnelle qui se paye a raison de quelque mestier ou traffic, les Loix Ecclesiastiques d'Angleterre exigent la Dixiesme partie de tout le gaing qu'un marchand ou Artizan fait de son Art ou marchandise apprez tous frais deduicts, s'il n'y a autre

Coustume particuliere & localle qui regle cela, comme il y en a en plusieurs Villes ; mais en Jersey on n'y procede pas à l'exactitude ny en la Ville de St. Hellier, ny a St. Aubin, & encore moins au Paroisses champestres.

La troisiesme sorte de Dismes que nous appellons Mixtes, se payent par ceux qui nourrissent du Betail & du Bercail ou autres animaux Domestiques, Item des mousches à miel & de la Pesche. Et en toutes ces choses là nous auons egard exactement à la dixiesme partie ; sinon que pour les veaux & Poulains il est au choix du proprietaire, s'il en a dix des deux sortes, ou de chasque sorte, de payer 3 sols pour un chascun ou le Dixiesme en espece : qui est a present la pratique uniuerselle : comme aussy au regard des cochons la mesme pratique ordonne le Dixiesme tousjours en espece ; & si la truye n'en cochonne que cinq a chaque fois, il n'en sera point deub la premiere fois, mais bien la seconde, & ainsy selon ceste proportion, des oisons & canards priuez. Je ne me souuiens point qu'il se paye Disme chez nous ny des Pigeons, ny des Lapins de Garenne, ny mesme du Poisson de Riuiere ou d'Estang, comme on la paye de celuy de mer : Qui est une chose extrauagante en nature, que la mer qui est commune paye la Disme du poisson que le Pescheur y prend au hazard de sa vie, mesme hors de la veüe & Jurisdictions de l'Isle ; & que les Garennes & estangs qui occupent une partie du fonds qui payeroit Disme s'il estoit employé au labourage, en soient exempts. Mais en cela comme en toutes autres choses il ne faut pas s'estonner si la Coustume qui gouuerne presque tout le monde, y a introduict des absurditez differentes de la Pratique des autres pays, puisque la mesme Coustume nous a fauorizez en beaucoup d'autres choses, comme pour example, en Angleterre & ailleurs on paye non seullement les mesmes Dismes predialles & personnelles que nous, mais outre celles des bleds, legumes & fruicts de toutes sortes, on la paye du laict & fromage, du bois de coupe, du foing, herbe, cumin, sauge, persil, aneth, naueaux, carottes & autres racines, comme aussy des moulins à blé, a fouler, a papier : Item des Estangs, Colombiers, Garennes & Clappiers :[1] et toutesfois en Jersey on ne paye point de telles Dismes : Ce qui se doit attribuer à la Coustume : Car comme les Pays differents s'accordent presque tous que les Dismes se doiuent payer en general, aussy different ils beaucoup en la quantité ou quote part, & aux especes desirables. Et la raison de cela me semble estre, parce que

---

(1) Clappiers=Monceaux de pierres où les lapins se creusent.

du commencement que les Dismes furent establies dans l'Eglise Gallicane (qui fut entre quatre & cinq cents ans apprez Christ) les Pasteurs estants en petit nombre & plus desireux du Salut de leurs troupeaux que de leur bien temporel, ils n'estoient pas fort exacts à rechercher beaucoup de petites choses qui a la rigeur leur deuoient appartenir ; mais ils se contentoient de celles dont on tiroit pour lors le principal soubstien de la vie & qui estoient les plus materielles & necessaires. Et ce fut sur ces choses là que les Dismes furent pour lors constituées. Or dans nos Isles de ce temps là, il ne se trouuoit aucun Reuenu considerable, excepté celuy de l'Agriculture, du Bercail & Bestail, du Miel & de la Pesche. Pour le Bercail il y a grande apparance qu'il abondoit en nos Isles anciennement, auant que l'y eussions rendu inutile par les Clostures qui ont esté faites de temps en temps : ce qui paroist par les anciennes Coustumes qui sont encore en usage touchant les Banons, Messiers, Verps, Merches, &c. lesquelles coustumes ont relation au Bercail et à la Communion des Pastures. Pour le miel il a esté autrefois de tel Reuenu qu'il composoit les Breuuages ordinaires, desquels on se seruoit pour lors, ascauoir le *Boschet* que les Latins appellent *Hydromel* & les Anglois *Medre* & la *Vitæ* qui estoit le Breuuage Domestique. Et finallement pour la Pesche, il n'y a pas encore trois Cents Ans que tous les Fiefs principaux possedants du Gravage, auoient droict d'Esperquerie ou Esperkerie, qui estoit un Droict que les Pescheurs payoient pour les Congres qu'on salloit & qu'on sechoit sur la Perque, dont il se troune par les Acomptes des Fermiers que le Roy recueilloit un reuenu considerable. Ascauoir jusques a quatre Cents liures Tournois pour les Esperqueries & pour la Coustume du Maquerel, tant de Jersey que de Guernezey, somme en ce temps la equiualente a huit cents quartiers de froment et voila une Cause pourquoy ou a exigé la disme du poisson de mer, & non celle du poisson d'estang, d'autant que la premiere estoit fort consierable, prouenante d'une occupation fort frequente, & à laquelle tout le monde s'appliquoit ; & la seconde estoit de neant : Et comme par les Esperqueries & Officiers de la Coustume du poisson, il estoit aisé de scauoir la quantité du poisson apporté a terre, aussy les Ecclesiastiques ne se contentèrent pas de quelque present de poisson à la volonté des Pescheurs mais ils les obligerent à en payer la Dixiesme pártie tout au long ; & ainsy ceste Disme de poisson n'est pas purement personnelle, par ce qu'elle est quotizée a la dixiesme partie, & pour une chose certaine, & en espece. La ou la Disme personnelle se paye sans exactitude, sans limitation de la quantiesme partie & en argent : mais elle est de nature mixte, comme j'ay dit. Il est certain que cette Disme de poisson n'est pas de nouuelle erection. Car quelques ungs des Prieurez la possedoient, je ne scay par quel Droict, des le temps jadis ; et en particulier celuy de St. Pierre, la recevoit en la dite Paroisse, auant la dissolution des Convents, & le Roy en a joüy depuis, comme Monsr. le Baronnet de Carteret en jouist a present par l'ottroy de Sa Majesté & cette Disme la, si je ne me trompe, se bailloit a douze francs par An.

Les Exactions qui se demandoient sur la Pesche, asçauoir, Coustume Royalle, Droict d'Esperquerie & la Disme, ont esté cause que ladite Pesche a esté totallement negligée, & qu'on n'en fait gueres le mestier ; de sorte que si on y leuoit tous ces droicts la, comme autrefois, ils seroient de peu de proffit, au regard des frais & de l'assiduité qui y est requise, pour les recueillir : ce qui a esté cause que les Roys ont ananty leur Droict de Regale sur le poisson des Isles, & que les Seigneurs des Fiefs, soit à leur example, ou par leur commandement, en ont fait de mesme. Les Pescheurs auroient bien voulu que les Ministres en eussent fait autant de la Disme, & qu'on les en eust affranchis, & quelques ungs d'entre eux ont bien osé la disputer au Ministre : mais il n'y a remede, il faut qu'ils la payent, si la Coustume en doibt estre la Regle. Et si en cela les Ministres ont quelque chose contre raison, passons par dessus : car il y a assez d'autres choses ou je m'asseure qu'ils ont moins que de raison. Cependant je leur conseillerois de n'estre pas trop rigoureux enuers les pauures Pescheurs en leurs Demandes de ce Droict, affin d'encourager le monde, tant qu'il sera possible a poursuivre cette occupation, si juste & si utile au public.

Par le Droict Ecclesiastique pratiqué en Angleterre, celuy qui ayant une terre en friche, laquelle n'a esté cultiuée de memoire d'homme, est aux frais de la desfricher & de la rendre bonne au labourage, doibt en jouir sept Ans durant, sans en payer Disme. Et la raison de cela est fort juste ; veu que pour defricher une terre sauuage parcreue de ronces, fougere & choses semblables, ou pierreuse & sans closture, il y append de fort grand frais ; de sorte que les frais mis en ligne de compte, montent bien souuent, à plus de la moitié de la valleur du fonds. Voila pourquoy la Loy ne veut pas obliger le proprietaire à payer Disme d'une recolte qui luy est onereuse, jusques à ce qu'il y ait refait ses frais extraordinaires ; ce

qu'elle a arbitré & limité a sept Ans, non pas que elle estime qu'il y
faille tousjours autant de temps, ou qu'il n'y en faille pas quelque
fois dauantage ; mais parce que ce temps la suffist pour la pluspart
à refaire les pieces du proprietaire. Que si ladite terre auoit autrefois esté labourée ou autrement cultiuée, & que par quelque accident
que ce soit, elle soit retournée en friche, le Proprietaire n'aura pas
l'exemption de Disme pour Sept Ans ; car le Recteur de la Paroisse
ne doibt pas porter la peine de la negligence d'autruy. Toutesfois
ce sera pour le proffit dudit Recteur, aussy bien que du Proprietaire
de se contenter de quelque composition raisonable, pour l'encourager a entreprendre une œuvre autant utile au public, comme aux
particuliers qui y ont Interest. Car je vous prie, quelle apparence
qu'un Proprietaire desbourse, pour example, vingt ou vingt cinq
escus de frais extraordinaires à desfricher une vergée de terre,
laquelle luy apportera cinq livres par An de Reuenu franc ; laquelle
demeurant en friche lui rapportoit deux liures dix sols ? Et encore
qu'il soit obligé a en payer la Disme ? C'est pourquoy la Loy y a
fort bien pourueu par cette exemption ; laissant au propre choix &
bonne volonté des proprietaires de considerer leur Ministre, selon le
bon succez que Dieu leur aura donné en leur trauail.

---

*Ascavoir si un homme ayant fait Cession est obligé par
la Coustume de Jersey à payer les Debtes restées, quand
il retourne en Conualescence de biens.*

Par la Regle de raison personne n'est quitte jusque à ce qu'il
ait effectiuement payé ses Debtes : ny par le Droict Ciuil non plus ;
non pas mesme apprez Cession. *L. qui bonis. Cod. qui bonis cedere
poss. § cum eo quoque. Instit. de action.* Ce qui a esté suiuy par tous
les Jurisconsultes & Canonistes que j'ay jamais veus & par la
pratique de toute l'Europe, comme tesmoigne Ranchin sur la *Quest.
343* de Guido Pape, suyuant l'opinion de Bugnon en son Traicté des
Loix abrogées ; mesme la Coustume de Normandie s'y accorde ;
comme il me souuient d'auoir leu dans le Commentateur sur le Grand
Coustumier. Seulement on est en doubte, jusques à quel poinct un
Cessionnaire peut estre poursuiuy par ses Crediteurs, apprez estre

retourné en conualescence de biens ; & s'il peut estre contrainct par les voyees ordinaires de Justice à payer ; ou bien s'il peut eluder leurs Actions par l'exception de Cession. Et il y a quelques Jurisconsultes qui tiennent que ladite Exception de Cession est Peremptoire, & qu'un Cessionnaire ayant renoncé à tout son bien pour deliurer son corps de la Prison, il ne peut estre inquieté dauantage ; parce que ladite cession luy tient lieu de payment. D'autres tiennent que de fait, il ne peut estre remis en Prison, de laquelle il a sorty moyennant ladite Cession, ny poursuiuy à outrance par ses Crediteurs, mais seullement qu'il peut estre actionné *in quantum facere potest*, a payer ce qu'il peut espargner, se reseruant ses aliments & autres choses necessaires.

Guido Pape tient en la susdite *Quest. 343.* que quand un homme a esté contrainct de faire cession d'une façon honteuse ou infame, il est liberé de toute obligation enuers ses Crediteurs, & ne peut estre conuenu par eux encore qu'il retourne en conualescence de biens : et il allegue pour cela *la Glose sur le chapitre sicut dignum. § 4 super verbo, si hunc. extr. de homicid. in antiq.* Parce qu'il semble que la Loy aye fait commutation de cette honteuse Cession auec la Debte, & changé son obligation en une peine corporelle.

Pour notre Coustume de Jersey, il est malaisé de determiner quelle elle est en ce particulier ; parce que c'est un cas fort Singulier & qui arriue peu souuent de voir un homme apprez auoir Renoncé, reuenir en moyens. Et il ne me souuient pas d'auoir oui parler d'autre instance de cette nature, sinon de celle d'Elie Lempriere lequel ayant fait Cession & puis ayant retourné en conualescence de biens, par la Succession de sa mere fut actionné par quelques ungs de ses anciens Crediteurs : mais ce fut d'une façon extraordinaire ; ascauoir en vertu de certaines Retenues faites par eux au Decret de ses heritages : De sorte que, à ce compte, s'ils n'auoient pas fait lesdites retenues, ils n'auroient pas eu d'action ; au lieu que par le Droict Commun l'action qui compete aux Crediteurs contre le Cessionnaire retourné *ad pinguiorem fortunam* est non en vertu d'aucune Retenue, mais de l'obligation naturelle & de la Loy. *d. l. qui bonis. Cod. qui bon. ced. possunt.* Ledit Lempriere laissa agir ses Crediteurs, sans leur repondre : Et la Cour, surprise de cette nouuelle sorte d'Action, sans en considérer le tresfond ordonna qu'il jouiroit paisiblement de sa nouuelle succession, sa vie durant, & que toute alienation luy en seroit interdite, & qu'apprez sa mort la dite

Z 1

succession seroit departie entre ses Crediteurs. Je ne m'arresteray point à monstrer en ce lieu toutes les Absurditez, Anomies & Nullitez de cet Acte ; j'espère de le faire en un Chapitre à part. Mais je diray seullement que cet Acte seul, fait en absence de partie, à la vollée, sans contestation de cause, sans ballancer les raisons contraires, ne peut nous seruir de Prejugé, encore moins de Regle. Pour donques cercher d'autres lumieres à esclairer cette matiere, je poseray pour fondement deux considerations.

La premiere, Que par le Droict Commun quand un homme fait Cession, on appointe aussy tost des Commis ou Commissaires qui font Inuentaire de tous les biens meubles & Immeubles du Cessionnaire, les Ballancent auec ses Debtes, & font une juste Ballance de tout ensemble, pour voir s'il s'y trouue du bon ou du mauuais. S'il s'y trouue du bon, on le rend au Cessionnaire apprez les Debtes payées : S'il y a du mauuais aussy c'est audit Cessionnaire à faire son compte de le payer quand il pourra. Voila comme ou en use par tout le monde.

La seconde consideration, sera Que l'usage de Jersey quand quelquun fait Cession ou Renonce, on n'appointe aucun Commissaire pour regir le bien ny on n'en fait aucun Inuentaire, ny aucune Ballance pour scauoir s'il y a du bon ou du mauuais : mais on fait courir un Decret en gros & en general, auquel tous les Crediteurs sont Inuitez à se Declarer tenants de tout l'heritage renoncé pour payer les Debtes anterieures en Dapte, ou à renoncer a leurs Demandes pour jamais, commenceant cet ordre par les Derniers en Dapte, & montant par degrez jusques à ce que quelquun se soit declaré tenant par Decret qui prend tout pour payer tout ce qui n'a esté renoncé. Et ainsy il peut arriuer qu'il y ait du mauuais dans l'heritage renoncé, & il se peut aussy faire qu'il y ait du bon. S'il y a du bon, le tenant par decret ne le rend pas au Cessionnaire, & ne luy en fait aucune part, mais conuertist le tout à son proffit particulier, quand il y auroit Cinquante, voire Cent quartiers de froment de bon. De laquelle pratique on peut tirer cette conclusion. Que puis que l'usage de Jersey est si injuste au pauure cessionnaire, que de luy tollir ce qui se trouue de bon en ses biens par dessus ses Debtes, qui par toutes les Loix du monde luy doibt appartenir & luy estre rendu apprez les debtes payées : du moins le dit usage luy doibt estre si juste que de ne l'obliger pas à payer ce qui se trouue de mauuais en sesdits Biens : car ce seroit chose intollerable de luy oster le franc de son bien, pour le mettre au sort entre ceux qui n'y ont point de droict, & en mesme temps l'obliger à porter ce qui s'y trouuera de mauuais. Item que puis que les Crediteurs n'ont point Inuentorié le bien du Cessionnaire, ny fait Ballance de son bien auec ses Debtes ; il est impossible de scauoir s'il y a du bon ou du mauuais et par conséquent ledit Cessionnaire ne peut estre obligé enuers eux, puis que la negligence vient de leur costé.

Par voye de Corollaire, je proposeray deux Especes ou cas appartenants à cette matiere, dont le premier sera ; un homme possedant à 1500 Escus de bien, et estant redeuable de mille escus se trouue attaqué par ses Crediteurs inopinément, & ne pouuant trouuer ny argent ny caution parce qu'il estoit estimé deuoir plus qu'il ne valloit, il est enterré en un Dongeon aux petits despens : d'ou il ne peut sortir qu'en y laissant sa Ceinture ; ce qu'il est contraint de faire pour se mettre en liberté ; et ainsy il laisse eu proye à ses Crediteurs de 500 Escus plus qu'il ne leur deuoit. Apprez cela on fait courir un Decret auquel les Crediteurs sont appellez ; on propose aux derniers en Dapte de se faire tenants, ou de Renoncer à leurs Demandes. Eux ne scachant les forces du bien renoncé qui a esté tenu secret, & dont il ne se trouue aucun Inuentaire, craignans de s'embarasser en procez & incertitudes, renoncent jusques à 500 Escus de Debtes ; de sorte que le tenant trouuera 1500 Escus dans l'heritage renoncé & ne trouuera que 500 Escus à payer de sorte qu'il y trouuera 1000 Escus de proffit. Or posons encore une fois que ledit Cessionnaire retournant à conualescence de biens, les Crediteurs perdants, lesquels auoient renoncé a leurs Demandes, le facent actionner en vertu de Retenues ou autrement ; y a-t-il homme viuant qui voudroit soubstenir que le pauure Cessionnaire qui a desja payé de 500 Escus par dela de ses Debtes, est obligé de satisfaire aux demandes desdits crediteurs ? S'il n'y a point de response a cette Question, que dirons-nous de la suyuante ?

Un Debteur pour se liberer de prison, ou pour euiter les Importunitez de ses Crediteurs, fait cession de son bien entre leurs mains, lequel bien est suffisant pour payer toutes ses debtes, à l'heure qu'il le laisse. Les Crediteurs par negligence, laissent passer plusieurs années sans le Decretter, pendant lequel temps, les Bastiments vont en decadence, les terres vont en friche, & les arrerages & Interests doublent le sort ou principal. De sorte que le Decret venant à passer puis apprez le bien qui leur auoit esté laissé equiuallent aux debtes, ne suffist pas alors pour en payer la moitié. Je demanderay icy, s'il se trouuera homme au monde qui veille obliger le Cessionnaire à faire bonnes toutes les sommes renoncées par ses Crediteurs au Decret, en cas qu'il retourne en conualescence de biens ? Luy qui leur auoit laissé à suffire pour estre tous payez s'ils eussent voulu; & qui n'est pas cause des accidents qui sont arriuez à son heritage ? Est-il point plus raisonable que les Crediteurs portent la peine de leur negligence ?

Je concluds donc hardiement ce point, Que puisque le Cessionnaire quitte tout en gros à ses Crediteurs, sans attendre d'eux aucun retour de tout son bien, quoy qu'il s'y trouue de franc, qu'il faut par mesme raison l'exempter de leur fournir ce qui s'y trouuera de mauuais.

Cette conclusion une fois receue il s'ensuyura qu'un Cessionnaire ne peut estre actionné ny poursuiuy, en vertu d'aucune obligation precedente, laquelle est estainte : et par consequent toutes telles Retenues sont vaines, & frustratoires & ne seruent de rien : et finalement que Renoncer & retenir estants choses Incompatibles; ceux qui ont une fois renoncé à leurs demandes, ne peuuent plus y retourner, ny les remettre sur pied par aucune Clause, limitation ou Retenue que ce puisse estre.

De la peine Ciuile du peché de Fornication.

Paillardise est un mot general qui comprend aussy Adultere, comme nous le prenons au 7me Commandement : mais fornication signifie seullement la conjunction charnelle *Soluti vel conjugati cum soluta*, d'un homme marié ou non marié auec une fille non mariée, ou auec une veufue; *fornicatio intelligitur in usu viduarum vel meretrium, vel concubinarum. Lindewood ad cap. 1. de offic. Archipr. § fornicatio.* Or la fornication est ou simple ou qualifiée : la fornication simple est lors qu'un homme quel qu'il soit marié ou non marié, Lay ou Ecclesiastique approche charnellement d'une femme ou fille non mariée de mauuaise vie ou renommée sans force ou violence : la fornication qualifiée est quand on approche charnellement d'une femme ou fille non mariée, de mauuaise renommée auec force, ou d'honeste parens & de bonne renommée sans force. Ceste espece de fornication qualifiée est punissable par les Loix Ciuiles à la discretion du Juge, selon les diuerses circumstances du cas, & dignité ou indignité de la personne coulpable : Sinon que la pluspart des Canonistes semblent tenir communément que la force n'est point punissable auec une garce publique : *coitus per vim cum meretrice non est punibilis : quia ex quo exercet artem meretricem, potest compelli* (à l'exemple d'un Hotellier qui peut estre contrainct de receuoir tous voyageurs) *Clar. § fornicatio. Boer. Decis. 317. nu. 9 & 11. Et § raptus nu. 5. Marsil. sing. 150. Accessus ad meretricem.* Mais cette opinion est contraire à celle de *Balde Consil 381 circa fi. ver. si autem lib. 2 & ult. ff. de rerum divis.* & à celle de *Mathesila. notab. 102.* auquel s'accordent *Bart. in L. verum. in 2 & in L. qui injuriæ ff. de fur. Angel. in L. nunquam plura. ult. col. ff. de privat. Delict. Deci. in c. cum concupiscentiam, de constitut.* Laquelle opinion est soustenue par *Paraz. in summa ff. veteris. rubr. si servit. vendicel. Andr. Itern. & Matth. de Afflict. in constit. Neapolit. Rubr. 20. De violentia meretricibus illata ; & par Couarruuias To. 2. Variar. resolut. lib. 3. c. 14 nu. 2* ou il demonstre doctement que combien que la force ou violence faite à l'encontre d'une garce publique ne se punisse pas selon la teneur de la Loy unique *Cod. de raptu virg.* parce qu'il ne seroit pas raisonable de donner le mesme aduantage à une personne infame qui se donne à une honeste femme ; neantmoins ce crime ne doibt pas demeurer impuny mais la peine en est extraordinaire, *arbitrio Judicis,* à la discretion du Juge ; mais non pas si rigoureusement comme si le Rapt se rencontroit en la personne de quelque honeste femme.

Quant à la fornication simple, elle peut estre considérée en deux egards, ascauoir selon le Droict Ciuil ou selon le Droict Canon ; selon le Droict Ciuil c'est chose certaine qu'elle n'est point punissable. *Coitus fornicarius minime punibilis est lege exteriori & humana. Couar. To. 1. c. peccatum de Reg. Jur. in 6to parte 2. § 2. nu. 3.* Comme le concubinage qui en est une espece, ne l'est pas non plus. *Bald. cons. 381. in fi. ver. de concubina. lib. 2. Clar. d. §. fornicatio Alex. cons. 13. Attentis. nu. 5. & seq. ver. pro hoc bene lib. 7. Angel. in L. uxor. ff. de Adulter. Rolland. a Valle. cons. 74. nu. 12. lib. 1.* laquelle opinion est commune selon *Clar. Ubi supra.* Lequel tient en outre qu'un Prestre ou Ecclesiastique pour simple fornication ne peut estre deposé, s'il n'y a notorieté ou grand Scandale.

Pour le Droict Canon cela n'est pas accordé entre tous les Docteurs, car il y en a quelques uns qui sont d'opinion que la simple fornication n'est pas punissable selon les Loix Ecclesiastiques, comme Couar. soubstient *in Tract. desponsal. parte 1. cap. 4. nu. 10*, en ces mots, *nec Lege Civili, nec canonica punitur coitus fornicarius, & Alex. cons. 157 in fi. nu. 3. lib. 5. non punitur* (dit-il) *coitus cum meretrice, quia ab Ecclesia toleratur.* Les autres tiennent bien que fornication simple est punissable par le Droict Ecclesiastique ; parce que *solus coitus matrimonialis permittitur. glo. in Clem. ut nostrum. Vers. non est. de hœret.* Laquelle opinion de la Glosse est receue communement, selon que tesmoigne ledit *Clar. d. § fornicatio*, ou il insiste particulierement sur le concubinage, mais quand il seroit certain que la fornication simple & non qualifiée est punissable par les Canons, cela n'emporteroit pas grand chose ; puisque les punitions Ecclesiastiques ne sont que censures & corrections legeres & non pas punitions corporelles, capitalles & criminelles, comme fustigation & semblables, lesquelles importent infamie ou mutilation. *c. circumspecte. de foro compet. in Provinciali. & Lindewoodi ad eum locum & pœna corporalis.* Cela estant ainsy, je m'estonne d'ou nous est venue la coustume de donner le fouet, non pas absoluement à toutes les filles desbauchées, mais à celles qui ont eu en tant de paillardise, puis que nous n'auons pour cela ny le Droict Ciuil, ny les Canons Ecclesiastiques, ny la Coustume de Normandie, ny celle d'Angleterre ou la simple fornication se punist seullement *in foro Ecclesiastico* par Censures Ecclesiastiques, & auec cela fort rarement. Il e t vray qu'il se trouue des Villes ou on ne permet pas aux filles desbauchées de s'exposer publiquement, & ou on les enserre en des Hospitaux & lieux de Correction, pour les reformer, ou bien on les chasse des lieux suspects pour en purger les villes & pour preuenir beaucoup de desordres qui peuuent arriuer ou cela est permis : mais de les mener comme criminelles deuant le Juge Ciuil, & de les sententier à auoir le fouet, à l'Instance du Procureur Fiscal (qui est une punition capitale) c'est ce que je n'ay jamais veu pratiquer ailleurs que chez nous. Et ce mesme procedé, outre qu'il est inusité, est aussy injuste, en deux esgards : Premierement, parce qu'il inflige la peine seulement sur la pauure mere, laquelle peut estre a esté seduite soubs couleur de quelque promesse de mariage, ou bien n'a pas eu assez de constance pour repousser les attraicts de quelque desbauché; & laquelle a des-ja payé une bonne partie de sa faute par les douleurs de l'enfantement, & l'acheuera de payer toute sa vie par la misere & infamie ou elle s'est precipitée.   Et cependant on laisse le paillard sans punition, sinon qu'on le condamne à quelque Amende pecuniaire ou à la nourriture de l'enfant, dont il s'acquite fort mal ; luy di-je qui deuoit porter une egalle portion de la peine, comme ayant pour le moins egallement contribué à la coulpe.   Secondement il est injuste, en tant qu'il punist simple fornication aussy grieuement voire plus que l'Adultere, qui est un crime punissable de mort par la Loy de Dieu & par les Loix de presque toutes les nations du monde : et toutesfois aussy enorme qu'il est, s'il arriuoit qu'une femme en fust conuaincue, je ne scay si nos Juges auroient assez de resolution pour luy faire infliger la punition qu'ils infligent si legerement sur une fille qui n'a fait tort à personne sinon à elle mesme, s'estant exposée par sa faute à une peine perpetuelle de misere, d'opprobre, d'infamie & de pauureté.

Le premier Soing d'un Juge deueroit estre employé à reduire en pratique cette sainte Loy qui conserue inviolable le lien du mariage & la foy & le respect mutuel des mariez ; & qui est tant necessaire pour conseruer les relations de pere & de fils, les Droicts du sang & du lignage, & les successions de pere à fils & de frere à frere &c. et qui est par consequent fondamentalle, aussy bien pour les Estats & Royaumes comme pour les familles particulieres.   Cela estant fait, il pourra en second lieu estendre ses soings à extirper tous les rejettons de ceste mauuaise racine de paillardise, non pas par un zele sans lumiere, mais selon qu'il s'y trouuera obligé par les Loix, & que l'equité & la prudence le luy permettront.

Huc loci jam perductum ope Divina, & ad reliqua festinantem inhibuit morbus, & biduo post, mors dilectissimæ Conjugis Annæ Hamptoniæ, prisca familia, fide, moribus fœminæ ; pietate in parentem, obsequio in maritum, philostorgia in sobolem & necessarios, charitate in omnes, præcipue vero indigentes, nulli secundæ ; pietate in Deum non fuccata nec superstitiosa, sed genuina et vera ; prudentia & judicio ultra quam ferebat sexus, & minus curiosa educatio.   Obiit pridie nonas Quintiles, Anno Domini nostri 1664, [1]· relictis mihi binis pignoribus longe sibi charissimis, Carolo jam bimulo & Elizabetha adhuc a matre rubente quiis propitius sit Pater Benedictionum. Potior ejus pars matura cœlo avolauit ad meliorem vitam : Reliquiæ conditæ sunt in Templo Ste. Olai, oxoniæ, ad lævam chori partem, versus Altare Dominicum euntibus, In pace Domini & spe certissima futuræ Resurrectionis, unici Christianorum solatii in hac valle Umbræ mortis

Amen, veni, Domine Jesu.

---

(1) le 12 Janvier 1664.

En quel cas on acquiesce au serment de la Partie

1. C'est une Regle receue en Droict que *Instrumento asserentis in prœjudicium alterius non statur.* On ne doibt pas acquiescer au serment de la partie qui affirme quelque chose au prejudice d'un autre. *Rom. cons. 102. Puper eo col. 2. ver. Satis enim : Ubi Apostilla citat Boer. Decis. 247 nunc ad secundum nu. 8.*

2. C'est encore une autre Regle receue que *in iis quœ sunt non levis prœjudicii, non statur juramento asserentis,* on ne doibt pas non plus acquiescer au serment de partie. *Bald. cons. 285. nu. 5. lib. 1. Alciat. in Tract. Prœsumpt. Rep. 3. Prœsumpt. 13. Cephal. cons. 35. nu. 10.* Et la raison est parce que la Loy ne considere pas (*minima*) les petites choses ; mais dans les cas Importants elle marche auec un pied de plomb, & use de beaucoup de precaution.

3. La troisiesme Regle est que, *Non creditur assertioni gerentis Actum prohibitum, & ex certa causa permissum, si ipse asserat subesse causam* (on n'accepte pas l'assertion ou affirmation de celuy qui fait une Acte prohibé en gros & permis pour cause, quand il affirme qu'il le fait pour cette cause là) *nisi probet aliunde causam ;* mais il luy conuient faire autre preuue de ladite cause. Raison comme ; un tuteur ne peut aliener l'heritage de son Pupille, sinon en temps de famine, pour luy faire apprendre un mestier ou profession pour viure etc. Si donc le tuteur dit l'auoir fait pour quelcune de ces causes, & qu'il soit prest d'en jurer, on n'acceptera pas son serment, si la cause n'apparoist d'ailleurs. Voyez pour preuue de cette 3eme regle la Loy. *Qui testamentum ff. de Probat. L. cum quis decedens § titii ff. de legat. 3. Anchar. con. 150. In quœst. quœ vertit. nu. 8. Ubi quod alias esset aperta via fraudibus et est opinio communis, secundum Dec. Cons. 132. nu. 8. & cons. 349. in gr. Castrens. cons. 117. Viso supradicto. col. 2. lib. 1.*

4. En un Acte deffendu en gros & en general, et permis pour cause, lors que la preuue est difficile à faire, on est quelque fois contrainct de s'en rapporter au serment de Partie qui affirme l'auoir fait pour la cause permise soit que son Aduersaire le luy defere, ou que les Juges le trouuent expedient, comme ils le peuuent, si ledit Aduersaire est homme de bonne reputation, & qui n'ait jamais fait de faux pas. *Lapus. Allegat. 95. quidam Presbyter, per totam maxime nu. 5.* Et aussy......

Lorsque quelque Acte prohibé en general & permis en certains

cas, depend de la seule volonté de celuy qui dit l'auoir fait pour la
cause permise, sans qu'il se puisse cognoistre exterieurement ; on
est contrainct d'acquiescer à son serment, qui est la seule Declaration qu'on peut auoir de sa volonté. Et son serment decide la
cause, selon l'opinion receue, *de qua Rom. cons. 102. col. 3. vers. ult.
quia.* Mais si le serment est administré en vertu de quelque Loy ou
Statut qui le requiert, en ce cas la plus part des Jurisconsulte
admettent la preuue contraire, comme tesmoigne *Rom. dict. cons.
102* ou il monstre cela par plusieurs examples.

6. Quand il y a Presumption contre l'asserteur, on ne doibt pas se
rapporter à son serment. *Alex. cons. 118. In causa nu. 9 & 10 lib. 2.*
Comme au contraire on doibt s'y rapporter, si les conjectures sont
d'auec luy ; comme, si quelque Crediteur auoit prouué une debte
en general, contre son Debteur, & qu'il n'ait peu en prouuer la
juste quantité, on le doibt croire à son serment de ladite quantité,
s'il est homme de bonne renommée. *Dec. cons. 146. col. nu. 14 & L.
fin. ante fi. C. de eden. & in L. certi condictio §. quoniam. nu. 7. ff. si
cert. pet. Purpur. in L. admonendi. nu. 265. ff. de Jureiur. Bar. in d. et
L. admonendi. nu. 40. vers. quæro quid sit testis. Alex. cons. 139. lib. 6.
cons. 69. nu. 6. lib. 2. col. fin. ver. accedit. Marsill. singul. 322 & 689.
Decian. cons. 32. nu. 94. lib. 2. Crauett. de antiquit. part. 1. nu. 10
Cæpol. Cantel 210.*

7. Generallement les choses qui dependent (*ex animo*) de l'Interieur ne se peuuent sinon par le serment, comme sont l'intention, la
conscience, la cognoissance, ignorance, credulité, deffiance &c.
Rom. cons. 392. in fi. Ubi Apostilla citat infinit. concordantias ; pour
example, si quelcun auoit frappé un officier de nuict, croyant que ce
fust un volleur, on se rapporteroit à son serment de cette croyance,
s'il n'y auoit presumption au contraire. *Curt. cons. 21. text. si vero
(la seconde) de sent. excom. ubi Abb. in pr. Jason in L. pro hœrede, in
pr. col. ult. ff. de acquir. hœred. Marsil. in L. qui ignorans in 3 & 4.
col. & in L. qui falsam. nu. 96. ff. de quæst. Mascard. conclus. 94* dit
que *Animus,* l'Interieur ou Pensée ne peut estre prouué directement,
mais seulement par conjectures, & auec les conjectures subsidiairement par le serment. D'autres tiennent que l'Interieur ne peut
estre prouué en aucune façon par le serment, sinon *in modicis &
parvi præjudicii* en cas de peu de consequence. Et qu'en tous cas
ou on s'en sert, la partie est tousjours receue à ses preuues contre
ledit serment.

8. On se rapporte au serment de partie, quand il dit qu'il a trouué ou perdu quelques Papiers, Droicts, Scedules, quittances & autres euidences de la cause. S'il n'y a Conjectures ou Presumptions du contraire. *Bart. & alii in L. emancipatione. C. de fid. Instrum. &c.*

9. La teneur & contenu en un Instrument laceré par partie aduerse, ou soustrait se prouue par le serment de celuy au prejudice duquel il a esté laceré ou soustraict. *Bald. & Salyc. in L. 1. Cod. de fide Instrum. Abb. in cap. Accepimus. eodem tit.*

10. L'heritier est creu à son serment, que les Comptes, Droicts ou autres Papiers du deffunt, ne sont paruenus à ses mains, quand il offre de laisser cercher sa maison. *Aret. cons. 120. Salyc.& Castrens. in L. fi. C. de fid. Instrum.*

11. Quand il est deffendu d'exporter ou importer quelque chose sinon pour l'usage propre de celuy qui l'exporte ou importe ; en ce cas chascun est receu à prouuer son usage propre par serment. *Jo. de Imola, in L. cœtera. § fi. ff. de legat. 1. Bald. in L. cum proponas. Cod. de naut. fœn. Marsil. singul. 86. Statutum.*

12. *Error Juris probatur Juramento asserentis. Bald. in L. si contra amplissimi. Si quis ignor. rem minor. esse. Alex. cons. 13. lib. 6. præcipue ubi allegans esset persona fide digna.*

13. Quand la Partie a entrepris de faire preuue de la chose par tesmoings & y a manqué, en ce cas elle ne peut deferer le serment à l'autre Partie. *L. in contract. § illo. Cod. de non num. pecun. Chassan.* Coustumes de Bourgong. *col. 1291.*

14. Celuy à qui le serment est deferé est tenu de Jurer, ou à tout le moins de le redeferer à l'autre partie, si ce n'est quand il doibt jurer de son propre fait, car alors, il ne peut redeferer le serment, mais il faut qu'il jure par *leg. manifestæ turpitud. ff. de Jurejur. Chassan. Ibid.*

15. Lors que le serment a esté deferé par la Partie, il n'eschet sinon de regarder si la Partie a Juré ou non : car en ce cas la cause decidée par le serment ne se retracte point, soubs pretexte de Parjure, & si la partie oppose le parjure, le Juge n'y doibt pas entendre, mesme en ce cas le Procureur du Roy ne peut accuser de Parjure, parce que là ou la partie n'a point d'Action ciuile, le Public n'a non plus d'Action Criminelle, comme il a esté decidé par le Parlement de Paris. Anno 1512. tesmoing. *Chassan. Coust. Burgund. col. 1287. Ibi additio.*

16. Toutes les fois que la Loy ou Coustume requiert le serment de quelque personne, soit de l'acteur, deffenseur, procureur, tuteur, exoineur, tesmoin ou autre, elle n'entend pas qu'il jure du fait d'autruy, mais du sien tant seulement. Pour explication de cet Article je renuoye le Lecteur au Vieil Commentaire sur le Coustumier, au Chapitre d'Exoine ou il a un fort long discours sur cette matiere.

17. Celuy qui jure une fauseté, laquelle il croit estre vraye, n'est pas coulpable de parjure ; mais bien celuy qui jure contre sa conscience & contre sa cognoissance.

18. Le Juge qui donne serment à partie, doibt estre soigneux de luy faire declarer distinctement s'il parle de cuider & de croire, ou de certaine science & si la cognoissance qu'il en a est oculaire, ou seullement par oui dire, & luy faire expliquer les circumstances du lieu, & du temps, & des personnes pretes & toutes les autres qui peuuent contribuer à son Instruction, & ne se rapporter pas absoluement a l'affirmation ou negation d'un homme rustique. Et le mesme se doibt entendre d'un tesmoing.

19. Un contract ou autre chose deffendu par la Loy ne peut estre fait valide par le serment des parties, car si elles ont juré ignoramment croyant que le serment fut licite, ils meritent excuse ; mais s'ils ont voulu faire fraude à la Loy & l'eluder par leur Serments, ils meritent punition.

20. Les Serments apposez aux Contracts Ciuils par lesquels les parties jurent reciproquement de n'aller jamais à l'encontre, ne sont pas nouueaux car il en est fait souuent mention dans les Liures du Droict. Ils ont pourtant esté plus en vogue depuis que l'Authorité Papale est paruenue à son periode de grandeur ; car les Ecclesiastiques ont recommandé le serment aux contracts affin d'attirer les matieres d'ailleurs seculieres à leur tribunal, auquel le serment les soubmet par le Droict Canon. Ce que les Roys d'Espagne voyants ils ont deffendu de faire des Passements ou Contracts jurez en leur pays comme faits au detriment de la Jurisdiction seculiere : comme tesmoigne Couaruuias au Traicté *de Juramento*. Et certes c'est une grande folie de penser fortifier par le serment un contract qui est des-ja assez fortifié par les Loix & à la manutention & obseruation duquel les parties peuuent estre obligées par la voye de Justice. Toutes fois, je ne suis pas de l'opinion de ceux qui accusent de parjure tous ceux qui auroient manqué à l'obseruation d'un contract

Juré. Car si un homme ayant presté serment deuant le Magistrat, de ne contreuenir directement ny indirectement à un contract legitime, ou il ne seroit entreuenu dol fraude ny deception ; si, di-je, *rebus sic stantibus*, il venoit à l'encontre de son fait, par legereté ou malice, il n'y a point de doubte qu'il ne fust coulpable de parjure. Mais si apprez auoir passé le contract il s'apperceuoit que sa partie l'eust seduict par quelque tromperie ou artifice pour tirer aduantage de luy, contre la sincerité qui est requise entre les contractans, & que la dessus il s'addressast au Juge & à la Loy pour y trouuer remede ; en ce cas il est exempt de parjure ; car c'est une Regle en Droict que le serment ne peut empescher *ne præstetur dolus* : et de penser autrement seroit faire le serment, qui doibt est un lien de Justice, en lien d'iniquité & Dieu qui en est l'Autheur, autheur de peché.

Secondement le serment ne change point la nature du contract Juré, mais s'y accommode & le suyt, & se doibt expliquer & entendre selon que la nature & proprieté dudit contract le permet, & non autrement, & ainsy il ne faut pas imaginer que les contractants ayent par le serment voulu assubjectir l'un l'autre à autres conditions que celles qui eussent esté soubsentendues sans serment ; ny á des choses impossibles ou deshonnestes, ou incertaines, ou insurmontables, comme seroit de continuer le payment d'une rente en une année de sterilité ou famine, ou de porter une rente portable au grenier d'un pestiferé, & ainsy des autres empeschements legitimes auquels cas il suffit pour saluer le serment que la partie face son deuoir, selon la nature du contract, lequel doibt estre interpreté par la Coustume, qui est la plus seure regle des actions humaines. Et ne faut pas s'imaginer qu'aucun soit vendeur soit Bailleur, aye entendu de s'obliger luy-mesme, ou d'obliger son Achapteur ou Preneur à de nouuelles & inusitées prestations & conditions, s'il n'est expressement porté par les termes du Contract dans les Droicts.

Tiercement, l'obligation d'un Contract passe bien aux heritiers des Contracteurs, mais non pas celle du serment qui est personnelle : et par consequent il y a plus de danger pour celuy qui a Juré, que pour son heritier en cas de manque : car l'heritier est de vray obligé (mesme par conscience) à accomplir le contract de son Predecesseur, comme il est obligé par conscience d'obeir au Roy & aux Loix, mais ce n'est pas en peine de parjure.

En quatriesme lieu les clauses & Articles doubteux d'un contract, & par consequent le serment qui y est apposé se doiuent

rapporter à l'intention des parties contractantes, & cette intention
là a la Coustume, comme pour example, un homme a constitué une
somme de rente à payer annuellement sur luy mesme, & en a passé
le contract par serment. Le terme de la payer estant escheu, &
n'ayant la commodité de la payer en espece, il offre de l'argent à un
homme, qui en demande un prix exorbitant. Pourra-t-il en ce cas,
salva conscientia, differer le payment, se laisser tirer en Jugement &
y subir la taxe du Juge, sans danger de parjure. Pour response à
cela supposons, premierement qu'il n'a point la commodité de payer
ladite rente en espece : secondement qu'il a offert à son rentier un
prix raisonable & finallement qu'il ne se laisse point tirer à procez
par malice, ou à desseing de vexer celuy à qui il est redeuable : Cela
supposé je respondray hardiement que puisque cet homme a suiuy
la Coustume laquelle se pratique generallement par tout le pays ;
qui est d'accorder pour le froment ou autre rente deue à la St.
Michel à prix d'argent, ou, en cas que cela ne se puisse faire, de le
laisser tomber en Arrerage pour le payer à la taxe, auec le froment
de l'année suyuante, en espece ; & qu'il n'a fait en cela rien de
nouueau ny de particulier, ny par Barat ; il se peut asseurer qu'il
est exempt de parjure, car puisque il est notoirement deub en
Jersey deux ou trois fois plus de froment qu'il ne s'y en recueille
chaque année ; il ne faut pas croire que la Loy oblige tous ceux qui
en doiuent à le payer tous les ans en espece ; puisqu'elle obligeroit
à l'impossible. Et encore qu'il semble qu'on les y pourroit forcer,
à la rigeur de droict, toutes fois il n'en est pas ainsy ; mais l'usage &
la Coustume en decident plus doucement & plus equitablement,
principallement quand la rente n'est ny feodale ny fonciere, ny
portable au grenier ny autrement qualifiée. Et les Acquisiteurs qui
y procederoient autrement que selon cette Coustume seroient
estimez cruels & inexorables. Et c'est a mon aduis selon cette
Coustume qu'il faudroit interpreter les contracts de cette nature :
car c'est la vraye Regle. Voila pourquoy Chassanée sur les Coust.
de Bourgogne *col. 620.* jusques à *636*, s'estend à prouuer que la
prohibition d'une Loy ou Coustume, rend le serment contraire à
cette prohibition la de nul effet, *prohibitio Statuti vel consuetudinis
irritum reddit Juramentum* ; parce, dit-il, que le Serment estant un
Accessoire du Contract ou Passement, doibt estre interpreté selon
iceluy ; et par consequent si le contract est nul, *ipso Jure*, il s'ensuit
que le serment ne le peut rendre efficacieux. De sorte que le

serment ne sert de rien, que d'un Cifre en nos Passements ; Car si les contracts sont legitimes, l'Authorité de la Loy & du Juge & le consentement des parties specifié dans les Droicts les rend assez fermes d'eux mesmes. Et s'ils sont deffendues par les Loix ou deshonnettes, le serment ne les rend pas meilleurs qu'ils estoient de leur nature : *Juramentum enim non validat Actus irritos (Card. Tuschus in litera J.) si sint vel contrarii bonis moribus, vel dammosi proximis.*

21. J'ay dit cy dessus que quand le serment a esté defaré par la Partie, il n'y a plus de Retractation, parce qu'en ce cas la partie a mis son Interest entre les mains de partie aduerse, & l'en a fait Juge ; et ainsy c'est son propre fait. Mais il faut bien se donner garde de se mesprendre, & tirer cela à consequence, lorsque le serment a esté deferé, non par la partie, mais par la Loy, ou mesme par le Juge de son Office : car en ces deux cas la Partie est tousjours receuable à ses Preuues contre ledit Serment, comme j'ay monstré *nu. 5. cy dessus & nu. 7.* A quoy s'accorde fort bien le style de Normandie attesté par le Commentateur sur le Grand Coustumier, au chapitre de Harou, ou il dit que : En cas d'excez, delict & Attentat on contraint jurer ceux qui en sont approuchez en tel cas, en Eschiquier ou en Assise : et nonobstant qu'ils jurent à leur intention, n'est on apprez receu a prouuer l'excez ou Attentat contre eux &c. Et plus bas, Par l'usage & Style de Proceder on n'est pas tenu de se rapporter de sa Cause au serment de partie qui ne veut &c. Ce qui est fort juridique.

22. Le serment une fois prins a l'entrée à quelque charge que ce soit de bien & fidellement l'administrer est perpetuel ; & par consequent il est obligatoire pour tout le temps que ladite charge dure. Et partant la Repetition qu'on faict faire dudit Serment aux Aduocats du Barreau toutes les Assises, n'est pas de necessité absolue : car si elle l'estoit, il faudroit par la mesme raison que les Baillifs & tous autres Officiers publics repetassent leurs Serments, aussy bien qu'eux : ce neantmoins je ne denie pas que ladite Repetition du serment ne soit fondée sur bonnes raisons, & qu'elle ne puisse estre utile au public, quand ceux qui y sont obligez sont ou ignorants ou d'integrité douteuse, comme sont les petits Aduocats qui n'ont gueres souuent autre cognoissance que la chicane du Barreau, ausquels il est expedient de souuent rememorer le deuoir par une belle repetition de serment ; ce qu'il n'est pas besoing de faire a des personnes que la Loy suppose estre parfaitement bien

illuminez des cognoissances du Droict & de l'equité & instruicts en leur deuoir, & d'une integrité indubitable ; comme sont les Bailiff & autres Officiers & Justiciers ; lesquels à cause de leur dite Integrité, cognoissance & Dignité, ne repetent jamais leur premier serment. Pour le Procureur & Aduocat du Roy, combien qu'ils postullent pour particuliers, aux Causes ou le Roy ne pretend nul Interest ; & qu'il sembleroit qu'en cet esgard là ils pourroient estre contraincts à faire comme les autres, nonobstant cela comme jay dit, la grande confiance que Sa Majesté repose en eux & les qualifications qu'ils doiuent auoir pour bien s'acquitter de leurs charges, deueroient, ce me semble, suffire pour les en exempter, comme personnes qui entendent assez la force de leur premier serment : & partant qu'ils ont juste raison de s'en excuser toutes les fois qu'on le leur offre : ce toutes fois qu'ils ne feroient pas s'ils estoient subjects aux ordonnances des Roys de France ; par lesquelles lesdits Procureur & Aduocat s'ils veullent postuler pour les particuliers, sont obligez à repeter leur serment.

De l'erection d'un nouueau Moulin.

1.

Par le Droict des Gens, personne ne doibt estre empesché de bastir sur sa terre aucun Bastiment qui soit utile au bastisseur, & non prejudiciable à autruy. *L. ex. hoc Jure ff. de Just & Jure.* Les Jurisconsultes & Canonistes traictants de l'erection d'un nouueau Moulin approuuent cette Regle, auec fort peu de limitations, pour la faire seruir au temps present ; car ils disent qu'on peut construire un moulin sur aucune Riuière, quand la Riuière n'est point navigable & qu'on a permission de Prince ; pourueu que ce ne soit point au dessus d'un autre ja construict, pour luy empescher ou diminuer l'eaue. *Bald. cons. 71. commune nu. 3. ver. per hoc. lib. 1. Castrens. cons. 411. Ad id de quo per totum lib. 2. Alex. cons. 203. perspectis. in pr. lib. 6.* Mais bien peut-on le bastir sur une Riuiere particuliere & sur sa propre terre. *Bald. cons. 62. in pr. lit. 3.* pourueu que le bastisseur le face, *ubi sibi prosit, non ut alteri noceat,* pour son utilité, & non pour nuire à autruy en l'usage de l'eaue. *Bald. cons.*

463. nu. 5. lib. 4. parce que le dernier ne peut raisonablement priuer le premier de l'usage de l'eaûe. *Alex. cons. 194. consideratis. lib. 2. Ubi Apostilla in verb. Molendinum citat concord. & plenius consil. 203. persecptis. in pr. lib. 6.* ou il dit que c'est l'opinion plus Commune.

2.   On ne peut bastir moulin sur une Riuiere publique, au prejudice d'un autre, qui y auroit basti au precedent par une mission du Prince, ou de temps Immemorial. *Bald. cons. 71.* ny au prejudice du Commun, ou des Voisins. *Bald. Cons. 273. Habens superius lib. 3.* Lequel prejudice s'entend, *Quando impedit vel damnum infert clusa,* lors que l'Escluse leur apporte empeschement ou domage, *quia restagnat aquam,* parce qu'elle arreste l'eau & en empesche le libre cours ; & non pas, quand le prejudice consisteroit en ce que le premier moulin seroit moins frequenté qu'auparauant, car ce prejudice là ne se conte à rien ; non plus que si un Marchand vouloit empescher un autre d'ouurir Boutique, de peur de perdre quelques uns de ceux qui achaptoient de luy. *Bald. d. Cons. 71. & d. cons. 463.* ou il dit que *Prœiudicium consideratur quando onus aquœ minueretur aliis molendinis ; non autem consideratur onus resultans ex minore lucro :* c'est à dire Que le prejudice legal lequel peut empescher la construction d'un moulin est estimé par la diminution du poids de l'eaue aux moulins inferieurs, & non par la diminution du gain. *Castr. d. cons. 411. per totum lib. 2. Alex. d. cons. 194. nu. 11, lib. 2.*

3.   Approchons un peu plus prez de nous, & voyons la pratique de France sur le fait de l'erection des Moulins ; nous en trouuerons un Abbregé dans Chassanée, *Consuetud. Burgund. col. 1402.* en ce mots : *An liceat molendinum œdificare in loco Altœ Justiciœ alterius. eo invito, vel sine ejus licentia, quotidie versatur in Francia, & ego tamen semper dixi, quod nemini est prohibitum œdificare molendinum in suo ; dummodo non œdificetur in flumine publico nauigabili, ita quod impediat nauigationem, vel nisi fiat in alta Justicia alicujus habentis molendinum Banale ; sed si non sit Banale, potest unusquisque, etiam in Alta Justicia, dummodo sibi sit utile ; et in hoc multum consideratur utilitas œdificantis.* C'est, dit-il, une question qui arriue fort souuent en France, scauoir s'il est loisible de construir un Moulin en lieu ou un autre a Haute Justice, contre son gré, ou sans sa permission ? Pour moy, j'ay tousjours repondu qu'il n'est deffendu à personne de bastir un moulin sur sa terre ; pourueu qu'on n'en bastisse pas sur une riuiere publique, nauigable, pour en

empescher la nauigation, & qu'on n'en bastisse pas aussy en
quelque lieu inferieur ou l'eaue ressourde jusques à quelque autre
moulin superior & luy porté prejudice, & qu'on n'en bastisse pas en
la Haulte Justice d'un Seigneur ayant un moulin à Ban : car si ledit
moulin n'estoit Bannal, un chascun pourroit en bastir, mesme en la
Haute Justice d'un autre ; & finallement, pourueu qu'un tel moulin
soit reellement utile au bastisseur ; car en cela les Jurisconsultes ont
grand esgard à l'utilité du Bastisseur.   Et toutesfois un peu plus
bas. *nu. 4.* il y adjouste une autre grande limitation, ascauoir : *Nisi
consuetudo esset in contrarium* ; pourueu que la Coustume du lieu ne
soit à l'encontre, dont il donne un example en la Coustume du
Chasteau de Pont Leuant qui ne permettoit point qu'aucun des
tenants bastist de moulins dans ladite Jurisdiction.

4.   Venons à une question & regardons quelle a esté la Coustume
de notre Isle en ce particulier ; et premierement nous trouuerons
que le Droict d'y eriger nouueaux moulins n'est pas proprement
Feodal, & qu'il ne suit pas le Droict de Jurisdiction : parce qu'il se
trouue plusieurs Fiefs en l'Isle lesquels ont Court & Usage & autres
priuileges Feodaux, lesquels n'ont aucun Moulin ny à Eaue ny à
Vent, ny pouuoir d'en eriger ; & d'autres au contraire dont la Jurisdiction est fort mediocre qui en ont : mesmes il-y-a des particuliers
sans fief ny Jurisdiction qui en possedent : et finallement il s'en
trouue quelques uns appartenants à un Fief, ou les tenants d'autres
Fiefs doiuent secque motte.

5.   Toute la Regle doncques que nous pouuons suiure en ce point,
sans fouruoyer sera, Qu'il n'est permins à aucun d'eriger de nouueau
moulin à Blé, soit à Eaue soit à Vent, pour l'usage du Public, sans
permission expresse du Prince, s'il n'a chartre Ancienne, ou Prescription Immemorialle, ou Possession par la conseruation de la Masse du
Vieux Moulin ; & que par consequent un particulier qui auroit eu
auparuant Droict de moulin & en auroit perdu toute Possession par
quarante ans, auroit besoing de nouuelle Permission.

6.   Nous auions certainement une Limitation à cette Regle,
laquelle je trouue alleguée plusieurs fois dans les Rolles de la Justice
Errante, ascauoir, que quand aucun Seigneur feodal auoit droict de
moulin à Eaue en son Fief, & que ledit moulin ne se trouuoit
suffisant à tous les tenants dudit Fief, il estoit licite audit Seigneur
d'en eriger un à Vent, sur le mesme Fief, pour seruir de supplement
à l'autre, pour l'usage desdits tenants.   Mais je ne scache pas que

Zn

personne se soit preualu de ce priuilege là il y a plus de deux ou trois
cents Ans ; et je ne scay si on s'en pourroit seruir à cette heure, veu
que c'est une Coustume prescripte, manque d'usage.

7.   Lors que le Prince donne Licence d'eriger un moulin de nouueau
il faut entendre ladite Licence auec cette Clause, Sauf autruy Droict,
qui est perpetuelle dans toutes les Concessions des Princes, quelque
chose qu'il s'y trouue au contraire : d'autant qu'il ne faut jamais
presumer que le Prince qui est la Fontaine de Justice, ait entendu
faire tort à aucun de ses subjects, en faisant quelque grace à ung
autre ; ny empescher ou violer le Droict d'aucun de ses subjects :
et partant un homme ne peut en vertu d'aucune Chartre Royale,
faire aucun ouurage sur la terre d'un autre, contre son gré & volonté,
comme de faire Massonnerie sur la riue contraire qui est sur autre
Fief, pour placer la Roue d'un Moulin nouuellement erigé ; ny
obliger ses tenants à une resseantize à laquelle de droict ils ne sont
obligez.   Mais cette clause là ne se doibt pas interpreter de toute
Diminution de gain, en faueur du proprietaire d'un autre voisin.
Et partant il est requis que tout homme qui veut edifier moulin soit
proprietaire des deux Riues du ruisseau ou riuiere sur laquelle il le
bastit, et qu'il ait licence de ce faire : selon que la vielle Coustume
de Normandie au chapitre de Seneschal au Duc, decide en cas de
construction de Moulin & de Pescherie ; ou il dit : Pescherie ou
Moulin aucun ne peut de nouuel construire, se les deux riues de la
riuiere ne sont assises en fief en quoy il ait liberté : de sorte qu'il ne
suffist pas d'auoir liberté d'eriger un moulin de nouueau ; si les
deux riues ne sont sur son fief, ou qu'il ait permission de celuy sur le
fief duquel l'autre riue est assise, & du proprietaire de la terre.   Je
remarqueray icy en passant un erreur qui est au texte en François
dudit Coustumier ; ou au lieu de dire : Nul ne peut detenir fleuue
en ses Estangs ou fosses, sinon depuis soleil couchant jusques à
soleil leuant, il y a, depuis soleil leuant jusqu'à soleil couchant.   Le
texte latin est bien plus correct ou il y a : *nisi a sole occidente usque
ad ejusdem orientem* ; c'est à dire, durant la nuict, lorsque l'usage de
l'eaue courante est peu necessaire & qu'on s'en peut passer aisément;
& non pas de jour, lors que la detention de l'eaue seroit prejudiciable
au public.

8.   Quiconque a moulin à Ban, ou ses teneurs sont obligez soit par
teneure, accord, ou prescription immemorialle, de faire moudre leur
blé en espece, il peut contraindre lesdits tenants ou autres Resseants

de venir à son moulin. Et aussy par mesme raison il est obligé reciproquement ausdits Resseants de les preferer à tous autres non resseants en la despesche de leur grain, & de les seruir en temps et saison ; autrement faissant, ils sont libres d'auoir recours ailleurs, toutesfois et quantes (*toties quoties*). La raison de cela est, parce que toutes obligations sont reciproques entre un Seigneur & son Vassal, aussy bien comme entre tous autres ; et par ainsy celuy qui manque le premier, libere l'autre & le deslache de son costé : et d'en juger autrement seroit introduire une seruitude inouie, & contraire au sens commun. Sur quoy si on demandoit quel terme un meusnier pourroit prendre à moudre le grain desdits Resseants, en sorte qu'ils n'ayent subject de se plaindre, il faudroit respondre que pourueu qu'ils soient tousjours despeschez auant tous autres non resseants, & qu'au reste le meusnier obserue cet ordre de seruir lesdits resseants, selon qu'ils seront premiers ou derniers venus sans partialité, cela leur doibt suffire : sinon au cas que la secheresse seroit telle qu'il n'y eust moyen de les seruir tous en temps conuenable ; car en ce cas là, ils pourroient aller ailleurs, selon la Regle, *necessitas non habet legem* ; necessité n'a ny Loy ny obligation.

9. Mais quand les Resseants ont leur choix d'aller à un moulin Bannal & d'y faire moudre leur blé en espèce, ou de payer la secque motte en argent par un prix taxé, ou payé de temps Immemorial, le proprietaire dudit moulin ne les peut plus contraindre en ce cas ; car en payant comme de coustume, ils sont libres d'aller ou bon leur semblera.

10. Au regard des autres lesquels sont libres de secque motte ou resseantise à quelque moulin que ce soit, ils ne peuuent estre empeschez d'user de leur liberté, en quelque temps que ce soit, non pas mesme d'enuoyer leur grain a moudre en France ou Angleterre : car la Regle de Droict est : Que celui qui cerche sa commodité, ou il n'y a point de Loy a l'encontre, ne peut estre presumé faire tort a autruy : ou si cette personne la aime mieux auoir un moulin chez soy pour son usage particulier, elle le peut. Et partant la derniere conclusion sera :

11. Que supposé que quelques voisins tous libres & destachez de secque motte ou resseantise, veillent se joindre pour construire un moulin à bras, ou à cheual, pour leur seruice commun, & non pour le public, sinon en cas de grande secheresse & necessité ils le peuuent faire sans destourbier ; ne plus ne moins que ceux qui ne sont pas

Resseants d'un four à Ban, pourroient s'associer & faire construire un four pour leur commun usage, sans empeschement ; et c'est en ce cas que la Décision de Chassanée alleguée cy dessus a lieu : Qu'il n'est deffendu à personne de construire moulin sur sa terre.

Je me doubte bien que ce que j'ay dit cy dessus, qu'il est loisible auec permission du Prince, de faire eriger un moulin de nouueau sur son fief, ne sera pas receu de tous auec approbation : Car il y en a qui raisonment ainsy : Le Roy ou ses Commissaires par son Authorité, nous ont cedé ses moulins à prix d'argent ou de rente annuelle ; lesquels moulins dans le nombre ou ils estoient pour lors, valloient tant, ou tant, Si on y adjouste un ou deux nouueaux moulins, il y aura diminution de gain annuel a proportion de tant, & par consequent le Roy ne doibt donner permission d'en bastir d'autre, sans prejudicier a nostre droict & a son propre Bail. Auquel raisonnement on peut respondre tout court, que supposé mesme que cela seroit veritable, neantmoins la necessité du bien public le requerant ainsy, le Roy pourroit au prejudice des particuliers, donner cette permission : car c'est une opinion reçeue communément que *in favorem publicæ utilitatis Princeps potest præjudicare tertio* ; en faueur de l'utilité publique, le Prince peut deroger au proffit des particuliers : car *Salus Reipublicæ suprema lex est.* Mais sans cela, il est facile de monstrer la foiblesse dudit raisonnement : car c'est comme qui raisonneroit de cette sorte : Nous sommes à present à St. Helier six ou sept marchands qui y auons achapté la liberté du Commerce, lequel vaut tant annuellement ; s'il y en vient encore un ou deux il y aura diminution de gain pour nous à proportion de tant ; & partant il nous sera fait tort de tant ; et par ainsy nous auons droict d'empescher qu'on ne nous donne des compagnons. J'aduoue bien premierement, que si le Roy ou ses Commissaires s'estoient obligez par contract à ces Messrs. de ne permettre l'erection d'aucun autre moulin dans l'Isle, sans leur consentement, il y auroit quelque raison de leur costé : J'aduoue aussy que en ces cas là, il y a diminution de gain ; mais c'est (comme en plusieurs autres cas) sans tort ou Injustice. Car pour nous estre fait tort ce n'est pas assez qu'il y ait diminution de gain, ou proffit, s'il n'y a aussy violation de quelque Regle de Justice ou Loy establie. Or en ce cas il n'y a violation ny de la Loy ny de l'equité ny de la charité ny mesme de la raison, qui veut qu'on regarde en toutes choses à l'utilité publique, laquelle veut qu'il y ait des moulins a suffire pour la commodité des particuliers, en tout temps et en toute saison ; comme j'ay desja remarqué.

Des Masures ou Masses de Moulins & Colombiers.

Il se trouue plusieurs Masses de Moulins & de Colombiers, dont les unes sont entieres, les autres en ruine, & quelques autres dont il ne reste que les pieds ou fondements : Il y en a aussy dont il ne reste que le nom, comme le clos de la Masse à Longueville. Je demande de quel usage ces Masses ou ruines là peuuent estre aux proprietaires ? Premierement pour celles dont il ne reste rien, ou seulement quelques ruines, sans aucune forme d'edifice ; il faut distinguer, ou elles ont esté destruictes deuant quarante Ans, ou depuis. Si elles ont esté ainsy deuant 40 Ans, c'est un point liquide, que la prescription forclost le proprietaire du Droict d'en user ; & ne luy peut pas beaucoup proffiter à obtenir nouuelle permission d'en eriger, s'il n'a autre preuue plus certaine : mais si sont ainsy depuis les 40 Ans, il les peut refaire sans autre permission & les remettre à leur premier usage. Pour celles qui sont à demy destruictes, & desquelles il reste encore quelque forme non entiere, on peut dire que la forme de tout le corps du Bastiment n'estant plus, il ne luy reste plus cette aptitude qu'elle auoit pour la fin à laquelle le proprietaire l'auoit destinée ; & partant qu'elle ne doit plus porter le nom de Moulin ou Colombier, puisqu'elles en manquent les parties les plus essentielles ; et partant que si elles ont continué en cet estat depuis 40 ans, elle ne peuuent estre rebasties sans nouuelle permission, et ne seruent à autre chose qu'a faciliter les preuues. Quant est pour celles qui gardent tousjours leur ancienne forme de Moulin ou de Colombier, & qui sont, comme on parle, *in potentia proxima ad habitum recuperandum*, c'est a dire qui sont en fort proche disposition, & comme a un degré de recouurer leur premier usage, elles empeschent la Prescription ; parce que par elles le proprietaire retient en quelque sorte sa possession de moulin & Colombier ; & declare assez par laisser la Masse debout qu'il entend de la reduire à son premier usage, & qu'il a *animum retinendœ possessionis*. Voyez Chassanée Coustumes de Bourgogne. col. *1404. ibi.* de nouueau.

Des eaues publiques & particulieres.

En la question qui se peut rencontrer sur la matiere des eaues courantes, entre voisins ou autres ; il faut distinguer tousjours entre riuieres ou eaues courantes Publiques & particulieres. Les publiques sont comme les riuieres nauigables, & les ruisseaux quelques petits qu'ils soient qui passent par quelque Ville ou Village & sont appropriez à l'usage de quelque communauté, soit pour y bastir moulins ou autrement : et en ce cas il n'est permis a aucun particulier d'y faire chose par laquelle l'usage qu'on en tire soit osté ou diminué ou empiré. Mais quand l'eaue est de droit particulier, on ne peut empescher les proprietaires des banques ou riues d'y faire pour leur seruice ce qu'ils voudront : et si on me demande quelles eaues sont particulieres, je responds, premierement que c'est chose asseurée que l'eaue qui sourd dans ma terre est d'usage particulier pour moy, tandis qu'elle est sur ma terre, & je la puis diuertir comme il me plaira, soit à faire estangs ou autres ouurages. Secondement on pourroit dire qu'en Jersey les eaues par ou la visite ne passe point sont d'usage priué, & que les autres sont publiques : car comme en matiere de chemins la veue passe (ou le doit faire) par tous chemins publics, ainsy les eaues peuuent estre jugées publiques jusques ou on a de coustume de les visiter, & au dessus elles sont d'usage particulier ; non pas qu'elles ne puissent appartenir a quelque communauté pour leur usage commun : mais elles ne sont pas de telle consideration, & partant on ne les visite point, & ne met-on point en Amende les deffaults qui s'y pourroient rencontrer : si ce n'estoit a la suite de quelques particuliers, & pour quelque delict qu'on y auroit fait contraire à la Societé humaine, comme d'auoir empoisonné l'eaue courante ou chose semblable. *Chassan. Consuet. Burg. col. 1363. 1364 &c.*

De cette eaue publique entend parler le Viel Coustumier quand il dit ; nul ne peut detenir fleuue en ses Estangs ou fosses, sinon depuis Soleil couchant (car c'est ainsy qu'il faut lire & aussy le texte latin a : *Nisi a sole occidente usque ad ejus orientem*) jusques a soleil leuant. Es nouueaux estangs, fosses, ou escluses aucun ne peut detenir les eaues mais doiuent continuellement decourir, affin que les moulins à eux soubsmis, ou les hommes en leurs negoces ne souffrent aucun detriment comme Tanneurs & tels semblables. Et s'aucun les detient pour emplir ses estangs, les domages que les mouniers, ou les autres soubsmis au cours de ladite riuiere, auront eu par raison d'icelle detention ; ils seront tenus de les restituer : et de lors en auant soit laissée l'eaue courir. Auquel texte il y 2 choses a remarquer : La premiere que ceux qui d'anciennete ont droict d'enfermer l'eaue & de l'empescher de courir, pour emplir leurs Escluses, Fosses ou Estangs, ne le peuuent faire sinon durant la nuict entre le Soleil couchant & leuant ; de peur d'oster au public l'usage du cours de l'eaue si ils faisoient cela de jour ; ce qui est tousjours a obseruer au regard des Estangs & Fosses à poisson &c. mais pour les Escluses & Biaies à moulin, si la secheresse estoit telle que l'utilité publique requerroit qu'on retinst l'eaue pour auoir de quoy seruir les moulins, cette regle ne seroit pas a obseruer. Et partant elle doibt estre limitée & rapportée à la necessité publique qui est la vraye Regle. La 2de chose a obseruer est que ceux qui ont de nouueau construict Escluse, Fosse ou Estang pour quelque usage que ce soit, ne peuuent retenir l'eaue en leurs dites Escluses, fosses ou estangs, ny de jour ny de nuict, au prejudice des moulins, ou autres ouurages à eux soubsmis. Et s'ils le font, ils sont tenus a restituer le dommage des particuliers. Expliquons cette matiere un peu plus au long selon le sentiment des Jurisconsultes.

Et premier, il est constant que *Aquam in solo meo nascentem possum auertere, dummodo faciam ut mihi prosit, non autem ut alteri noceam. L. proculus ff. de damn. infect. L. 1. § denique Marcell. ff. de aqua plu. arcen.* La question estoit touchant le destournement du cours d'une eaue laquelle sort de ma terre ; ascauoir s'il m'estoit loisible de la destourner en sorte qu'elle ne sortist plus de ma terre par ou elle auoit de coustume ; & que par consequent le voisin qui en auoit le benefit a la sortie de ma terre en fut priué ? Le droict Ciuil distingue entre l'eaue laquelle sourd sur ma terre, et celle qui ne fait qu'y passer. Pour la premiere il donne permission de la diuertir à la commodité de celuy sur la terre duquel elle sourd ; parce qu'il en est proprietaire : et toutes fois non pas sans limitation ; car il y a une Regle *Quod tibi non prodest & alteri nocet non est faciendum, tu ne doibs pas faire ce qui ne t'est utile & est domageable à autruy.* Et partant le Jurisconsulte ne determine pas cela sans caution, tu peux, dit-il, diuertir ou changer le cours de l'eaue laquelle surgist sur ta terre, pourueu que tu le faces pour ta commodité & non pour nuire à autruy. Pour l'autre eaue laquelle ne sourd pas sur ta terre, mais y passe seulement, quoy que ce soit une eauc particuliere, soit qu'elle sourde en une terre publique ou particuliere, tu n'en es pas proprement proprietaire sinon tandis que tu la tiens ; & partant tu es obligé de la laisser couler à la sortie de la terre, comme d'ancienneté, & tu ne peux en changer le cours au prejudice de ceux qui habitent ou ont des terres au dessoubs de la tienne. *L. 1. §. Illud in fi. ff. de aqua quotid. & œstiva. & Castrensis ibid.* Voyez le mesme Paul de Castres *Consil. 323 in princip. versic. videndum est. libro 2. Ubi varie limitat materiam superiorem.*

Du droict de Garenne.

La premiere question touchant les Parcs ou Garennes a bestes sauuages, mais principallement à Lapins est, scauoir s'il est permis à un chascun d'en auoir, ou si elles appartiennent à quelques de priuilege special ? Et la mesme question se peut proposer pour le droict de Chasse qui est si connexe à celuy de Garenne ; qu'on prend souuent l'un pour l'autre, mesme dans les Liures des Loix, ou *Libera chacea & libera Warenna* ou *Garenna* sont presque synonimes. Pour esclaircir cette Question, je poseray premierement que le droict de chasse n'est point de sa nature un droict de Regale, & qu'elle ne peut estre prohibée, comme estant licite non seulement a la noblesse mais aussy au vulgaire ; toutes fois auec quelque limitation, c'est ascauoir, Que les nobles qui ont Jurisdiction sur leurs tenants & qui ont *Dominium directum*, un droict de proprieté ou Seigneurie directe, sur toutes les terres qui releuent d'eux, ayent le droict de chasse par toutes les terres subjectes à eux, et que les autres l'ayent tant seulement sur celles dont ils ont la simple proprieté. C'est ce qui est enseigné par du Ferrier sur la Question 218 de Guido Pape, ou il allegue *Decius Cons. 97.*

Or quoy que regulierement cela soit de mesme, toutesfois cette liberté la se trouue restrainte non seulement par les Constitutions de l'Empire, ou il est absolument deffendu de tendre retz, lacs ou autres outils a aucunes bestes de chasse, fers aux ours, aux sangliers & aux Loups, mais aussy par les ordonnances des Roys de France, & particulierement de François I, lequel interdit la chasse a toutes personnes au dessoubs de la Noblesse, ascauoir aux Artizans & aux Laboureurs & autres Roturiers ; laquelle ordonnance Henry second a qualifiée en sorte qu'elle ne s'estend a present qu'aux personnes viles & aux fermiers viagers, & non aux proprietaires des terres. Ce que personne ne doubte que lesdits Princes ne puissent auoir legitimement fait ; selon qu'ils l'ont trouué expedient pour le bien de la chose publique dont ils auoient l'Administration ; comme les Jurisconsultes mesmes s'accordent qu'ils ont bien fait de deffendre la chasse des Perdrix à la tonnelle & autres retz et outils qui tendent a la destruction de toute l'espece, laquelle il est expedient de conseruer pour l'usage du public. Mais pourtant cela n'empesche pas que la chasse ne soit de sa nature libre a chascun sur ses propres terres, mais pour les terres d'autruy il faut tenir cette regle que les Seigneurs des Fiefs particuliers, estant Seigneurs directs par tous lours fiefs, y ont droict de chasse sur les terres de leurs vassaux & tenants, & que les tenants ne les en peuuent empescher, pourueu qu'ils ne facent nuisance aux bleds, herbes, fruicts ou clostures de leurs dits tenants. Secondement que les dits tenants peuuent par accord ou permission l'un de l'autre aller a la chasse sur leurs terres tant seulement, & que sans cette permission ils ne peuuent entrer sur la terre l'un de l'autre, & que s'ils le font, ils ont droict de s'entre empescher par toutes voyes legitimes, mesmes jusques a leuer la Clameur de Harou ; quand mesme ce ne seroit pas a dessein d'y chasser que le voisin y voudroit entrer : car c'est une regle generale que personne ne peut entrer dans ma terre contre ma volonté § *ferœ bestiœ—ibi plane qui alienum Instit. de rerum Divis.* En troisiesme lieu que le Prince, comme premier Seigneur direct de toutes les terres subjettes a son Empire, a droict d'entrer partout sans contredit & d'y faire toute sorte de chasse a sa volonté, & donner ce priuilege a ceux qui le representent en tous les lieux de son obeissance, & aux autres qu'il jugera à propos & que par consequent il peut faire des Loix & prohibitions pour la conseruation des bestes & oiseaux sauuages, autres que les passagers, & establir des Veneurs & maitres des chasses ou autres officiers, pour en voir l'execution & pour leuer les Amendes sur les contreuenants.

Puis donc que la chasse naturellement est libre a chascun sur sa propre terre ; il s'ensuit aussy que de faire garenne sur sa propre terre est libre a un chascun, & ne peut estre prohibé ; pourueu que celuy qui erige ladite Garenne donne suffisante caution que ses conils n'iront point endommager les bleds ou autres fruicts des Voisins. Car autrement il ne le pourroit faire au prejudice d'autruy: car il faut tousjours se donner de garde que le priuilege de l'un ne

Zo

soit tourné au prejudice de l'autre, veu qu'il ne doibt estre permis a
personne de tirer gain de la perte d'autruy : sinon au cas que il se
trouueroit quelque contract, Inuestiture, ou Coustume Immemorialle, pour l'assubjetissement de quelque fonds ou terre, a porter
une telle seruitude, ce qui n'estant pas, il est tousjours loisible au
Voisin d'estroppier s'il veut les Conils ou autres bestes sauuages de la
Garenne d'autruy lesquels il trouue a mesfait sur la terre & de les
detruire, en cas qu'on ne pourroit obtenir reparation du domage fait
par la voie qui est la plus legitime.   Et les Juges doiuent s'informer
soigneusement si le Droict de Franche garenne est bien fondé &
jusques ou il s'estend : pour example le Sr. de Saumarez a franche
garenne au mont de St. Hellier & non sur les terres adjacentes &
par consequent si ses lapins estoient trouuez hors le precinct dudit
Mont, ils pourroient estre prins legitimement par les proprietaires
des terres bornantes & non pas par ceux qui auroient de la terre
audit Mont : & de mesme des autres, car d'en user autrement seroit
une tyrannie non pareille, & qui osteroit aux particuliers non
seulement l'usage, mais mesme la proprieté de leurs terres & heritages ; qui ne doibt pas estre tolerée.   Et ceux qui veulent user
d'un tel priuilege a la ruine de leurs voisins, ne sont pas sans peché.
Voyez Ferrer *sur la 218. Question* de Guido Pape, ou il dit qu'il a
esté deffendu par plusieurs Arrests de faire Garennes au prejudice
des Voisins, parce que les Conils sont un animal naturellement
vagabond & malfaisant, lequel ne peut estre retenu, a moins que
d'estre entouré de bonnes murailles, qui soient fort profondes ;
auquel cas ils seroient de peu de proffit.   Ce que j'ay dit des Conils,
ne s'estend pas aux pigeons de Colombier, lesquels le Proprietaire
n'est pas obligé de retenir dans le Colombier, ny de les y nourrir, s'il
ne veut, ny mesmes sur ses terres propres : aussy n'est-ce pas
proprement un oiseau de chasse, mais domestique : et il a ce
priuilege par les Loix de presque toutes les nations, qu'il peut aller
chercher sa nourriture partout, sans qu'il soit permis a qui que ce
soit de luy faire mal, mais seulement de le chasser comme on feroit
la poullaille d'un voisin.   Ce qui est fait non seulement en faueur
de la noblesse à qui ils appartiennent, mais aussy pour l'utilité du
public, auquel il importe qu'un oiseau si utile soit conserué.   Et
encore que ce soit un oiseau assez dommageable & glouton il a
toutesfois cela de propre qu'il ne gratte point du pied pour des-
couvrir le grain semé ; mais se contente de ce qu'il trouue sur la

terre ; & fait beaucoup moins de mal aux laboureurs que les corbeaux & autres oiseaux. Et pour ces raisons, les Loix sont grandement rigoureuses contre ceux qui les tuent a l'harquebuze ou qui leur tendent des pieges en quelques lieux que ce soit. Mesmes il est deffendu de tirer aux pigeons sur mon propre edifice ou Colombier, de peur qu'il ne s'y en trouue de ceux d'autruy meslez parmy les miens. Mais pour les lapins c'est au proprietaire a les nourrir dans le precinct de sa Garenne ou franchise, & non pas aux voisins, qui ont action de dommage fait contre luy pour ses lapins ne plus ne moins qu'ils auroient pour dommage de bestes domestiques.

Du discours precedent appliqué à la matiere des Estangs a poisson que nous appellons viuiers, il est aisé de deduire en conclusion : Qu'il est libre a toutes sortes de personnes d'en construire sur leurs terres, pourueu que lesdits Estangs ne nuisent ny aux Riuieres, ny aux Moulins, ny au public dans l'usage des eaues courantes. Et ne peut un Seigneur feodal en empescher la construction sur son fief dans ces precautions, encore moins peut-il pretendre a la pesche dudit Estang, ou demander droict ou Amende là dessus, non plus que sur un Clappier qu'un particulier auroit chez soy, ou sur quelques pigeons priuez. Car il y a bien de la difference entre le poisson enfermé en un Estang & le Conil qui s'escarte quand il veut de la Garenne & qui va a la pasture, non pas de jour, comme les autres animaux, mais de nuict quand il ne peut estre empesché ou preuenu par aucune diligence. Et partant les raisons qui militent contre les Garennes n'en font pas de mesme contre les Estangs. Il semble pourtant que les Seigneurs des fiefs pretendent quelque Droict sur les Estangs construicts sur leurs fiefs en Jersey, si ma memoire ne me trompe. Je m'en rapporte à ceux qui sont sur le lieu ; car a cette distance ne puis-je m'en informer pour le present. Et je ne voy pas en quoy un Estang puisse estre plus priuilegié qu'un Routoir ou quelque autre amas d'eaues sur la terre d'un particulier. Voyez Ferrer. sur la *Quest. 91* de Guido Pape, ou cette matiere est amplement deduite, comme aussy par Matthieu sur la mesme Question. Pour la Pescherie qui est un droict approprié en quelques lieux aux Seigneurs Haults Justiciers, sur les eaues publiques, dans le precinct de leurs Jurisdictions, c'est un point d'une autre consideration, lequel n'est point practicable en nos Isles, & partant je n'en parleray point.

Des Preuostez & autres Droicts Feodaux.

Je supposeray que toutes les terres d'un Fief non exemptées de temps Immemorial, sont obligées a faire la Preuosté chacune à son tour dans une certaine proportion, laquelle peut estre reglée ou par la quantité de la Ferme ou de la terre mesme. De sorte qu'il se face comme un circuit de ladite Preuosté, en un certain nombre d'années ; si que chasque tenant soit tenu à la faire ou a y contribuer, selon la quantité de ses terres, lorsque la Preuosté reuient à son tour. La premiere Question la dessus sera d'un Heritage qui aura (pour example) deu deux Preuostez, lequel venant a se diuiser entre deux parchonniers egallement, le Seigneur voudroit assubjectir le proprietaire de la chefue maison à les faire toutes deux, nonobstant ladite Diuision. Ascauoir s'il seroit ouy a les demander toutes deux à l'Aisné dudit Héritage, ou si ce n'est pas au puisné qu'il doibt s'addresser pour sa quote part. Je responds qu'en cela il n'y a nulle difficulté ; & que puisque la Preuosté est un Droict non personel mais reel, lequel se proportionne tousjours à la ferme, là ou tous les tenants la doiuent, ou à la quantité de la terre Preuostable, ou il n'y point de terre certaine ; c'est à la terre & au tenant ou occupant d'icelle qu'il doibt s'addresser : autrement celuy qui auroit possedé Cent vergées de terre une fois en sa vie, seroit obligé a autant de seruice apprez en auoir aliené quatre vingts vergées, comme il estoit tandis qu'il possedoit les Cent, ce qui n'est pas.

La seconde question sera celle-cy. Posons le cas que le Seigneur soit par acquisition, confiscation, retraict seigneurial, ligne estainte ou autrement deuienne proprietaire de partie des terres obligées à faire ladite Preuosté : Ascauoir si en ce cas, les autres tenants seront obligez a faire toutes les Preuostez sans diminution, ou si le Seigneur qui a succedé au Droict de l'un d'entre eux, ne sera pas tenu de faire faire autant de ladite Preuosté comme il en appartient a la terre qu'il possede ? Je responds qu'il sera tenu de fournir un tenant ou autre lequel descharge les seruices a son tour ; & qu'il ne peut faire en sorte que la charge de celuy dont il a le Droict tombe sur les autres tenants ; autrement il faudroit dire que le Seigneur faisoit acquisition d'onze parties de son Fief & qu'il n'en restast que la douziesme entre ses tenants, ladite Douziesme seroit obligée a toutes les Preuostez et seruices, comme du precedent, ce qui seroit ridicule, ou bien il faudroit par mesme raison conclure que s'il y auoit deubs vingt quartiers de froment de rente Seigneurialle par Assemblement, par le Preuost au Grenier d'un Seigneur, & que le Seigneur deuint proprietaire de l'heritage d'un de ceux qui les deuoient, ledit Seigneur peust contraindre ledit Preuost de la payer sans diminution, & ainsy prendre d'un sac deux moultures ; ce qui est encore plus ridicule. Il faut donc conclure en la question precedente que c'est au Seigneur a trouuer homme pour descharger les seruices deubs sur la terre preuostable dont il jouyst : & ainsy que les tenants ne peuuent pour chose qui arriue par le fait d'autruy estre obligez a plus de rentes, ou de seruices que d'ancienneté : ce qui est vray non seullement quand les terres Preuostables sont deuolues a un Seigneur Inferieur, mais aussy quand elles seroient deuolues au Fisc ; car c'est l'opinion de tous les Jurisconsultes que *res transit in Fiscum cum onere suo.* Voyez *Chassan. Consuet. Burgund. col. 1192. & col. 1219 & 1220.*

La 3me & Derniere Question sera touchant un Fief ou il y auroit eu anciennement deux ou trois cents vergées de terre Domanialle non subjette à la Preuosté ny a aucuns autres seruices, & que par succession de temps cette terre la viendroit a tomber entre les mains de quelquun des tenants, ou autre non priuilegié ; ascauoir si le Seigneur ou les autres tenants pourroient assubjectir ladite terre a la Preuosté ou autres coruées ? Je responds que si ladite terre a esté assubjectie a faire les seruices de fief dans les Droicts, le tenant d'icelle ne peut s'en excuser ; mais s'il n'en a point esté parlé, le marché faisant, il la doibt auoir telle qu'elle se trouuoit lors de l'acquisition : car il est certain qu'une seruitude ne peut estre demandée sinon en cas qu'elle auroit esté imposée par contract, ou payée par coustume ; *et in dubio, libera res potius censenda est, quam serua.* Voyez ce que j'ay escript cy dessus des chariages deubs par les tenants du Roy, & au traicté des Prescriptions. Chapitre des Choses Fiscales Imprescriptibles, *ibi.* Pour la 3me espece &c. ou vous trouuerez de la matiere connexe a celle-cy & laquelle y donnera beaucoup d'esclaircissement.

Ascauoir si une Succession future peut estre alienée, partagée, conferée &c

---

Les Jurisconsultes tiennent unanimement qu'on ne peut

aliener ny disposer en aucune maniere d'une succession non escheue, & dont le possesseur ou proprietaire est encore viuant, & qu'on n'en peut faire pact, accord, ny transaction, sans le consentement exprez dudit possesseur : Et particulierement qu'aucun pact, accord ny partage fait entre les enfans, de la succession, soit uniuerselle ou particuliere, d'un pere ou d'une mere, ne vault rien. *Gozad. Consil. 87. nu. 3. Gemin. cons. 139. nu. 4. Fulgos. cons. 73. nu. 1. vers. advertend. Bertrand. cons. 197. lib. 3.* ascauoir, sans leur consentement exprez ; cela ayant esté reprouué & trouué illicite non seulement par les Chrestiens, mais mesme par les Payens, encore qu'il se trouuast confirmé auec stipulation & serment, auquel cas la stipulation ou serment seroient sans effet. *Aegid. Bellan. cons. 43. nu. 5.* Dont la raison est donnée par les mesmes Docteurs, que tel accord, pact ou stipulation est contraire aux bonnes meurs. *Anchar. cons. 115. Incipiam, in pr.* & parce que cela *inducit votum captandœ mortis,* c'est a dire que cela peut estre cause de faire souhaiter, & mesme de machiner la mort d'autruy : En suyuant cette regle, l'opinion desdit Jurisconsultes est, Que les enfants partageants l'heritage de leur pere durant sa vie, en sont rendus indignes, & en sont priuez apprez sa mort, auquel cas ledit heritage eschoit par deuolution au Fisc : laquelle opinion est fondée sur la Glosse, *in L. fi. versic. alienœ Cod. de pact. Bar. in L. cum Dominus. §. ff. de pecul. Legat.* jusques a perdre mesme leur legitime, *Dec. d. l. fi. nu. 14 de pact. Crauett. cons. 19. nu. 2. ver. difficultas, Soc. jun. cons. 50. lib. 2.* Ce qui se doibt entendre comme des-ja dit, si les pere ou mere ne consentent expressement à un tel pact, accord, partage &c. & ne perseuerent en leur consentement, jusques a leur mort : parce que ledit consentement est (comme ils parlent) ambulatoire jusques a la mort, c'est a dire qu'il peut estre reuoqué jusques à l'heure de la mort. *Bal. cons. 437. quœdam puella, in pr. lib. 1.* Et partant il est tousjours au pouuoir de celuy ou celle qui a consenty s'ils trouuent raison de le faire, de rappeller leur consentement & de s'en desdire ; ce qui peut justement arriuer par l'ingratitude de leurs enfants. Et cette mesme Regle s'estend non seullement aux enfants, mais aussy à toutes autres personnes quand il s'agist de l'heritage ou succession de quelque personne viuante. *Gemin. cons. 139. nu. 4. quia tale pactum & spes est plena tristissimi eventus L. fi. C. de pact. c. accepimus, cum glo. 1. cod. tit.* Et de mesme un fief non escheu, anciennement quand les fiefs n'estoient que pour la vie du tenant ou Vassal, ne pouuoit estre donné ou aliené sinon apprez la mort du possesseur : *Quia avaritia est insatiabilis lupus*, parce que la Conuoitise d'auoir est un loup insatiable *L. fi. C. de pact. Ita Bald. Cons. 401. circa finem. numero 12. libro 1.*

Ceste mesme Regle a lieu en toutes sortes de Benefices Ecclesiastiques, du viuant de celuy qui en est Incombant. *c. 2.& 3. de concess. præben. c. de testan. eod. tit. in 6te Gemin. d. consil. 139.* Laquelle Regle a esté receue en pratique par toute l'Eglise Chrestienne de France, d'Espagne & des autres pays, tant ceux qui obeissent au Pape, que ceux qui ne le recognoissent point, & en particulier d'Angleterre, ou telles Reuersions ne se tollerent point. Voyez Rebuffe traictant cette matiere fort au long, *in Praxi Beneficior. tit. de reprob. Benef. vivent. impetrat. pag. 336* ou il donne les raisons de la dite Regle, & les peines des transgresseurs d'icelle. Et le mesme Rebuffe tient qu'elle doibt s'estendre aussy bien aux Surviuances ou Reuersions des Offices Royaux, comme aux Ecclesiastiques, encore qu'ils se conferent par Don special du Roy : et allegue pour preuue la Rubrique. De ne donner Benefice ou Office, ne confiscation, auant la vacation ou Declaration au 2eme tome des ordonnances Royaux ; & le style du Parlement *Rubr. de Concess. Beneficii vel officii non vacantis* ; et dit que les peines statuées contre les Reuersionnaires, s'entendent aussy bien contre ceux qui auroient esté pourueus par Patente Royalle, comme contre les autres.   Car dit-il, si les Surviuances en offices Ecclesiastiques sont trouuées contraires à l'honnesteté morale, par la mesme raison les Offices Ciuils y seront contraires & doiueront aussy bien les ungs comme les autres estre reprouuez, car la consequence est bonne *ab officiis Ecclesiasticis ad ciuilia.*   Et il allegue Lucas a Penna, Barthole & Jo. Lupus.   Et il passe encore plus outre, & dit, Que ladite Regle doibt auoir lieu, nonobstant aucune Coustume contraire : Parce que les Coustumes lesquelles derogent aux bonnes meurs, ne peuuent jamais deuenir Authentiques, par aucune Prescription. *Imol. in c. 2. de concess. præ 6. Gomez. in Reg. Cancellar. 20. Quæst 3. in fi. Curtuis in c. fi. de consuetudine.*

Ceux là ne pechent pas contre ceste Regle, lesquels du viuant de leur pere ou mere, & de leur consentement, pour euiter les procez & brouilleries qui se rencontrent volontiers aux partages, font juste & egale diuision de la succession de leurs dits peres ou meres entre eux, ou autre transaction par laquelle un chascun aye sa proportion

de ce qui luy peut appartenir : auec cette limitation que s'il s'y
rencontre de l'inegalité, il soit loisible a la partie lezée d'y apporter
le remede ordinaire du ramendement.

Secondement une Expectatiue au premier Benefice ou Office
Vacant, c'est a dire qui escherra en general n'est point contraire a
cette Regle ; pourueu qu'on ne specifie point la personne par le
decez de laquelle ce Benefice ou Office la doibt estre vacant. *Gemin
Consil. 139.*

En troisiesme lieu lors qu'une succession est escheue quant a la
proprieté, quoy que pere ou mere, ou autre en aye l'usufruict par
vicarie ou autrement ; neantmoins ce n'est plus une succession
future mais presente, laquelle on peut aliener & en disposer comme
de tout autre heritage qui nous appartient en proprieté. Et la
raison est que d'autant que ladite proprieté peut fort bien subsister
sans l'usufruict. Voyez le titre *de Usufructu, in Institut.*

De Mariage Encombré.

Par le Droict des Romains les femmes ne sont pas seullement
en la tutele de leurs mariz, sans l'authorité desquels elles ne peuuent
contracter en aucune façon ; mais aussy lesdits maris ne les peuuent
authorizer, par le Code de Justinian, a faire aucuns contracts de leur
bien constant le mariage, soubs quelque pretexte de liberté que ce
soit que lesdits contracts ne demeurent nuls, comme s'ils n'auoient
esté faits. Laquelle disposition a esté suyuie non seullement par
les peuples qui obseruent ce Droict là, mais aussy par la pluspart des
autres peuples qui se gouuernent par Coustumes particulieres, &
speciallement par les Normans, lesquels ont de tout temps esté fort
exacts en cela, comme cela se voit par le texte mesme de l'Ancien
Coustumier. Voicy ses paroles : L'homme encombre le mariage de
sa femme, quand il fait en quelque maniere que ce soit, qu'elle en
fust dessaisie, mesmement s'elle le vendoit, s'il n'est gaigné vers elle
par la Loy de Bataille ou par Recognoissant : car se concorde en
estoit faite par son mary, la femme ne seroit tenue a la garder : car
des que la femme est en la pooste [1] de son mary, il peut faire a sa

---

(1) puissance

volonté d'elle & de ses choses & de son heritage, et ne peut riens vendre tant comme il viue, ne encombrer en derriere de luy, que il ne puisse rappeller &c. Il y a au texte Latin. *Si illud venderet vel abjuraret*, comme aussy au texte Francois, duquel La Glosse se seruoit, mesmement se elle le vendoit ou forjuroit. Sur lequel texte la Glose fait cette question, scauoir si le mary vend l'heritage a sa femme & elle s'y consent & oblige de sa volonté, s'elle le peut jamais rappeller par Bref : A laquelle elle respond que anciennement on faisoit les Lettres & les passoit-on soubs les sceaux des vendeurs & soubs des sceaux ignots, & n'estoient lors tabellions Royaux & que par consequent la femme estoit receue a contredire la vendition par Bref, nonobstant qu'elle s'y fust consentie ; pour ce que pour lors les maris pouuoient contraindre leurs femmes a passer lettres de vendition, soubs pretexte de force ou de contrainte &c. Laquelle opinion de la Glose sainement entendue est fort juste et a esté jusques icy suyuie par la pratique & confirmée par la Coustume Reformée & par les Interpretes d'icelle. Il faut donc se souuenir que cette opinion de la Glose se doibt entendre en sorte qu'elle ne choque point une Regle uniuersellement receue par la Coustume de Normandie, laquelle se trouue en ladite Glose a la fin du chap. *Des dons que les peres font a leurs enfants fol. 47.* Que le mary ne peut aduantager sa femme en son heritage, ny la femme son mary, au prejudice de leurs heritiers, laquelle regle est repetée au Stille de proceder, & en Terrien, Liure 7. Chap. 7. Que deuant le mariage d'homme & femme, les parties mariées ne peuuent aduantager l'un l'autre en leurs heritages, par donner, vendre, transporter, ny autrement, en quelque maniere que ce soit, c'est a dire ny directement, ny indirectement. Or si la femme pouuoit de l'authorité de son mary vendre ou aliener ses propres heritages, en tout ou en partie, & par là conuertir le prix au proffit dudit mary, sans aucun remplacement ou recompense de la part du mary, il s'ensuiuroit qu'elle pourroit l'aduantager de son heritage ; ce qui seroit contre ladite Regle & par consequent ne pourroit consister auec le sens de ladite Regle. C'est pourquoy il faut de necessité que le sens de l'opinion de ladite Glose soit conforme a la pratique usagée jusques icy en Normandie, laquelle porte, Que la femme peut reuoquer les venditions faites par son mary de son heritage sans son consentement, par le Bref de mariage encombré ; par ce qu'en ce cas lesdites venditions sont nulles : et quant aux Venditions ou elle a consenty,

Zp

elles sont vaillables au regard des achapteurs, mais que le prix en doibt estre employé au proffit de ladite femme ; et que s'il ny a esté employé, elle doibt estre recompensée sur les heritages de son dit mary ; lequel estant insoluable elle pourra s'addresser subsidiairement sur lesdits achapteurs pour en recouvrer le prix. Cette interpretation est selon la raison & equité fondée sur une Regle indubitable & approuuée par la pratique de plusieurs aages, & confirmée par Godefroy & par les autres Interpretes, & finallement establie par Article de la Coustume Reformée en ces mots. Art. 539. Si la Dot (c'est a dire, selon Godefroy, tout ce qui a esté donné a la femme en faueur de mariage, ou qu'elle possedoit lors d'iceluy) a esté aliené en tout ou en partie, & que les deniers ne soient conuertis a son proffit, elle aura recompense du juste prix sur les biens de son mary du jour du contract de mariage &c., sur lequel Art. Godefroy dit que la dite recompense s'entend du dot aliené du consentement de la femme ; car s'il est aliené sans son consentement, l'alienation est nulle, n'estant subjecte à recompense, mais a la restitution de la chose alienée en espece. Voicy donc le sens de cet Art. & du precedent & subsequent : Que de fait le mary du consentement de sa femme & sa femme de l'authorité de son mary peut aliener les heritages d'elle, & qu'en ce cas l'alienation est valide et quant a l'acte et quant a l'acquisiteur, qui en demeure proprietaire ; parce que la femme ny ses hoirs ne le peuuent rappeller ny par action de mariage encombré ny par Loy apparente &c. mais le mary en ce cas est obligé d'employer les deniers au benefit de sa femme soit en autre achapt, ou en augmentations, bastiments utiles &c. et s'il ne le fait, elle ou ses hoirs, apprez la mort du mary, auront recompense du juste prix sur ses heritages, s'il est soluable ; & s'il n'est soluable, subsidiairement sur les acquisiteurs ; laquelle recompense si c'est Dot, prendra pied & hypotheque du jour des espousailles ; mais si c'est autre heritage à elle escheu durant le mariage ou par elle acquis, ou au nom d'elle, la recompense ne prendra pied que du jour de l'alienation. Que si le mary sans le consentement de sa femme, ou elle sans l'authorité de son mary, aliene les heritages d'elle, ladite alienation sera nulle comme faite par personne incapable, & par consequent ladite femme ou ses hoirs pourront la reuoquer en espece & pour cet effet s'addresser a l'acquisiteur, ou a quiconque en soit detenteur & luy oster par Justice ; lequel acquisiteur ou detenteur ne sera ouy a restituer le prix ou donner recompense de la vendition, mais faut qu'il face restitution de la chose alienée &c. Voyez

Godefroy sur les Art. 538, 539, 540, 541 & 542 de ladite Coustume.

Et pour monstrer que cette Coustume n'est pas seullement en Normandie mais aussy en Bretagne, suffira d'alleguer d'Argentré sur l'article 419 de ladite Coustume, ou il y a ; Si le mary & la femme vendent l'heritage mouueant à cause d'elle, elle sera recompensée sur ceux du mary &c. *Nihil igitur refert* (ce dit-il) *quocunque modo res uxoria alienetur, ut fiat locus huic dispositioni, etiam consentiente muliere, nam aliter alienatio non senet, sed consensus mulieris non tollit compensandi necessitatem &c.* Et plus bas, sur ces paroles : " Elle sera recompensée," il dit que la Coustume deuoit adjouster quelque consentement qu'elle ait presté a la vendition. *Nascitur enim in ipso instanti alienationis actio dativa a consuetudine ad recompensationem rei alienatæ de consensu uxoris &c.* Cela veut dire en bon François, que le consentement de la femme n'empesche point qu'elle ne soit recompensée sur les heritages par une Action donnée par la Coustume a ladite femme pour obtenir recompense de la chose alienée de son propre consentement, en laquelle recompense vient (ce dit-il) puis apprez non seullement l'estimation ordinaire de la chose alienée, mais aussy la commodité &c. Et adjouste que si le mary n'est soluable, il ne luy doit pas estre permis d'aliener les heritages de sa femme, par ce qu'il n'a de quoy faire la dite recompense ; et s'il luy est permis d'aliener les heritages de sa femme, quand il n'a que luy rendre en recompense, c'est comme s'il estoit permis a la femme de donner ses heritages au mary, a tout le moins indirectement. Ces choses estants ainsy, on pourroit s'estonner auec raison de la stupidité de nos Ancestres tant de Jersey que de Guernesey, lesquels ont entendu les paroles de la Glose cy-dessus alleguées, comme si les alienations faites par la femme de l'authorité de son mary estoient bonnes & valables non seullement quant a l'acte, mais aussy pour exclure ladite femme de toute recompense sur le mary : qui est justement comme si la loy permettoit a la femme de disposer de tous ses heritages en faueur du mary & a son proffit, sans aucun remplacement ou recompense ; chose inouiee et du tout contraire à la Coustume, & à la Glose mesme qui deffend aux mariez de s'entre aduantager l'un l'autre de leur heritage en quelque maniere que ce soit. Que nos Messieurs reconcilient ces 2 Propositions s'ils peuuent.

La femme de l'authorité de son mary peut aliener son heritage en faueur d'iceluy, sans qu'il luy en doiue recompense.

La femme ne peut aduantager son mary de son heritage durant le mariage en quelque maniere que ce soit.

La derniere desquelles Propositions est une Maxime ou Regle de Coustume tant ancienne que moderne receue en pratique & approuuée uniuersellement. La premiere est selon notre pratique des Isles ; et par consequent notre dite pratique n'est pas une Coustume Localle, mais une Corruption contraire à la Justice & a la raison, laquelle ne peut estre authorizée par l'usage de quelque temps qu'il soit ; car les corruptions ne sont pas plus tolerables pour estre vieilles : et par cette raison elle est a reformer et non a estre suiuie. Mais la pratique de Guernesey encherist encore par dessus la notre, permettant au mary une liberté que les maistres n'auoient pas tousjours sur leurs Esclaues ; c'est que le mary peut sans, voire contre, le consentement de sa femme engager tous les heritages d'elle pour 9 ans & en prendre tout l'argent par aduance, sans qu'elle le puisse contredire ou rappeller apprez sa mort ou en tirer aucune recompense ; pratique si horrible & pleine d'injustice & de cruauté qu'elle crie vengeance, et c'est une merueille que ces Messrs. la n'y prennent garde. Si l'opinion de la Glose les a ainsy aueuglez en ce point, que ne consideroient-ils ce que la mesme Glose escript sur le Chap. de Bref de fief & de Gage *fol. 109. page 2. col. 1.* s'aucun (dit-elle) engage la terre (& par mesme raison la rente) a sa femme, soit du consentement d'elle, ou sans son consentement son plus prochain apprez la mort d'elle la pourra rauoir par Bref de fief & de gage, & elle mesme apprez la mort de son mary la pourra rauoir &c. Auquel passage il n'est pas dit que la femme pourra rauoir la terre engagée par le mary, apprez le gage expiré, mais apprez la mort du mary, supposé qu'il l'eust engagé pour plus long temps, parce qu'en ce cas l'engagement de ladite terre pour plus long terme estoit nul, a cause de l'incapacité de la personne. Et affin que personne ne prenne occasion de dire que ce que j'ay aduancé de la pratique de Guernesey soit une calonmie sans fondement, escoutez ce que eux mesmes en ont declaré par escript sur le chapitre de mariage encombré en la Declaration de leurs Coustumes. Notre Coustume (disent-ils) est que un homme ne peut vendre en fee (ou fief) l'heritage qui appartient a sa femme, sans le consentement d'icelle, autrement la vente retourneroit entierement a la femme apprez le decez du mary, ou a ses hers apprez le decez de leur mere (& pourquoy leur mere ? Une femme peut-elle auoir d'autres heritiers que ses enfans ?) mais selon notre usage le mary peut engager l'heritage de la femme pour l'espace de neuf années, & non plus sans le consentement de sa femme, & prendre l'aduance du payment pour tous lesdits neuf ans ; que si le mary mouroit, la femme ne pourroit rappeller l'engage, que le temps ne soit expiré ; pareillement si la femme mouroit apprez ledit engage fait ses heritiers ne pourroient le rappeller. Voila une Coustume aussy peu equitable comme elle est contradictoirement opposite à celle de Normandie, & par laquelle une honeste femme peut, sans son consentement, estre reduite a mendicité pour neuf ans entiers apprez la mort de son mary s'il n'y a de quoy luy fournir un Douaire, mais c'est assez parlé de ce point.

Gens mariez ne se peuuent ceder, donner ou transporter l'un a l'autre quelque chose que ce soit ; ny faire contracts ou confessions par lesquelles les biens de l'un viennent a l'autre en tout ou en partie, directement ou indirectement. *Art. 410 & 411* de la Coustume Reformée. *Vide Ulpian. L. 1 & 2. D. De donat inter virum & uxorem.*

Des Appreciements.

La droicte intelligence de la matiere des Appreciements est de grande estendue en pratique, & de non moindre utilité, non seulement au regard des Partages entre coheritiers & Diuisions de choses Communes entre tous autres, mais aussy en Rescissions de contracts pour Deception d'outre moitie de Juste prix, & quelques fois en Decrets qui se font par parcelles, comme en Normandie. Mais pour notre Isle, il arriue peu souuent qu'on en use pour heritage sinon en Partage & Diuision de chose commune ; et encore c'est auec tant d'incertitude & de diuersité que nos Appreciements se peuuent dire Arbitraires, n'ayant aucune Regle certaine qui les gouuerne, & dependants autant ou plus de la faueur ou auersion des Apprecieurs, comme de leur cognoissance : en fin on y croit ordinairement que l'Appreciement entre parchonniers est *Causa pro amico* (comme parlent les practiciens) une matiere indifferente, en laquelle il est permis de fauorizer l'Amy ; D'ou vient que les Parchonniers Lesez acquiescent rarement ausdits Appreciements mais murmurent à

l'encontre, jusques à des animositez & altercations de grande
longueur & difficiles a composer. C'est ce qui m'a obligé d'en
traitter encore une fois auec un peu plus d'exactitude de la mesme
matiere, affin de desabuser ceux qui en usent ainsy, s'il est possible,
& de leur donner les sentiments qu'il faut auoir, en une matiere si
importante & ou il va si auant de la Justice & de la Conscience. Et
premierement nous considererons Quelles choses sont capables
d'Appreciement. Secondement comme les Appreciements doiuent
estre faits, tant en Partage Noble que Roturier, & tant entre coheritiers qu'estrangers. En 3me lieu par quelles personnes & comment
qualifiées ils doiuent estre faicts.

Pour le 1 chef, il faut scauoir que toutes les choses qui peuuent
venir en commerce sont aussy capable d'appreciement, aussy bien
les choses reelles, ordinaires & certaines, comme les honoraires,
apparentes & incertaines ; & que pour les autres choses purement
personnelles, *quæ non egrediuntur persona* (comme parlent les
Docteurs) telles que sont les 6 Prerogatiues d'Aisneesse recitées par
Godefroy sur l'Art. 237. Et par d'Argentré sur les Partages.
Quæst. 37. nu. 11 &c. elles ne sont point estimables & ne viennent
point en ligne de compte entre l'aisné & puisnez ; si ce n'estoit au
cas que ledit Aisné leur auroit par contract ou accord cedé lesdites
prerogatiues, sur l'appreciement qui en seroit faict, pour se mettre
de pareil auec eux. Ce qui arriue peu souuent.

Pour l'autre Point, il faut prendre garde qu'il y a des choses
lesquelles ne sont pas tousjours susceptibles d'un mesme Appreciement ; parce que elles varient selon les personnes et selon les cas
differends. Par example, si un Fief noble auoit a estre vendu à un
Creancier, jusques a la concurrence de sa Depte & restitution du
surplus ; en ce cas il n'y a point de doubte qu'on n'appreciast les
Bastiments, bois de fustaye & autres tels Amelioriements a leur
juste valleur pour une fois payer. Mais cas aduenant que le mesme
Fief vient en Partage & que l'Aisné l'ayant pris pour son Preciput,
les Puisnez par apprez demandassent leurs tiers à vie sur iceluy ;
alors ce seroit le deuoir d'Apprecieurs d'estimer lesdits Bastiments
bois & Amelioriements non par un seul prix, a la valeur desdits
surcroists à une fois payer ; mais selon la valeur du Reuenu annuel
tant seulement les charges deduictes. Or les fruicts ou Reuenu
annuel desdits bois de fustaye consistent seullement en Pasnages ou
Espileurs, ou en tous les deux, ou en mort bois ou pasturages,

lesquels ne sont pas de grande valeur en comparaison desdits bois, s'il les falloit priser en detail, au prix qu'on les pourroit vendre estants separez du fonds.   Il nous faut donc poser pour Regle, Que toutes choses sont appreciables, lors que la Question gist entre estrangers, non seullement les fonds, mais aussy les Surcroists & Amelioriements, comme Plant, Bastiments, dignitez, Droicts honoraires, exemptions, Jurisdictions & choses pareilles ; & qu'ayant esté Appreciez à part, ils doiuent estre adjoustez a l'Appreciement dudit fonds, & un Estimat fait de tout ensemble une fois payer. Mais entre Coheritiers freres ou seurs, les Apprecieurs ne doiuent considerer que la valeur annuelle des fruits qui prouiennent desdits surcroists, les charges deduictes.   Godefroy sur le titre de Jurisdict. page 101, 102.   S'il est question (dit-il) de vente d'heritage dont on veille recognoistre la juste valleur, pour scauoir s'il y a lezion au contract, touts les surcroists, comme plant, bois de fustaye, bastiments, ensemble les droicts honoraires, dignitez & libertez viennent en estimation *inter extraneos* à la raison de leur juste valleur.   Mais entre Coheritiers, quand il est question de Reformation de Partage, ou de liquider la Recompense d'un Preciput, il suffist d'estimer le Reuenu, comme il sera dit cy apprez en faisant laquelle estimation, il faut deduire les charges reelles & foncieres, tant ordinaires que casuelles, parce qu'elles viennent en diminution de la chose.   *L. non amplius, & ibi D. D. ff. de legat. 1 L. sed si hoc. § cuidam. ff. de condit. & demons. L. fundi past. ff. de contr. empt.* & faire l'estimat eu esgard au temps du Contract.   Et sur l'Art. 356. Il dit que ladite estimation entre coheritiers se doibt faire sur la valleur dudit Reuenu & non sur l'estimation de la valleur une fois payer : comme il dit auoir esté Jugé par la Cour interpretant ledit Article par Arest du 19 Decemb. 1587 entre Jaq. Roussel Aisné & Rob. & Ph. Roussel puisnez.   Ladite Regle pourtant se doibt entendre des Bastiments & arbres dont la valleur ne consiste pas aux fruicts & reuenu annuel, mais en la substance et matiere, et non des maisons scituées en lieux de commerce qui se baillent à grand prix, ny des arbres fruictiers lesquels se doiuent apprecier par les fruicts, parce que leur valleur consiste principallement en iceux.   Si bien que cette Regle doibt estre encore restrecie a ces termes, Qu'entre Estrangers les choses seront appreciées par ce qui est plus prisable en elles, mais entre coheritiers l'Appreciation se fera tousjours par les fruicts & reuenu annuel à la juste valleur.

Et sur *l'Art. 361 ibi*, lequel pour le regard de la fille &c. on doubte (dit-il) comme se doibt faire cette eualuation, si à la raison de ce que la chose peut estre vendue, pour une fois payer, compris les Bastiments & bois de fustaye, ou à la raison du Reuenu annuel. Pour la premiere opinion, on dit que la chose vault autant comme elle peut estre vendue *L. precia ff. ad leg. Falc.* Et semble que Berault y soubscript, quand sur cet Article il rapporte deux Arrests, *des derniers Jan. 1607 & 3 Mars 1608* par lesquels il dit auoir esté. jugé que les bois, edifices & dignitez viennent en estimation. Mais l'autre opinion, en fait de Partage entre coheritiers, me semble plus plausible, & qu'on ne doibt faire l'estimation que sur le Reuenu : car autre est la condition d'un estranger, & autre celle d'entre freres et seurs. Les Coustumes donnent plusieurs aduantages aux aisnez par dessus les puisnez, & freres par dessus les seurs, pour la seule consideration de la conseruation des familles ; or si on comprenoit en cette consideration les bois de fustaye & les bastiments tant s'en faut qu'ils fussent conseruez, lesdits aduantages seroient cause de leur entiere ruine, en payant de grandes pensions pour un petit reuenu, pour acquitter lesquelles ils seroient contraincts de vendre lesdits bois, & laisser ruiner lesdits bastiments, faute d'entretien, et encore faisant priuer lesdits Fiefs de leur plus bel ornement. Aussy la mesme Coustume quoy qu'en cas aucunement dissemblable, resoult cy deuant pour les Rotures que l'Aisné prenant le chef mesnage par preciput, ne doibt recompense qu'a raison du Reuenu : et n'y a point d'apparence que les nobles soient de pire condition que les Roturiers. Et a cette opinion soubscript *Bart. & Salyc. in L. si quos C. de rescind. vend.* conformément à la Glose d'Accurse sur ladite Loy, *si fundum per fideicommis. ff. de leg. 1.* Argentré sur la Coustume de Bretagne Article 257. Et s'il se trouue des Arrests contraires, c'est quand il est question d'estimat entre estrangers et non entre Coheritiers. Le passage d'Argentré est en la Glose 2. *Sylvæ quoque suæ æstimationes sunt, glandes, pastiones, aucupia, materia ad lignum & focum &c.* Les forests (dit-il) ont aussy leurs appreciements, comme pasnages, pasturages, gibbier, mort bois, chasse &c. Et combien qu'on ne soit pas encore bien d'accord de la maniere d'apprecier les dites forests, neantmoins celle qui est en usage en Anjou par leur Coustume escripte (Art. 255) me semble le plus equitable, parce qu'elle prescript une Regle entre Coheritiers, & une autre entre estrangers : entre coheritiers on n'y procede pas, comme si c'estoient des ennemis : et partant quand il arriue du

differend entre eux au Partage, les bois de fustaye ne sont pas
appreciez à part, comme separez du fonds, & prests d'estre vendus,
& le fonds apart : mais lesdits bois sont prisez auec le fonds, & les
fruicts qui se recueillent annuellement tant desdits bois que du
fonds viennent en estimation, ascauoir, les pasnages, pasturages,
bois mort &c.   Qui les estimeroit autrement, on ne pourroit souuent
euiter, que les prix desdits bois de fustaye s'amontant a une grande
somme, l'aisné ne fut contrainct de les faire couper, et ainsy de
destruire les plus beaux ornements de sa maison, pour satisfaire à
ses puisnez ou pour le moins se reduire à petit pain, pour esquiuer
cette perte.   Le mesme Autheur en ses Coustumes Generalles *Titre
14. art. 255.*   Les bois de haute fustaye, forests, touches, rabines et
autres bois non accoustumez d'estre emondez, au partage d'entre
freres & seurs & autres parents nobles, ne seront estimez & n'entre-
ront en partage, mais seront estimez les pasnages, glandées, assents,
& autres emoluments accoustumez & prouenants des dites forests,
le bois bris demeurant sauf et debout : mais entre estrangers, quand
l'assiette est deue, ou qu'on demande Rescission par deception,
lesdits Bois seront estimez à part, & le fonds à part, comme desuestu,
& l'estimation desdits bois reduite au fonds.   Sur lequel Article il
s'escrie, *mirandum in modum laudanda sedulitas bonorum virorum &c*
O combien (dit-il) est a louer la dilligence de ces bonnes gens là qui
ont estably une Regle si bonne & si necessaire à des controuerses
par cy deuant incertaines & arbitraires, desquelles nos Courts &
Arbitrations tres corrompues regorgeoient.   Prisant les forests &
bois il falloit que les Aisnez des nobles rachaptassent leurs bois, ou
les voir tomber honteusement & de decorer leurs maisons ; et s'ils
les vouloient retirer, il falloit bailler aux puisnez autant d'estimation
en quoy couroit souuent tout le reste de l'heritage commun ; et
demeuroit l'Aisné Seigneur du Bois sans maison, & le puisné de la
maison sans bois &c. et plus bas, on s'acquitte de l'estranger, *quanti
quisque minimo potest,* c'est a dire, à aussy bon marché qu'on peut,
en le payant de ce qui est deub : car les decorations ne luy appartiennent point, pourueu qu'il ait de la rente assez &c.   Mais pour
retourner encore une fois au susdit Article 255 ou il est dit qu'entre
estrangers quand l'Assiette est deue &c.   Il faut scauoir que
l'Assiette en Bretagne n'est autre chose que le Partage Noble, par
lequel le total de la Seigneurie va à l'aisné, à la reserue du tiers à vie
aux puisnez ; auquel cas lors que l'estranger est subrogé au Droict
de l'Aisné auant Partage, la Coustume ne le fauorize pas du priuilege

deu audit Aisné en l'appreciement du bois de fustaye qui se fait entre coheritiers par le Reuenu annuel ; mais veut qu'en ce cas le bois apprecié en sa substance à sa juste valleur & le fonds aussy à sa juste valleur, pour en donner le tiers aux puisnez à l'exact. Par ou il appert que les Loix ne donnent point à l'estranger les prerogatiues de l'aisné duquel il a droict & au lieu duquel il est subrogé, mais le considerent en action de partage, comme s'il estoit seullement question de Rescission d'un contract pour deception d'outre moitié de juste prix. Ce qui est digne de remarque ; parce que c'est justement le cas en question entre le Sr. Hamptonne & moy pour le Partage de la Premiere partie des heritages de Fr. Langlois : auquel Partage ny luy ny moy ne venons comme heritiers, mais comme Acquisiteurs Estrangers subrogez au Droict des vrays heritiers ; et que partant nous deuons estre egaux en tout et partout, et encore plus, le partage estant purement Roturier, & les Appreciements reduicts à l'exacte egalité entre nous : puis que par la Coustume les aduantages d'Aisnéesse sont esteincts & aneantis en la personne de l'Estranger subrogé au droict de l'aisné.

Voilà donc deux Poincts vuidez par ce que dessus ; Le premier qu'en Partage entre coheritiers les bois de fustaye, bastiments, dignitez &c. non plus que les Jardins de fruictiers, ne sont appreciables qu'a raison des fruicts ou reuenu annuel qui en prouient. L'autre, qu'entre Estrangers, soit en partage ; soit hors partage, & entre les coheritiers hors partage seullement, lesdits bois de fustaye (du moins ceux qui ne s'esmondent point) bastiments, dignitez &c. doiuent estre estimez, à raison de ce qu'ils peuuent estre vendus une fois payer, auec les fonds.

Par la premiere de ces deux Conclusions se font tous Appreciements lors qu'il se presente Partage à faire ou quelque recompense, pension ou supplément tenant lieu de preciput ou de Partie, entre tous coheritiers, fils ou filles, ou leurs représentants, soient nobles ou Roturiers. Auquel cas on apprecie seullement à raison des fruicts, pensions, rentes & autre reuenu annuel, quoy que ledit Reuenu soit inconsiderable en comparaison du prix & valleur de la chose à une fois payer. Par lequel Appreciement l'aisné gaigne ung septiesme aduantage, contre les 6 prerogatiues d'aisneesse qu'il a en roture selon Godefroy sur l'article 237. et celles que d'Argentré y adjouste en ses questions sur les Partages. *Quæst. 37. nu. 11. &c.*

Selon la 2de conclusion, se doiuent faire tous autres appreciements, mesme entre freres & sœurs des choses qui ne leur viennent point de Successions mais à quelque autre titre, comme de Rescission pour deception d'outre moitié &c, de choses communes, qu'il conuient diuiser, d'Achapt ou Acquisition, de Decret ou Confiscation & generallement de subrogation au droict d'Aisnez ou autres Coheritiers auant Partage. Et par la mesme Conclusion se doiuent aussy faire tous appreciements entre Estrangers Acquisiteurs des Droicts des Coheritiers, et entre les Puisnez & l'Estranger ayant droict de l'Aisné, soit au Partage & diuision d'une succession, soit pour aucune autre cause ou contract que ce puisse estre. En ce cas, dis-je, il faut apprecier tout, mesme les surcroits & amelioriements, edifices, dignitez, Jurisdictions &c. comme separez du fonds & prests d'estre vendus, & le fonds à part comme desuestu desdits surcroits, et puis faire une somme de tout ensemble, pour estre partagée en autant de Lots comme il y a de Parchonniers : Sinon qu'il faut excepter de cette Regle les maisons scituées aux bonnes villes, desquelles on dit ordinairement que, Maison en ville vault Baronnie aux champs, lesquelles sont appreciables selon les rentes & reuenu du loage ; comme aussy les moulins, colombiers & autres tels Edifices, desquels le reuenu Annuel est plus considerable que les Edifices mesmes, & par consequent doiuent s'apprecier par ce qui est de plus prisable en iceux. Argentré, Art. 254. Quant aux Maisons Seigneurialles, ledit Argentré dit sur l'Art. 253. Que l'appreciement en sera de la moitié de ce que peut auoir cousté la matiere & manufacture, eu esgard au temps qu'elles furent basties : Et au regard des Granges & logis du Mestayer, & autres necessaires pour la cueillette & conseruation des fruicts, seront prisez en entier, selon leur valleur, lors que l'Assiette sera faite (c'est à dire au temps du Partage) ou en cas de vendition, au temps du contract. Lequel Article (dit-il) est tres utile & d'usage tres frequent & est tiré des raisons de Barthole, Angel. & Salycet *in L. si quos. C. de rescind. vendit. & L. Imper. ff. ad Trebell.* Pour le regard de l'Appreciement des fruicts, rentes, loage, & autre Reuenu annuel, il y peut encore entreuenir quelque difficulté. Le sus allegué Godefroy sur le titre de *Jurisdiction* page 101 dit Que le prix commun se regle sur l'estimation la plus usitée aux lieux ou les choses contentieuses sont assises, laquelle estimation est faite, en cas de discord, par tesmoings conuenus, ou par experts pris d'office, faute d'en conuenir. Et plus bas il adjouste, que pour estimer les rentes on s'arreste sur le prix des cinq dernieres années, soit par le rapport des maistres jurez, soit par l'appreciation des rentes du Roy. Laquelle Regle seroit

impertinente en Jersey au regard des rentes qui se payent en quelque
espece de grain que ce soit, dont la valleur est tousjours par Justice ;
mais pour les rentes qui se deschargent en poisson, lapins, pigeons,
pommes &c. comme aussy pour les fruicts d'un Jardin en espece,
elle pourroit estre utile.   Ledit Argentré sur l'Art. 257 de la susdite
Coustume en parle bien plus amplement *glo. 2. num. 9.* ou il fait
mention d'une forme d'appreciement aucunement semblable à celle
qu'on usurpe en Jersey.   *Fuit majoribus nostris pridem usurpata ea
forma quam vocant Fran. prisage &c.* il y a (dit-il) lóng temps que nos
Ancestres pratiquoient une certaine forme d'Appreciements, laquelle
ils appelloient Franc-prisage ; de laquelle la memoire a continué
jusques à nous, mais la chose est allée en desuetude peu a peu comme
inique & desraisonable : La maniere dudit Franc-prisage estoit
qu'on apprecioit seullement les fruicts prouenants du fonds nud et
sans culture ; lequel Appreciement, quoy qu'en usage au viel temps,
auoit neantmoins esté introduict par erreur de cet Aage là, & estoit
fort inique ; parce qu'il arriuoit souuent que l'appreciement d'un
bon fonds estoit d'un tiers, ou des deux tiers au dessoubs de sa juste
valleur : et partant (dit il encore plus bas) si on m'en croit, on
bannira tout a fait hors de la Pratique une telle forme d'appreciement, et on la reduira à celle du reuenu annuel & des fruicts de
chasque lieu, comme la plus egalle & la plus commune &c.   Et
Article 245 des Coustumes generalles en Francois, ou il y a au texte,
tous prisages et aualuations de fonds se feront selon la valeur des
fruicts que les dits fonds rendent par chascun an faisant de dix
années une commune ; il dit en l'explicant, que la vraye Regle de
priser les terres pour vendre & commercer, se doibt prendre sur la
quantité & valleur des fruicts que toute terre par chasqun an porte
regulierement au lieu ou elle se trouue située & ayant fait l'estimation de tous fruicts, par chascune année à part, reduicte à deniers,
ou compte toutes les estimations de dix ans continuels ; et ce qui
reuient pour la Dixiesme de telle somme accumulée fait la valleur de
chascun an, qu'on appelle faire de dix Ans une commune.   Comme
si toutes les dix Années (qui communément ne s'entrerespondent
pas) se trouuent en une somme valloir mille liures, tout l'heritage
sera prisé a Cent liures de reuenu : et sera son juste prix Deux mille
liures a raison de vingt pour cent.   Nos predecesseurs n'auoient pas
cette usance en leurs Prisages, qui dependoient de l'Arbitrage des
Priseurs : mais nous l'auons receue pour la meilleure.   Et encore
plus bas ; De long temps n'a esté chose si souhaitée que cecy, pour

les grands inconuenients qui se sont ensuiuis de l'incertitude des Arbitrages ; arrestant la juste estimation par Loy escripte, tant pour les Rescissions que pour les Assiettes de Partage & autres conuentions &c. Voilà assurement une forme d'Appreciement fort juste, exacte & impartialle, & qui merite d'estre suiuie par nous, plus tost que l'Arbitrage d'Apprecieurs ignorants & corrompus en nos Appreciements. Mais parce que cette forme n'est pas sans difficulté chez nous, ou il seroit assez malaisé de liquider la valleur de dix Ans consecutifs, du reuenu de chasque parcelle d'un heritage, a part, principallement des Jardins a fruictiers, desquels on mesle communement les fruicts. J'approuue assez l'autre forme d'appreciement qui est seullement par le reuenu annuel, c'est a dire par la rente en grain ou argent, pour laquelle le fonds pourroit estre baillé a fin d'heritage, là ou l'autre susdite ne pourroit estre pratiquée. Parce que l'appreciement par rente est certain en notre Ile, facile & peu trompeur ; pour la cognoissance que chascun a de la valleur des terres, pour les frequents Baux qui s'y font. Mais il faut rejetter le Franc-prisage des Bretons du temps passé, comme une Coustume injuste & presque barbare, laquelle renuerse l'égalité des Partages tant necessaire & recommandée par les Loix.

Pour le troisiesme Chef qui regarde les qualifications des Apprecieurs, je n'en trouue pas beaucoup dans la Coustume de Normandie, laquelle en cela se doibt gouuerner par le Droict Romain ou il en est assez parlé ; & d'ou celle de Bretagne a tiré des Articles tous entiers, comme tesmoigne d'Argentré sur l'Art. 253. L'Art. 224 en traicte fort particulierement & distinctement en ces mots : Si l'heritage est noble & celuy pour qui on apprecie noble, les Appreciateurs seront nobles, de sur les lieux, à ce cognoissants, qui feront serment en tel cas requis, & s'enquereront de la valeur, commodité ou incommodité, & des charges qui sont sur les choses qu'on veut apprecier, pour le tout calculer & liquider. La premiere qualification, donc, requise aux Apprecieurs est qu'ils soient de la condition de celuy de qui on apprecie les terres : ce qui s'accorde à l'ancienne Coustume de Normandie ou les Enquestes, principallement celles qui se faisoient pour personnes ou heritages nobles, auoient à estre faites par cheualliers, c'est a dire par personnes nobles : qui est une bonne Coustume ou on la peut commodément pratiquer. La seconde, qu'ils soient de sur les lieux : on eust dit en Normandie, du voisiné : ce qui est encore bien ordonné, parce que les voisins doiuent mieux scauoir que les autres la nature &

proprietez du fonds appreciable.   La troisiesme, qu'ils soient à ce
cognoissants, c'est a dire experts & non pas nouices.   La quatriesme
Qu'ils facent le serment en tel cas requis.   Si on demande Quel
serment ?   L'Art. 256 respondra qu'ils seront jurez à faire bonne &
loyalle Appreciation sur meubles ou heritages.   Et certes ce seroit
chose absurde, que personne ne fust receuable en tesmoignage, non
pas mesme pour cinq sols sans serment, et qu'on en exemptast les
Apprecieurs d'un heritage tout entier, qui est de beaucoup plus
grande importance, et ou ils ne peuuent manquer d'estre sollicitez à
peruertir le droict, en faueur de quelque une des Parties : et pour
cette raison le susdit Art. 256 dit qu'a moins de faire ledit serment
par les Apprecieurs, l'Appreciation n'est valable.   Toutes fois
d'Argentré dit que suyuant l'opinion de Jason, *consil. 200. lib. 2.*
ledit Article n'auroit lieu sinon au cas de discord entre les parties,
car s'ils s'accordent, il ne croit pas qu'il soit necessaire de leur
administrer le serment.   Nonobstant laquelle opinion de Jason,
ledit Argentré estime qu'en cas de doubte les Apprecieurs ne sont
excusez du serment, si les parties n'ont declaré qu'ils les choisissent
sans serment.   Pour la matiere du dit serment, il doibt contenir,
qu'ils feront bon et loyal Appreciement tant de meuble que d'heritage : c'est à dire, qu'ils apprecieront les choses à leur juste valleur,
sans y adjouster ny en diminuer.   Ce qui est contraire à nostre
Pratique confuse & corrompue de Jersey, ou les dits Apprecieurs ne
mettent jamais les parcelles a leur juste prix, mais presque tousjours
au dessoubs, entre coheritiers : non pas dans quelque proportion,
certaine, limitée & uniforme, comme d'un tiers, Quart ou Cinc-
quiesme, pour example (ce qui seroit aucunement tollerable) mais à
une fois plus, a l'autre moins, selon que la faueur d'un Aisné, ou
Puisné, ou le Caprice, ou l'Importunité, ou le vin, ou quelque autre
sinistre consideration les induict a ce faire.   Les Mesureurs pourroient auec autant d'apparence de raison donner faulx Certificat de
la mesure des dits heritages ;   veu qu'il n'y a pas plus d'iniquité ny
de faulseté a donner un faulx Resultat de la quantité d'un fonds,
que de la qualité : Parce que le prix & valleur des terres s'augmente
ou se diminue autant par la qualité d'icelles, comme par leur
quantité ou estendue.   Que si on allegue a l'encontre de cecy, la
commune usance du Pays ; il sera aisé de respondre, Premierement ;
Que nous n'auons point de telle usance certaine, reguliere, uniforme
& uniuerselle, mais seullement une Routine confuse, inconstante,
incertaine, selon laquelle tantost on apprecie d'une façon & tantost

d'une autre, sans aucune conformité ; Secondement, que quand il y
auroit une telle pratique introduicte de long temps, contre l'authorité de la Coustume generalle escripte, une telle Pratique ne seroit de
nulle force pour l'emporter contre l'authorité de ladite Coustume
Generalle, comme j'ay suffisamment prouué ailleurs. En troisiesme lieu, que quand ainsy seroit que cette Pratique derogeroit a
la Coustume escripte, si est ce qu'elle ne peut jamais l'emporter
encontre l'authorité de la Loy diuine & naturelle, par lesquelles il
est tousjours illicite de desrober, ou faire chose par laquelle l'un
gaigne par la perte de l'autre, de tromper, de frauder, mentir, donner
faux tesmoignage ou commettre une faulseté pour laquelle il soit
fait tort ou prejudice a autruy. Ce qui arriue tousjours en nos faux
Appreciements, ou le prix & valleur des choses est falsifié au
prejudice des ungs & à l'aduantage des autres ; & par lesquels on
tollist partie de ce qui de droict appartiendroit à l'un, pour l'appliquer contre droict à l'autre, qui est une espece de Larcin, plus
domageable au Public & au particuliers que celuy d'une brebis ou
de quelque dot semblable et ceux qui en sont coulpables ne peuuent
estre en seureté, au regard du Jugement de Dieu, combien que le
Jugement des hommes ne les atteigne point. Car ils ne pechent pas
seullement contre le huictiesme Commandement qui deffend de
desrober, mais aussy contre le neufuiesme lequel condamne le men-
songe, l'Imposture & la faulseté en toutes les parties de la vie, mais
principallement dans les actions Judiciaires, lesquelles Dieu veut
estre faites en Justice & en Verité. Et partant cette Pratique,
quand elle se trouueroit la plus ancienne & la plus uniuerselle du
monde, ne peut subsister, ayant en teste la Loy de Dieu, qui prohibe
ce qu'elle permet ; & ne veult pas que nous suiuions la multitude à
pecher ou que nous alleguions Prescription Immemorialle contre ses
Commandements. Et pour cette mesme raison, quoy que cette
Coustume eust autrefois esté pratiquée en Bretagne, & la receue
uniuersellement, sans aucune Coustume qui la choquast ; neantmoins lors qu'on a eu certaine cognoissance par l'experience, qu'elle
violoit les principes des Loix Diuines & humaines & le Droict des
parties, on s'est mis en deuoir de la changer par un souhait uniuersel;
& on la abrogée pour substituer en son lieu l'appreciement par la
juste & intrinseque valleur des choses.

La Cinquiesme & derniere qualification ou condition requise
aux Apprecieurs, est qu'ils ne presument pas sur leur seulle capacité

ou experience, mais qu'ils s'enquierent diligemment de la valleur, commodité ou incommodité, charges reelles, foncieres & casuelles du fonds & de ses autres proprietez lesquelles le peuuent rendre plus ou moins estimable. Pour le nombre desdits Apprecieurs, je voy que notre Coustume en plusieurs autre cas a preferré le nombre de Douze, comme dans les Jurées, Enquestes, Ramendements de Parties &c. Pour laquelle cause je ne voudrois pas m'en departir quoy que ledit nombre bien souuent ne soit pas sans confusion & donne occasion de plus de frais, de peine & de perte de temps qu'un plus petit nombre ne feroit : et apprez tout est de plus de Parade que de proffit.

Ledit Article 256 veut qu'il y en ait trois du moins. Et encore d'Argentré dit que ce nombre la n'est pas absoluement necessaire lors que les Parties en conuiennent d'accord : auquel cas, deux, voire un seul peut suffire.

De Douaire de Femmes.

Par la Coustume de Normandie tant ancienne que moderne, la femme ne doit auoir en douaire que le tiers du Fief que son mary auoit lors de ses espousailles, & de ce qui lui est escheu depuis en droite ligne ; comme de ce qui luy est venu du pere, ayeul ou ayeulle, pourueu qu'ils fussent presents au mariage faisant, ou y ayent consenty : et non des eschettes collateralles &c. Quant aux acquisitions faites par le mary constant le mariage, elle n'y a point de douaire, selon Godefroy, mais bien le tiers par voye de succession, en cas qu'elle prenne part aux meubles du mary, que si elle s'en abstient, elle ne peut prendre de tiers sur les Conquests ; parce que les dits Conquests marchent de mesme pied que les meubles & se reglent comme iceux, estant applicables au payement des debtes, & aux remplacements du propre aliené & de l'heritage de la femme aliené par le mary.

Par notre Coustume & par celle de Guernezey la femme emporte par Douaire le tiers non seullement de ce dont son mary estoit saisy quand il l'espousa, & de ce qui luy seroit escheu depuis en droicte ligne, mais aussy de ce qui luy seroit escheu en ligne collateralle ou autrement, & de sous conquests & acquisitions quelconques, sans rien accepter.   De sorte que si le mary a esté bon mesnager & a augmenté son Estat, la femme y a la part du proffit, mais si au contraire il l'a diminué en surcharge de debtes, elle aura tousjours le tiers de tout l'heritage, sans estre subjette aux debtes, si elle ne veut, en s'abstenant des meubles & se tenant sur son mariage : Ce qui s'entend ores que les debtes fussent aisnées du mariage ; car je ne me souuiens point que nous y facions de difference. Ceux qui redigerent par escript les Coustumes de Guernezey, du temps de la Reyne Elizabeth, n'en laissent rien a deuiner : Car (disent-ils) par la Coustume de Guernezey les femmes ont douaire de tout l'heritage dont ils trouuent leurs maris vetus & saisis du temps de leurs mariages & de toutes eschestes qui seroient escheues ausdits maris tant en droicte ligne que collateralle, & de tous les acquests que le mary auroit fait de son viuant la femme aura Douaire, ascavoir la tierce partie de tout, si autrement ne fut conuenancé &c. mais il se trouue dans les Rolles de notre Cour des Prejugez par lesquels la femme qui auroit esté mariée à un homme chargé de debtes & hypotheques auroit apprez sa mort, en renonceant à ses meubles, par là emporté le tiers de tous lesdits heritages à l'exclusion des Crediteurs & ruine manifeste des heritiers, lesquels par ce procedé estoient contraincts de succomber soubs le faix desdites debtes irreparablement perdus.   Ce que je n'allegue pas comme si cela pouuoit estre appellé Coustume, car je scay bien que c'est une horrible corruption, mais affin que ceux qui viendront apprez nous se donnent garde de commettre pareilles beueues que celle-la.

Neantmoins je ne suis pas ignorant que notre susdite Coustume est de fort grande antiquité : Car il y a viron 400 ans que les Insulaires declarerent qu'ils se gouuernoient par la Coustume escripte appellée pour lors la Somme de Mansel, excepté qu'ils differoient au point de Douaire, qui n'estoit autre que comme j'ay remarqué cydessus ; et partant cet usage là n'est point une Innouation mais est veritablement notre Coustume localle receue *ab antiquo* & partant nous n'y pouuons rien changer, attendu qu'elle a esté ratifiée & confirmée auec nos autres Coustumes & priuileges par tous les Roys d'Angleterre depuis Edouard 3.   Et partant nous la laisserons telle comme nous l'auons trouuée, jusques à ce que les Insulaires d'un consentement uniuersel en ayent requis la reformation a Sa Majesté & qu'il y aye deuement consenty.

Zr

Des obligations, promesses et confessions sans cause.

Il arriue quelques fois qu'un homme par erreur s'oblige à payer argent ou autre chose, pour cause qu'il croit estre veritable, quoy qu'elle ne le soit pas, ou soubs quelque promesse faite à luy reciproquement, laquelle n'aura esté accomplie ou pour quelque somme de deniers lesquels il n'a jamais touchez, comme pour example, Si Titius recognoist deuoir à Menius 100 Ecus à cause de prest ; & qu'il se trouue que le dit Menius n'ait jamais desboursé ladite somme : ou si ledit Titius passe droicts audit Menius de la vendition de quelque Rente ou autre heritage, & qu'il recognoisse dans les droicts en anoir receu le prix conuenu, sur la confiance qu'il auoit que ledit Menius le payeroit apprez le Passement fait, comme c'est encore ordinaire de faire, nonobstant laquelle recognoissance il se trouue quelque temps apprez que le susdit prix n'ait esté payé soit en tout ou partie, ou si un heritier promettoit par contrat quelque somme de rente annuelle à celle qu'il croyoit estre veufue de son predecesseur, pour cause de Douaire, & qu'il se verifiast par apprez que ladite femme n'eust jamais esté espousée audit predecesseur, & par consequent qu'il ne luy fust deu de Douaire par la Loy. Ou si un homme promettoit de payer au mary de sa seur dont il est heritier quelque somme de rente qu'il prestend luy appartenir par voye de Francveufuage, c'est à dire à cause de veufueté, croyant qu'il ait eu enfant né vif d'elle, & qu'il soit verifié sur l'examen qui s'en fait par apprez, qu'il ne soit rien de cela, & par ainsy que ladite cause soit fausse & supposée ou finallement si quelquun s'obligoit au payment d'une somme certaine sans declarer la cause pour quoy elle seroit deue & qu'il n'en apparust ny par tesmoings ny autrement. En tous ces cas et autres semblables ou il n'y a point de cause exprimée, ou bien ou la cause exprimée est faulse, ou d'un costé le demandeur monstre au Juge le Faict du deffendeur ou de celuy duquel il est heritier, & d'autre costé le deffendeur soustient l'inualidité du contract ou obligé, manque de bonne et legitime cause, quel sera le deuoir du Juge ? condamnera-il le pauure deffendeur à rendre ce qu'il n'a jamais receu, ou bien à payer ou ceder ce dont il n'a onques receu le prix stipulé aux droicts, ou qu'il a promis par erreur sans cause legitime ? trouuera-il equitable que le demandeur apprez auoir trompé son prochain, moissonne ou il n'a point semé ? et recueille le salaire de sa tromperie, contre la Regle qui veut *neminem ex suo*

dolo locupletiorem fieri, que personne ne tire aduantage de sa malice ?
C'est une pensée trop notoirement inique & laquelle n'est pas tant
seullement condamnée par les Loix diuines & humaines mais aussy
par la raison naturelle & par l'honesteté morale. Neantmoins parce
que j'escris ces choses non pour les scauants mais pour des personnes
si stupides qu'ils s'attachent plus aux Lettres & syllabes d'un
contract qu'à la substance, & qui ont jugé contre cette regle ; je
seray contrainct en ce lieu de faire voir ce que la loy en ordonne.
Pour donc commencer par celle qui nous concerne dauantage,
ascauoir par notre Coustume, nous y trouuerons une Regle laquelle
determine le cas en doubte, au Chapitre de Conuenant, en ces mots ;
Nul n'est tenu pour promesse qu'il face, s'il n'y a cause de promettre:
Laquelle regle est repetée et approuuée par Terrien, Liure 7. ch. 5
Et de fait ce n'est pas une Maxime particuliere à la Coustume de
Normandie mais extraicte des anciennes Loix Romaines, ou elle
passe pour indubitable, n'ayant jamais esté contredite par aucun
des Interpretes du Droict, ny par la pratique d'aucune nation.
Voyez Decius sur la Regle *In contrahenda D. de regul. Jur. nu. 15.*
ou il allegue Imo. sur la *L. a Titio col. pen. D. de verb. obligat. in vers.*
Sane nec obstat si dicatur, dont il allegue pour raison que *actus valere*
non potest non concurrentibus requisitis ad validitatem actus ; causa
autem est requisita. Guido Pape Decis. 176. *Confessio sine causa*
facta extra judicium non inducit obligationem, casus est in L.
cum de indebito. § fin. D. de probat. lesquelles paroles
Ranchin en son Apostille explique ainsy : *Confessio quæ fit ad*
obligandum requirit Causam, alioquin diceretur facta indiscrete & sine
Causa, quæ non valeret. La confession ou recognoissance qui se fait
pour s'obliger requiert une cause ; car autrement elle seroit dite
estre faite indiscretement & sans cause & ne vauldroit rien. Le
mesme Guido en la mesme Decis. *Nec etiam valet promissio Sine*
causa facta, ut tenet Glo. in L. fin. D. de Interrogat. actio etiamsi
stipulatio intervenerit, obstante exceptione doli L. 2. § circa ff. de
except doli ; c'est à dire que la promesse faite sans cause ne vault
rien, quand mesme elle auroit esté stipulée. Ce qui est presque
repeté par Ranchin, lequel adjouste que promesse faite sans cause &
indiscretement est rejetée, par ce que *in dubio* on l'estime plustost
faite par erreur (*per errorem et ex causa fatuitatis*) fatuité ou folie,
que par voye de Donation. *Glo. in L. generaliter in verb. cautio, &*
ibi Bald. et Salyc. Cod. de non numerat. pecun. Jason in L. Juris-
gentium § sed cum nulla nu. 28. de Past. Glo. & Doctoresin L. si id

quod aurum D. verbor. oblig. Et ibi tenet Alex. super Barth. in d. L. cum de indebito. Le mesme Guido adjouste que *Stipulatio facta sine causa,* c'est à dire que mesme une stipulation (qui est le plus ferme et indissoluble de tous les contracts & obligations) ne vaudroit rien sans cause, et que qui voudroit se seruir en Jugement d'une telle stipulation seroit repoussée par la partie aduerse par l'exception de dol. *d. L, 2. § circa D. de except. doli.* de sorte (dit-il) que (*Instrumentum*) un Instrument ou Droits fait auec stipulation sans cause, ne seroit pas executoire, sur opposition de partie ; *impeditur enim illius executis, si opponatur Stipulationem sine causa factam esse ;* et si l'execution en auoit esté faite auant l'opposition *vertet revocanda,* elle sera revoquée. *Rebuff. in constit. Reg. Tract de Lit. oblig. art. 1 glo. 9. nu. 25.* Et partant, dit Alex. sur la dite Loy *causa de indebito super Barth. Si quis confiteatur simpliciter se debere,* si quelqu'un recognoist simplement qu'il doibt quelque somme de deniers à un autre & qu'il promette auec une stipulation, de la payer, comme la recognoissance qui est sans cause ne vaut rien, de mesme la stipulation qui y est adjoustée ne vaut rien. Balde donnant la raison de cela dit que l'obligation sans cause soit par Instrument public ou soubs Secdule priuée ne vaut rien par ce que (dit-il) *obligatio oritur ex causa non ex scriptura ;* c'est à dire que ce n'est pas l'esripture mais bien la cause qui fait l'obligation, *in Rubric. C. de fid. Instrum. col. pen. vers. sed quæro*—qui est une excellente raison et digne d'être grauée en Lettres d'or. *Late Jason in L. admonendi. nu. 115. D. de Jurejur. Felin. in c. 2 de fid. instrum. Ubi etiam Dec. Saly. Alex. cons. 3. in causa es lite nu. 5. lib. 2. Socin. cons. 60 In præsenti. col. pen. lib. 1. Castrens. cons. 169, viso puncto in pr. lib. 2. Curt. Jun. cons. 131, nu 3. Ubi dicit communem.* Et ne suffist pas qu'il y ait une cause exprimée en la Scedule ou Instrument, car si ladite cause est faulse, ou simulée ou nulle, toute l'obligation est inutile. *Ang. Aret. cons. 30. Videtur dicendum nu. 16.* De sorte que la cause doibt estre vraye & reelle, & telle qu'elle puisse subsister en droict, pour estre obligatoire cela se voit par le chapitre : *si cautio de fid. instrum. ubi Abb. & Felin.* par les Docteurs sur la Loy *nuda D. de donatis.* & sur la *L. generaliter C. de non num. pecun.* & sur la Loy *cum de indebito § fin. D. de probat.* Et plus au long par *Alexan. cons. 182. Lectis col. 2. ad fin. lib. 2. Bald. in Cap. fin. col. 8. de constit.* Mesmes il y a bien plus, c'est que telles obligations sont reuocables sans action par office de Juge, auquel il appartient par le deuoir de sa charge de pouruoir qu'il ne se face des exactions illicites, extorsions, venditions sans prix, ou loages sans loyer, comme parle la Loy *Illicitas. D. offic. Præsid. Paul Castr. cons. 102. nu. 2. in fin. lib. 1.* Jusques la ce qui auroit esté payé en vertu de telle obligation peut estre repeté par la partie greuée *condictione Indebiti* qui est une action intentée par ceux qui redemandent ce qu'ils ont indeuement payé. *Castr. cod. cons. 102.* Pour abreger vous pourrez voir la *Conclus. 38 du Card. Tuschus à la Lettre O.* ou il allegue une infinité d'autheurs sur ce subject, entre lesquels il ne s'en trouue un seul qui soubstienne le contraire de ce que j'ay dit. Selon lesquelles Loix Papon tesmoigne *lib. X chap. d'oblig. obligatoires. Tit. 1. Arest. 2.* qu'il fut jugé contre le Sr. de Barbanson le 24 Mars 1575 que l'obligation arguée de Nullité & *ex falsa causa,* par supposition faite sans cause, & ou il y a grande apparence n'est subjette à garnison.

Voyez aussy la *Loy 53. D. de Reg. Jur.* ou il est dit que *per errorem dati repetitio est,* qu'on peut redemander ce qui a esté baillé par erreur. Si on peut redemander ce qui a esté bailli par erreur, on peut par plus forte raison retenir ce qui a esté promis par erreur. Car en tous contracts la volonté est la cause formelle du contract ; & là ou il y a erreur ; il n'y a point de volonté, & partant point de promesse ny d'obligation de la part de celuy qui erre. Godefroy *page 217. de la Coustume de Normandie § et s'il le confesse,* dit que la Confession extrajudicielle estant desnuée de cause, *nec probat, nec obligat,* ne prouue ny n'oblige ou il quote *Bart. in L. generaliter. C. de non num. pecun. & Tom. 2. page 112 §. Ult.* il repete presque les mesmes mots. Et ailleurs il dit que la confession du testateur est rejettée pour la fauseté de la Cause adjoustée, & il quote la *L. 1. C. de fals. Caus. adject.*

De ce que dessus resulte cette Conclusion Que toutes Confessions & Recognoissances extrajudicielles de sommes receues, toutes obligations, Scedules Droicts & Instruments tant particuliers ou priuez que faicts & passez en forme publique & solennelle, sans cause, ou auec cause faulse & simulée, laquelle ne soit telle qu'elle puisse subsister en Droict, ne sont obligatoires ny executoires, & qu'elles peuuent estre eludées non seullement sur l'opposition de partie, mais aussy sans opposition ou action, d'office de Juge, et que la cause est une solemnité essentielle de toutes obligations valables selon l'opinion commune des Interpretes du Droict, comme tesmoigne *Alex. d. cons. 3. In causa & lite col. 2. nu. 2. lib. 2.* L'obmission de laquelle par consequent rend toute l'obligation nulle.

Pour confirmation de ce que dessus, je renuoye le Lecteur à d'Argentré sur l'*Art. 265. de la Coustume de Bretagne*, au Titre des *Appropriments cap. 6. nu. 25* par lequel vous verrez que regulierement quelques Droicts ou lecture de Droicts qu'il y ait en contract de Vendition, (*preccio non soluto Dominium non transit in acquirentem*) le prix n'estant payé la proprieté de la chose vendue n'est point transferée à l'achepteur par le § *Venditœ Inst. de rerum divis. L. procurator § sed etsi dedi D. de tribut. actio.* & en ce cas la le vendeur peut la recouurer par directe reuendication ; ou bien il la peut vendre à ung autre *L. quoties C. de rei vindic. ubi Bald. Salyc. et Jason, Alex. Imo. L. ad Diuo Pio § si post D. de re judicat.* Auec cette limitation toutesfois pourueu qu'il ne se soit fié à la parole de l'achapteur, ce que les Jurisconsultes disent *fidem habere de precio*, car en ce cas *dominum transit in emptorem* & le vendeur n'a la reuendication contre l'achapteur mais seullement l'action *ex empto ad precium* ; L'action d'achat pour le payment du prix. *L. qui ea 'ege. C. de actio empti.* Et la raison de ce que dessus est par ce que le prix de contract estant la vraye cause qui le fait subsister, ou il n'y a point de prix payé il ne peut y auoir de translation de proprieté de la chose vendue laquelle est baillée en contre eschange dudit prix, et luy est relatiue, et ainsy une telle vendition est sans cause, et manque la partie plus essentielle, si les parties n'auoient conuenu autrement.

Des Procureurs.

Les Procurations estoient anciennement incognues en Normandie, & au lieu d'icelles on se seruoit d'Attournées lesquelles se passoient non par Lettres, mais par Records faits en Cour en presence de partie, et estoient seullement pour les causes jà meues & non pour celles à mouuoir, soubs les formes prescriptes au Coustumier aux Chapitres qui en traictent. Mais dans la suyte des temps on a trouué plus expedient pour la commodité tant des Acteurs que des deffendeurs, & affin que les absents & personnes incommodées ne demeurent indeffendus, & que les procez à cause des exoines & autres tels delays ne tirassent à de trop grandes longueurs, de se seruir de Procurations, selon le stille du Droict Romain, lequel est en ce particulier la Regle qu'il faut suyure.

J'ay touché cy deuant quelque chose du deuoir de ceux qui ont l'administration du bien ou affaires d'autruy, mais parce que c'est une matiere laquelle se rencontre fort souuent en pratique, & n'est pas trop bien entendue chez nous ; quoy qu'elle soit tres importante au bien ou prejudice des Constituants, lesquels sont quelques fois contraincts d'establir pour procureurs ceux ausquels ils n'ont pas une entiere confiance, en une conjoncture ou la foy & l'honnesteté sont fort rares ; il ne sera pas impertinent de la repasser plus exactement, affin qu'ils scachent en quoi leurs procureurs leur peuuent apporter de l'aduantage ou du prejudice ; & que les procureurs aussy scachent à quoy ils sont obligez enuers leurs constituants, & quelles sont les bornes legitimes de leur pouuoir ; & que les Juges ayent plus de lumiere entre la termination des Causes qui regardent le deuoir, pouuoir & excez desdits Procureurs.

Il y a deux sortes de Procuration dont nous nous seruons, les unes sont seullement judicielles, aux causes meues et à mouuoir, lesquelles les Jurisconsultes appellent *ad lites*, les autres sont generales et comprennent toutes sortes d'affaires judicielles et extra-judicielles, *ad lites & negotia*, sans limitation & auec aussy ample pouuoir que le constituant a luy mesme, *cum generali, plena et libera facultate.* Pour celles qui sont seullement judicielles, ou qui le sont auec addition de quelque plus ample pouuoir limité à certains actes, il n'y a pas tant de difficulté, par ce qu'elles doiuent estre restrainctes ou eslargies selon les clauses contenues en icelles & non autrement. Mais pour celles ou le pouuoir d'agir s'estend à toutes choses qui regardent le droict & interest du constituant sans reseruation ou limitation quelconque, il n'en est pas de mesme : car il sembleroit de prime face & à les prendre au pied de la lettre, que ceux qui en sont porteurs peuuent faire tout à leur poste sans estre responsables de rien, & que s'ils commettent quelque excez le constituant n'aye autre remede que patience, apprez s'estre confié en ceux qui l'ont trompé. Posons donc le cas que Titius aye donné à Mœnius son Procureur cet ample pouuoir d'agir en toutes choses qui le concernent auec autant de liberté comme s'il agissoit luy mesme en personne, ratifiant tout ce qui aura esté fait par ledit Procureur ; sera-t-il entendu par là que ledit Procureur puisse transiger à sa volonté de tous ses procez, ou en composer au tiers et au quart ou en comprometttre & s'en remettre au dire d'autruy ? luy sera-t-il permis de vendre, aliener, eschanger ses maisons, terres ou autres heritages à sa guise ? de desmollir ses bastiments, couper ses arbres,

donner ses meubles ou heritages & en faire des presents, comme
s'ils estoient siens ? Et s'il le fait ou autre chose de semblable, quel
remede la loy donne contre ce mauuais mesnage, & maluersation
dudit Procureur ? Pour esclaircissement duquel doubte, il faut
auoir recours a la fontaine qui est le Droict Ciuil & ensuite voir quel
est le sentiment des plus celebres Jurisconsultes & la pratique de ce
temps. Posons donc pour premiere Regle ; Qu'un Procureur de la
premiere sorte, c'est a dire, limité aux procedeures judicielles tant
seullement peut bien en vertu de sa procuration agir & proceder soit
en demandant soit en deffendant selon les formes, stylle et pratique
de la Jurisdiction du lieu, en Jugement contradictoire par voye
coactiue, que le style de Normandie appelle Loy outrée, en quelque
cause que ce soit et en toutes les dependances & Incidents d'icelle,
mais il ne les peut vuider ny y proceder par aucun acte de Jurisdiction volontaire, comme on parle ; s'il n'y est induict ou forcé par la
Loy, Coustume ou usage du lieu. *L. certum § sed an ipsos D. de
confess. & ibi Barth. & alii. Alex. cons. 176 in pr. lib. 6.* comme pour
example, il ne peut faire Accord, transaction ou Composition auec sa
partie ; il ne peut faire Compromis de la Cause, c'est a dire en
remettre la decision à autre que le Juge ordinaire ; il ne peut faire
confession judicielle sans y estre forcé, par laquelle son constituant
recoiue prejudice &c., si sa Procuration ne le porte par Clause
specialle : et en cas qu'il feroit aucun de ces actes là, ou autres
semblables, ils seroient nuls & inualides en droict, comme faits sans
pouuoir suffisant : Car *regulariter in iis quæ sunt voluntariæ Juris-
dictionis Procurator non potest præjudicare Domino absque speciali
mandato. L. certum. § sed an ipsos D. de Confess. et ibi Barth. & alii,
maxime Paul. Cast. Alex. d. cons. 176.* Et la raison est parceque
tels actes de Jurisdiction volontaire n'estants enjoincts par la Loy
sapiunt donationem ont quelque chose d'une donation parceque
celuy qui fait accord, transaction ou composition donne en ce faisant
une partie du droict de son Constituant pour asseurer l'autre ; &
celuy qui fait compromis, hazarde sans necessité la cause en question
et celuy qui se remet au serment de partie, le fait Juge en sa propre
cause ; et celuy qui renonce au droict d'Appel de son constituant,
en faueur de partie aduerse, luy en fait donation et finallement celuy
qui fait confession ou recognoissance de chose demandée judiciairement, au prejudice de son constituant, lequel eust peut-estre proposé
les fins de non recepuoir, ou quelque autre exception peremptoire
ou declinatoire, je dis qu'un tel procureur fait un acte qui equipolle

à Donation ; laquelle n'est jamais comprise soubs quelque pouuoir qui se puisse donner à un Procureur, si elle n'est speciallement & particulierement exprimée *D. L. contra juris § fin. D. de pactis.* Mais ledit Procureur peut bien faire une Recognoissance ou confession par force de Loy outrée, *per modum coactionis,* lorsque la Loy ou Coustume l'y oblige en respondant au libelle ou Billet de la partie. Il peut deferer le serment aux cas ou la Loy le requiert, comme en retraict lignager il peut auoir le serment du lignager, s'il retire pour soy ou pour autruy ; s'il a payé la somme portée par les Lettres de vendition, et en cas semblables &c. mesme pour les transactions, Compositions & compromis, encore que de rigueur un simple procureur judiciel n'y seroit pas receuable, sans ordre special, toutes fois si un tel procureur se trouuant embarassé dans un procez de difficile intrigue, & d'euenement doubteux, pour deliurer son Constituant tout à la fois des frais, peines et hazards ou il estoit exposé, faisoit composition ou transaction par laquelle il cedast une partie, pour ne hazarder le tout ; en ce cas le Constituant ne seroit receuable à chicaner contre ce procedé ; et les Juges feroient sagement d'y auoir egard. Car autrement la condition d'un Procureur seroit bien dure, s'il luy falloit courir risque, pour auoir prudemment assoupy un procez doubteux & mis son Constituant en repos. Autre chose seroit s'il auoit temerairement transigé d'un procez liquide & notoirement juste, auquel cas il n'y auroit nulle apparence de ratifier sa transaction. *Castren. cons. 32. nu. 14. lib. 2.* C'est pourquoy il est du deuoir des Juges en toutes causes ou il se traicte de l'administration du bien d'autruy, de considerer si on a fait comme le Constituant eu vraysemblablement fait, selon les regles de la prudence & du bon mesnage, veu que les restrictions du pouuoir des Procureurs sont admises en faueurs des Constituants ; & par ainsy qu'un procureur qui a excedé par necessité, pour le bien de son Constituant, ou pour preuenir quelque fascheux accident, a bien et utilement agi, & est sans blasme, veu qu'il a fort bien suiuy l'intention du Constituant, quoy qu'il ait failly quant à la lettre. *L. si quis D. si certum pet. Jo. And. in addit. ad specul. Tit. de Instrum. edit. Alex. consil. 106. lib. 2.*

Il y a en cette matiere une chose à remarquer touchant les Procureurs judiciaires c'est qu'ils ne peuuent prejudicier à leur constituant par voye de Commission, mais bien par voye d'omission ; c'est a dire que s'ils ont fait acte excedant leur pouuoir, ledit Acte ne peut prejudicier le constituant, par ce qu'il est nul et sans effet

par la Loy *si procurator. C. de procurat. Abb. Cons. 55. In quæstione
nu. 6. lib. 1.* Et le Constituant n'est obligé à tenir un tel acte. *L.
præterea D. mandati L. si quis pro eo. vcr. igitur D. eod. Tit.* Et par
un tel acte il ne transfere ny proprieté ny possession. *Angel. Cons.
388. in prin. L. si mandavero § sicut. Ubi Barth. D. mandati.* Mais
s'ils ont par omission ou negligence laissé prescrire quelque chose,
ou negligé d'enterjetter appel dans le temps permis, ou autre chose
semblable sans dol ou coulpe, le Constituant est sans remede, & se
doibt imputer de n'auoir fait meilleur choix de procureur. *Alex.
cons. 115. Attentatis, in principis. libro 5.*

Il faut aussy remarquer que le delict du Procureur ne peut
nuire au constituant, comme s'il auoit par Calomnie intenté action
au nom dudit Constituant, en laquelle il escherroit quelque peine ou
Amende ; ou s'il auoit denié quelque rente à Cattel, ou il eschet 39
années d'arrerages ; ou s'il auoit denié un Gage ou Achapt, ou il
eschet confiscation ; le tout sans ordre ou mandement du constituant, ledit Constituant ne seroit interessé en sa faute, ny à en
porter la peine : mais le Procureur en seroit prins en son propre et
priué nom, & la porteroit seul ; par cette Regle, *Unusquisque ex
delicto proprio tenetur,* et par cette autre Regle confirmée amplement
*par Socin. Regul. 42. Procuratoris factum quod cadit in delictum vel
dolum non præjudicat Domino.* c'est à dire : Le fait du Procureur
qui chet en dol ou delit ne prejudicie au Constituant. *Card. Tuschus*
en la lettre *P. Conclus. 844* preuue par plusieurs authoritez que un
Procureur sans mandement special ne peut faire son constituant
encourir quelque peine. Bref c'est une opinion qui passe pour
Commune.

Posons pour autre Regle que le Procureur generallement
estably pour toutes causes & negoces, auec le mesme pouuoir que
peut auoir le constituant, sans aucune exception ny reseruation, est
suffisamment instruict mesme à faire les choses lesquelles d'ailleurs
requierent un ordre special, qu'il peut vendre, bailler, aliener
permuter ou eschanger, receuoir & donner quittances &c. Et non
seullement cela, mais aussy qu'il peut pactionner, accorder, transiger, composer, compromettre, deferer le serment à partie, & faire
tous autres actes lesquels n'estoient permis à un simple procureur de
procez ; mais il ne peut *donare, dilapidare, neque facere incidere
Dominum in pœnam,* c'est a dire donner, dilapider le bien de son
constituant, ny faire acte par lequel il encoure la peine des Loix &c.

Alex. cons. 43. Viso et discuss. in princ. lib. 2. L. si procurator D. de condict. indeb. Il ne peut ceder relascher ny donner le droict de son constituant *L. contra juris § fin. D. de pact. L. si filius famil. Cod. de donat. Alex. cons. 15 An syndicus. lib. 1. et cons. 30 circa primum col. pen eod. vol. Decia. cons. 97 col. 2. Zabarel cons. 59. ad primum. Abb. cons. 55.   In quœstione nu. 5. lib. 1. L. filius § 1. D. de donatio.* parce dit Barth. *in Extravag. ad reprimendum vers. videbitur, nu. 6.* que donatio *non venit in libera facultate concessa,* c'est à dire que le pouuoir de donner n'est point compris en la clause de faculté libre.   Il est vray qu'un tel Procureur peut librement faire tout ce que vraysemblablement son constituant feroit pour son utilité. *L. si quis D. si certum pet.* mais il ne peut mettre la main au bien de son Constituant, pour le donner ou faire autre acte qui equipolle à Donation, ou qui la tire en consequence. *Idem (dit Cuias ad L. rescriptum § plaerunque D. de pact.) novare, exigere, permutare, solvere, alienare, Jusjurandum deferre, pignori obligare, transigere potest, modo hœc fiant ex negotione, utilitate, non donandi vel diminuendi causa.*   Il peut faire nouation, c'est à dire changer une vielle debte ou contract en une nouuelle, demander, permuter, payer, aliener, deferer le serment, hypothequer, engager, transiger, pourueu que ce soit pour le bien des affaires dudit Constituant, & non pour donner ou diminuer &c.   Et le mesme Cuias sur le Liure IX des Questions de Papinian, in princ. qui est la Loy 66 *de Procuratoribus. Procurator non potest conditionem meam deteriorem facere, invito me. L. ignorantia 49. hoc Tit. Etiamsi sit procurator omnium bonorum vel generale mandatum habeat, tamen non potest, invito me, solvere debitum naturale non potest transigere diminuendi causa. L. mandato 60 hoc Tit.* Et plus bas, *non potest inquam quicquam deperdere vel gerere in perniciem Domini, quia non est verisimile hoc ei esse mandatum ut quid faceret in fraudem Domini.*   Il ne peut, dit-il, rien gaster, perdre, ou faire au detriment de son constituant, par ce qu'il n'est pas vray semblable qu'il ait receu ordre de faire tort à son constituant.   D'ou nous pouuons inferer cette conclusion : Que tout acte de donation est interdit à ung Procureur quel qu'il soit Judiciel ou Extrajudiciel, du bien de son constituant sans ordre ou mandement special auquel il soit particulierement fait mention tant de la personne ou donataire que de la chose donnée, auquel cas ce n'est pas le Procureur qui fait la donation, mais le constituant, & le Procureur en est seullement l'Instrument & non l'Autheur. Adjoustons encore à cela l'authorité de Godefroy sur la Coustume de Normandie Article 181 lequel dit qu'il n'approuue pas l'opinion de ceux qui (1) permettent au Procureur de faire indifferemment tout ce qu'il luy plaist, mais ce que feroit probablement le constituant, s'il estoit present ; ce qui sert de limitation à cette vulgaire maxime : Que le Procureur apprez contestation est maistre de la cause ; car cela ne s'entend que des procedeures necessaires a l'instruction & non de la chose. Je conclurray par le tesmoignage de Papon, en son 2. Notaire page 152, ou il propose cette celebre Espece tirée du Jurisconsulte Scævola, en la Loy *Creditor mandatorem* § *Lucius Titius*. Un oncle escript à son nepueu lettres de cette substance : Mon nepueu, je croy que selon nature sans autre inquisition de charge, les nepueux *conjuncti* & parents peuuent negocier pour peres & oncles ; et par ainsy j'ay aduisé de se commettre, comme je te comets en toutes mes affaires, & de tous et chascun mes biens, pour vendre, transiger, contracter, negocier & autrement en faire, selon ce qu'il te plaira, & que tu aduiseras, tout ainsy que tu en estois le vray Seigneur & maistre ; en t'asseurant que jamais je ne trouueray mauuais ce que tu en auras fait, mais de l'auoir agré, ferme & stable, & de n'y contreuenir. Sur laquelle espece le Jurisconsulte, ayant esté enquis, respond que par un tel mandement l'oncle n'a pas abandonné toutes choses au plaisir de son nepueu ; mais seullement d'administrer bien et deuement & de bonne foy sans en abuser ; et ce qu'il en a abusé par son dol & mauuais mesnage tombe sur luy et a son dommage et interest qui est un lieu fort remarquable & qui ne laisse aucun scrupule. La raison de cela est manifeste, parce que le contract qui se passe entre le Constituant & le Procureur est de bonne foy ; et la bonne foy ne permet pas qu'un Administrateur du bien d'autruy en abuse, ny qu'il franchisse ses bornes, au prejudice dudit Constituant, mesme il est tenu de faire bon le dommage ou prejudice arriué, non seullement par son Dol, mais aussy par sa coulpe, *Procurator debet præstare dolum & culpam etiam levissimam*. Le Procureur est tenu prester non seullement son dol, mais aussy sa plus legere coulpe, soubs laquelle la trop grossiere negligence est aussy comprise, *Lata negligentia culpæ annumeratur*, la trop grossiere negligence est reputée pour coulpe. Il est tenu rendre bon & fidele compte & payer le reliqua ne plus ne moins qu'un tuteur ou autre Administrateur. *L. qui proprio* § *procurator. D. de procurat. L. idemque §. I. D. mandat.*

---

(1) Poingdestre ajoute "Je n'ai jamais leu qu'aucun Jurisconsulte permette cela absolument à un Procureur."

L. procuratorem. C. eod. Tit. Dec. cons. 464, placet in pr. Socin. Cons. 46. lib. 1. Et en cas qu'il en substitue un autre, il est tenu de maluersation. *Bart. & alii in L. nam etsi servus § mandato suo D. de negot, gest.* Et n'est pas liberé par ceder son action contre ledit Substitut. *L. si procurator § Si quis mandaverit D. mand.* dont Barthole dit que la raison est *quia qui per alium facit, per se ipsum facere videtur. L. 1. D. de vi & vi arm. L. ita autem. §. gessisse. D. de admin. Tut.* laquelle raison est approuuée par la Glose sur ledit § *Mandato tuo.* Mais il y a encore une autre raison de cela, c'est que *substituens alium periculo his substituerit,* qui substitue le fait à son danger, selon Balde, et partant est tenu pour luy, jouxte la Loy *ad similitudinem. in 3. nota C. de Episcop. & Cler.* a cela fait le texte *in L. ex facto D. de negot. gest. &c.* Je pourrois alleguer infinis autres passages. Car tous les Jurisconsultes sont d'accord en cette matiere, mais je veux m'espargner moy mesme aussy bien que le lecteur.

Cause meue entre Aaron le Febure Junr. & Tho: Gondel, sur le point du droict de succession & Retraict lignager en ligne Collateralle d'acquests &c.

Estat de la Cause, comme elle fut plaidée & jugée en Jersey.

Marie Briard en premieres nosces espousa Aaron le Febure le plus viel: d'eux sont venus Aaron Le Febure et Jean Le Febure; d'Aaron Le Febure le fils, est descendu Aaron Le Febure, le plus jeune qui est le Defendeur. Jean Le Febure est decedé sans heritiers procreez de luy. Ladite Marie Briard en secondes nosces espousa William Gondel; et de ce mariage est sortie Marguerite Gondel, qui est partant seur uterine de Jean Le Febure. Ledit William Gondel en secondes nosces espousa Marie Guillaume desquels est issu Thomas Gondel qui est le demandeur, partant frere paternel de ladite Marguerite Gondel simplement.

Jean Le Febure, apprez le decez d'Aaron Le Febure son frere aisné, jetta les yeux sur son nepueu le Defendeur, le declare heritier par Testament, à la charge de diuers legs, entre lesquels il se trouue la somme de 3 cabots de froment de rente pour sadite seur uterine laquelle à la verité par proximité seroit autrement seule heritiere *ab intestat* aux meubles et acquisitions, aux charges de droict. Ensuite cette seur vend à ce nepueu tout et tel droict qu'elle y prestend (par le prix de 100 ecus) et Tho. Gondel, comme frere paternel se presente pour retirer ; Delais est offert des susdits 3 cabots de froment au prix courant. Au reste le Defendeur soubstient 2 choses.

Premierement que le demandeur n'est pas parent du costé d'ou il faudroit que fust venu le pretendu Droict aliené ; en second lieu il dit subordinairement qu'il n'y a pas d'ouverture à la Clameur.

Sur le premier point, il me semble qu'il seroit à juger : si les acquisitions d'un collateral maternel prennent souche au succedant, pour deuenir propre paternel par preference de sexe ; ou bien si l'on doibt auoir esgard à la source & origine des biens pour demeurer propre de ce costé là ; et si la Regle *Paterna paternis, materna maternis*, doibt auoir lieu au fait dont il s'agist comme en ligne ascendante.

Pour ce qui est du second point, il paroist meslé de plus de circumstances. On allegue d'une part que l'heritage est transmis hors de la ligne, qu'il y a des deniers desboursez, que le contract inualide le testament & approuue la seur pour heritiere. On respond au contraire Que dans l'intention des contractants & dans la verité des choses, ce n'est rien qu'une transaction consentie par le Defendeur pour euiter procez & vexation, à la sollicitation propre du demandeur, qui d'ailleurs ne seroit pas receuable pour acquerir de nouueaux biens, *& in lucro captando*, comme il seroit pour en conseruer dans sa famille la seulle fin de la clameur qui est de droict estroict.

Le defendeur soustient aussy Que ce second point ne peut estre agité qu'a l'instance de partie capable et legitime, et que le differend du lignage doibt estre vuidé prealablement. De quoy j'ay donné ce Rapport, toutes les raisons, pretentions & protestations des parties sauues, fait ce 22 de Mars 1665.

PH. LE GEYT, Greffier.

Sur ce Rapport la Cour ayant egard à ce que le contract susdit ne peut alterer la nature & qualité des biens, pour faire autre Regle en fait de retraict qu'en fait de succession, ayant egard aussy aux fins dudit contract qui n'est reellement qu'un accord pour preuenir procez & vexation, non subject à retraict ; Ladite Cour par opinion uniforme a debouté & deboute ledit Gondel de sa clameur et demande, sauf pour 3 cabots de froment de rente reputez acquest en la personne de sa dite seur, qui les pouuoit pretendre par la donation testamentaire de son feu frere, a l'esgard desquels le sudit le Febure Defendeur consent de termer payment, au prix courant, & demeure au reste en possession suyuant à son droict & premisses. De quelle sentence Gondel a Appellé &c.

Ayant esté consulté sur ladite cause d'Appel, j'ay respondu comme en suyt : Pour mettre cette question en son vray jour, il faut tenir pour veritables les 3 Positions qui ensuyuent.

I. Que la faculté ou pouuoir de Testamenter, quant à son essentiel, qui est l'Institution d'heritier, n'est aucunement compatible auec notre Coustume, par laquelle toutes successions directes & collateralles et en acquets & conquests aussy bien qu'en propres, sont deferées à ceux qu'elle appelle à y succeder, sans que la disposition de l'homme y puisse rien changer. Art. 247. Que partant toutes Institutions d'heritiers, faites contre ladite Coustume, qui est conceue en termes forts & prohibitifs, sont nulles *Ipso Jure*, et nonobstant telles Institutions les heritiers appellez à la succession par la disposition de ladite Coustume, sont en vertu d'icelle vestus & saisis de l'heredité, sans autre acte de fait, & sont reputez possesseurs legitimes, quoy que l'heritier Testamentaire en soit Detenteur Corporel. De laquelle Regle il y a seullement cette exception par l'Article 431. Que personne aagée de 20 ans accomplis, peut donner la 3ie partie de son heritage & biens immeubles, soient acquests, conquests ou propre, à qui bon luy semble par Donation entre Vifs (et partant non par Donation testamentaire ou a cause de mort) à la charge de contribuer à ce que doibt le Donateur lors de la Donation, pourueu que le Donataire ne soit heritier immediat du donateur, ou descendant de luy en droite ligne. Il est vray que les Reformateurs de la Coustume trouuerent bon d'adjouster un Art. qui est le 422, portant que Homme n'ayant enfans peut disposer par testament du tiers de ses acquests & conquests à qui bon luy semble &c. qui est une correction du precedent, mais par ce que c'est

Coustume Nouuelle, comme il apparoist par le procez verbal d'icelle et est une exception à l'ancienne, laquelle nous suyuons, elle ne doibt estre receue en nos Isles, non plus que les autres Nouueautez qui y ont esté adjoustées par ladite Reformation faite depuis 100 ans en ca par une Puissance à laquelle nous ne sommes point assubjectis.

II.   Que quand il s'agist de la Succession d'Ancesseur, appellée Propre, tant au fait de Succession que de Retraict lignager, les parens du costé duquel ledit propre est venu sont préferables à ceux de l'autre coste, quelque disparité de degré qu'il y ait entre eux ; comme pour example, le lignager paternel, quoy qu'au 7me degrée, exclud le lignager maternel qui n'est qu'un second ou troisieme degré, quand le propre vient du costé paternel : Et aussy le lignager maternel, quoy que plus esloigné en degré, exclud le lignager paternel quand le propre vient du costé maternel. Mais pour les acquests & conquests, il est aussy certain que de quelque costé qu'ils viennent, le plus proche du lignage du deffunct ou vendeur, est preferable aux plus esloignez tant en succession qu'en fait de clameur : et ou ils seroient plusieurs en pareil degré, les uns pater-nels & les autres maternels, les paternels sont preferables par prero-gatiue de sexe. Mais il y a plus de doubte pour l'autre sorte d'im-meubles qu'on appelle Propre naissant ; qui est quand un acquest ou Conquest succede au plus proche du lignage de l'acquisiteur : car alors ledit heritage qui n'estoit qu'acquest ou conquest en la personne du deffunct, change de nature, & deuient propre en la personne de l'heritier qui premier le possede à droict successif, & pour cette cause a esté nommé Propre naissant, pour le distinguer du propre ancien. Et on a doubté si tel propre doibt au fait de succession suyure la ligne de l'Acquisiteur, ou celle de l'heritier ou il commence à estre reputé propre. Sur lequel doubte, les Parle-ments mesmes ont varié en leurs Arests, lesquels se trouuent con-traires en ce poinct, les ungs ayant jugé qu'il deuoit suyure la ligne de l'acquisiteur, & les autres celle de l'heritier, lesquels Arests vous trouuerez en Godefroy, sur l'Art. 247, lequel aussy demeure en suspens, ne scachant ausquels s'adjoindre, à cause de ladite con-trarieté. Mais il me semble que cette contrarieté soit moderne, ascauoir depuis la Reformation de la Coustume, laquelle assurement y auroit pourueu par Article exprez si cela auoit esté pour lors en debat. Car sans doubte soubs l'ancienne Coustume les acquests & conquests deuenus propre en la personne de l'heritier de l'acquisiteur suyuent desormais la ligne, non dudit acquisiteur, mais de son heritier, en la personne duquel ils ont prins souche de propre ; comme cela se voit clairement decidé par la Glose sur le Chap. d'escheance, vers la fin en ces mots.   Item l'en doit sauoir que les conquests vont tousjours au plus prouchain du lignage soit deuers pere ou mere ; mais si tost qu'ils auront une fois succedé de cil qui les a conquis, soit en ligne de pere ou de mere, ils prendront pied et souche de succession, en la ligne ou ils succederont ; ainsy que se ils succedoient premierement en la ligne du pere, ils y demourront a tousjours ; car puis que conquest a une fois succedé & prins pied en ligne, il ne retient plus nature de conquest, mais a et retient nature de succession, c'est à entendre qu'il ne succede plus comme conquest au plus prouchain, mais succede comme heritage d'Ancesseur.

III.   Ce n'est pas une opinion receue de tous Que la transaction n'est subjette a Clameur.   Tiraqueau, en son liure de Retraict lignager, est a l'encontre fondé tant sur la raison de la chose que des Loix Romaines, comme Godefroy aduoue.   Il est vray que la Coustume Reformée de Normandie en l'Art. 467 exclud ladite Clameur en cas de transaction, mais c'est a condition que le Possesseur ait tiltre non defectueux ; que s'il n'auoit point de tiltre du tout, ou que son tiltre fust defectueux, il y auroit lieu à ladite Clameur.   Et le tiltre du possesseur est defectueux lors que le droict de partie aduerse est clair et euident : et quand le droict d'une des parties est clair & non doubteux, il n'y peut auoir lieu pour la transaction, laquelle a tousjours pour motif le succez doubteux d'un procez selon l'opinion commune des Jurisconsultes.   *Crauett. Cons. 152. Rom. cons. 517. Paul. Castren. cons. 413. lib. 1. Alex. cons. 97. lib. 2. Cuman. cons. 156.*   Godefroy sur le mesme *Art. 467.*   Le mesme Godefroy adjouste que cet Article est en faueur du Possesseur, la cause duquel est tousjours plus fauorable, Que sera ce donc, si celuy qui se dit possesseur ne l'est pas, mais est seullement Detenteur ou Usurpateur du droict d'autruy ? comme si un pretendu Heritier Testamentaire auoit envahi un heritage deferé à un autre par la Coustume ; en ce cas ledit heritier testamentaire ne seroit pas reputé pour Possesseur dudit heritage ; mais bien l'heritier approuué par ladite Coustume, lequel par la Regle le mort saisist le vif est constitué vray & legitime possesseur, & saisy de la succession escheue de l'instant de la mort du deffunct ; et partant au cas qu'un tel heritier legitime vendist son Droict au dit heritier testamentaire, ce ne seroit pas une transaction, mais une vraye vendition, soubs quelques termes qu'elle fust conceue. Ce qui est encore plus hors de doubte, quand les Droicts du contract declarent clairement que c'est une vendition, car les contracts hereditaux se cognoissent, non par preuues de certain et conjectures, mais par le contenu des Droicts.

De ces trois Positions resultent trois Conclusions. La premiere Conclusion resultante de la premiere Position est : Que Jean Le Febure n'a peu contre la prohibition expresse de la Coustume instituer en ses Acquests pour heritier testamentaire ledit Aaron le Febure Defendeur qui n'estoit que son nepueu, à l'exclusion de Marguerite Gondel sa sœur uterine, à laquelle ladite Coustume deferoit ladite succession, comme à la plus prochaine du lignage dudit Jean Le Febure : et partant que ladite Institution estant nul par la Loy, n'a peu seruir de tiltre audit Defendeur pour usurper & detenir ladite succession. Et aussy peu doibt ladite Institution Testamentaire estre reduicte à un legs de la tierce partie de tous les heritages dudit Jean Le Febure jouxte l'Art. 422 susdit ; parce que ledit Article est nouuelle Coustume laquelle ne nous oblige point.

La 2de Conclusion resultante de la 2de Position est que tant par le tesmoignage de la Glose sur ledit Chap. d'Escheance, que par l'Art. 247 de la Coustume Reformée, par lequel les biens sont faits propres a la personne de celuy qui premier les possede a droict successif (& partant doiuent estre reglez comme propre tant au regard des successions que de la Clameur lignagere). Je dis que par ces Regles là les biens de Jean le Febure estants deferez par la Coustume à Marguerite Gondel sa seur uterine, exclusiuement a son nepueu le deffendeur, & ayants prins pied & souche de succession en elle, ils sont desormais reputez comme le propre de ladite Marguerite, & doiuent suyure sa ligne & non celle des Febures, en cas de succession ou de Clameur, et que par cette raison Tho. Gondel son frere paternel est preferable à Aaron Le Febure qui n'est que nepueu maternel ; ledit Gondel y venant comme plus prochain de la ligne d'icelle, la ou ledit Defendeur n'y vient que comme lignager dudit Jean le Febure.

La 3me Conclusion resultante de la 3me Position est : Que l'Art. 467 de la Coustume reformée de Normandie par lequel la Clameur est exclue en fait de transaction, estant repugnante à la raison des choses & aux consequences des Loix Romaines, & aux Coustumes voisines, & reprouuée par Tiraqueau & par plusieurs autres, ledit Art. ne nous peut obliger à la suyure, estant coustume nouuelle & desraisonable, comme Tiraqueau monstre clairement & Godefroy ne le contredit pas.   Secondement Que quand ainsy seroit que ledit Article deueroit estre pratiqué chez nous, si ne le pourroit il estre au present cas, pour 2 raisons : La premiere par ce que le dit Defendeur n'auoit pas seullement un tiltre defectueux, mais il n'en auoit point du tout, le tiltre d'Institution estant notoirement nul ; la 2de par ce que la Transaction n'a point de lieu sinon quand le Droict des parties est perplex & doubteux : car si le droict estoit clair & euident, ce ne seroit pas transiger mais donner son Droict, ou le vendre, si le prix approchoit de la valleur de la chose ; et partant la transaction pretendue en ce lieu cesse, & le contract de vendition subsiste.   La 3me par ce que le defendeur ne pouuant estre dit possesseur, mais Usurpateur & Detenteur de la succession de Jean le Febure, ledit Art. 467 ne le fauorise point, et partant il ne peut pretendre d'en auoir le benefit : La 4me : Que les Droicts du Contract de Vendition passez par entre lesdits Aaron le Febure & ladite Gondel, qui sont les meilleurs Juges dudit Contract, portant en termes exprez pour Vendition & non pour transaction, il seroit ridicule de deuiner là ou lesdits Droicts partent clairement.

De ces 3 conclusions resulte une Conclusion generalle, que la Sentence proferée en la mesme Cause est en partie Injuste & en partie nulle.   Elle est Injuste dans les deux suppositions sur lesquelles elle est fondée, dont l'une est qu'au fait dont est question il faut recourir à la source & origine des biens en question, c'est à dire à la ligne de Jean le Febure & non à celle de ladite Marguerite Gondel ; l'autre que le contract n'estant en effet qu'un accord ou transaction n'est subject a Clameur, Raisons suffisamment refutées cy dessus.   Elle est nulle et sans effet, en tant qu'elle soustient l'heritier testamentaire & la Donation faite par le testament de l'Immeuble dudit Jean le Febure, contre la prohibition de ladite Coustume, laquelle porte que nul ne peut disposer de son heritage & biens immeubles ou tenants nature d'iceux par Donation a cause de mort ny par testament, ny en son testament, encore que ce fust par forme de donation ou autre disposition entre vifs &c. et peut estre declarée telle par Messrs du Conseil, sans autre formalité que d'une Cognoissance sommaire de la cause. [1]

[FINIS].

---

[1] L'Appel de Ths. Gondel au Conseil Privé fut abandonné, les parties ayant fait un accord à l'amiable. (Voir Ordres du Conseil, vol. i, p. 295).

www.ingramcontent.com/pod-product-compliance
Lightning Source LLC
LaVergne TN
LVHW021117050726
842519LV00002B/271